CHRISTIAN JACQ



# L'AFFAIRE TOUTANKHAMON

*roman*

*Nouvelle édition augmentée d'une préface*

BERNARD GRASSET
PARIS

*À toi, Viking, compagnon de chaque jour parti sur les beaux chemins de l'Occident un 3 novembre, le jour où furent écrites les premières pages de ce livre ; à toi qui fus bonté, fidélité et disponibilité et dont le rôle est d'ouvrir les routes de l'autre monde où, tel l'Anubis de Toutankhamon, tu nous guideras.*

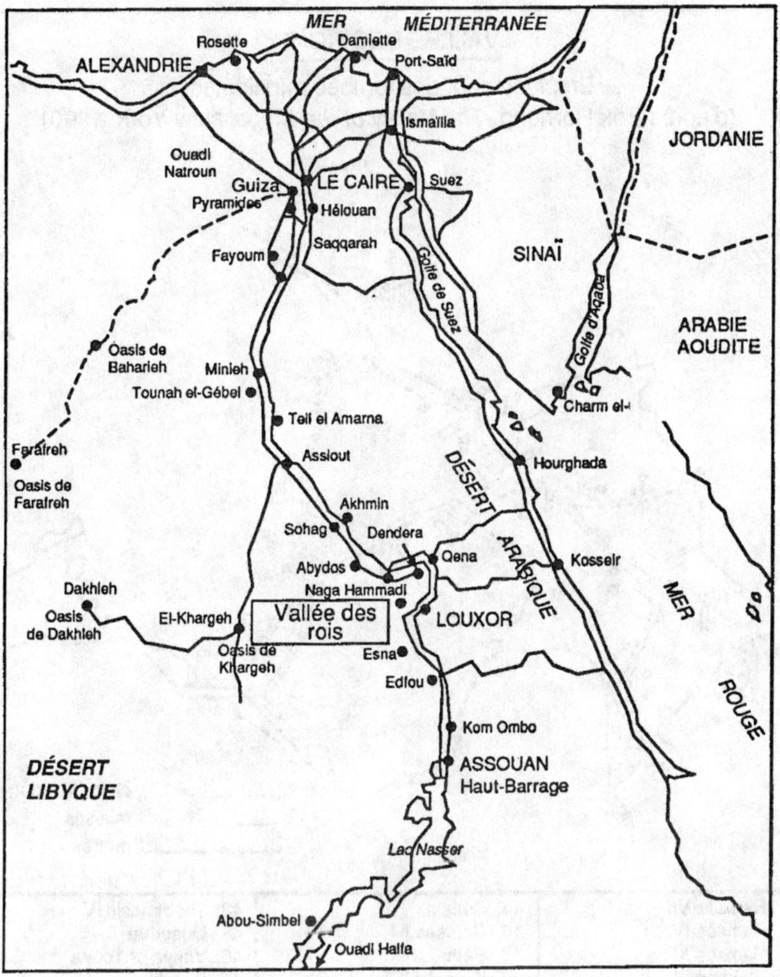
MER MÉDITERRANÉE
Rosette
Damiette
ALEXANDRIE
Port-Saïd
Ismaïlia
JORDANIE
Ouadi Natroun
Guiza
LE CAIRE
Suez
Pyramides
Hélouan
Saqqarah
SINAÏ
Fayoum
Golfe de Suez
Golfe d'Aqaba
ARABIE AOUDITE
Oasis de Baharieh
Minieh
Tounah el-Gébel
Tell el Amarna
Charm el-
Farafreh
Oasis de Farafreh
Assiout
DÉSERT ARABIQUE
Hourghada
Akhmin
Sohag
Dendera
Qena
Abydos
Kosseir
Naga Hammadi
MER ROUGE
Dakhleh
Oasis de Dakhleh
El-Khargeh
Vallée des rois
LOUXOR
Oasis de Khargeh
Esna
Edfou
Kom Ombo
ASSOUAN
Haut-Barrage
DÉSERT LIBYQUE
Lac Nasser
Abou-Simbel
Ouadi Halfa

## VALLEE DES ROIS

Emplacement des tombes principales
(d'après Erik Hornung, *The Valley of the Kings*, New York, 1990)

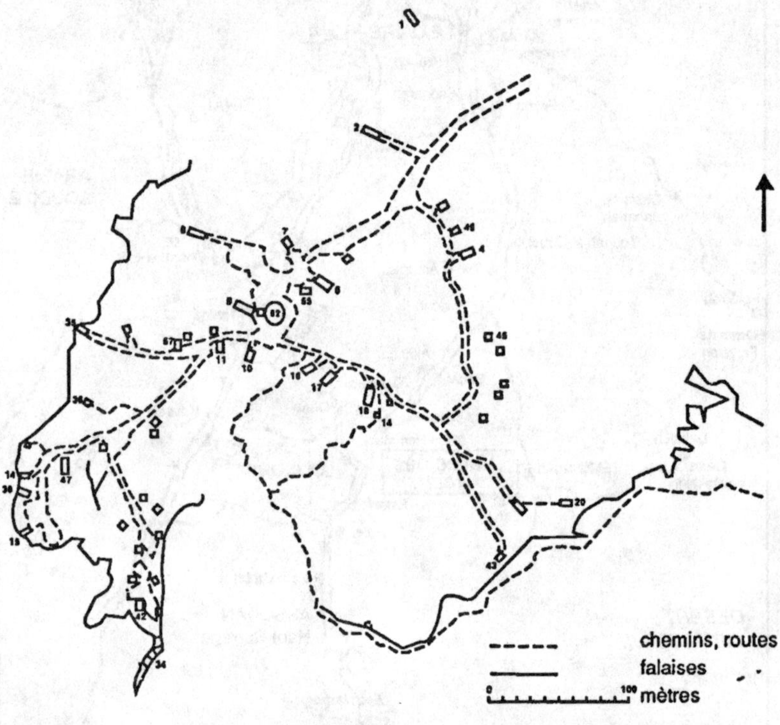


| | | |
|---|---|---|
| 1. Ramsès VII | 15. Séthi II | 43. Thoutmosis IV |
| 2. Ramsès IV | 16. Ramsès I | 45. Ouserhat |
| 4. Ramsès XI | 17. Séthi I | 46. Youya et Touya |
| 6. Ramsès IX | 18. Ramsès X | 47. Siptah |
| 7. Ramsès II | 20. Hatchepsout | 55. Semenkhkare (?) |
| 8. Merenptah | 34. Thoutmosis III | 57. Horemheb |
| 9. Ramsès VI | 35. Amenhotep II | |
| 8. Amenmès | 36. Maiherpra | 62- TOUTANKHAMON |
| 9. Ramsès III | 38. Thoutmosis I | |
| 10. Taousert et Sethnakht | 42. Thoutmosis II | |

## THÈBES OUEST

(d'après le Lexikon der Ägyptologie)

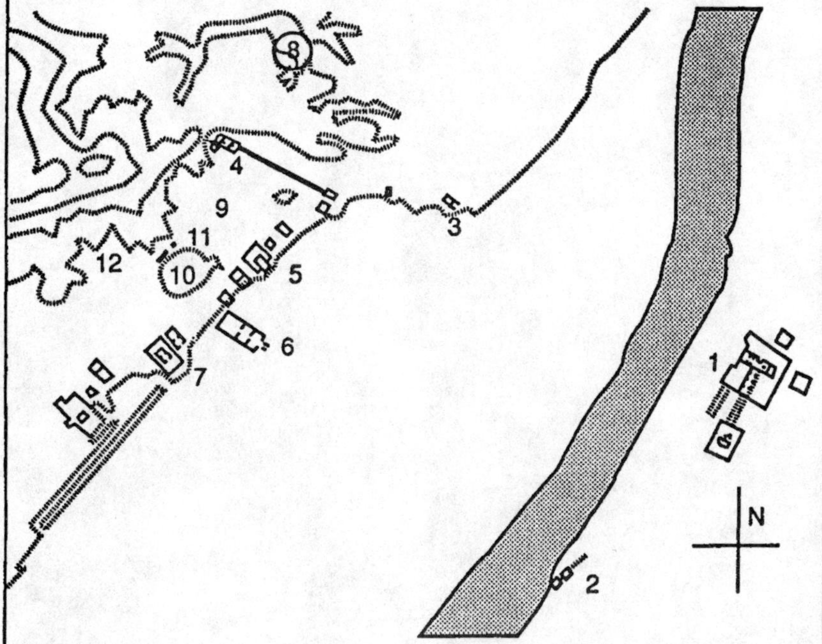


1. Temples de Karnak
2. Temple de Louxor
3. Temple de Séthi Ier
4. Temple de Deir el-Bahari
5. Temple de Ramsès II (Le Ramesseum)
6. Temple d'Amenhotep III, dont il ne subsiste que les "colosses de Memnon"
7. Medinet-Habou (temple de Ramsès III)
8. VALLÉE DES ROIS
9. Cheikh abd el-Gournah (tombes des nobles)
10. Gourmet Mouraï (tombes des nobles)
11. Deir el-Medineh
12. Vallée des reines

# Préface

## *Le mystère de la Vallée des rois*

Malgré ses blessures, malgré les dangers qui la menacent, malgré les flots de touristes qui faisaient déjà rugir Howard Carter, la Vallée des rois n'a rien perdu de son mystère. À chacun de mes voyages, je le ressens avec davantage d'intensité. Ici, comme l'indiquait Champollion, parle la voix des ancêtres. Souvent, il s'isolait dans une tombe pour l'entendre, en s'imprégnant des textes et des figurations dont le message demeure essentiel.

À première vue, « la grande prairie [1] » n'est que falaises coupées à pic, pierres brûlées par le soleil, cirque rocheux, aride, dépourvu de toute végétation.

Une première vue bien trop courte. Certes, le périssable et le superficiel n'ont pas leur place en ces lieux ; mais y survit l'esprit des pharaons de trois dynasties formant ce que l'on appelle le Nouvel Empire [2]. Le site abrite aussi les dernières demeures de serviteurs fidèles, tels un grand prêtre, un vizir, un responsable des champs ou une nourrice, sans oublier des chiens, des singes, des oiseaux ou des ibis, dûment momifiés et pourvus de l'équipement nécessaire au voyage dans l'au-delà. Seules les tombes des pharaons sont décorées et leurs murs couverts de textes.

---

1. *sekhet aât*
2. XVIII^e^, XIX^e^, et XX^e^ dynasties (vers 1552-1069 av. J.-C.)

Lors de son unique voyage en Égypte, peu de temps après son déchiffrement des hiéroglyphes, Champollion perçut le caractère spirituel de la monarchie pharaonique et le rôle vital de la Vallée pour le préserver au-delà du temps et de la mort : « *Pendant sa vie, semblable au soleil dans sa course de l'orient à l'occident, le roi devait être le vivificateur, l'illuminateur de l'Égypte et la source de tous les biens physiques et moraux nécessaires à ses habitants. Le pharaon mort fut donc naturellement comparé au soleil se couchant et descendant vers le ténébreux hémisphère inférieur, qu'il doit parcourir pour renaître de nouveau à l'orient et rendre la lumière et la vie au monde supérieur (celui que nous habitons), de la même manière que le roi défunt devait renaître aussi, soit pour continuer ses transmigrations, soit pour habiter le monde céleste et être absorbé dans le sein d'Amon, le Père universel* » (lettre du 26 mai 1829).

Amon et Amonet, le Caché et la Cachée, forment le secret par nature, illustré et transmis par la Vallée, réceptacle de l'âme royale, perpétuellement ressuscitée. Si le soleil ne réapparaît pas à l'aube, toute forme d'existence disparaît; si le pharaon ne se lève pas sur son trône, la société devient chaos, violence, injustice. Le monde n'a pas besoin d'être sauvé par des religions détenant des vérités absolues, sources de conflits meurtriers; en revanche, il a besoin d'être gouverné en rectitude, tel un immense bateau dont le gouvernail est fermement tenu lors de la traversée du temps.

Bâtir des temples, faire offrande, mettre l'ordre à la place du désordre, empêcher que l'homme soit un chacal pour l'homme, protéger le faible du puissant, tels sont les devoirs majeurs de Pharaon en qui se concentrent les forces créatrices. Ensuite, et seulement ensuite, elles deviennent fécondatrices. Filtré par Pharaon, le soleil ne brûle pas mais donne la vie.

Pour que cette œuvre ne sombre pas dans le néant, il faut prendre des dispositions. Premier impératif : trouver un point de contact entre l'ici-bas et l'au-delà, un « lieu de pouvoir » comme disent les Indiens, un endroit où s'ouvre naturellement un accès sur l'invisible et l'autre côté du réel. Sur la rive occidentale de Thèbes [1], « notre vieille mère » selon l'expression de Champollion, la Vallée des rois remplissait parfaitement ces critères, d'autant plus qu'elle était dominée par une pyramide naturelle, évocation des monuments de l'Ancien Empire et concrétisation de la lumière de l'origine.

Il n'existe pas de religion égyptienne, au sens où nous entendons aujourd'hui ce terme, impliquant des dogmes, une révélation, des livres sacrés intangibles, des lieux saints accessibles aux dévots et des croyances obligatoires.

Un seul « prêtre » ou, plus exactement, un « serviteur de Dieu » : Pharaon. Il n'est pas chargé de répandre une doctrine et de convertir, mais de « faire les rites » afin de maintenir sur terre la présence des forces créatrices d'où naissent la cohérence, l'harmonie et la solidarité. Dans les temples égyptiens, pas de fidèles, pas de foules en prière, mais quelques spécialistes initiés aux mystères et capables de remplir leurs fonctions rituelles en prolongeant l'art royal sans le trahir.

Pour l'Égypte pharaonique, il ne s'agit pas de croire mais de connaître. Et cette connaissance se fonde sur la pratique des hiéroglyphes, les *medou neter*, « les paroles de Dieu », dont l'une des caractéristiques consiste à ne jamais se figer dans un texte dogmatique qu'il faudrait répéter à l'infini.

À l'Ancien Empire, les *Textes des Pyramides* véhiculèrent la connaissance ; lors du choix de la Vallée des rois comme réceptacle des âmes royales, les sages créèrent une nouvelle formulation, l'*Amdouat*, « Ce qui se trouve dans l'espace de mutation ». La *douat* est à la fois cet espace où l'on passe du mortel à l'immortel, un lieu d'épreuves, une matrice où naissent la lumière et les étoiles, « la chambre cachée » des alchimistes. Grâce à ce texte, il est possible de connaître les actions des divinités

1. *Ouaset*, « la cité du sceptre Puissance ».

et des puissances mystérieuses. Leurs paroles deviennent compréhensibles, et l'initié peut suivre « les chemins qu'emprunte le grand dieu ».

Ce texte extraordinaire n'est pas le seul à être révélé par les pharaons de la Vallée des rois. Il existe aussi un *Livre des portes*, un *Livre des cavernes* où s'opèrent les phases de la transmutation, un *Rituel de l'Ouverture de la bouche* permettant d'amener à une vie nouvelle l'être transfiguré, un *Livre du jour et de la nuit* et d'autres textes encore formant autant d'approches et de visions du mystère, non contradictoires et ne s'excluant pas les unes les autres.

La tombe de Thoutmosis III se présente comme un immense papyrus déroulé sur les murs, recouverts des chapitres de l'*Amdouat*. Comme dans la chambre de résurrection de la pyramide du pharaon Ounas, à Saqqara, on pénètre à l'intérieur d'un livre dont, si l'on est conscient du contenu, on peut devenir une lettre vivante. Plus de lecteur extérieur, plus d'observateur objectif ou subjectif, mais une participation à l'œuvre qui ne cesse de se formuler elle-même, et dont le connaissant devient un aspect, tel un arbuste dans une immense forêt.

Bien sûr, il y a la mort. Aujourd'hui, sujet tabou, réalité affreuse à dissimuler au maximum dans un lit d'hôpital. Les Égyptiens, eux, la regardaient en face et osaient lui parler. Cette science-là, nous l'avons rejetée, oubliée et perdue. C'est sans doute pourquoi la mort nous envahit et nous pourrit la vie. Pourtant, seule la « seconde mort », celle de l'esprit, est anéantissement. La première, celle du corps, s'intègre à la vie et nous conduit à la salle du jugement.

L'enjeu est clair : face au tribunal divin, nous sommes responsables de nos actes. Ont-ils alourdi notre cœur ou l'ont-ils rendu aussi léger qu'une plume d'autruche, celle de Maât, la rectitude et la justesse ? Notre cœur — à ne pas confondre avec le muscle cardiaque — est le centre de notre être, un vase que nous remplissons selon notre comportement.

Le grand juge, Osiris, n'est pas le dieu de tous les défunts, mais le protecteur et le guide des « justes de voix » dont le cœur est léger, conforme à la rectitude de Maât et reconnu comme tel par Thot, le maître de la connaissance.

De quoi est reconnu digne un « juste de voix » ? D'une vie en éternité, c'est-à-dire d'une capacité à voyager dans tous les univers en se métamorphosant sans cesse. Accomplir ses devoirs envers Osiris revient à rassembler ce qui est épars, à réunir ce qui est dispersé, à séparer l'essentiel de l'inutile pour réformer, au-delà de la mort, la cohérence de l'être. Cet être reconstitué, ce corps support d'une lumière surnaturelle, nous l'appelons « momie ». Ce n'est pas l'individu qui ressuscite, mais Osiris, formé de métaux, de minéraux et de végétaux, expression d'une réalité secrète que l'humain ne parvient pas à dénaturer. Le pharaon devient un Osiris, un corps de lumière incorruptible. La monarchie européenne s'en souviendra en parlant des deux corps du roi, le premier naturel et mortel, le second surnaturel et immortel.

Rien de plus gênant que les mots inadéquats et trompeurs, tels « tombe » et « sarcophage ». Aujourd'hui, une tombe n'est qu'un trou creusé dans la terre pour y abriter un cadavre. En Égypte, on parle d'une « demeure d'éternité » qui ne célèbre nullement la mémoire d'un individu, fût-il un pharaon, mais enseigne un processus de résurrection dans, avec et par la lumière. Quantité d'archéologues regrettent que les « tombes » de la Vallée des rois ne leur apprennent rien sur la psychologie et la vie privée des Thoutmosis et des Ramsès. Pas d'anecdotes, pas de faits historiques. Les demeures d'éternité sont des athanors alchimiques destinés à produire de l'éternité, des creusets d'une vie transfigurée, des accumulateurs de puissance créatrice. Les hiéroglyphes parlent, les rites se célèbrent, les offrandes s'accomplissent et la demeure d'éternité fonctionne d'elle-même.

Sarcophage est un mot grec signifiant « le mangeur de

chair morte », autrement dit le coffre à cadavre. Le mot égyptien est exactement l'inverse : « le possesseur de vie ». Il n'y a aucun cadavre, aucune chair morte dans les « sarcophages » égyptiens, mais des corps de lumière osiriens. Pierre primordiale issue de l'océan des origines lors de la naissance du monde, le sarcophage est une barque qui permet à l'âme royale de suivre le chemin du mystère et de devenir le soleil de demain.

Déposé au cœur de la Demeure de l'or, ce « possesseur de vie » se trouve au sein de sa mère-ciel, la déesse Nout, qui le place parmi les étoiles impérissables. Gravée à l'intérieur du couvercle du sarcophage, ce ciel féminin s'étend sur Osiris et s'unit à lui pour transformer la mort en vie.

Élément capital : la barque solaire. Comme Champollion l'avait perçu, elle navigue « dans le fleuve céleste, sur le fluide primordial ou l'éther ». Guidée par l'intuition créatrice, elle accueille les forces divines et brise les ténèbres. Mais son parcours ne s'annonce pas facile, car se dresse devant elle un gigantesque serpent, Apophis, qui boit l'eau du fleuve afin de stopper la progression de la barque. À l'équipage de s'employer pour clouer le monstre au sol et l'empêcher de nuire. Mais cette tâche redoutable est toujours à recommencer. Chaque nuit, il faut de nouveau affronter ce dragon, opposé à la renaissance de la lumière.

De la survie du soleil dépend celle de la création. Mourant à sa propre mort, il se reconstitue en illuminant les ténèbres et en ramenant à la clarté ce qui était obscurci. Les demeures d'éternité de la Vallée des rois offrent un surprenant enseignement relatif à la nature même de cette lumière, présente dans chaque expression de la vie, de la pierre à l'étoile. D'après les *Litanies du soleil*, elle connaît soixante-quinze transformations ; et selon la première salle de la tombe de Thoutmosis III, sept cent soixante-quinze forces créatrices engendrent chaque nouveau soleil dans « les cavernes secrètes de la totalité réunie. » Alors, Pharaon peut dire à Râ, la lumière créatrice : « Je suis toi, tu es moi. »

Le ressuscité voyage à jamais dans l'immensité du *Noun*, l'océan d'énergie d'où tout provient, où tout reviendra à la fin des temps.

Contrairement aux théories modernes, l'Égypte pharaonique ne date pas la création. Si big-bang il y a, il n'a pas eu lieu une fois pour toutes. À chaque aube nouvelle est célébrée « la première fois », car l'origine de la création, perpétuelle mutation, se révèle permanente.

Autre dimension remarquable de la spiritualité pharaonique, inscrite dans l'architecture : l'inachevé. Aucune des tombes de la Vallée des rois ne semble terminée. Au-delà de la Demeure de l'or débute souvent un couloir qui s'enfonce dans la roche, comme si tout recommençait. Même transcendée, l'œuvre humaine connaît des limites ; en revanche, l'œuvre du mystère n'est jamais achevée. Toute croyance refermée sur elle-même ne devient-elle pas un dogmatisme dangereux ? Tel n'était pas le cas de la spiritualité pharaonique, en incessante reformulation tout au long des dynasties. Et cet au-delà de la demeure d'éternité, au cœur de la pierre, est une invitation à ne pas figer la pensée.

Est-il encore possible, dans la période de régression et d'aveuglement que nous subissons, de percevoir le message de la Vallée ? Les anciens Égyptiens avaient découvert des paysages de l'esprit auxquels mènent des routes dont certaines ne figurent plus sur nos cartes. Aurons-nous le désir et la capacité d'entreprendre cette quête afin de retrouver ces immenses territoires où règne la lumière ?

La fabuleuse aventure de Carter demeure un exemple et procure un espoir. Lui, issu d'une famille modeste, lui, l'homme de terrain sans diplômes et sans références universitaires, va jusqu'au bout de son rêve et de son idéal. Malgré les entraves, les jalousies et les coups bas, il devint l'auteur de la plus grande découverte archéologique de tous les temps.

1822 : Champollion trouve la clé de lecture des hiéroglyphes et fait revivre l'Égypte pharaonique. 1922, cent ans plus tard, Howard Carter ramène au jour Toutankhamon et nous offre le trésor par excellence, celui qui révèle l'éternité et la victoire sur la mort.

Ch. J., 2004.

## *Chapitre premier*

George Edward Stanhope Molyneux Herbert, vicomte Porchester, surnommé « Porchey » par ses rares intimes et considéré par les envieux comme le futur Lord Carnarvon, mit son poing dans la figure du marin grec qui refusait d'obéir à ses ordres. À bord de son yacht, l'*Aphrodite*, il était le seul maître et n'entendait pas que l'on se plaçât en travers de son chemin même si une violente tempête semait la panique parmi l'équipage.

Le Grec se releva, étourdi.

— Votre cuisinier est fichu... vous feriez mieux de tenir la barre.

— Une crise d'appendicite n'est pas une condamnation à mort. Vous devriez savoir, mon ami, qu'Aphrodite est une déesse de la mer ; pendant l'opération, je lui confie le bateau et l'équipage.

Dédaignant l'incrédule, Porchey descendit dans sa cabine où il installa le malade ; il tenait beaucoup à ce cuisinier brésilien engagé lors de son dernier tour du monde.

L'homme se tordait de douleur.

Sur le pont, la plupart des marins s'étaient agenouillés et priaient Dieu. Porchey détestait ce genre de manifestation, caractéristique d'un manque de maîtrise de soi. Lorsqu'il avait appris à naviguer sur la Méditerranée, en face de la villa que son père possédait à Porto Fino, sur la

Riviera italienne, le vicomte Porchester n'avait jamais fait appel au Tout-Puissant. Ou bien il voguait seul, ou bien il se noyait seul, sans importuner une assemblée céleste occupée à des tâches plus importantes que l'assistance à un navigateur en détresse.

Au cuisinier, il donna à boire la moitié d'une bouteille d'un excellent whisky, puis s'assit au piano et joua des *Inventions* à deux voix de Jean-Sébastien Bach. Le mélange de l'alcool et de cette musique sereine rasséréneraít le patient ; s'il ne survivait pas, il partirait avec d'ultimes sensations de qualité.

Avant de mourir, la mère de Porchey avait exigé de lui que, conformément à l'éducation reçue au château de Highclere, il ne vît et n'entendît rien de commun ou de vil. En se préparant à ouvrir le ventre d'un Brésilien qui devait avoir un ou deux crimes sur la conscience, le vicomte s'excusa auprès des mânes de sa génitrice.

Le malade, les yeux fiévreux, osa l'interroger.

— Vous... vous avez déjà opéré ?

— Une bonne dizaine de fois, mon ami, et sans aucun échec. Détendez-vous et tout ira bien.

Grand lecteur, parlant l'anglais du Trinity College de Cambridge, l'allemand, le français, le grec, le latin et maniant quelques idiomes rares du bassin méditerranéen, Porchey avait effectivement lu des manuels de chirurgie et répété dans sa tête une opération de l'appendicite, cauchemar des navigateurs partant pour de longues traversées. C'est pourquoi il s'était muni d'une trousse chirurgicale digne d'un professionnel.

— Fermez les yeux et songez à un bon repas ou à une jolie femme.

Un sourire égrillard dilata les lèvres du cuisinier. Porchey profita de cet instant de faiblesse et l'assomma d'un coup de maillet sur la nuque. Quelques rixes dans des bars louches du Cap-Vert et des Antilles lui avaient appris à perfectionner cette technique d'anesthésie.

D'une main sûre, il opéra, songeant à l'épidémie de

rougeole qui avait failli l'emporter ; en guise de remède, on l'aspergeait d'eau glacée afin de faire tomber la fièvre. À Eton, le traitement n'était guère meilleur ; dès les premières secondes, le vicomte avait détesté les professeurs prétentieux, outres emplies d'un savoir inutile. Il travaillait à sa manière et à son rythme, indifférent aux notes et aux sanctions ; c'est pourquoi on le qualifiait de paresseux, alors qu'il développait un formidable pouvoir de concentration et une totale indépendance de pensée. Collectionneur de timbres, de tasses de porcelaine, de gravures françaises et de serpents en bocaux, il éprouvait un profond ennui à la lecture des classiques, qu'il s'agisse de Démosthène le rabâcheur, de Sénèque le rabat-joie ou de Cicéron le boursouflé ; au Trinity College, il avait pourtant trouvé une occupation passionnante : restaurer les boiseries à ses frais. Le directeur, scandalisé, s'était plaint à son père de l'attitude intolérable d'un membre de la vieille aristocratie terrienne, gardienne des valeurs et de la tradition que Porchey piétinait avec allégresse.

Il ne restait plus au jeune noble, sportif accompli, qu'à parcourir le monde, à découvrir l'Afrique du Sud, l'Australie et le Japon, à passer d'un continent à l'autre en quête d'un idéal qui le fuyait sans cesse. Lorsque son existence lui paraissait trop terne, il se plongeait dans les livres d'histoire ; l'antiquité l'attirait, en raison de son caractère grandiose, si opposé à la mentalité petite-bourgeoise dans laquelle s'enfonçait l'Europe.

L'Égypte le fascinait ; n'avait-elle pas dépassé l'homme en l'intégrant dans le colossal et en construisant des temples à la mesure de l'univers ? Pourtant, il avait évité la terre des pharaons comme si une crainte respectueuse, peu fréquente chez lui, l'empêchait de pénétrer en territoire inconnu.

Le vicomte considéra son travail avec satisfaction.

— Pas mal... pas mal du tout. Je ne jure pas qu'il s'en tirera, mais le manuel était correct ; décidément, rien ne vaut un bon livre.

L'heure du dîner approchait. Le vicomte changea de vêtements, optant pour une veste blanche et un pantalon de flanelle grise ; il n'oublia pas sa casquette de capitaine et remonta sur le pont où l'équipage continuait à prier dans la tempête.

— Dieu est bon, constata l'aristocrate. L'*Aphrodite* a traversé ce petit grain et personne n'est tombé à l'eau.

Plusieurs marins se précipitèrent vers lui.

— Du calme, messieurs. Notre cuisinier est à présent délivré de son encombrant appendice ; il ne sera probablement pas en état de préparer les repas et nous devrons nous débrouiller à la fortune du pot jusqu'à la prochaine escale. Que cet incident ne vous empêche pas de retourner à vos postes.

À la barre du yacht, l'héritier des Carnarvon avait fière allure. Le front haut et large couronné d'une chevelure presque rousse, le nez racé, la moustache taillée à la perfection, le menton affirmé, il avait le visage d'un conquérant partant vers l'infini.

Seul Porchey savait que l'image trompait ; il aurait volontiers dilapidé une partie de son héritage pour donner un sens à sa vie. L'intelligence, la culture, la fortune, la possibilité de faire ce qui lui plaisait comme il lui plaisait... tout cela ne lui ôtait pas le sentiment d'être vide et inutile.

Le Grec hurla.

— Le cuisinier est vivant ! Je l'ai vu, il a ouvert les yeux !

Le vicomte haussa les épaules.

— Je n'ai qu'une parole, mon brave ; n'avais-je pas promis de le sauver ?

## *Chapitre 2*

L'homme observait le jeune Howard Carter depuis une demi-heure.

Élégant, fin, il avait un visage sévère et un regard inquisiteur.

Profitant d'une belle journée, Howard avait planté son chevalet dans un champ où une jument allaitait son poulain ; le Norfolk bénéficiait d'une fin d'été exceptionnelle et offrait cent sujets de tableaux. À dix-sept ans, le garçon marchait dans les traces de son père et comptait devenir, comme lui, peintre animalier ; au lieu de l'envoyer à l'école de la ville, il lui avait appris à lire, à écrire, à dessiner et à peindre ; chevaux et chiens fournissaient les principaux motifs. Bien qu'il eût huit frères et sœurs, il se sentait enfant unique, seul capable de recevoir le message de l'artiste ; à lui de perpétuer la lignée et de prouver qu'il pouvait vivre de son art. Aussi travaillait-il avec persévérance, s'acharnant à parfaire le moindre détail.

Bien qu'il fût né à Londres, dans le quartier de Kensington, le 9 mai 1874, Howard Carter avait passé son enfance à Swaffham, un petit village dont il aimait le calme verdoyant.

La veille au soir s'était produit une sorte de miracle : pour la première fois, l'une de ses peintures lui donnait presque satisfaction. Le cheval gambadait, son œil riait, il vivait ; certes, les pattes manquaient de finesse et la tête devait être reprise. Mais la main devenait sûre : le métier rentrait.

L'homme cueillit un colchique qu'il glissa à sa boutonnière et fit quelques pas dans la direction de l'adolescent qui se leva et le regarda sans baisser les yeux, piétinant son éducation. Il continua sa lente marche à travers les herbes, ne craignant pas de maculer de vert son beau costume d'aristocrate, et s'arrêta devant l'aquarelle qu'il examina en tendant le cou comme un oiseau de proie.

— Intéressant, conclut-il. Tu te nommes bien Howard Carter ?

Le garçon détestait les manières des riches : entre eux, combien de salamalecs pour s'adresser la parole ! À l'inférieur, il suffisait de donner des ordres sur un ton méprisant.

— Je ne vous connais pas. Vous n'êtes pas du village.

— Puisqu'il n'y a personne pour nous présenter, en dehors de cette belle jument occupée à d'autres tâches, sache que je m'appelle Percy E. Newberry et que nous avons une amie commune. Aurais-tu l'obligeance de me dessiner un canard ?

Il tendit une feuille de papier.

— Mais... pourquoi ?

— Notre amie commune, Lady Amherst, qui habite le château voisin, m'a parlé de toi comme d'un peintre remarquable. Elle a acheté trois de tes toiles. Ta jument est plutôt réussie, mais un canard, c'est une autre histoire...

Rageur, Howard prit le papier et, en moins de cinq minutes, esquissa un colvert du plus bel effet.

— Lady Amherst n'avait pas tort ; accepterais-tu de dessiner et de colorier pour moi des chats, des chiens, des oies et quantité d'autres animaux ?

La défiance de l'artiste demeura intacte.

— Seriez-vous collectionneur ?

— Professeur d'égyptologie à l'université du Caire, en Égypte.

— C'est loin, n'est-ce pas ?

— Très loin. Londres est déjà plus proche.

— Pourquoi Londres ?

— Parce que notre belle capitale abrite le British Museum ; j'aimerais t'y emmener avec moi.

Le plus grand musée du monde... son père lui en avait souvent parlé. Un jour, peut-être, l'un de ses tableaux y serait-il exposé !

— Je n'ai pas d'argent. Le voyage, le logement...

— C'est réglé. Acceptes-tu de quitter ta famille et ton village pendant au moins... trois mois ?

Des hirondelles jouaient dans le ciel ; à l'orée de la forêt, un pivert picorait l'écorce d'un chêne. Abandonner le Norfolk, se séparer de ses parents, briser l'enfance... il renversa le chevalet.

— Quand partons-nous ?

*

Plusieurs mois de labeur ininterrompu, penché sur sa table à reproduire des hiéroglyphes où figuraient non seulement des animaux mais aussi des êtres humains, des objets, des édifices, des signes géométriques et bien d'autres aspects de cette langue que les Égyptiens considéraient comme sacrée : tel un scribe, Howard Carter apprenait à la dessiner avant de la comprendre ; tracer ces paroles de puissance transformait sa main et sa pensée. Il respectait scrupuleusement les modèles que lui procurait le professeur Newberry ; peu à peu, il écrivait comme avaient écrit les anciens.

Isolé dans un bureau, confiné dans une chambrette, il ne se liait avec personne. Le British Museum et ses gentlemen guindés l'intimidaient ; il préférait la compagnie des hiéroglyphes.

Un manteau de pluie glacée recouvrait Londres. Le professeur Newberry le convoqua ; sur son bureau, les dessins de Howard Carter.

— Ton travail me donne entière satisfaction. Aimerais-tu devenir le plus jeune membre de l'*Egypt Exploration Fund ?*

— Quelles charges implique cette distinction ?

Percy E. Newberry sourit.

— Pour être franc, Howard, tu es le caractère le plus farouche et le plus indépendant que le Créateur a placé sur ma route.

— Des défauts ?

— Le destin en décidera. En ce qui concerne la fondation scientifique privée qui serait heureuse de t'accueillir, elle a pour vocation l'étude des arts de l'Égypte ancienne et une meilleure connaissance de sa civilisation.

Bien que Howard Carter eût décidé de ne laisser paraître aucune émotion, une vague d'enthousiasme l'emporta.

— C'est... c'est merveilleux ! Je vais donc rester ici et continuer à dessiner des hiéroglyphes !

— Je crains que non.

Newberry lui apparut soudain comme un démon sorti de l'enfer afin de le torturer. À portée de sa main, un encrier. Le professeur perçut son intention.

— Pas de geste irréfléchi, Howard ; la situation est délicate.

— Ai-je commis une erreur ? Pourquoi me renvoyer ?

— Tu réagis sans savoir ; cet emballement pourrait te causer bien des soucis.

— Les conseils, après ; d'abord, la vérité !

Percy E. Newberry, mains croisées derrière le dos, se tourna vers la fenêtre de son bureau et regarda tomber la pluie.

— Le canard des hiéroglyphes est une bête venimeuse, Howard ; dès qu'il vous a pincé, on est mordu pour la vie.

— J'accepte de dessiner des milliers de canards.

— Acceptes-tu aussi de tout sacrifier à ces volatiles ?

La mise en garde ne l'effraya pas.

— Quand on a la chance de rencontrer de vrais amis, on les garde.

Le professeur Newberry se tourna à nouveau vers l'adolescent.

— Eh bien, monsieur Carter, vous voici archéologue. Il ne reste plus qu'un détail à régler.

— Lequel ?

— Vos valises. Nous embarquons demain pour l'Égypte.

## *Chapitre 3*

D'Alexandrie, Howard Carter ne vit rien ; le professeur Newberry était pressé de prendre le train pour Le Caire. Dès ses premiers pas sur le sol d'Égypte, le jeune homme se sentit libéré de dix-sept années d'Angleterre et d'une famille qui sombrèrent dans les brumes de l'oubli. Seul, mais soudain ivre des millénaires d'une civilisation immortelle, il commença à vivre.

Portant les deux précieuses valises du professeur, remplies de son matériel scientifique, il n'eut guère le loisir de goûter un Orient coloré et parfumé.

Le chemin de fer, des lignes télégraphiques, un service postal, une gare bourdonnante... il ne cacha pas son étonnement.

— Eh oui, Howard, l'Égypte se modernise. Elle vient malheureusement d'adopter l'arabe comme langue officielle de l'administration et d'autoriser un journal prêchant l'indépendance. Quelle folie ! Sans nous, ce pays serait condamné à la ruine et à la misère. Cette maudite gazette a reçu le nom d'*al-Ahrâm*, « la pyramide » ! Quelle profanation... par bonheur, les extrémistes n'ont aucun avenir. Ils finiront en prison, foi de Newberry !

Abandonnant le professeur à sa vindicte, il contempla les paysages du Delta, mariage d'eau et de terre : les villages, construits sur des buttes, dormaient sous le soleil. Des cohortes d'oiseaux blancs survolaient des étendues verdoyantes peuplées de roseaux ; des chameaux lourdement chargés avançaient d'un pas majestueux sur la crête des digues dominant des champs de blé. Le nez collé à la fenêtre du train, il alla d'émerveillement en émerveillement.

— Tu oublies de faire des croquis.

Honteux, il sortit son carnet à dessin et s'exécuta.

— Le travail, Howard ! Seul le travail compte. Tu es un scientifique, à présent, même si tu ignores tout. Contente-toi de noter et d'analyser ; si tu te laisses prendre à la magie de ce pays, tu perdras ton âme.

*

Dix races, cent langues, mille couleurs de turbans, une foule compacte d'Égyptiens, de Syriens, d'Arméniens, de Persans, de Turcs, de bédouins, de juifs et d'Européens, des femmes voilées de noir, des ânes chargés de luzerne ou de poteries, les toits de maisons délabrées encombrés de détritus, des odeurs d'excréments mêlées au parfum des épices, des sols boueux, des boutiques ouvertes dans un pan de mur, la fumée des fourneaux en plein air où l'on cuit la viande et le pain, des milans rapaces volant de la nourriture dans le panier que les paysannes portaient sur la tête, un rêve fou, grandiose, inhumain : tel lui apparut Le Caire, la mère du monde.

Ils logèrent dans un hôtel du centre-ville qui ressemblait trait pour trait à un établissement londonien ; le professeur commanda potage et porridge pour le dîner. Épuisé, ravi, Howard s'endormit en écoutant les voix ininterrompues de la grande cité.

À cinq heures du matin, Newberry le secoua sans ménagement.

— Debout, Howard ! Nous avons rendez-vous.

— Si tôt ?

— Le fonctionnaire que nous devons séduire travaille le lundi de six heures à onze heures ; si nous manquons l'occasion, nous perdons une semaine.

Les premiers cafés ouvraient; dans les rues, presque désertes, les passants semblaient frileux. L'air vif balayait les nuages et laissait apparaître un soleil pâle dont les premiers rayons se posèrent sur les innombrables minarets. Devant la grande mosquée de Méhémet Ali, la garde fut relevée.

Percy E. Newberry emprunta une ruelle sordide encombrée de cageots, de restes de volaille et d'amas de détritus; les demeures, à moitié effondrées, s'inclinaient les unes vers les autres au point que les *moucharabiehs* [1] se touchaient, permettant aux maîtresses de maison d'échanger des confidences sans sortir de chez elles. Ils traversèrent à grands pas le quartier misérable, passèrent devant des marchands d'oranges et de canne à sucre; derrière un sycomore se cachait l'entrée d'un palais délabré que gardaient deux hommes âgés. Ils saluèrent le professeur qui se contenta d'un hochement de tête et s'engouffra dans un escalier en marbre naguère somptueux.

Un Nubien vêtu d'une longue robe rouge les accompagna jusqu'à la porte d'un bureau que surveillait l'un de ses compatriotes, aussi musclé que lui.

— Je suis le professeur Newberry. Prévenez Son Excellence de ma venue.

« Son Excellence », un petit tyran moustachu au visage secoué par des tics, accepta de les recevoir. Son antre était encombré de piles de dossiers et de notes administratives au cœur desquelles il trônait comme un pacha. En raison de l'exiguïté du local, impossible d'y introduire des chaises; ils restèrent donc debout, face au fonctionnaire.

— Enchanté de vous revoir, professeur. Puis-je vous être utile?

— Votre Excellence détient la clé de ma sauvegarde.

— Qu'Allah nous protège. Qui est ce jeune homme?

— Howard Carter, mon nouvel assistant.

---

1. Petit balcon fermé par un grillage.

— Bienvenue en Égypte.

Howard s'inclina gauchement. Prononcer les mots « Votre Excellence » était au-dessus de ses forces ; pourquoi un savant comme Newberry perdait-il son temps avec ce bonhomme sentencieux ?

— Votre famille se porte-t-elle bien, Votre Excellence ?

— À merveille, professeur ; je constate que votre santé est florissante.

— Moins que la vôtre.

— Vous me flattez ; comptez-vous retourner en Moyenne-Égypte ?

— S'il plaît à Votre Excellence.

— Il me plairait, professeur, il me plairait ! Les autorisations de séjour se trouvent au sommet de cette pile, sur votre gauche. J'aimerais tant les signer et vous les donner...

Percy E. Newberry pâlit.

— Des troubles dans la région ?

— Non, non... les peuplades locales sont calmes.

— Les routes ne seraient-elles pas sûres ?

— Aucun incident à déplorer.

— Éclairez-moi, Votre Excellence.

— Les frais administratifs... Ils ont beaucoup augmenté, ces derniers mois. La somme que vous aviez réglée d'avance ne correspond plus à la réalité, hélas !

Le professeur parut soulagé.

— Votre Excellence consentirait-elle à me préciser le montant de cette augmentation ?

— Le double.

Percy E. Newberry sortit de la poche de sa veste une liasse de livres sterling et l'offrit à Son Excellence qui se confondit en remerciements, ouvrit un coffre mural et y rangea avec soin le pécule. La porte refermée, il condescendit à délivrer les autorisations.

Le Nubien apporta du café turc ; pendant la dégustation, force banalités furent échangées. Au sortir de cette entrevue, Howard manifesta sa fureur.

— C'est de la corruption !

— Un cérémonial, Howard.
— Jamais je ne céderai à un pareil chantage.
— En Europe, la corruption se dissimule sous le manteau de la politique et de la justice ; ici, c'est une institution. Chaque chose a son prix ; encore faut-il connaître le bon. Sinon, tu passeras pour un imbécile et tu perdras la face, c'est-à-dire tout.
Un rire sarcastique anima la poitrine du professeur.
— En considération du trésor que tu vas découvrir, je n'ai pas payé cher.

## *Chapitre 4*

— Un trésor, dites-vous ? interrogea Porchey, sceptique.
Le cuisinier brésilien réitéra son affirmation, dans un mélange de portugais et d'anglais fort désagréable à l'oreille.
— Un énorme trésor !
— Joyaux ?
— Des bagues, des colliers, des diamants, des émeraudes... ce sont les pirates qui les ont cachés.
Le futur Lord Carnarvon regarda la carte.
— Sur quelle île ?
— Lanzarote.
— Ce n'est pas mon chemin.
— Ne laissez pas passer cette occasion, monseigneur.
Lanzarote... le nom de cette île des Canaries résonnait de manière étrange dans la mémoire de l'aristocrate. Il se concentra sur son passé d'étudiant et la lumière vint ; c'était là, dans un des bouts du monde, que s'était retiré un châtelain écossais ruiné, passionné d'astrologie, de femmes exotiques et de vin blanc.

À mille kilomètres au sud de l'Europe et à cent quinze de la côte africaine où les anciens situaient les Champs Élysées, où les bienheureux goûtaient un éternel soleil, là aussi où les amateurs de merveilleux localisaient l'Atlantide !

« Iles Fortunées » : ainsi baptisait-on les Canaries entre marins au long cours; île de pourpre, disait-on de l'étrange et sévère Lanzarote, immense champ de lave ponctué de volcans aux pentes déchirées.

L'*Aphrodite* accosta Arrecife au prix de mille difficultés; la pluie battante, un vent violent, des courants dangereux et un chenal étroit rendirent la manœuvre délicate. Porchey tint bon la barre et, une fois de plus, évita le naufrage. Le cuisinier brésilien s'était réfugié dans une litanie où la Vierge Marie côtoyait un démon vaudou.

Désolée et hostile, Lanzarote ne ressemblait guère à l'idée qu'un Anglais correctement éduqué pouvait se faire du paradis. L'ancre jetée, Porchey emprunta une barque locale qui l'amena à un port misérable où pourrissait un brick de pirates : une tour fortifiée veillait sur le néant d'une mer désertée et des canons rouillés s'apprêtaient à tirer d'inutiles boulets sur des fantômes de corsaires.

— Où se trouve ton trésor ?

— Dans la capitale, Teguise, répondit le cuisinier brésilien.

Porchey loua à prix d'or une carriole que conduisit un *mago*, paysan local coiffé d'un chapeau de paille à larges rebords et aussi loquace qu'un morceau de lave.

Les insulaires n'avaient pas encore inventé les routes; aussi les véhicules, tirés par un mulet et un chameau faisant bon ménage, progressaient-ils sans hâte sur une piste caillouteuse, à travers un paysage dévasté où aucun arbre ne parvenait à pousser.

L'aristocrate nota que le cuisinier devenait de plus en plus nerveux.

— Tu es un ingrat : je t'ai opéré avec succès et tu voudrais me trouer la peau.

— Moi ! Mais pourquoi...

— Je crains que ma bourse ne t'intéresse davantage que mon étude inédite sur les vases étrusques.

— Monseigneur... vous me prêtez des pensées...

— Pour résumer la situation, tes amis m'attendent au détour de quelque cactus avec la ferme intention de m'ôter la vie et mes guinées.

Le teint du Brésilien devint verdâtre.

— Un gentleman te ferait parler avant de te supprimer.

— Vous en êtes un, milord !

— Par moments, j'aime m'encanailler.

Le cuisinier sauta à terre et détala. Le *mago* ne ralentit pas l'allure, indifférent aux querelles des étrangers. Comme Porchey ne pouvait quand même pas préparer le repas lui-même, il lui faudrait engager un marmiton avec l'espoir qu'il ne cacherait pas son incompétence sous les épices.

Teguise, la capitale, était une misérable bourgade aux maisons blanches et basses, accablées d'un sommeil millénaire. Ce n'était pas ici que Porchey découvrirait la passion qui brûlerait son ennui.

La demeure du gouverneur, aux balcons de bois, trônait sur la place principale où de vieux paysans somnolaient sous leurs chapeaux. Un homme vêtu de blanc dissertait avec des vignerons qui vantaient la qualité de leurs crus. Malgré son embonpoint et une barbe mal taillée, Porchey reconnut son condisciple.

— Heureux de te revoir, Abbott.

— Porchey ! Tu as survécu au collège ?

— Plus ou moins.

— Viens-tu t'installer ici ? Les filles sont un peu farouches, mais le vin blanc est excellent ! Des ceps qui poussent dans la lave... un goût incomparable ! Goûte-moi ça.

Le liquide était d'un jaune brillant.

— Convenable, apprécia Porchey ; il ne supporte pas la comparaison avec un grand bourgogne, mais il peut sauver une situation désespérée.

— Tu es toujours aussi exigeant... Bien entendu, je t'héberge !

La soirée fut agréable ; Abbott servit une viande de bœuf grillée et un gâteau de riz.

— Je ne suis pas malheureux, ici ; il ne se passe rien et moi, je m'écoule doucement !

— Tu as de la chance, Abbott.

— Je me connais : je ne suis bon à rien et je développe cette qualité. Toi, c'est différent... Un instant, j'avais dressé ton thème astral, te souviens-tu ?

Abbott revint avec une série de zodiaques carrés où il avait disposé des planètes.

— Soleil et Mercure en Cancer, Jupiter en Verseau... le passé et l'avenir, la tradition et l'invention. Tu n'as pas fini de nous étonner, Porchey.

— Que le ciel t'entende !

Légèrement assommé par le vin blanc de Malvoisie, le futur Lord Carnarvon tarda à trouver le sommeil. Quand son lit bougea, il comprit qu'il avait abusé de ce cru délicieux ; lorsque les murs de sa chambre tremblèrent, il mit d'abord en doute la compétence de l'architecte, puis sortit sur le balcon.

La pleine lune dispensait une lumière argentée. Au loin, un panache de fumée sortait d'un volcan.

Abbott apparut sur le balcon de gauche.

— Une éruption, annonça-t-il, gourmand.

La terre continua à trembler ; une lueur rouge jaillit de la montagne en feu. Bientôt, une coulée de lave dévalerait la pente.

— Splendide, jugea Abbott. Quoi de plus excitant que de vivre aux portes de l'enfer ?

— Les franchir, répondit Porchey.

## *Chapitre 5*

Ce fut à Béni-Hassan que Howard Carter vécut sa vraie première nuit égyptienne. Sur ce site oublié de Moyenne-Égypte fleurissait encore l'âme des nobles du Moyen Empire dont les tombes creusées au sommet d'une falaise dominaient le Nil. En contrebas, un cimetière musulman et des jardinets en bordure du fleuve ; sur des îlots herbeux jouaient les aigrettes. L'air était transparent ; le coucher du soleil le surprit alors qu'il copiait une inscription hiéroglyphique.

Assis sur un escarpement, il fixa le disque rougeoyant qui s'enfonçait vite dans l'horizon ; de l'or, du pourpre et du mauve se disputèrent la suprématie avant de céder à la lumière désincarnée des étoiles.

Une paix d'un autre monde lui calma le cœur. Plus de brume, plus de crachin, de macadam luisant de pluie, de smog, plus de tristes cortèges d'hommes sérieux et pressés de gagner leur vie pour mieux la perdre, mais la lumière, le fleuve divin et le temps arrêté.

Il avait trouvé sa terre ; son destin lui appartenait.

*

— Souvenons-nous, Howard, du reproche de Pescennius Niger à ses soldats : « Vous avez l'eau du Nil et vous demandez du vin ! » N'en déplaise à ce valeureux guerrier romain, je te propose de déguster cet excellent cru.

— Merci, professeur !

Percy E. Newberry examina son collaborateur avec anxiété.

— Tu fais une drôle de tête ; souffrirais-tu d'un mal quelconque ?

— Qui a bu de l'eau du Nil en boira, affirme le proverbe ; je ne demande rien de plus.

D'autorité, le professeur remplit les verres. Sur le chantier de fouilles de Béni-Hassan, c'était jour de repos, donc l'occasion d'améliorer l'ordinaire. Les conditions d'existence étaient rudes, mais dormir sur le site présentait l'avantage d'être à pied d'œuvre sitôt le soleil levé et de pouvoir dessiner sans nul autre souci que la recherche de la perfection. Le tracé égyptien, si simple en apparence, témoignait d'une extraordinaire maîtrise, mais Howard Carter ne rendrait pas les armes avant d'avoir épuisé la totalité de ses ressources.

— Tu travailles trop, Howard.

— Le travail, professeur, n'est-ce pas l'essentiel ?

— Ne me prends pas pour un idiot. Lorsque ta journée est terminée, tu en commences une autre ; non content de dessiner et de peindre, tu passes tes nuits à lire.

— L'histoire de l'Égypte ancienne me passionne ; est-ce un crime ? Si ma mémoire est bonne, c'est vous qui m'avez fait mordre par le canard des hiéroglyphes.

— Qui pourrait te faire entendre raison ?

Howard ouvrit un pan de la tente où ils déjeunaient.

— Ce paysage nous contemple plus que nous le contemplons, il m'absorbe chaque minute davantage, me nourrit, me fait percevoir que la mort est un fruit d'éternité. Ces tombeaux sont vivants, professeur ; je vénère ces défunts souriants représentés sur les murs. Leurs yeux ne se fermeront jamais.

— Méfie-toi, Howard ; tu deviens un vieil Égyptien. Quitter la nationalité britannique est une infamie.

Quelqu'un gravissait le sentier ; des cailloux roulaient sous ses chaussures. Inquiet, Newberry sortit de la tente.

— Il a osé, murmura-t-il, il a osé...

L'homme grimpait avec régularité. Le visage mangé par une abondante barbe blanche, il pouvait avoir cinquante ou cent ans. Sec, presque décharné, la peau tannée, il avançait en terrain conquis.

— Heureux de me revoir, Percy ?

Le professeur répondit sur un ton glacial.

— Qui ne serait charmé de recevoir Sir William Flinders Petrie, le plus grand des égyptologues ?

— Pour une fois, vous ne vous trompez pas. Ce jeune homme au visage farouche est bien Howard Carter ?

Petrie le dévisagea comme une bête destinée à l'abattoir.

— Il est mon assistant.

— Il ne l'est plus. À partir de cette minute, il entre à mon service.

Howard serra les poings.

— Je ne suis pas une marchandise. Tout Petrie que vous soyez, moi, je suis un homme libre ; mon patron est le professeur Newberry.

Sir William s'assit sur un bloc, face au Nil et à la douce campagne de Béni-Hassan.

— La liberté est une illusion moderne, mon garçon ; dans ce monde n'existe qu'une seule réalité : il y a ceux qui dirigent et ceux qui obéissent. Aujourd'hui, j'appartiens à la première catégorie et toi à la seconde. J'ai l'intention de t'apprendre ton métier ; tu n'as plus à t'agiter ici.

— Et si je vous envoie au diable ?

— Tu ne seras pas le premier ; Petrie est indestructible. Si tu refuses, notre ami Newberry sera contraint de rentrer en Angleterre avec tes beaux dessins et toi en prime.

Le professeur enrageait, mais n'osait protester.

— C'est un odieux chantage.

— Un énorme travail m'attend et j'ai besoin de collaborateurs enthousiastes et compétents, même s'ils ont mauvais caractère. N'espère pas prendre le temps de la réflexion ; je regagne immédiatement mon bateau. Ou tu me suis, ou tu renonces à l'Égypte.

Petrie descendit la pente avec l'agilité d'une chèvre. Bientôt, il disparaîtrait.

Newberry posa sa main sur l'épaule du jeune homme.

— Tu n'as pas le choix, Howard. Suis-le.

— Mais, vous...

— Petrie est le meilleur. Grâce à lui, tu deviendras un véritable archéologue.

Un Anglais ne pleure jamais. Afin de cacher ses larmes, Howard Carter, avec son carton à dessins et sa boîte d'aquarelle comme seuls bagages, s'élança dans la descente au risque de se rompre le cou.

## *Chapitre 6*

Peu avant le couchant, le ciel devint sépia ; d'énormes nuages ocre emplirent l'horizon et formèrent un dôme menaçant.

— Précipitons-nous à l'intérieur du bateau et bouchons toutes les ouvertures, ordonna Petrie.

Le vent fut plus rapide que les archéologues ; soufflant avec une violence de fin du monde, il s'accompagna d'une pluie de sable qui s'infiltra dans le moindre interstice. Bien qu'ils fussent à l'abri, leurs yeux brûlèrent ; Sir William obligea Carter à se couvrir la tête d'une couverture et à demeurer prostré. La cabine du vieil esquif était si peu hermétique que le sable se déposa sur les lits, les meubles et chaque pièce de vaisselle.

Après dix heures de furie, le *khamsin* se calma, abandonnant une couche blanchâtre sur les maisons du village près duquel ils avaient accosté.

Le lendemain, le vent du désert déclencha des tourbillons qui voilèrent le soleil et les empêchèrent de sortir.

— Combien de temps ce cataclysme va-t-il durer ?

— Trois jours, trois semaines ou trois mois, Howard ; profitons-en pour vérifier tes connaissances.

Sir William le soumit à un interrogatoire égyptologique qui mit ses lacunes en évidence.

— Être ignorant à ce point relève de la farce, mon garçon.

— Je n'ai pas eu la chance de fréquenter l'Université.

— Je m'en moque. Ta chance, c'est d'être ici ; puisque tu ne sais rien, tu n'as rien appris de travers.

Il lui dévoila des règles de grammaire, lui fit traduire des phrases simples et mémoriser des listes de mots ; puis il lui montra ses rapports de fouille.

— Les égyptologues sont des papillons ou des taupes, Howard ; ou bien ils volent de site en site sans rien voir ou bien ils sont bornés au point de s'attarder dix ans sur un tesson de poterie. Moi, je mets de l'ordre dans le fatras que les siècles ont accumulé.

Carter éprouva soudain un immense respect pour Sir William, son attention extrême aux monuments, sa volonté de transmettre sa science. Leurs caractères ne s'allieraient jamais, mais leur commun amour de l'Égypte favorisa un dialogue qui dura jusqu'au jour du printemps où le maître fit découvrir Tell el-Amarna au disciple.

Dans cette plaine désertique, entre le Nil et la falaise, avait été édifiée la cité du soleil, l'éphémère capitale d'Akhénaton l'hérétique. Petrie ne l'aimait pas et le jugeait décadent.

Cette vastitude désolée serra le cœur de Howard. Soudain, il vit le grand temple à ciel ouvert, le palais blanc aux rampes ornées de fresques, les bassins d'eau fraîche, la volière regorgeant d'oiseaux exotiques, il vit le roi et la grande épouse Néfertiti sur leur char d'argent, acclamés par leurs fidèles, il vit les ambassadeurs d'Asie et de Nubie présenter leurs tributs au couple royal.

— Rêver est inutile, Howard ; la réalité nous donne trop de travail.

Obéissant, muet, il mesura les tracés des maisons rasées jusqu'aux fondations; tout en appliquant les techniques rigoureuses de Sir William, il ne cessa de songer au pharaon maudit dont l'œuvre avait été détruite avec tant d'acharnement. En dépit de la lutte menée par les acacias et les sycomores, malgré les canaux d'irrigation, le désert triomphait; il concédait au Nil un ruban fertile, mais se ruait à l'assaut des terres dès que l'homme paressait.

— Tu progresses, Howard, admit Petrie; mais prends garde à cette mort lumineuse qu'on appelle le désert. Les Arabes en ont peur; ils le croient peuplé de monstres, de mauvais génies et de forces incontrôlables. Tu devrais les écouter.

*

Petrie dormait. Howard partit seul dans le désert, vers l'occident; il lui fallait dialoguer avec ce lieu sauvage, lui arracher son secret. La chaleur serait bientôt insupportable mais il ne la craignait pas; là-bas, dans ce sable infini, au fond d'un oued desséché, l'attendait le fantôme d'Akhénaton.

Le soleil atteignit le zénith. Au terme de quatre heures de marche, il distingua un campement. Un bédouin armé d'un fusil l'obligea à rentrer sous la tente du chef.

— Qui es-tu?

— Howard Carter. Je travaille sur le site d'el-Amarna.

— Avec Petrie?

— C'est exact.

Le chef parlait un excellent anglais.

— Petrie... un savant scrupuleux qui ne comprendra jamais rien à l'Égypte. Pour lui, tout est chiffres, mesures, calculs, inventaires... tu es bien jeune. Que cherches-tu?

— La tombe d'Akhénaton.

— Déchausse-toi, mes serviteurs vont te laver les pieds. Ensuite, nous partagerons les dattes, l'agneau rôti et nous boirons du lait de chèvre.

Grande faveur lui était accordée ; six enfants rendirent hommage à leur père et se tinrent en silence à ses côtés, attendant qu'il eût absorbé la première bouchée avant de se nourrir. Le chef, âgé d'une soixantaine d'années, adopta la posture du scribe.

— Ne te jette pas tout droit sur l'obstacle, Howard Carter ; prends un chemin sinueux, apprends à perdre du temps, fortifie-toi avec la ténacité des justes, épouse les courbes de la patience et tu arriveras à ton but.

— Le connaîtriez-vous ?

— Ce n'est pas Akhénaton dont la tombe est proche d'ici.

— M'y emmènerez-vous ?

— Inutile ; les pillards l'ont saccagée. Recherche le fils de son esprit, celui qui lui a succédé et dont les hommes ont perdu la trace. Voici ton destin, Howard Carter : découvrir un trésor, le plus fabuleux de tous les trésors. Mais qui oserait affronter tant de périls ?

Le chef leva les yeux vers un avenir que lui seul discerna.

— Parle encore, supplia Carter.

— Regagne la cité détruite et commence à chercher sans hâte et sans trêve ; tente de lever le voile et souviens-toi : si une journée se passe sans que tu aies appris quelque chose qui t'approche de Dieu, que ce jour soit maudit. Qui recherche cette sagesse est plus aimé de Dieu que le plus grand des héros de la guerre sainte.

*

Avec nervosité, Carter dépouilla les manuels d'histoire égyptienne que Petrie avait mis à sa disposition ; Sir William le surprit au cœur de la nuit.

— Te voilà de retour... où te cachais-tu ?

— Quel est le fils d'Akhénaton ?

— Il n'a eu que des filles.

— Son successeur ? Ces livres sont si confus !

— La période est mal connue. Je parierai sur un roitelet tout à fait obscur : Toutankhamon[1].

— Sa tombe a-t-elle été découverte ?

— Pas encore.

— Pourrait-elle être creusée près de celle d'Akhénaton ?

— Plutôt dans la Vallée des rois ; des indices sérieux autorisent à penser que Toutankhamon, à la fin de l'hérésie, est retourné à Thèbes. Son nom même, qui signifie « symbole vivant d'Amon », prouve qu'il vénérait à nouveau le tout-puissant Amon. En quoi ces vieilles querelles théologiques t'intéressent-elles ?

— Je veux découvrir la tombe de Toutankhamon.

— Qui t'a fourré cette idée dans la tête ?

— Un chef bédouin m'a révélé mon destin, dans le désert.

— Ah ! Ce vieux fou qui prétend connaître l'emplacement de la sépulture d'Akhénaton... il se prend pour un devin. Rassure-toi : aucune de ses prédictions ne s'est réalisée. Oublie sa prophétie et fixe-toi des buts plus sérieux ; toutes les tombes de la Vallée des rois ont été pillées voilà bien des siècles. L'endroit ne présente plus le moindre intérêt pour un archéologue.

Percevant son désarroi, Petrie jugea bon de le réconforter.

— J'aimerais te confier une mission délicate, Howard ; mon collègue suisse Naville travaillera bientôt à Deir el-Bahari et aurait besoin du concours d'un aquarelliste pour reproduire les peintures et les bas-reliefs du temple de la reine Hatchepsout.

Carter acquiesça sans manifester d'enthousiasme, bien qu'il eût envie de crier sa joie : Deir el-Bahari ne se trouvait-il pas sur la rive occidentale de Thèbes, tout près de la Vallée des rois ?

1. Orthographe simplifiée pour Tout-ânkh-Amon.

## *Chapitre 7*

Quand Porchey se retourna, il aperçut l'empreinte de ses pas dans le sable immaculé de la Baie d'Orient. L'île de Saint-Martin, repaire de pirates et de trafiquants, offrait de vastes plages solitaires que survolaient des pélicans. Eau verte et limpide, vent soutenu, soleil tiède... le futur Lord Carnarvon n'en avait cure. S'il avait choisi cette escale, à la charnière des Grandes et des Petites Antilles, ce n'était pas pour se baigner mais afin d'ajouter une pièce de choix à sa collection de personnalités : le dernier des Arawaks, les premiers Indiens qui avaient vécu ici.

Découverte en 1493 par Christophe Colomb, Saint-Martin était retombée dans l'oubli avant d'être occupée en 1629 par les Français, suivis en 1631 par les Hollandais et en 1633 par les Espagnols contre lesquels lutta vainement Peter Stuyvesant. L'île avait été la propriété des uns et des autres, au gré des guerres et des combats. Les Anglais avaient correctement tenu leur rôle avant de céder la meilleure partie aux Hollandais et la moins riche aux Français.

Porchey se remémora l'itinéraire que lui avait indiqué un Antillais exilé aux Canaries : il quitta la plage en direction du mont Vernon et passa devant une maison en ruine que les termites avaient rongée. Cyclones et luttes sanglantes avaient régulièrement abattu les murs des forts et des plus belles demeures, comme si la paix était impossible dans cet apparent paradis.

L'aristocrate avait lu avec intérêt le récit du frère Ramon Pane, frère prêcheur de l'ordre de Saint-Jérôme et compagnon de voyage de Colomb ; il expliquait la manière dont les Arawaks, après avoir absorbé du *cohoba*, une drogue hallucinogène, entraient en contact avec les dieux et les démons qu'ils devaient ensuite sculpter dans la pierre ou dans le bois. Ces sculptures devenaient des êtres dangereux; sous peine d'être maudits et de tomber malades, leurs auteurs devaient chaque jour leur offrir du manioc. Or, le dernier des Arawaks prétendait avoir vu le grand dieu et l'avait donc enfermé dans une forme qui révélait sa véritable nature. Une légère excitation animait Porchey; qu'un Britannique raisonnablement sceptique pût contempler le Créateur méritait le détour.

Du temps des Arawaks, l'île ignorait le crime; ils vivaient nus et pêchaient. L'arrivée des Caribs, venant des jungles de l'Amazonie, avait mis fin à cette période tranquille. Violents et cruels, ils avaient exterminé les Arawaks et s'étaient nourris de leur chair. Procédé choquant, selon Porchey, qui déplorait le manque d'élégance de ces Caribs dont le nom, transformé en Caraïbes, ne signifiait rien d'autre que cannibales. Lorsqu'on a la chance de découvrir une peuplade heureuse, est-il nécessaire de la dévorer?

De l'avis général, les Arawaks avaient été anéantis; qu'il en subsistât un relevait du miracle. Miracle... voilà bien le seul phénomène qui intéressait Porchey. À force de le traquer dans tous les coins du monde, finirait-il par le rencontrer?

Porchey emprunta un sentier très étroit, longea le pied du mont Vernon et s'enfonça dans une petite forêt d'où émergeaient des cocotiers. À l'endroit prévu, près d'un arbre mort qu'enserraient des lianes épaisses, il aperçut une hutte couverte d'un toit de palmes; assise devant la porte, une vieille négresse cuisait du riz dans une marmite en terre. Son domaine était caché par des hibiscus, des crotons et des alamendas [1]; à quelques pas, elle cultivait un carré de patates douces et de choux.

1. Arbres exotiques aux feuillages très colorés.

Comme il n'y avait personne pour faire les présentations, Porchey fut contraint de révéler une partie de son identité. L'énumération de la totalité de ses titres lui parut superfétatoire.

— Moi, dit la vieille, je m'appelle Mammy.

— Êtes-vous la dernière des Arawaks ?

— J'ai été élevée à la soupe aux pois et personne ne m'a jamais insultée.

— Telle n'est pas mon intention ; ne détiendriez-vous pas une sculpture ?

Mammy sourit.

— Toi aussi, tu t'es fait prendre ! La légende attire ici deux ou trois visiteurs par an... Qui pourrait enfermer Dieu dans une idole ?

— Les Arawaks ont essayé.

— Ils sont morts... J'aimerais manger en paix.

Porchey reconnut la légitimité de ce désir ; il abandonna Mammy et prit la direction de la capitale française, Marigot. Grâce au concours d'un âne et de son propriétaire, il y parvint avant la nuit.

L'endroit ne ressemblait ni à Londres ni à Rome. La rue principale, la seule qui existât, était bordée de maisons en bois peint dont la solidité laissait à désirer. Au bout de l'artère, l'océan ; sur la gauche, la mairie ; sur la droite, l'école et le commissariat. Un notable s'était offert un premier étage avec une galerie.

Porchey mena une enquête minutieuse, consulta des archives et interrogea les autorités. Sa quête du dernier des Arawaks se traduisit par un échec ; il avait été victime d'un mensonge.

Le lendemain, il assista à un bal où des jeunes filles jetaient de l'avoine sur le sol afin de pouvoir glisser en dansant ; un instant charmé, l'aristocrate s'ennuya vite, quitta l'assemblée et s'assit au bord de l'eau. Les alizés soufflaient avec force, ployant les cocotiers.

— Tu attends quelqu'un ? demanda une fillette rieuse, une fleur d'hibiscus dans les cheveux.

— Peut-être.

— Comment s'appelle-t-il ?

— Je l'ignore.

— Un ami ?

— Un ami... oui, tu as trouvé le mot juste. Un ami en qui j'aurais confiance, un homme vrai capable de se sacrifier pour son idéal.

La fillette partit en courant.

En la regardant, Porchey se demanda si l'ami sans nom viendrait du ciel, de l'océan ou de la terre, s'il était né dans un pays proche ou lointain et s'il parviendrait à éteindre son errance dans un regard complice.

## *Chapitre 8*

Dans un bruit infernal, le train partit de la gare du Caire à vingt heures précises ; les voyageurs hurlaient, riaient, s'apostrophaient et couraient d'un compartiment à l'autre. Tassé entre un notable obèse appuyé sur sa canne et une matrone voilée vêtue de noir, Carter songeait aux adieux glacés de Petrie. Sir William estimait lui avoir appris les bases de l'archéologie telle qu'elle devait être pratiquée ; doté de solides connaissances historiques, capable de déchiffrer certains textes hiéroglyphiques, le jeune homme était apte, selon lui, à commencer une brillante carrière dont Deir el-Bahari serait une étape décisive.

Carter se sentait orphelin. Après avoir perdu Newberry, il était abandonné par Petrie. Le destin le condamnait-il à la solitude ? Pourtant, au terme de ce nouveau voyage, Thèbes ! Thèbes et la Vallée des rois qu'il interrogerait jusqu'à ce qu'elle lui livrât ses secrets.

Une famille dîna ; on étala sur les sièges des concombres, des feuilles de salade, des œufs durs et l'on vida des gargoulettes sans cesser de parler haut et fort. Le père, repu, ôta ses babouches, se cala contre un sac et parvint à s'endormir malgré le concert de piaillements. Lorsque trois petits fonctionnaires décidèrent d'occuper le compartiment afin d'y tenir un conciliabule en fumant des cigarettes, Carter fut contraint de fuir ; l'odeur de ce tabac aurait condamné ses poumons à l'asphyxie. Par bonheur, il put atteindre la plate-forme.

Seul face à la nuit étoilée, il vécut son plus beau voyage en chemin de fer. Grâce à la faible allure du train, le vent était doux ; respirer fut un délice. Il goûta chaque *mile* comme une offrande céleste. Les heures passèrent tel un instant.

Soudain l'orient se teinta de rouge ; au cœur d'une île de flamme, le jeune soleil livra un combat victorieux contre les ténèbres ; de l'or se glissa dans le vert des palmiers, les moissons ondulèrent sous la brise du matin, le Nil sortit de sa torpeur.

Surgit la gare de Louxor, poussiéreuse et écrasée de soleil ; le train stoppa sous une passerelle métallique. Pressés, les voyageurs jaillirent des wagons en gesticulant ; pris dans la tourmente, Carter suivit le flot humain. Piétons, marchands ambulants, ânes, calèches s'entremêlèrent dans un chaos mouvant. S'habituant au brouhaha, il se faufila dans un nuage de sable, et sans doute aussi d'éternité, provenant des pierres, des temples ou des tombeaux. Délivré de la cohue, il s'arrêta devant une cuisine en plein air et consomma des fèves chaudes mélangées à du riz. Ce solide repas lui donnerait l'énergie nécessaire pour la journée.

Sans doute aurait-il dû se présenter au serviteur qui, sur le quai de la gare, brandissait une pancarte à son nom afin de le conduire auprès de Naville ; mais il n'avait pas envie de discuter avec quiconque. Il lui fallait d'abord s'entretenir avec cette terre, ce ciel, cette lumière à la fois tendre et violente. Son regard ne put se détacher de la montagne thébaine trônant sur la rive d'Occident ; à cette heure, elle était rose et bleue.

À l'embarcadère, il héla un felouquier ; le prix du passage fixé après une longue discussion où Carter utilisa ses rudiments d'arabe, l'embarcation s'élança sur le Nil. Elle dépassa un bac chargé de paysans et d'animaux, se glissa dans le courant et gagna trop vite la rive opposée. Cette courte traversée fut un moment de bonheur extrême, un rite répété des milliers de fois pendant des millénaires qu'il revécut avec la vénération d'un disciple écoutant le message d'un maître invisible s'exprimant par le souffle du vent qui purifiait la voile blanche.

Un marché animait la rive gauche ; on y vendait du blé, de l'orge, des fèves, des pistaches, des poulets en cage et du tissu. Des badauds se pressaient autour d'un devin qui traçait dans le sable des signes étranges. Plusieurs âniers l'assaillirent et lui proposèrent leurs services ; il choisit un grison à l'œil malicieux et au beau pelage.

— Où veux-tu aller ? demanda l'ânier.

— La Vallée des rois.

— C'est loin. Ce sera cher.

— Je connais exactement la distance et le prix ; si tu veux être mon ami, ne cherche pas à m'abuser.

Après un dialogue serré avec sa conscience, l'homme se rendit aux vues de Carter. Ils partirent d'un pas lent vers le vallon des merveilles, traversèrent une campagne riante où poussaient blé, luzerne, trèfle, lupin et coton ; gamousses et dromadaires les croisèrent, indifférents.

Le guide l'arrêta devant les colosses de Memnon, deux colosses royaux fort dégradés.

— Grand mystère, marmonna-t-il ; ce sont des génies redoutables. Parfois, ils chantent.

— Ils se taisent depuis que les Romains les ont réparés.

— Non ! C'est la bonne oreille qui manque.

Il retint la leçon. Avec Petrie, il avait étudié une « Sagesse » de l'Ancien Empire où le vieux scribe affirmait que l'écoute est la clé de l'intelligence. Les Égyptiens n'appelaient-ils pas les oreilles « les vivantes » ?

Poursuivant leur chemin, ils longèrent le village de Gournah. Devant des maisons en terre jouaient des enfants sales, à moitié nus ; certains lui sourirent, d'autres s'enfuirent. Il sentit que, derrière le visage aimable des fellahs, se cachaient des secrets qu'il valait mieux laisser enfouis dans l'obscurité des caves ou les recoins de la montagne. Son travail consisterait pourtant à creuser, à fouiller et à déterrer. Ils délaissèrent le temple de Séthi Ier, abandonné à des troupeaux de chèvres et envahi de mauvaises herbes, et s'engagèrent sur la route menant aux tombes.

Avec brutalité, les cultures disparurent ; débuta aussitôt le désert, sans aucune transition. Sable, chaleur et aridité repoussaient toute présence, humaine, animale ou végétale ; ici régnait en maître absolu le minéral, célébrant des noces grandioses avec le soleil. Rien de ce que Carter avait vu auparavant ne se comparait à cet univers que dominait la cime d'Occident, semblable à une pyramide. Dans la fulgurance de l'instant, il sut qu'il passerait ici les plus belles années de sa vie.

La lumière lui brûla les yeux ; l'âne ralentit l'allure, avançant entre des murailles de calcaire. Il pénétra dans un pays d'apocalypse où semblait concentrée la matière première utilisée lors de la création du monde. Pas après pas, il s'enfonça dans un défilé brûlant ; de part et d'autre, des pentes creusées de ravins, traces de pluies violentes. Chacune des pierres était chargée de mémoire ; n'avaient-elles pas assisté aux processions funéraires qui, jadis, empruntaient ce même chemin ?

Il descendit de l'âne ; le pauvre grison l'avait supporté trop longtemps. L'heure vint de franchir la porte de la Vallée, faille dans le temps et dans l'espace, où la puissance la plus énigmatique préservait la gloire des dieux.

Désert des déserts, solitude absolue, silence infini... Comment décrire ce lieu de vérité où toute activité humaine était incongrue ? Il sentit que les âmes des rois morts veillaient sur leurs demeures.

Pas une seule sépulture, affirmait-on, n'avait échappé aux voleurs ; incrédule, il alla de caveau en caveau. Hélas, tous avaient été pillés, vidés de leur mobilier et de leurs trésors.

Devenues cellules de moines lors du triomphe du christianisme, les tombes, dédaignées par les nouveaux envahisseurs musulmans, avaient accueilli chacals et chauves-souris que remplaçaient à présent des touristes étonnés ou pressés.

S'accoutumant aux sortilèges de la Vallée, il visita les monuments aux reliefs et aux peintures admirables, s'enfonça sous terre et revint à la lumière, gravit des pentes, parcourut des sentiers, emplit ses yeux de cette vision d'au-delà taillée de main d'homme dans la pierre.

Lorsque les rayons du couchant l'enveloppèrent, la fatigue se dissipa. La montagne d'Occident devint légère, les blocs géants perdirent leur poids, le dernier or du jour s'unit aux clartés argentées de la terre. Il grimpa jusqu'à une crête dominant la Vallée, s'assit sur une pierre plate et songea aux paroles de Volney prononcées ici même : « *Tout disait autour de moi que l'homme n'est quelque chose que par son âme : roi par la pensée, frêle atome par son enveloppe, l'espoir seul d'une autre vie peut le rendre vainqueur dans cette lutte continuelle contre les misères de son existence et le sentiment de son origine céleste... ces hiéroglyphes, ces figures, sont dans toute l'histoire des connaissances humaines : les prêtres de l'Égypte ne les confièrent aux abîmes que pour les soustraire au bouleversement du globe. Il semblait que je fusse guidé par la lumière de la lampe merveilleuse, et au moment d'être initié à quelque grand mystère.* »

## *Chapitre 9*

Sa silhouette se dessina dans un rayon de lune ; la tête couverte d'un turban, vêtu d'une *galabieh*, il était grand et bien charpenté. À sa ceinture, un pistolet.

— Vous n'avez pas le droit de passer la nuit ici, déclara-t-il en anglais.

— Mon nom est Howard Carter ; je suis archéologue.

— Le mien, Ahmed Girigar ; j'appartiens aux services de sécurité.

— Je ne suis pas un voleur.

— C'est vous qu'il faut protéger, monsieur Carter. Seriez-vous inconscient du danger ?

— À part l'imbécillité et la malveillance, je ne vois pas.

Ahmed Girigar s'assit à ses côtés.

— *B'ism'-illah-ma'sha'llah*, Que Dieu détourne le mal, dit-il avec gravité ; ces ennemis-là sont redoutables, mais vous ne devriez pas négliger les bandes de pillards installés dans les collines de Gournah. Ils rançonnent les paysans et détroussent les étrangers.

— Je ne me sens pas étranger ; cette Vallée est mienne.

— Auriez-vous obtenu la concession ?

La concession... un mot magique signifiant qu'il aurait le droit de fouiller ici, partout où il le souhaiterait.

— Je ne suis que l'assistant de Naville.

— Le Suisse qui travaille à Deir el-Bahari ?

Il fut étonné.

— Vous semblez connaître à la perfection la caste des archéologues.

— Mon père était *reis* ; moi, je marche sur ses traces et veux, comme lui, diriger des équipes d'ouvriers en quête de trésors. J'attends de rencontrer celui qui aimera assez cette Vallée pour lui consacrer sa vie ; à celui-là, s'il sait l'apprivoiser, elle parlera.

— J'ai lu les travaux de Belzoni.

Ahmed Girigar sourit.

— Étrange fouilleur... un géant animé d'une passion furieuse ! Il ne rêvait que d'exploits fracassants et forçait les portes des tombes à coups de masse. Utiliser la dynamite ne le rebutait pas.

— Après Champollion, il a exploré à fond la Vallée. Je connais par cœur sa conclusion : « C'est ma ferme opinion qu'après mes travaux, il n'y a plus de tombe à découvrir. »

Carter joua le rôle de l'avocat du diable, espérant entendre des paroles d'espoir. Ahmed Girigar ne le déçut pas.

— Opinion hâtive d'un homme pressé.

— Un pionnier comme lui ne lâchait pourtant pas la proie pour l'ombre.

— Certes... mais il manquait de patience. La Vallée a été blessée, humiliée ; à présent, elle se cache et se tait. Seul un être scrupuleux, acharné jusqu'à l'entêtement, pourra lever le voile du temps et du sable qu'elle a étendu sur son mystère. Personne ne nous écoute, parce que nous sommes des fellahs, de pauvres gens sans instruction ; mais nous parcourons chaque jour ces sentiers et sommes à l'écoute de ces pierres. À présent, monsieur Carter, il faut partir ; sinon, je serais obligé de vous dresser procès-verbal pour visite illicite.

— Nous nous reverrons.

— Si Allah le veut.

Ahmed Girigar regarda s'éloigner le jeune Anglais. Il inclina le buste et, en se relevant, approcha sa main tendue de la bouche et du front ; il saluait ainsi un personnage important qui ignorait encore la grandeur de sa vocation.

*

Le temple de Deir el-Bahari, « la merveille des merveilles », s'adossait à une falaise écrasée de soleil ; devant l'édifice en terrasses, un désert brûlant remplaçait les vergers, les bassins d'eau pure et les plantations d'arbres à encens que la reine Hatchepsout avait rapportés du merveilleux pays de Pount. Carter se dirigea vers le portique d'Anubis, le dieu chargé de conduire les morts sur les beaux chemins de l'autre monde. Là travaillait son nouveau patron.

L'accueil d'Édouard Naville ne fut pas des plus chaleureux ; guindé dans son costume colonial, il lui battit froid.

— Auriez-vous raté le train ?

— Non, monsieur.

— Ah... mon serviteur n'aurait-il pas tenu bien haut la pancarte à votre nom ?

— Si, monsieur.

— En ce cas, pourquoi ne pas vous être présenté à lui ?

— Une urgence. Pourrais-je me mettre au travail ?

Naville désigna les bas-reliefs.

— D'incomparables chefs-d'œuvre gravés par un artiste à la main si fine et si légère que le temps les effacera bientôt... nous devons les publier afin de les conserver dans la mémoire de l'humanité. Il faudra tout dessiner et tout peindre, Carter ; un travail de Romain.

— Plutôt d'Égyptien, ne croyez-vous pas ?

Il sourit et la glace se brisa.

— L'aquarelle sera le meilleur procédé. Vous reproduirez aussi les textes.

— À condition que nous les déchiffrions ensemble. Je veux apprendre.

Ils se serrèrent la main ; pour un Anglais et un Suisse, cette manifestation de cordialité frisait l'indécence.

*

La nuit tombait sur Louxor. Des clarinettes accompagnaient des chants mélancoliques, le dernier bac accostait, les lumignons des cafés s'allumaient. Assis à la terrasse du Winter Palace, Carter buvait une bière en compagnie de Naville.

— Cette « urgence » qui a différé votre arrivée... accepteriez-vous de m'éclairer ?

L'archéologue suisse lui paraissait être un homme d'honneur. Moins sévère que Newberry, moins auguste que Petrie, son attitude n'était pas doctrinale ; Carter lui accordait sa confiance.

— Depuis plusieurs mois, je prends des notes sur la Vallée des rois. J'ai déjà rempli deux gros carnets ; chaque découverte est répertoriée, qu'il s'agisse d'une tombe, d'une momie ou d'un simple vase. Je suis loin du but mais je veux tout savoir sur les fouilles.

— Dans quelle perspective ? Belzoni l'a déjà explorée de fond en comble ! Je déplore ses méthodes : enfoncer une porte ancienne à coups de bélier ou tirer au fusil sur des concurrents ne sont pas des démarches scientifiques de la meilleure veine. Mais enfin... à une époque où l'on n'hésitait pas à s'entre-tuer pour voler un scarabée, il a quand même effectué du bon travail.

— Comme vous, je l'admire ; comme moi, il était d'origine modeste et avait tout sacrifié à sa passion. Mais il a foncé droit devant lui sans s'occuper d'infimes détails qui pourraient révéler l'existence d'autres tombes.

— Je dois vous décevoir, Howard ; l'opinion de Belzoni a été confirmée par des savants méticuleux et pondérés comme l'Allemand Lepsius. Il n'a exhumé que de pauvres vestiges et l'on a définitivement abandonné l'exploration de la Vallée.

— C'est insensé ! Êtes-vous d'accord sur le fait que tous les pharaons des dix-huitième et dix-neuvième dynasties sont enterrés là ?

— C'est probable.

— Il en manque un certain nombre à l'appel, convenez-en !

— L'argument est troublant ; à quels souverains songez-vous ?

— À une bonne dizaine... et surtout à Toutankhamon.

Une moue de déception s'inscrivit sur le visage de Naville.

— Ce roitelet sans importance ? Son règne fut si court et si terne... à mon avis, il fut inhumé ailleurs ou brûlé comme Akhénaton. Ce petit monarque était trop lié à l'hérésie.

— N'a-t-il pas été couronné à Karnak, comme les plus grands rois ?

La question embarrassa le Suisse.

— Possible...

— Il régna presque dix ans, ajouta Carter, enthousiaste, et nous ne savons rien sur lui, comme s'il devait demeurer le pharaon le plus secret de l'histoire. Aucun objet le concernant n'a encore circulé sur les marchés d'antiquités.

— Je pressens votre conclusion hâtive : tombe inviolée.

Dans les yeux de Carter, la flamme fut éloquente.

— La jeunesse est folle, c'est l'un de ses charmes... mais vous devez poursuivre une carrière sérieuse, Howard. Songez d'abord à votre réputation. Vous n'êtes ni un savant de bonne famille, ni un aristocrate assez riche pour obtenir la concession de la Vallée des rois ; oubliez-la.

## *Chapitre 10*

Au terme de plusieurs années de voyage, le vicomte Porchester et futur comte de Carnarvon égrenait quelques souvenirs avec un ancien jockey, deux fois troisième au derby d'Epsom. L'entretien avait lieu dans l'arrière-salle d'une taverne sordide de Constantinople, à l'abri des oreilles indiscrètes ; très nerveux, le jockey ne cessait de se retourner.

— Qui vous a indiqué cet endroit ?

— Un pirate génois. Il m'a affirmé que vous seriez l'homme de la situation.

— Peut-être... Aristocrate ?

— Autant qu'on peut l'être, mon brave ; c'est ainsi et personne n'y peut rien.

— Je vous ferai donc payer fort cher.

— J'ai l'habitude ; en contrepartie, j'exige un service impeccable.

Porchey, en costume de capitaine de yacht, buvait un café turc ; l'ancien jockey soignait ses nerfs avec de l'alcool de rose.

— Quand voulez-vous rencontrer Abdul le maudit ?

— Le plus tôt possible.

— Il est en ville, cette semaine, mais son emploi du temps est chargé. Pourquoi désirez-vous le voir ?

— Pour le voir.

— Pardon ?

— N'est-ce pas le plus grand bandit du Bosphore, un voleur de génie et un stratège de première force ?

— C'est vrai, mais...

— Eh bien, mon cher, sachez que je collectionne les entrevues avec des individus hors du commun dans les registres les plus divers. Après tant de périples, je crois mieux connaître notre vieille planète. L'Afrique du Sud m'a amusé quelques jours, le Japon une semaine, la France une soirée, les États-Unis un mois entier ; à présent, la géographie me lasse. Je recherche la compagnie des gens les plus éloignés de ma condition, comme vous, par exemple ; vous ignorez à quel point les aristocrates sont suffisants et ennuyeux. Quant aux grands de ce monde, que ma défunte mère voulait me voir fréquenter, ils ne songent qu'à mentir. Vous aussi, notez bien.

— Moi ? Mais pourquoi...

— Parce que vous ne connaissez pas Abdul le maudit et que vous tentez de me soustraire quelque argent d'une manière que je qualifierais de malhonnête.

— C'est faux ! Je lui sers d'agent de liaison.

— En ce cas, précisez-lui que je le rencontrerai demain, à minuit, à l'angle sud du vieux port, afin de compléter ma galerie de portraits.

L'héritier des Carnarvon se leva, évita de saluer son interlocuteur et sortit de la taverne en sifflotant une vieille chanson galloise.

*

À l'heure dite et au lieu dit, Porchey vit s'approcher une barque où deux hommes ramaient en cadence et sans bruit. Il songea à son père qui attendait son retour au château de Highclere ; le vieux lord reprochait à son fils d'incessantes allées et venues, un amour excessif des voyages et cette détestable habitude d'apparaître et de disparaître sans prévenir. Que son comportement ne fût point celui d'un futur comte en charge d'un des plus respectables domaines d'Angleterre, Porchey l'admettait volontiers ; mais comment calmer autrement l'impatience de vivre et le suprême ennui qui lui rongeaient l'âme ? En dévorant l'espace, il avait espéré apaiser sa faim et n'était parvenu qu'à exalter son spleen. Une existence creuse et inutile : voilà ce que les océans et les mers ne réussissaient pas à remplir. Seul un être humain, peut-être, apaiserait ses tourments en lui ouvrant un chemin inattendu. Ce messie serait-il Abdul le maudit ?

Les deux marins arboraient une mine tout à fait patibulaire ; barbus, mal rasés, le cheveu gras et les vêtements poisseux, ils lui enjoignirent de descendre dans leur esquif fort dégradé. Un homme de bon sens eût hésité, Porchey prit le risque.

Des odeurs fétides montaient de l'eau glauque ; mains serrées sur les rames, les deux Turcs pressèrent l'allure.

— Où allons-nous ?

— Là où nous allons, répondit le plus âgé dans un mauvais anglais.

— Je verrai donc Abdul le maudit.

Le barbu ricana.

— Ça m'étonnerait.

— Pourquoi ce scepticisme ?

— Parce que Abdul est loin d'ici. On a fini par l'avoir ; à son tour d'être la proie des charognards.

— Il s'agit indéniablement d'un fait nouveau qui modifie la situation. La meilleure solution consiste à retourner au port.

La barque s'immobilisa.

— Pas question.

— Vous avez tort, mon ami.

— Nous ne sommes pas vos amis.

— D'une certaine manière, cela me réjouit.

— Vous êtes un homme riche...

— C'est vrai.

— Vous portez sur vous une forte somme d'argent.

— Elle devrait suffire à acheter votre beau navire.

— Hélas, mon prince, nous avons d'autres intentions.

— Appelez-moi vicomte.

— La fortune se trouve-t-elle dans le sac qui est à vos pieds ?

— Exact.

— Donnez.

— Si je refuse ?

— Vous périrez noyé.

— Sinistre destin pour un marin expérimenté... Et si j'accepte ?

— Vous nagerez jusqu'au quai et serez quitte pour une baignade.

— Vous oubliez, mon cher, qu'un bon capitaine ne sait pas nager et qu'il reste à bord jusqu'au dernier moment.

Le voleur s'énerva.

— Ouvrez ce sac.

— Dévaliser un honnête voyageur est une activité condamnable ; à votre place, je renoncerais.

— Obéissez.

Le vicomte sortit du sac un magnifique pistolet en argent qu'il pointa vers ses agresseurs.

— Autant vous prévenir que je suis l'un des six meilleurs tireurs du Royaume-Uni ; avec davantage d'entraînement, j'aurais brigué le premier rang.

Les deux Turcs plongèrent aussitôt dans l'eau trouble.

— Dommage, déplora l'aristocrate. Encore une occasion manquée de me perfectionner.

## *Chapitre 11*

Chaque jour, Carter songeait à la Vallée des rois dont il était si proche et si éloigné. Deir el-Bahari ne lui accordait guère de repos. Impossible de laisser libre cours à son imagination : chaque aquarelle devait reproduire avec fidélité une scène d'offrande, un bateau voguant sur le Nil ou une colonne d'hiéroglyphes. Il ne peignait pas pour son plaisir, mais afin de transmettre aux générations futures la splendeur d'un temple où régnait Hathor au sourire magique. Faire renaître sur le papier le visage de la déesse fut une émotion si intense que, l'œuvre achevée, sa main trembla ; incapable de poursuivre le travail, il demanda à Naville l'autorisation de quitter le site quelques heures.

Où se délasser, sinon dans le temple de Louxor dont les colonnes, les plus élancées d'Égypte, emmenaient l'âme vers le ciel ? Il prit donc le bac des paysans où, comme à l'accoutumée, régnait un joyeux tumulte.

Personne n'expliquait comment, dans un espace aussi réduit, on entassait autant d'hommes, d'animaux et de marchandises ; les femmes profitaient de la traversée pour se rassembler et papoter. Savaient-elles, ces bonnes musulmanes, qu'une Égyptienne chrétienne avait lancé la mode de la robe noire, aux premiers siècles de notre ère, avec l'intention de pleurer la mort du Christ ?

Lorsque êtres animés et inanimés eurent occupé leur place au point de ne plus remuer d'un pouce, le bac s'ébranla ; il adopta une allure pondérée car, selon l'Écriture, la hâte provient du diable.

Au milieu du fleuve, il la vit.

Âgée d'une vingtaine d'années, vêtue d'une longue robe rouge, le cou orné d'un collier de lapis-lazuli, un bracelet d'or au poignet droit, elle avait un visage très fin, de longs cheveux noirs et des yeux vert d'eau. Le bord des paupières était souligné d'un trait de fard noir ; du henné teintait les ongles des mains et des pieds nus dans des sandales. Ils étaient séparés par un paysan à l'abdomen rebondi, pressé d'arriver à quai pour y vendre un chargement d'oignons et de fèves.

— Mon nom est Howard Carter, annonça-t-il d'une voix qu'il voulait ferme ; pardonnez-moi de vous adresser la parole d'une manière aussi cavalière, mais vous ressemblez à la déesse Hathor que je viens de peindre à Deir el-Bahari. C'est... c'est bouleversant de rencontrer une déesse vivante.

Elle parut fort contrariée, mais consentit à lui répondre.

— On ne doit jamais faire l'éloge d'une femme en termes excessifs, monsieur Carter ; vous pourriez attirer sur elle le mauvais œil et offenser son mari.

— Êtes-vous mariée ?

— Pas encore. Seriez-vous archéologue ?

— Je prépare la publication du temple de Deir el-Bahari.

— Il est magnifique ; j'en parle souvent à mes élèves.

— Seriez-vous professeur ?

— Institutrice bénévole, dans mon village ; parfois, infirmière et même guide pour touristes, à l'occasion.

— D'où votre bel anglais.

— Parlez-vous arabe ?

Il s'essaya à quelques phrases de politesse, en commençant par l'indispensable « Au nom de Dieu clément et miséricordieux » qui devait inaugurer tout discours. Son sourire le ravit.

— Ce n'est pas mal... il faudrait progresser.

— M'accepteriez-vous comme élève ?

Le bac ralentit ; un mouvement de foule s'ensuivit. Chacun se préparait à débarquer, avec une impatience peu orientale. Désespéré à l'idée de la perdre, il joua des coudes et fut l'un des premiers sur le quai. Dès qu'il l'aperçut, il se porta à ses côtés.

— Puis-je vous accompagner ?

— Je rentre chez moi.

— Si nous hélions une calèche ? Vous me ferez découvrir la campagne et votre village. L'hospitalité égyptienne est si proverbiale que vous ne pouvez refuser.

Prise au piège, elle accepta de monter dans une calèche rutilante ; il avait choisi un cheval en bonne santé et bien soigné qui galopa sans peine. Ils sortirent vite de la petite ville et pénétrèrent dans l'univers immuable des champs et des canaux d'irrigation, inchangé depuis des millénaires. Pendant le trajet, elle demeura silencieuse.

À l'orée du village, elle ordonna au cocher de s'arrêter.

— Je me prénomme Raifa. Désirez-vous boire du thé, monsieur Carter, ou retourner en ville ?

— À vous de décider.

Il la suivit. Ils passèrent entre l'aire pour la récolte et le four public où des femmes cuisaient des pains ronds tandis que d'autres puisaient de l'eau au puits tout proche. Des chiens errants, plutôt hostiles, les observaient. Caché dans une palmeraie, le village de Raifa se composait de maisons basses en pisé, sans électricité ni eau courante ; sur les toits, des palmes tressées et des briques de bouse de vache séchée qui servaient de combustible. Ils empruntèrent des ruelles étroites et poussiéreuses formant un véritable labyrinthe. Au pied de la mosquée, dont le minaret émergeait au-dessus de la masse compacte des demeures, des hommes accroupis égrenaient leur chapelet.

Raifa habitait la plus jolie maison, à côté de celle du maire ; sur la porte peinte en bleu, un fer à cheval et une main de Fatima destinés à écarter les mauvais esprits. Une vingtaine d'enfants les entourèrent ; les fillettes jouaient avec des poupées en chiffon, les garçons se bousculaient. Des chevreaux, attirés par cette agitation, quémandèrent de la nourriture. Raifa calma ce petit monde et poussa la porte de son domaine.

Dans la première pièce au sol de terre battue, un âne dormait ; une vieille femme édentée à la robe noire déchirée pétrissait de la farine. Effrayée à la vue de l'Occidental, elle rabattit l'étoffe sur sa tête, ne laissant subsister que la fente de ses yeux. Raifa lui donna l'ordre de préparer du thé et le convia à entrer dans une seconde pièce assez vaste, au sol carrelé. Le long des murs, des coussins et des banquettes multicolores.

— Asseyez-vous, monsieur Carter.

— Vivez-vous seule ?

— Avec mon frère Gamal. Il est propriétaire terrien et percepteur.

— Votre voix s'est assombrie quand vous avez prononcé son nom.

— Je l'aime beaucoup mais... il est parfois violent. Il doit se montrer sévère et fouetter les mauvais payeurs. Gamal est très attaché aux traditions et n'appréciera guère votre présence ici. Au village, on me considère comme une femme trop libre ; par bonheur, je dispose du soutien du maire que j'ai guéri d'une infection. Tant de malheureux et de malades... c'est le devoir d'une femme de soulager leur misère.

La vieille servante apporta le thé et les gâteaux au miel. Surgit un jeune homme râblé, à la peau très brune, aux sourcils noirs et broussailleux qui se rejoignaient et formaient une barrière inquiétante. Dans sa main droite, un fouet.

— Sortez d'ici. Vous n'avez pas le droit d'être seul avec ma sœur.

— Ne pas répondre à son invitation eût été une insulte. Mon nom est Carter et je vous salue. Permettez-moi de prendre congé.

Indifférent à la fureur de Gamal, Carter posa le verre de thé à la menthe, se leva et quitta la pièce.

Sur le seuil, un cobra dressé lui barra le passage.

— N'ayez pas peur, recommanda Raifa ; il habite chez nous et vient demander du lait.

Elle se tourna vers son frère.

— Notre serpent ne se montre qu'aux amis sincères ; tu devrais être rassuré, Gamal.

Quand Carter sortit du village, les femmes voilées poussèrent une kyrielle de « youyous », faisant onduler leur langue contre le palais, afin d'exprimer la joie.

*

Quelques jours plus tard, ses pas le portèrent vers le Ramesseum, le temple des millions d'années de Ramsès II. L'édifice avait beaucoup souffert ; dans la grande cour ouverte devant la salle à colonnes, gisait le plus grand colosse jamais sculpté. Intact et debout, il pesait plus de mille tonnes. Le fanatisme et la bêtise étaient parvenus à le renverser, sinon à l'anéantir ; son visage, illuminé de l'or rougeoyant du couchant, continuait à exprimer une puissance sereine.

Un troupeau de chèvres noires et blanches paissait sur le site. Carter se faufila entre les blocs épars et les bosquets de tamaris, prenant soin d'éviter les herbes piquantes, et s'assit sous le feuillage d'un acacia qui fleurissait au milieu des ruines.

Depuis sa rencontre avec Raifa, il avait jeté une dizaine d'aquarelles ratées. Incapable d'oublier la jeune femme, désemparé, il ne connaissait personne à qui se confier. La revoir l'obsédait ; certes, si son frère portait plainte contre lui, Naville serait contraint de le renvoyer. Il détestait les conflits et ne songeait qu'à la publication de « son » temple ; néanmoins, il courrait le risque.

Le gardien du site, un bâton à la main, s'approcha.

— Méfiez-vous ; ici, les serpents ne sont pas rares.

Sans âge, le visage ridé et les gestes lents, il s'assit sur un bloc couvert de hiéroglyphes et regarda dans la direction du couchant.

— Ne cherchez-vous pas la tombe d'un roi inconnu ?

— Qui vous l'a appris ?

— Le vent souffle d'abondance et mon ouïe est très fine.

— Avez-vous entendu parler d'objets portant le nom de Toutankhamon ?

— Ni marchands ni voleurs n'en possèdent. Quoi de plus normal... le grand Ramsès n'a-t-il pas détruit son temple et pillé sa tombe afin d'effacer toute trace de cette époque maudite ?

Ces déclarations le consternèrent. L'avis de ce *gaffir* comptait davantage que celui des égyptologues.

— Suivez votre chemin, monsieur Carter, sans vous soucier des uns et des autres ; ne devenez ni un pillard ni un cœur sec. Si vous n'étiez pas anglais, je vous aurais donné un talisman pour vous protéger contre les ennemis qui, dans l'ombre, se préparent à vous nuire. Mais les Anglais ne croient pas en Dieu.

## *Chapitre 12*

— Dieu te protège, mon fils ; ces deux bandits auraient pu t'assassiner.

— Il est prudent de croire en Lui de temps à autre, reconnut Porchey.

— D'ou viens-tu, cette fois ?

— De Constantinople.

— As-tu rencontré quelque personnage important ?

— Je devais m'entretenir avec Abdul le maudit, mais le rendez-vous fut différé.

Le vieux comte de Carnarvon leva les yeux au ciel.

— Porchey, Porchey ! Quand cesseras-tu de courir le monde ?

— Quand il aura cessé de tourner dans n'importe quel sens. Reposez-vous, père ; je vous sens fatigué.

Porchey appela le maître d'hôtel qui ranima le feu dans la cheminée du grand salon ; puis il servit lui-même un verre de whisky à son père et veilla à ce qu'il fût confortablement installé dans un fauteuil de cuir à haut dossier.

— Depuis la disparition de ta mère, je me fais beaucoup de souci pour ton avenir ; que cherches-tu, mon fils ?

— Je l'ignore.

— Tant de voyages ne t'ont-ils pas donné une réponse ?

— Des anecdotes, rien d'essentiel. N'importe qui peut voguer sur les océans et traverser les continents ; ce que je croyais être un exploit n'est qu'une banalité de plus. Avez-vous reçu de nouveaux livres d'Histoire ?

— Des manuels assommants provenant du British Museum ; je les ai empilés sur ton bureau.

— Vous êtes le meilleur des pères.

— Accepterais-tu une partie d'échecs ?

— Après votre sieste, volontiers.

Entre deux averses, Porchey se promena dans l'immense parc de Highclere. Le château était austère ; les tours massives, rectangulaires et crénelées lui donnaient l'aspect d'une forteresse médiévale fermée sur son passé et ses traditions. Le vicomte appréciait ce caractère grandiose et plus encore le charme des pelouses entretenues à la perfection par une armée de jardiniers. Une nombreuse domesticité, dévouée et fidèle, veillait sur l'intégrité du domaine. De père en fils, c'était un honneur de servir les Carnarvon et de préserver l'une des plus belles propriétés d'Angleterre.

Porchey se reposait en marchant des heures sur ses terres, accompagné de ses chiens de chasse ; il méditait sous les cèdres du Liban, longeait le lac que dominait un belvédère en marbre blanc, s'aventurait parmi les buissons d'aubépine à la recherche de quelque gibier, gravissait les collines couvertes de chênes ou de hêtres. Highclere était un pays à l'abri des convulsions du temps et des sociétés humaines. Personne, dans l'aristocratie britannique, ne comprenait pourquoi le futur comte de Carnarvon ne coulait pas des jours heureux dans ce paradis.

Porchey rentra à la nuit tombée, ordonna que l'on nourrisse ses chiens et se réfugia dans sa bibliothèque, l'une des plus vastes et des mieux fournies du Royaume-Uni. Tout ce qui avait été écrit sur l'histoire ancienne était rassemblé ici ; jetant un œil amusé sur deux étranges reliques, le bureau et le fauteuil utilisés par l'empereur Napoléon Ier lors de son séjour forcé à l'île d'Elbe, le vicomte hésita à s'y asseoir. Par respect pour l'ennemi, il se contenta d'un siège plus ordinaire et se pencha sur une étude consacrée à la céramique orientale.

Son père ouvrit la porte de la bibliothèque.

— M'aurais-tu oublié ?

— Pardonnez-moi.

— J'aimerais mieux te voir étudier la finance et les placements.

— Comment vous égaler dans ce domaine ?

— Bientôt, mon fils, je ne serai plus là.

— Balivernes ! Vous êtes bâti comme un chêne.

— Je vieillis, Porchey ; tu devrais y prendre garde.

La partie d'échecs fut jouée devant la grande cheminée ; un épais brouillard enveloppait les tours du château. Lord Carnarvon avait fait servir une bouteille de Dom Pérignon et des toasts au caviar, cadeau d'un ministre russe. Son fils s'employait à contrer une ouverture sicilienne des plus classiques.

— Tu progresses.

— Pendant mes traversées, j'ai le temps d'étudier les meilleurs traités.

— Nous devrions avoir une discussion sérieuse.

— À votre gré.

Non sans inquiétude, Porchey constatait que son père s'affaiblissait. Naguère, il aurait utilisé ses fous avec davantage d'agressivité.

— Combien de temps resteras-tu à Highclere ?

— C'est le genre de question à laquelle je suis incapable de répondre. Cela dépend de l'humidité, dc l'atmosphère, de mon humeur, d'une idée qui passe...

— Permets-moi d'exiger davantage. As-tu conçu un projet précis ?

— À la réflexion, oui.

— Lequel ?

— Je n'aime guère me confier.

— J'insiste, Porchey.

— Eh bien... cela vous étonnera, mais je connais mal l'Italie, surtout le sud du pays. Naples est une ville bien attirante.

— Naples ! Un repaire de voleurs et d'assassins.

— Précisément... J'aimerais rencontrer le chef de la mafia.

— Porchey ! Es-tu conscient de...

— Tout à fait, père. Je ne cours aucun danger puisqu'il s'agit de ma collection de portraits ; je ne songe pas à traiter des affaires.

Le vieux lord renversa son roi.

— Je renonce à te comprendre et n'implore qu'une seule faveur : initie-toi à la bonne marche de ce domaine. Ce serait ma plus grande joie de vieillard.

— Je vous en fais le serment : Highclere restera la propriété des Carnarvon et le plus beau domaine du pays.

— Dieu soit loué, mon fils.

Dès que son père fut endormi, Porchey consulta les documents administratifs et financiers qu'il avait déposés sur son bureau. Une nuit lui suffit pour assimiler les principaux points et s'apercevoir que la fortune familiale était gérée avec le plus grand sérieux ; aussi, dès le lendemain, prit-il la direction de Naples.

## *Chapitre 13*

Derrière la façade lépreuse de la maison de Gournah se cachait un patio au pavement de calcaire ; au centre, un puits. Sur les côtés, des banquettes en bois et des coffres recouverts d'étoffes. Assis sur un fauteuil au dossier bas, le maître des lieux, à la *galabieh* étincelante de blancheur, regarda Carter avec une curiosité teintée de cruauté. Un turban lui cachait la moitié du front ; des lèvres minces contrastaient avec un menton épais. Howard sentit le personnage habitué à donner des ordres que l'on ne discutait pas.

Naville lui avait déconseillé cette visite au chef du clan Abd el-Rassoul, la puissante mafia thébaine qui, depuis des décennies, pillait les tombeaux, rançonnait les voyageurs imprudents et n'hésitait pas à se débarrasser de ses adversaires les plus encombrants. Mais l'archéologue suisse était lui-même à l'origine de la démarche de Carter puisqu'il l'avait longuement entretenu de l'événement survenu à Deir el-Bahari en 1881 : quarante momies royales retrouvées au cœur d'un caveau creusé dans la falaise ! Les véritables « archéologues » étaient les Abd el-Rassoul ; ils étaient entrés dans la cachette quelques années plus tôt, bien décidés à écouler leurs trouvailles au fil des mois en obtenant le maximum de profit. Amulettes et bijoux circulèrent sur le marché des antiquités, d'abord en petit nombre puis en quantité si grande qu'ils attirèrent l'attention de la police.

L'un des membres du clan avoua, soumis à un interrogatoire serré par l'érudit français Maspero ; sauvées, les momies royales partirent en bateau pour Le Caire, sous les acclamations de fellahs massés sur les rives.

Une hypothèse inquiétante avait traversé l'esprit du jeune chercheur ; c'est pourquoi il affrontait le bandit le plus redouté d'Égypte.

— Quarante momies royales de la dix-huitième à la dix-neuvième dynastie... c'était bien le trésor ?

Abd el-Rassoul hocha affirmativement la tête.

— Pendant six ans, vous avez gardé le silence.

— Nous avions prêté serment, monsieur Carter, et nous étions encouragés. Moustapha Agha Ayat, agent consulaire d'Angleterre, de Russie et de Belgique, nous garantissait sa protection. Hélas, c'était un menteur et un usurpateur ! À cause de lui, nous perdîmes beaucoup d'argent. Quand les momies sortirent du trou, j'eus envie d'attaquer le cortège... mais les policiers étaient trop nombreux et certains savaient tirer. *Malech* !

*Malech* pouvait se traduire : « c'est ainsi, cela devait arriver et rien n'y peut rien » ; le mot servait de talisman pour résoudre par l'inaction les problèmes les plus délicats.

— Je dois vous poser une autre question.

Abd el-Rassoul fronça les sourcils.

— Policier ?

— Archéologue.

— C'est ce qu'on m'a dit et ça ne me plaît guère. Qui vous envoie ?

— Personne.

— Un Européen est toujours l'employé de quelqu'un.

— Mon patron est Édouard Naville.

— Celui-là, je ne le crains pas ; il évite de creuser les sables. Et vous ?

— Je dessine et je peins.

Le voleur parut rassuré.

— Quand vous avez trouvé ces momies, n'avez-vous pas envisagé de les vendre ?

— La chair de momie est moins prisée qu'autrefois ; depuis la fondation de la dynastie des Abd el-Rassoul, voilà sept cents ans, nous préférons l'or.

— Quarante momies en 1875, lors de votre découverte, quarante en 1881, lors de l'arrivée de Maspero sur le site de la cachette. C'est trop beau. Aucune n'a disparu entre-temps...

— Aucune.

À son air dépité, signifiant qu'il aurait dû être un meilleur voleur, Carter sut qu'il disait la vérité. Soudain, son regard devint féroce.

— Soyez avisé, monsieur Carter, et ne changez pas d'activité ; ne jouez surtout pas les chercheurs de trésor. Cette imprudence vous attirerait de graves ennuis.

La menace n'impressionna pas Carter, en proie à un merveilleux espoir : la momie de Toutankhamon ne dormait-elle pas dans son tombeau, encore inviolé ?

*

Des sentiers sinueux contournaient les tapis de trèfle et les sombres champs de fèves ; les *sakiehs*[1] gémissaient en cadence, des entrelacs de jasmin tamisaient le soleil. Sous les palmiers, des ânes quêtaient un peu de fraîcheur ; Raifa et Howard Carter s'abritaient des rayons trop ardents dans un bosquet de sycomores et contemplaient le vert doré de la campagne.

Gamal avait été appelé à Qéna par son supérieur hiérarchique ; la jeune femme avait profité de l'absence de son frère pour traverser le Nil et rejoindre Carter à Deir el-Bahari. Naville parti pour Le Caire afin de résoudre des problèmes administratifs, Howard était libre de se promener avec elle.

Elle évoqua la pauvreté de ses compatriotes, les épidémies qui emportaient les enfants les plus faibles, la bilharziose endémique à laquelle succombaient tant de paysans ; elle s'insurgea contre la journée d'un jeune garçon : école coranique où il apprenait le livre saint, travail aux champs où il conduisait les bœufs, repas frugaux à base de fromage et de galettes, trop courtes périodes de sommeil. Raifa rêvait d'écoles blanches et d'enfants heureux ; Carter lui déconseilla l'Angleterre. Elle fut horrifiée d'apprendre que des gamins de dix ans mouraient d'épuisement dans les mines de charbon.

Il lui avoua son goût de plus en plus intense pour la vie lente de cette nature immuable où la lumière régnait en maîtresse absolue ; il avait appris à poser ses pinceaux et à regarder les martins-pêcheurs saisir leurs proies, les troupeaux de gamousses aux cornes recourbées avancer sur des chemins poudreux, les femmes marcher avec des cruches sur la tête. Les hiboux bruns et les chouettes aux larges ailes, visibles de jour, devenaient des familiers.

Raifa l'obligea à se confier en arabe et rectifia ses erreurs ; à la fin de la journée, pendant une semaine si brève, elle l'emmena prendre le thé dans une ferme où

1. Sorte de roue hydraulique.

l'un de ses amis tâtait de l'aquarelle. Majestueux dans sa longue robe blanche, un bâton à la main, il venait les chercher à la lisière du désert, accompagné de deux chiens. Il les introduisait dans sa maison de terre séchée à côté de laquelle, entre des claies de roseaux, il avait aménagé son atelier.

La théière, toujours pleine, était posée sur le réchaud de la cuisine en plein air ; son épouse préparait des gâteaux au miel que convoitaient les chiens. Le peintre présenta Carter à ses innombrables amis, paysans, âniers, gardiens de tombeaux, marchands ambulants, fonctionnaires et même policiers ; il fut vite intégré à la société de Gournah et de la rive occidentale de Thèbes. Proche des petites gens, il partagea leurs joies et leurs peines.

*

L'horizon devint orange et violet. Le Nil s'argenta. Un vol de canards sauvages accompagna les felouques qui rentraient à quai. C'était son premier coucher de soleil à ses côtés.

La montagne sacrée se parait de plis rose et bleu, formait l'étoffe où elle se draperait jusqu'à l'aube. Une brise très douce animait les palmes ; du haut de leur perchoir, conformément à la coutume, les gardiens des champs commençaient leur surveillance.

Assis au bord du fleuve, ils guettaient le lever des étoiles. Carter identifia la Grande Ourse, les circumpolaires et la polaire.

— Tu parles bien arabe, Howard ; tu peux te débrouiller sans moi.

— Impossible ; trop de nuances m'échappent.

— Gamal rentre cette nuit.

Il n'osa la retenir ; les mots lui parurent superflus. Il lui baisa les mains, elle rougit et s'enfuit.

Pendant qu'une barque la ramenait vers la rive des vivants, il demeura sur celle des morts. La chaleur était si agréable qu'il dormirait dehors, au pied du temple de Deir el-Bahari, afin de se jeter dans le travail dès le lever du soleil. Au sein de la colline désertique, criblée de cavernes, il trouva une tombe pillée qui lui servit de chambre.

Loin du monde, il rêva au bonheur.

## *Chapitre 14*

Le télégramme avait touché Porchey à Naples, le lendemain de sa décevante entrevue avec le chef de la mafia.

*Rentrez au plus vite à Highclere. Votre père est mourant.*

*L'intendant.*

Oubliées, les aventures italiennes... Sans perdre un instant, Porchey avait traversé l'Europe.

Des trombes d'eau s'abattaient sur le château ; engoncé dans son imperméable doublé de fourrure, il pénétra dans le grand hall de style néogothique où s'étaient rassemblés les domestiques.

L'intendant s'avança vers lui.

— Monsieur le comte... comment vous dire...

— Quand est-ce arrivé ?

— Votre père est mort la nuit dernière, pendant son sommeil. Il avait reçu les derniers sacrements et relu son testament. Au nom de tout le personnel, je vous présente nos condoléances les plus sincères et vous assure de notre inaltérable fidélité à votre lignée.

— Où se trouve-t-il ?

— Dans sa chambre.

Porchey passa la nuit auprès de son père. Il avait fallu cette mort pour interrompre son errance et l'obliger à se fixer à Highclere, désormais objet de ses soins ; se sentant orphelin, privé de conseils qu'il n'écoutait pas mais qui le rassuraient, il pleura. Non sur lui-même, non sur les occasions perdues d'apprendre davantage d'un être d'expérience, mais sur ces trop rares moments où un père et son fils comprennent qu'ils sont issus de la même souche et taillés dans le même bois.

Porchey venait de mourir, lui aussi.

*

Funérailles, enterrement, costumes et mimiques de circonstance, défilé attristé des membres de la famille et des amis... le cinquième comte de Carnarvon se plia avec dignité aux exigences du cérémonial. Malgré son jeune âge, l'aristocratie le jugeait apte à remplir ses devoirs.

À vingt-trois ans, George Herbert devenait un noble très fortuné, à la tête d'un domaine de 36 000 acres.

Plus éprouvé qu'il ne le laissait paraître, il s'isola pendant un long mois, se promena avec ses chiens, fit des randonnées à cheval, chassa le renard et lut avec attention les dossiers financiers et administratifs de son père. Cette étude l'éclaira sur le rôle éminent que le vieux lord avait joué dans la politique de son pays ; aussi ne fut-il pas surpris de recevoir une demande d'audience émanant du cabinet du Premier ministre de Sa Majesté.

L'émissaire était un personnage austère d'une quarantaine d'années ; costume sombre à rayures, favoris grisonnants et visage glacé dénué de toute expression lui conféraient l'air de respectabilité indispensable à une carrière sans faute.

— En ces pénibles circonstances, Lord Carnarvon, sachez que le gouvernement et moi-même apprécions votre geste. Nous aurions admis votre refus.

— Vous seriez revenu dix fois à l'attaque... autant ouvrir sur l'heure le sac à malices.

L'expression choqua l'émissaire ; avec son sens inné de la diplomatie, il passa outre.

— Votre père avait appartenu au cabinet Disraeli où il s'était illustré comme un politicien intègre. Scrupuleux, il ne s'écarta pas d'un cheveu de la voie du devoir.

— C'est tout à fait extraordinaire, admettons-le ; de plus, c'est vrai. Je suis fort satisfait que l'Angleterre reconnaisse les mérites d'un de ses fils les plus loyaux.

— Hélas, ce grand serviteur de l'État n'est plus. Mais l'État continue d'exister.

— Je n'en doute pas.

— Merci de votre compréhension, Lord Carnarvon. Tant de maturité me remplit d'admiration.

— Moi aussi. Je la dois sans doute à mes voyages.

L'émissaire se racla la gorge avec distinction.

— C'est précisément l'un des points qui motivent ma visite. Étant donné votre nouvelle position et les responsabilités que vous remplirez un jour ou l'autre, il vaudrait mieux...

— Que je sois sédentaire ? N'y comptez pas trop.

— Personne ne vous le demande.

L'aristocrate fut intrigué. La conversation commençait à l'intéresser.

— Votre père était l'un des piliers de la meilleure société ; tenant de l'ordre et de la morale, il encourageait l'action du gouvernement et participait de la manière la plus résolue à la construction du pays. J'espère que vous ne trahirez pas sa mémoire et que vous poursuivrez son œuvre.

— Si le gouvernement ne trahit pas ma confiance, pourquoi la lignée des Carnarvon se déjugerait-elle ?

L'émissaire contint un soupir de soulagement.

— Vous êtes très différent de votre père, Lord Carnarvon ; lui n'aimait que son domaine, la campagne anglaise et Londres. Vous, en revanche, affichez un goût prononcé pour l'exotisme. Selon les renseignements qui nous sont parvenus, vous avez fait plusieurs fois le tour du monde et rencontré des personnalités... diverses.

— Aurais-je été filé ?

— Observé, de temps à autre, comme tout homme d'avenir.

— Qu'avez-vous conclu ?

— Que vous êtes courageux, lucide et capable de vous sortir des situations les plus scabreuses.

— Trop de compliments annoncent un désastre.

— Puisque vous comptez repartir vers des terres lointaines, comme nous le supposions, accepteriez-vous d'être utile à l'Angleterre ?

— Étrange suggestion, en vérité.

— À vous de choisir la destination qui vous convient ; nous n'avons pas l'intention de vous l'imposer. Les autorités seraient flattées de connaître votre jugement sur les pays que vous traverserez. Ces précieuses indications les aideraient à maintenir la paix. Des regards comme le vôtre sont indispensables.

— Sur ce dernier point, je partagerais plutôt votre avis ; sur les autres, ai-je la liberté de décider ?

L'émissaire toussota.

— Bien entendu, Lord Carnarvon, bien entendu... mais comment douter de votre patriotisme ?

— Votre tact est parfait. Je vous fais raccompagner.

— L'empire britannique peut-il compter sur vous ?

— Mesure pour mesure, disait Shakespeare.

## *Chapitre 15*

Un doute épouvantable s'était emparé de Carter : la momie de Toutankhamon ne se trouvait-elle pas dans le « lot » Abd el-Rassoul, mal identifiée ? Sans relâche, il interrogea Naville et lui extirpa la vérité. La cachette royale n'était qu'un caveau modeste, au plafond bas ; les momies, dissimulées à la hâte, avaient été emmaillotées sans grand soin. Certaines avaient changé plusieurs fois de demeure. Certes, la volonté acharnée de leurs sauveteurs s'était traduite par un réel succès puisque les plus illustres des pharaons avaient échappé à la destruction; mais le récit de la découverte « archéologique » le fit frémir.

En deux jours, les fonctionnaires du Service des Antiquités avaient vidé la sépulture sans effectuer de relevé et sans noter la position des précieuses dépouilles transférées à la hâte sur un bateau! Peut-être des étiquettes avaient-elles été perdues lors de cet incroyable déménagement, peut-être des identités s'étaient-elles mélangées.

Naville comprit que l'obstination de Carter serait la plus forte. Il l'autorisa à séjourner une semaine au Caire et lui remit une lettre de recommandation.

*

Ceux qui baptisaient le Musée du Caire « caverne d'Ali Baba » ne se trompaient pas; ici, s'accumulaient les trésors sortis de la terre d'Égypte, sarcophages, statues, figurines funéraires, stèles et tant d'autres objets dont chacun aurait mérité une étude attentive. En parcourant les galeries poussiéreuses, Carter découvrit chef-d'œuvre après chef-d'œuvre; combien d'années faudrait-il pour les mettre en valeur et leur donner un cadre digne de leur beauté? Mariette, certes, eût été heureux de disposer de tant d'espace, lui qui étouffait dans son petit musée de Boulaq; mais quatre mille ans d'histoire méritaient mieux.

L'esprit échauffé, Carter parvint néanmoins à tenir sa langue lorsqu'il se présenta au seul responsable administratif de service ce matin-là. Il le reçut avec amabilité après avoir pris connaissance de la missive de son patron.

— Vous désirez examiner les momies de la cachette de Deir el-Bahari... rien de plus facile. La salle est ouverte au public.

— J'aimerais être seul.

— Ah... je peux vous autoriser à rester après la fermeture. Disons... une heure ?

— C'est trop peu.

— Pourrais-je connaître le motif de votre démarche ?

— Je crains que des confusions et des mélanges n'aient été commis.

Le fonctionnaire leva les bras au ciel.

— Vous n'êtes pas le premier ! Les circonstances de la trouvaille furent un peu... agitées. De nombreux savants, préoccupés, ont procédé à l'examen attentif des momies ; soyez assuré qu'elles furent toutes identifiées avec la plus grande certitude.

— Est-ce que... Toutankhamon comptait au nombre des rescapés ?

— Je ne connais pas ce pharaon.

— Disposeriez-vous de documents sur les fouilles de la Vallée des rois ?

— Des carnets et des journaux tenus par les archéologues depuis le dix-huitième siècle... ils furent plus de cinquante. Aujourd'hui, un fait est acquis : la Vallée ne garde plus aucun secret.

— Je ne partage pas votre avis.

— Vous avez tort. Vous oubliez que les voleurs professionnels de Gournah ont livré une rude concurrence aux fouilleurs et aux savants. Aucun trésor n'a pu leur échapper. Si vous désirez néanmoins consulter nos archives...

— C'est bien mon intention.

*

Après avoir gravi l'escalier monumental, Carter entra avec respect dans la salle où reposaient les corps d'éternité des rois du Nouvel Empire ; vide et silencieuse, elle semblait hostile à toute présence profane. Il eût aimé recouvrir de bandelettes ces cadavres décharnés, les replacer dans leur sarcophage et les soustraire à la curiosité morbide d'un public ironique ou effrayé.

Deux visages conservaient une incroyable puissance : celui de Séthi Ier, le bâtisseur du temple d'Abydos, et celui de Ramsès II. Ils étaient ancrés dans une transfiguration dont ils apportaient la preuve ; qui les contemplait savait que l'Égypte vivait au-delà du temps.

L'examen des momies royales corrobora les dires du fonctionnaire : la momie de Toutankhamon n'avait pas été découverte.

Ni tombeau, ni momie : Toutankhamon n'était-il qu'un mirage ?

*

Carter dépouilla les archives du Musée et prit note des travaux effectués par les fouilleurs sans obtenir un seul indice sur le roi ou sur l'emplacement de sa dernière demeure. Ni rumeur, ni faux bruit, comme s'il n'avait jamais existé. D'un côté, ce silence le troublait ; de l'autre, il confortait ses espoirs.

Des collègues, de passage au Caire, s'étonnèrent de le voir travailler jour et nuit ; l'un d'eux l'invita à dîner. Il repoussa sèchement la proposition ; de l'eau, une galette de pain et quelques fruits lui suffisaient. Sa véritable nourriture, c'était cette documentation que personne n'avait examinée avec soin.

Dans la matinée du dernier jour de son échappée cairote, il fut récompensé de ses efforts : un archéologue anonyme avait consacré une étude manuscrite au sceau de la nécropole royale, représentant le chacal Anubis au-dessus de neuf personnages agenouillés et entravés. L'Égypte symbolisait ainsi le triomphe de la connaissance sur les forces du mal ; ligotées, incapables d'agir, elles rendaient grâce au dieu chargé d'ouvrir les portes de l'au-delà et de mener les initiés vers la lumière. C'est pourquoi ce sceau était apposé sur les accès des tombes de la Vallée des rois et nulle part ailleurs. Aurait-il un jour la chance de le toucher du doigt ?

L'image à jamais gravée dans sa mémoire, il poursuivit sa lecture, s'interrogeant sur un phénomène curieux : l'entrée de certaines tombes était restée bien visible, marquée par un portail majestueux ; dans d'autres cas, les caveaux avaient été bouchés et dissimulés derrière des remblais, comme si on avait voulu les rendre inaccessibles. Si la tombe de Toutankhamon existait, elle appartenait à cette dernière catégorie ; sans doute faudrait-il déblayer des tonnes de sable avant de la dégager.

Un document annexe était joint à l'étude : le début d'un papyrus relatait l'agression de Seth contre son frère Osiris, puis traitait d'un sinistre sujet, une série de malédictions à l'encontre des violeurs de sépultures royales !

Il traduisit et retraduisit les hiéroglyphes ; craignant de s'illusionner, il consulta deux conservateurs et un attaché scientifique allemand en stage au Musée. Tous trois confirmèrent son interprétation. D'après la cote du papyrus, peut-être serait-il possible de recueillir un autre fragment et d'obtenir la suite du texte.

Carter aurait dû rentrer à Thèbes et reprendre son travail, mais l'excitation était trop forte ; il obtint l'autorisation de poursuivre ses recherches dans les réserves du Musée où sommeillaient des œuvres admirables dont certaines ne sortiraient plus des ténèbres et de l'oubli.

Après de nombreuses tentatives infructueuses, il fut de nouveau béni des dieux d'Égypte ; il tenait entre ses mains la seconde partie du papyrus, agrémenté de la même cote à laquelle avait été ajouté un *bis*. La séparation des deux fragments semblait bizarre ; en fait, ce genre d'incident était des plus fréquents. Pourquoi s'occuper d'aussi modestes vestiges ?

Le texte se déchiffrait sans trop de peine :

« *Moi seul ai surveillé la construction de la tombe de Sa Majesté à l'abri de tous les regards et de toutes les oreilles. Personne ne l'a vu, personne ne l'a su. J'ai veillé scrupuleusement à faire la plus parfaite des œuvres ; elle surpasse celle des ancêtres et fera parler d'elle bien après moi.* »

L'exaltation était à son comble ; ne s'agissait-il pas de l'acte officiel concernant la construction de la sépulture de Toutankhamon, rendue inviolable par une accumulation de blocs et, surtout, par la préservation d'un secret bien gardé au cours des siècles ?

Il ne restait plus que quelques signes à déchiffrer : les noms du roi et de son maître d'œuvre.

Tremblant, le front couvert de sueur, Carter ferma les yeux et tenta de contrôler sa respiration. Cette émotivité lui parut indigne d'un savant ; soudain rageur, il affronta la réalité.

La déception fut déchirante.

Le maître d'œuvre s'appelait Ineni, le pharaon Thoutmosis Ier, premier monarque à choisir la Vallée des rois afin de soustraire sa demeure d'éternité aux pillards. Le souverain avait ainsi inauguré une tradition respectée par ses successeurs des dix-huitième, dix-neuvième et vingtième dynasties. Grâce à Thoutmosis, le site sauvage de la rive ouest était appelé à une renommée universelle.

Mais Toutankhamon demeurait inaccessible.

## *Chapitre 16*

— Les Anglais sont des monstres ! déclara Raifa, les yeux emplis de colère.

Howard Carter lui prit les mains avec douceur.

— Pas tous.

— Si, tous !

— Moi aussi ?

— Toi, tu n'es plus qu'une moitié d'Anglais ! C'est à ta moitié égyptienne que je parle.

Assis au bord d'un canal, ils assistaient au bain des buffles qui s'ébrouaient dans l'eau ; des enfants nus nageaient à leur côté, s'amusaient à grimper sur leur dos et à plonger.

Abbas II Hilmi venait de succéder à son père, le *khédive*[1] Tawfiq, à la tête du pays. Le *khédive*, piètre économiste, avait endetté l'Égypte au point de la soumettre au contrôle de puissances étrangères, et plus particulièrement de l'Angleterre qui, sans difficulté, avait écarté la France, prompte à discourir mais incapable d'agir. Abbas II Hilmi, favorable aux nationalistes, s'était élancé sur le chemin de l'émancipation ; le consul général d'Angleterre s'était empressé de briser ces velléités dans l'œuf, au grand dam de Raifa et des Égyptiens, persuadés que leur terre devait se libérer du joug étranger.

— L'Égypte a besoin de nous, Raifa ; tu le sais bien.

— Je refuse de le comprendre et je t'interdis de soutenir cette position.

L'indignation lui seyait. Howard n'avait certes pas envie de parler politique ; la regarder, qu'elle fût douce ou emportée, le ravissait. Un mois après son retour à Deir el-Bahari, alors que Naville l'avait menacé de licenciement s'il recommençait à déserter le chantier, Raifa s'était échappée de son village, profitant des obligations de son frère, occupé à lever l'impôt au fin fond de la campagne. Pendant une semaine, ils se verraient le matin et le soir, à l'ombre d'un palmier, cachés dans un bosquet de sycomores ou dans une cabane en roseaux à la lisière d'un champ. Ils auraient eu tant à se dire, si le *khédive* Tawfiq n'avait eu la malencontreuse idée de mourir.

— Il faut chasser les Anglais ; ces envahisseurs sont responsables de la misère de mon peuple.

— Ce sont les Turcs qui ont ruiné l'Égypte, rappela Carter, irrité.

1. Titre du maître de l'Égypte à cette époque.

— L'Europe a modifié notre manière de vivre ; jamais nous n'aurions dû accepter le percement du canal de Suez.

— L'Angleterre s'y est opposée.

— Parce qu'elle craignait de perdre le contrôle de la route des Indes ! Elle se moquait bien de la détresse du peuple... seuls comptent ses intérêts économiques.

— Tu exagères, Raifa. En s'ouvrant à l'Europe, l'Égypte a commencé une révolution agricole ; elle ne dépend plus de la crue pour sa survie, puisqu'elle pratique une irrigation pérenne.

— Mettre constamment les fellahs au travail, les rendre davantage esclaves... est-ce un progrès ? À cause de cette fameuse irrigation, le parasite qui transmet la bilharziose a proliféré dans les canaux où les paysans se baignent, nettoient leur linge et lavent la vaisselle. Autrefois, l'eau était pure ; aujourd'hui, elle leur apporte la mort ! Le ver attaque le foie et la rate, épuise l'organisme ; puis le sang remplace l'urine, et c'est l'agonie ! Pourquoi devrions-nous aimer ceux qui nous ont inoculé ce poison ?

— Pourquoi m'aimes-tu ?

La brutalité de sa question l'effraya ; il regretta aussitôt de l'avoir posée. Déjà, elle se levait, s'enfuyait et disparaissait à jamais. Newberry, Petrie et Naville l'avaient mis en garde contre son caractère impulsif, sans obtenir la moindre amélioration.

Mais Raifa ne retira pas ses mains.

— Pardonne-moi.

— Quelle faute as-tu commise, Howard ?

— Je n'aurais pas dû t'agresser ainsi.

— Regrets et remords ne te ressemblent pas ; manquerais-tu de sincérité ?

Il faillit s'emporter à nouveau mais son sourire le désarma.

— Personne ne m'a jamais désarçonné de cette manière.

— Personne n'était encore tombé amoureux de toi.

Leurs doigts s'entrecroisèrent ; il ne sut que dire, ni que faire. Comment déclarer sa flamme à une jeune femme arabe, quel geste accomplir ? Face à une lady, son instinct lui aurait peut-être indiqué la conduite à suivre. Ici, au bord du Nil, sous le soleil d'automne, à cent pas d'un couple de gamousses jouissant de son bain, son savoir d'archéologue ne l'aidait guère.

— J'aimerais faire ton portrait.

— Le Coran l'interdit ; je devrais être voilée. Garde-moi en ton cœur, mais ne fige pas mes traits.

— Ce serait une autre toi-même.

— Je refuse. Tu créerais un mauvais génie.

L'après-midi durant, ils se promenèrent dans une campagne déserte. Raifa évoqua le souvenir de son père, un cultivateur mort très jeune. Howard lui décrivit la campagne du Norfolk.

Quand le soleil déclina, ils s'arrêtèrent près d'un *chadouf*[1] ; Raifa versa sur ses pieds poussiéreux le contenu d'un pot à eau et s'aperçut que la teinture de henné s'était en partie effacée. Contrariée, redoutant de perdre sa pureté et d'être la proie d'esprits errants, elle l'entraîna jusqu'à un groupe de maisons où elle appela une vieille femme qui disposait de la précieuse pâte. Les feuilles ovales du henné, arbrisseau proche du troène, produisaient des fleurs en grappe, analogues à celles du lilas ; elles étaient broyées et réduites en poudre avant de devenir un cosmétique et une protection magique.

Accroupie, les jambes repliées vers elle, Raifa se teignit les ongles des pieds. En la regardant, il eut le sentiment de voler quelques instants de son intimité.

Son regard chavira.

Apeurée, elle se releva et se plaqua contre le mur de la maison en pisé. Dans un fracas de sabots et un nuage de poussière, Gamal immobilisa son cheval entre elle et

1. Dispositif d'irrigation.

Carter. À sa ceinture, la *kourbash*, un fouet en cuir d'hippopotame.

— Je vous avais interdit de revoir ma sœur.

— Raifa est une femme libre.

— Chien d'Anglais ! Crois-tu pouvoir la souiller ?

Le cheval se cabra ; Carter ne bougea pas d'un pouce.

— Je respecte votre sœur ; nous prenons plaisir à bavarder ensemble.

Il saisit son fouet et le fit claquer à plusieurs reprises.

— Après la correction que je vais t'infliger, tu n'auras plus envie de parler.

— Seul un lâche fouette un homme désarmé ; bats-toi avec tes poings, si tu en as le courage.

Gamal jeta la *kourbash* et sauta à terre.

Plus grand et plus large d'épaules que Carter, il ignorait qu'un petit campagnard anglais se perfectionne dans l'art de la boxe dès qu'il sait marcher ; Howard en avait appris les règles à ses dépens et répété une vaste gamme de coups permis et défendus. Gamal l'attaqua avec la seule force du mépris ; ce fut son erreur. Un affrontement bien mené ne dure pas longtemps : deux uppercuts, l'un au menton, l'autre au plexus, le laissèrent groggy, un genou à terre.

Carter lui tendit la main.

— Cette querelle est stupide ; devenons amis.

Il cracha.

— Que la haine du Prophète soit sur toi !

Plié de douleur, Gamal parvint à enfourcher sa monture et décampa.

Raifa éclata en sanglots.

## *Chapitre 17*

Carnarvon relut l'article du *Times* consacré au Soudan ; les observateurs les mieux informés prédisaient des troubles graves et rappelaient les actions d'éclat de Kitchener, l'unique soldat capable de rétablir une paix durable. Le comte n'aurait pu expliquer pourquoi ces bruits de bottes le perturbaient davantage qu'à l'ordinaire ; bien qu'il s'en défendît, il était la proie de visions prémonitoires. « Soudan » et « sang » sonnaient aujourd'hui comme des termes indissociables.

Au début de ce superbe été 1895, de telles pensées étaient incongrues ; dans quelques heures, un riche aristocrate de vingt-neuf ans fêterait son anniversaire en prenant pour épouse Miss Almina Wombwell, jeune et frêle personne ressemblant à un modèle de Greuze. Mémorable 26 juin, en vérité, qui verrait une magnifique cérémonie à St. Margaret's, à Westminster, puis un banquet des plus conventionnels à Lansdowne House. Almina, tendre et touchante dans sa robe de gaze rose étoilée d'émeraudes et de diamants, apparaîtrait comme une sorte de victime expiatoire offerte au bourlingueur enfin assagi.

L'âge de raison, murmurait-on autour de Carnarvon ; d'autres l'avaient atteint avec moins de bonheur. Lui, titré, fortuné, et cultivé ; elle, intelligente, douce et belle. Un couple idéal promis à un succès certain, pimenté de deux ou trois enfants qui feraient honneur à leurs parents.

D'un côté, le comte appréciait la situation ; de l'autre,

il la détestait. À la différence de tant d'autres hommes, il n'éprouvait aucune angoisse pour le lendemain et aurait dû se repaître d'une béatitude parfaite ; mais le goût des grands espaces ne le quittait pas. Almina n'éprouvait aucun attrait pour les voyages. Le château de Highclere était un univers apte à remplir une existence entière ; elle souhaitait un fils et une fille, désirait les élever dans le calme, leur donner une éducation traditionnelle et s'occuper au mieux d'un mari hors du commun.

Sans qu'elle le lui avouât, Carnarvon était persuadé que sa fiancée avait l'intention de le transformer et de le débarrasser de cette sensation de vide et d'inutilité qui le plongeait souvent en enfer ; devenir père de famille serait une étape décisive du processus.

Il regrettait le bon temps où Porchey agissait selon sa fantaisie, passait deux mois en mer à la recherche d'une tempête, conversait avec des bandits dans un bar louche du bout du monde et se perdait dans l'inconnu. L'errance ne trouvait-elle pas sa justification en elle-même ? Mais Porchey avait disparu, cédant la place à George Herbert, cinquième comte de Carnarvon.

Le valet de chambre lui présenta un smoking.

— Monsieur le comte devrait se préoccuper de l'heure. Il serait regrettable que Monsieur le comte fût en retard.

— Regrettable pour qui ?

Le valet de chambre s'inclina et se retira.

— Regrettable, répéta Carnarvon, songeur. Et si je n'étais pas fait pour le mariage ?

Les moments de tendresse passés aux côtés d'Almina jaillirent à sa mémoire. Il était sincèrement amoureux d'elle et ne se mariait pas sous la contrainte. Pourtant, il avait envie de s'enfuir, de sauter sur le pont du premier bateau et de dire adieu à l'Angleterre.

L'âme de son père lui parla.

Cette fuite-là, caractéristique de Porchey, n'était pas digne de Carnarvon. Sa désespérance ne se nourrissait-elle pas de son égoïsme, de son attachement exclusif à sa personne, à ses propres joies et à ses propres peines ? Une femme et des enfants : voilà ce qui le sortirait du néant où il s'enfonçait.

Obligé de se préoccuper de la destinée d'autrui et de la prospérité de son domaine, Lord Carnarvon prendrait le droit chemin.

Perspective peu engageante, en vérité ; il aurait préféré épouser Almina au sommet d'une vague, sur la pente d'un volcan ou bien au fond d'une vallée perdue du Nouveau Monde avec des Indiens nus pour témoins.

Cerné de toutes parts, le comte livra un baroud d'honneur. Il dédaigna le smoking, enfila une veste de serge bleu et se coiffa d'un chapeau de paille.

Le valet de chambre, ébahi, marmonna quelques mots indistincts sur le seuil de la chambre.

— Eh bien, mon ami, auriez-vous perdu votre langue ? Si un détail vous choque, soyez sincère.

— Le... le chapeau de monsieur le comte est de travers.

Carnarvon s'examina dans une glace.

— Exact. Vous me ferez songer à vous augmenter ; sans votre judicieuse intervention, j'aurais fait scandale.

*

La maisonnée attendait avec impatience l'heureux événement ; l'épouse de Lord Carnarvon avait certainement conçu un mâle. Dès les premières douleurs, l'accoucheur et les sages-femmes étaient accourus au château de Highclere.

Installé dans la bibliothèque, le comte lisait un ouvrage d'André Chevrillon intitulé *Terres mortes ;* au retour d'un voyage en Égypte, il écrivait, à propos de la Vallée des rois : « *D'autres pharaons dorment encore au sein de la montagne, au fond d'hypogées que l'homme n'a jamais troublés depuis le jour où la porte fut close. Ils dorment, sous la garde des dieux.* » Bel effet littéraire, absurdité archéologique ; on savait depuis longtemps que ce sinistre endroit avait livré toutes ses momies et tous ses trésors, soit aux voleurs, soit aux égyptologues. Ce Chevrillon, comme tant de Français, avait l'âme trop romantique.

Les pas de l'accoucheur résonnèrent dans le couloir.

Carnarvon interrompit sa lecture.

— Félicitations, monsieur le comte : vous avez un garçon.

— Il se prénommera Henry, vivra très vieux et sera le sixième comte de Carnarvon.

— Dieu vous entende.

Dès qu'il eut embrassé Almina et son fils, Carnarvon se rendit à Londres. On l'attendait au Foreign Office [1], à sa banque et dans deux bureaux de la City; mais il négligea ces rendez-vous d'une affligeante banalité et passa plusieurs heures dans un hangar des faubourgs nord en compagnie d'une équipe de mécaniciens. On s'entendait à peine parler, tant le bruit du moteur était assourdissant.

Ce désagrément ne troubla pas le comte qui découvrait sa nouvelle passion : l'automobile.

## *Chapitre 18*

Pendant que Kitchener, après avoir vaincu le calife Abdullah à Ondourman [2], réussissait à reconquérir le Soudan et contraignait le commandant français Marchand à l'abandonner à l'Angleterre, Carter réfléchissait sur les plans des tombeaux de la Vallée des rois. Que possédaient-ils en commun? Une porte d'accès, un corridor s'enfonçant dans la terre, une antichambre et la

1. Ministère des Affaires étrangères britannique.
2. Localité du Soudan.

salle du sarcophage; parfois, un puits destiné à recueillir les eaux de pluie afin de symboliser l'océan primordial et la tombe d'Osiris. Sur les murs, des reliefs et des peintures évoquaient les étapes de la résurrection de Pharaon et les mutations de son âme.

Hélas, les dimensions de ces sépultures étaient très variables, allant de quelques mètres à plus d'une centaine ! Dans ces conditions, impossible de prévoir celles de Toutankhamon. De plus, il était certain que l'immortalité de Pharaon reposait sur deux éléments : un temple et une tombe; mais le temple de Toutankhamon avait disparu.

Vendredi était jour de repos en Égypte, sauf pour Howard Carter; délivré de sa tâche à Deir el-Bahari pendant quelques heures, il consacrait ce trop bref loisir à compléter ses dossiers sur la Vallée, décidé à collationner tout ce qui avait été écrit ou déclaré.

Le printemps resplendissait. Orangers, chèvrefeuilles et jasmins fleurissaient, de même que les champs de luzerne et de fèves; la chaleur augmentait, les ombres diminuaient, la poussière semblait étendre son empire. Un peu las, il abandonna ses papiers et se promena le long du Nil.

Depuis cinq mois, il n'avait pas revu Raifa; tenter de lui adresser la parole l'aurait mise en danger. Il ne cessait de songer à elle et luttait avec la dernière énergie pour ne pas l'enlever à son frère.

Soudain, elle fut à ses côtés. Il ne la reconnut pas sur l'instant, car elle avait revêtu une robe d'un bleu vif; ses cheveux étaient pris dans un voile blanc qui lui couvrait le front. Sa démarche la trahit, avant qu'elle ait prononcé un mot.

— Raifa... pourquoi avoir pris ce risque ?

— Mon frère a reçu une promotion; il a été nommé à Assouan. Aujourd'hui, Howard, c'est le premier jour du printemps et la fête de *Cham en-nessim*, « le parfum de la brise »; il ne saurait exister de moment plus doux pour des retrouvailles, si tu acceptes d'oublier ton travail.

— Ce grave sujet mérite réflexion.

Son sourire lui enchanta l'âme.

— Je t'ai apporté un turban et une *galabieh.*

— Cette mode me paraît bien peu britannique.

— Elle sera fort commode pour se fondre dans la foule et passer inaperçu. Et puis... je veux savoir si un certain Howard Carter désire changer d'apparence afin de me prouver son affection.

Par bonheur, il n'y avait aucun miroir dans les parages et il ne vit pas son accoutrement.

*Cham en-nessim* recueillait la ferveur populaire ; les citadins envahissaient la campagne, des familles entières s'élançaient sur les routes et déjeunaient au bord du Nil. Garçonnets et fillettes portaient avec fierté costumes et robes neufs, aux couleurs vives ; ils entraient dans les maisons aux portes largement ouvertes et, en échange d'œufs durs coloriés, recevaient des pigeons, du poisson salé ou des oranges. Les vendeurs de jasmin et de roses obtenaient un franc succès ; des parfums de fiançailles flottaient dans l'air.

Raifa était une fée. Elle lui fit presque oublier la Vallée des rois ; perdu dans une foule en liesse, heureux comme un enfant, Howard Carter se départit de sa méfiance habituelle et suivit le plus charmant des guides. Elle lui rappela que ce pays avait été, dans un lointain passé, un lieu de fêtes et de réjouissances où chacun prenait plaisir à vivre.

Quand les citadins reprirent le chemin de la ville, Raifa ne lui rendit pas sa liberté et le conduisit jusqu'à son village où quelques lampions perçaient la nuit naissante ; épuisés, les enfants dormaient. Ils entrèrent dans la maison silencieuse.

— Attends-moi ici, ordonna-t-elle en l'abandonnant dans une chambre coquette aux murs blanc et vert.

Carter eut soudain la gorge serrée ; elle l'avait introduit dans ses appartements privés, ce qui constituait un grave manquement à la morale locale. De quelle manière sortir de ce piège ? Incapable de découvrir une échappatoire, il patienta.

Elle le surprit encore.

Dévoilée, les pieds nus, vêtue d'une jupe s'arrêtant audessus des chevilles et d'un boléro doré laissant apparaître son ventre, elle tenait dans la main droite un *darabouka*, tambourin en forme de vase au fond recouvert de peau. Parfumée au jasmin, maîtresse d'un désir d'autant plus ardent qu'il était contenu, elle exprima sa jeunesse et sa beauté en lui offrant une danse du ventre, héritée d'un art raffiné venu par la route de la soie. Avec des mouvements très lents, presque imperceptibles au début, elle forma des cercles autour d'un axe invisible ; le corps de Raifa, élancé et souple, joua de subtiles variations. Les chevilles donnèrent le rythme, les seins s'animèrent, les hanches frissonnèrent.

Pas un instant, elle ne cessa de le regarder tandis qu'il ne savait où poser les yeux ; cette vision l'enflamma, mais il ne parvint pas à lui avouer sa passion. Raifa dégrafa son boléro, laissa tomber à terre le morceau d'étoffe et s'approcha de lui d'un pas lascif; elle abandonna le tambour, prit sa main et l'attira contre elle.

Il aurait dû la repousser, la convaincre qu'ils commettaient une folie, ne pas accepter cette aventure sans issue... mais Raifa était envoûtante, sa peau odorante, son désir ardent. Ses mains firent glisser la jupe le long des hanches ; maladroit, il se crispa. D'une ondulation, elle l'aida. Nue, elle continua à danser et l'entraîna au cœur d'un tourbillon de baisers et de caresses. Noyé dans ses longs cheveux noirs, ivre de l'eau de ses yeux, il lui offrit un amour semblable à la crue du Nil montant à l'assaut des rives.

## *Chapitre 19*

En cette matinée du 9 mars 1898, Howard Carter fut arraché aux bras de Raifa par une rumeur qui, après avoir enflé de village en village, fut sur toutes les lèvres. D'une voix agitée, l'écrivain public expliqua aux badauds comment un archéologue français, Victor Loret, venait de découvrir, dans la Vallée des rois, une tombe intacte contenant le sarcophage d'un roi inconnu.

Par la fenêtre ouverte que voilait un rideau, Carter ne perdit pas un seul mot ; sa jeune maîtresse, souriante dans un demi-sommeil, songeait à d'autres fantaisies.

— Où vas-tu, Howard ? Le jour est à peine levé.

— Le soleil est déjà haut, Raifa. Nous avons dormi longtemps.

— Dormi ?

Il l'embrassa tendrement.

— M'accordes-tu l'autorisation de fréquenter une momie ?

*

Loin d'elle, sa jovialité disparut. La nouvelle l'avait bouleversé ; quand ce même Loret, le 12 février, avait atteint le sarcophage vide de Thoutmosis III, le Napoléon égyptien, un pressentiment s'était emparé de Carter. Ce Français, lui, avait le droit de fouiller dans la Vallée ! De plus, la chance semblait l'accompagner... n'aurait-il pas mis la main sur la tombe de Toutankhamon ?

Quand Carter arriva sur le lieu de la trouvaille où une

dizaine de *gaffirs* montaient la garde, Loret était parti pour Louxor. L'Anglais désirait lui demander la nature exacte des merveilles qu'il extirpait des ténèbres ; en son absence, il lui restait à convaincre les cerbères de le laisser s'engouffrer dans la caverne aux trésors.

Comme chacun d'eux connaissait Carter, sa tâche fut aisée et il obtint vite leur accord. Passant par une brèche aménagée dans la porte murée, indiscutable accès à une sépulture royale, il chemina en s'éclairant avec une torche. Sans sa faible lueur, il serait tombé dans un puits large et profond. Il dut remonter à la surface et demander une échelle ; la jetant en travers du trou béant, il établit un pont de fortune qui lui permit de franchir l'obstacle. Impatient, il progressa à pas pressés vers la salle du sarcophage.

Ce dernier était bien en place.

Il s'en approcha avec respect, craignant de rencontrer le pharaon qui l'obsédait depuis son arrivée sur la terre des dieux.

À l'intérieur de la cuve, un roi reposait. Sur sa tête, un bouquet de fleurs ; à ses pieds, une couronne de feuillage. Pour la première fois, un fouilleur ressuscitait un monarque égyptien à l'endroit même où, grâce aux rites, il vivait en éternité.

Et ce fouilleur n'était pas Howard Carter.

Les yeux fermés, le souffle court, il se concentra ; inutile de retarder plus longtemps l'instant où il devrait déchiffrer les inscriptions et apprendre le nom du pharaon. Jamais, il n'avait reculé devant la réalité ; puisque son rêve se brisait, il voulut au moins rendre hommage à Toutankhamon.

Il approcha la torche des hiéroglyphes et repéra les cartouches qui contenaient le mot fatal. Il lut « Amon »... mais pas Toutankhamon ! Cette momie, ce sarcophage, cette tombe appartenaient à Amenhotep II, souverain qu'avaient rendu célèbre ses exploits au tir à l'arc et à l'aviron !

Rasséréné, joyeux comme un gamin qui a gagné au jeu, il s'assit de longues minutes sur le sol poussiéreux du sépulcre ; sa défaite se transformait en victoire. Loret prouvait que des caveaux intacts demeuraient cachés dans les entrailles de la Vallée... Parmi eux, Carter le sentait, le savait, figurait celui de Toutankhamon !

Sa torche éclaira l'entrée d'une chambre ; à l'intérieur, des momies royales au nombre de neuf ! De nouveau, l'angoisse le saisit ; son roi était-il l'un des habitants de cette nouvelle cachette ?

Chacune de ces vénérables reliques lui livra son nom : par bonheur, Toutankhamon manquait à l'appel !

*

Son travail à Deir el-Bahari bien avancé, Carter occupa ses loisirs en interrogeant sans relâche le site de Deir el-Medineh, tout près de la Vallée ; là, dans un petit village, avaient vécu les artisans qui, dans le plus grand secret, construisaient et décoraient les tombes royales. Leur communauté bénéficiait d'un système juridique particulier et dépendait directement du vizir, le Premier ministre de Pharaon.

Que restait-il de Deir el-Medineh ? Un temple, les fondations des maisons et le tracé des rues, et les tombes des tailleurs de pierre, des peintres et dessinateurs. D'une immense fosse avaient été extraits des milliers de tessons de calcaire qui servaient de brouillon aux apprentis.

En traversant la place centrale du village, près du puits où les femmes venaient chercher l'eau, Carter songea à l'animation qui régnait ici, voilà trois mille cinq cents ans ; les artisans partaient de ce havre de paix, environné de solitude et d'étendues désertiques où rôdaient les hyènes, pour suivre un chemin de crête menant à la Vallée des rois. Carriers, tailleurs de pierre, peintres, sculpteurs et dessinateurs prenaient volontiers du repos à mi-chemin dans des cabanes rudimentaires avant de revenir chez eux, dans « la place de vérité », selon le nom égyptien de Deir el-Medineh.

De hautes falaises verticales, des rochers, du sable, un amphithéâtre silencieux rendaient l'endroit austère ; flottait encore dans l'air tiède l'enthousiasme des bâtisseurs. Loin des hommes de son temps, Carter se sentait proche de ces êtres dont l'âme survivait à travers la perfection de leurs œuvres. L'un d'eux avait creusé la tombe de Toutankhamon ; peut-être avait-il aussi gravé quelque texte ou laissé quelque indice susceptible de le mettre sur la voie. C'est pourquoi, depuis plusieurs mois, il examinait chaque paroi et chaque pierre.

Alors qu'il sortait du caveau du maître d'œuvre Sennedjem qui, sur la paroi peinte, moissonnait dans les paradis de l'au-delà en compagnie de son épouse, il se heurta à un petit homme corpulent, chauve et moustachu, aux mains potelées et au regard dur derrière ses lunettes aux verres ronds, habillé à l'européenne avec la distinction d'un notable.

— Howard Carter ?

— Je n'ai pas l'honneur de vous connaître.

— Gaston Maspero, directeur du nouveau Service des Antiquités.

Carter lâcha crayon et cahier de dessin. Ainsi, il rencontrait à l'improviste le pape de l'égyptologie, le découvreur des *textes des Pyramides*, le fouilleur d'Abydos, de Saqqarah, de Karnak, d'Edfou, le détective qui avait mis au jour la cachette de Deir el-Bahari, l'auteur de l'*Histoire ancienne des peuples de l'Orient classique*, professeur à Paris, au Collège de France, à l'âge de vingt-sept ans, bref, l'érudit devant lequel les chercheurs du monde entier s'inclinaient.

Maspero avait quitté l'Égypte pour asseoir sa carrière, après avoir longtemps dirigé une mission permanente au Caire ; Carter, lui, ne partirait jamais.

— Vous êtes donc de retour... Pour combien de temps ?

— L'avantage de mes cinquante-trois ans, monsieur Carter, et de quarante années d'égyptologie, c'est l'expérience des hommes et du terrain. Aujourd'hui, je possède des pouvoirs qu'on me refusait autrefois et ne m'en laisserai pas conter.

— Félicitations pour votre nomination, monsieur le directeur.

Mains croisées derrière le dos, bien campé sur ses jambes, Carter devait ressembler à un étudiant prêt à entendre la sentence du jury.

Maspero ôta ses lunettes et en essuya les verres avec un mouchoir fin.

— La situation n'est pourtant pas facile : Kitchener et l'Angleterre ont mis la main sur le Soudan alors que Mustafa Kamil et le Parti National exigent le départ des Anglais.

— Simple provocation sans lendemain.

— L'Égypte compte aujourd'hui sept millions d'habitants contre trois en 1820 ; les familles font de plus en plus d'enfants afin de les envoyer travailler dans les champs de coton. Demain, ils seront des patriotes et prêcheront l'indépendance.

— Seriez-vous fâché avec l'Angleterre ?

— Au contraire ! Pour ne rien vous cacher, c'est le consul général britannique, Lord Cromer, qui a fortement appuyé ma nomination.

— Cela signifie que Loret...

— Mon prédécesseur, quoique français, était un piètre archéologue. Certes, il s'est beaucoup agité et a fait quelques découvertes dignes d'intérêt.

— Ne vient-il pas de dégager la tombe de Thoutmosis I$^{er}$, la plus ancienne de la Vallée ?

Maspero balaya l'argument d'un revers de main.

— Loret fouille à la va-vite, ne prend aucune photographie, griffonne des notes illisibles. Il y a plus grave, Carter : les « tombes Loret » sont ouvertes à tout vent ; on y circule beaucoup... beaucoup trop. Certains objets auraient disparu lors de transactions illicites ; des archéologues anglais et allemands ont prononcé le terme de trafic et vivement critiqué Loret auprès des autorités. Voilà pourquoi on a fait appel à moi. Mes conditions morales, financières et matérielles acceptées, je reprends les choses en main, même si mon compatriote est certainement accusé à tort.

— « Les choses »... vous voulez dire : tous les sites ?

— Tous les sites, répartis en cinq districts administratifs qui seront gérés avec le plus grand soin par cinq inspecteurs généraux qu'assisteront des inspecteurs locaux et un nombre croissant de gardiens. Les sociétés savantes, les instituts et les particuliers fortunés obtiendront des permis de fouille si je le juge bon, en accord avec un comité consultatif international.

— Consultatif...

— Vous percevez bien les nuances : le pouvoir exécutif, le seul qui compte, c'est moi. Il était temps de remettre de l'ordre dans ce capharnaüm. Quel âge avez-vous, Carter ?

— Vingt-six ans.

— Depuis combien de temps travaillez-vous en Égypte ?

— Bientôt neuf ans.

— Parlez-vous arabe ?

— Plusieurs dialectes.

Maspero, enfin satisfait de la propreté des verres, rechaussa ses lunettes.

— Les rumeurs vous concernant étaient donc fondées. On prétend aussi que la région thébaine n'a pas de secrets pour vous.

— Cette fois, la rumeur est excessive ; j'aimerais qu'elle fût vraie.

— Modeste, en plus... ça vous passera. Monsieur Carter, je vous nomme inspecteur général de Haute-Égypte et de Nubie avec pour charge de vous occuper des monuments. Votre siège administratif sera à Louxor. Bien entendu, j'exige des rapports réguliers.

Gaston Maspero fit mine de s'en aller, s'arrêta et se retourna.

— Ah, j'oubliais... un homme de votre importance doit être beaucoup mieux habillé ; vous avez une fâcheuse tendance à glisser vers la mode indigène. Rectifiez votre tenue immédiatement, car vous entrez en fonction dès aujourd'hui.

## *Chapitre 20*

Lord Carnarvon, le plus heureux des hommes ; à trente-quatre ans, il était un aristocrate fortuné, fêté et choyé, bientôt père d'un second enfant. Gestionnaire habile, il voyait ses comptes bancaires s'accroître de manière régulière et ne connaissait aucun souci quotidien. À qui voulait l'entendre, il prétendait que la vie était un sport où le plus habile l'emportait s'il savait apprécier un tableau de maître comme l'allure d'un cheval de course ; extraire un bronze antique de l'antre d'un antiquaire l'excitait autant qu'une chasse au renard menée selon la tradition.

Membre du Jockey Club, Carnarvon passait de longues journées à s'occuper d'une des écuries les plus pimpantes d'Angleterre ; vainqueur de nombreuses courses, il commençait à se lasser de cet amoncellement de succès. Sa conscience reprenait ses droits : heureux, il ne l'était qu'à l'extérieur de lui-même. Il parvenait encore à se noyer dans une passion mais, dès qu'elle fléchissait ou se vidait d'un peu de substance, il s'ennuyait.

L'automobile, la vitesse, l'air vif qui vous battait les joues, les *miles* qui défilaient sous les roues, les belles lignes droites offertes à l'accélérateur, les courbes où l'art du pilote se révélait... voilà ses nouvelles ivresses. C'est en France qu'il avait acheté les premiers bolides avant que l'Angleterre ne s'y intéressât ; lors de sa première randonnée, il avait dû se faire précéder d'un piéton porteur d'un drapeau rouge. En cette année qui inaugurait le vingtième siècle, la mécanique progressait vite et contraignait le propriétaire de Highclere à changer fréquemment de voiture. Amoureux du risque mais jamais insensé, le comte s'était assuré les services d'un chauffeur professionnel, Edward Trotman, avec lequel il partageait la conduite des véhicules ; lorsqu'il se sentait fatigué, Carnarvon évitait de prendre le volant.

Ce matin-là, sur la route allemande qui menait à Schwalbach où il rejoindrait son épouse, l'aristocrate se sentait en excellente forme. Assis à côté de lui, son chauffeur souffrait d'un rhume de cerveau.

— Le grand air vous guérira, Edward. Aucun microbe n'y résiste.

— Dieu vous entende, monsieur le comte ; mes yeux pleurent, je ne me sentais pas en état de conduire. Vous-même, vous êtes pourtant couché bien tard.

— Cette réception était assommante ; un professeur viennois a exposé les théories d'un certain Freud, auteur d'un livre récent sur l'interprétation des rêves. C'est non seulement inepte mais dangereux ; si un certain nombre d'universitaires idiots ou crédules propagent ces théories, elles répandront une peste dont le monde se débarrassera avec peine. Ce Freud est le pire des cauchemars.

— Prenez garde, monsieur le comte ; cette route n'est qu'une succession de virages.

— Vous avez raison, Edward, je me méfie des tournants. Ils ont provoqué tous les accidents recensés à ce jour. Savez-vous ce que m'a proposé un milliardaire turc ? Acheter des champs de coton en Égypte ! Il paraît que les propriétaires terriens font fortune en constituant d'immenses domaines au détriment de petits paysans acculés à la misère ou obligés de quitter leurs lopins pour s'entasser au Caire. Notre époque perd la tête et nous vivons sur une marmite de sorcières ; le couvercle finira par nous sauter à la figure.

Edward Trotman éternua ; son rhume lui encombrait l'esprit au point de le distraire de toute vision planétaire. Carnarvon se concentra sur sa conduite ; brouillard et averses avaient rendu la chaussée glissante. Il ne pouvait s'empêcher de songer à sa récente conversation avec un nouvel émissaire du gouvernement britannique ; on ne lui proposait plus d'être un agent de renseignement bénévole, mais bel et bien de devenir un spécialiste officiel de l'Orient et d'entamer une carrière politique qui le mènerait très loin ; le Foreign Office avait besoin de personnalités comme la sienne. Une nouvelle passion, peut-être, lorsque l'automobile lui paraîtrait fastidieuse.

Carnarvon franchit un dos d'âne à trop vive allure ; Edward Trotman décolla de son siège et s'agrippa au bras du comte pour recouvrer son équilibre.

— Pardonnez-moi, monsieur le comte.

— C'est à moi de solliciter vos excuses, Edward. Je ralentis.

La succession de virages contraignit le conducteur à la prudence ; enfin, une longue ligne droite lui permit de libérer l'énergie du moteur.

— Ce véhicule se traîne ; il faudrait...

Carnarvon ne finit pas sa phrase. Deux chars à bœufs, sortant d'un chemin de terre, coupèrent la route, indifférents à l'automobile qui fonçait sur eux. Ne disposant plus de la distance nécessaire pour freiner, le comte donna un coup de volant, sortit de la voie, et monta sur le talus. Un pneu éclata. Trotman eut la chance d'être éjecté tandis que le véhicule, tombant en biais dans un fossé boueux, se renversait sur Carnarvon.

Edward Trotman dut sa sauvegarde à un épais manteau qui amortit le choc ; peu soucieux d'éventuelles blessures, il vola au secours de son patron. Affolé, il constata que Carnarvon avait la tête enfoncée dans la boue ; seul, il n'avait pas la force de déplacer la voiture et d'arracher le comte à une mort gluante.

Trotman courut en hurlant. Les paysans, responsables de l'accident, étaient immobiles au milieu de la route.

— Venez vite ! J'ai besoin de vous.

Deux d'entre eux s'enfuirent.

— Si vous partez, vous serez accusés de crime !

Les Allemands ne comprenaient pas le discours de l'Anglais ; mais son ton menaçant les convainquit de le suivre.

Le visage de Carnarvon était méconnaissable. S'emparant du seau d'eau que portait un paysan, Trotman en versa un peu sur le nez et sur les lèvres de l'accidenté, et en ôta la boue ; puis, dirigeant la manœuvre, il ordonna aux Allemands de pousser la voiture. Ceux-ci rechignèrent ; Trotman s'emporta, en saisit un par le col et l'obligea à l'aider. Un second les assista tandis qu'un troisième, prenant enfin conscience de la gravité de la situation, partit chercher du secours.

Le véhicule était lourd ; d'abord, il ne bougea pas. Sous l'impulsion d'un Anglais déchaîné, les paysans puisèrent dans leurs ressources. Enfin, la carcasse métallique remua.

— Poussez, par saint George !

Carnarvon était dégagé ; mais il ne respirait plus. Le prenant sous les aisselles, Trotman le sortit de son linceul.

— Parlez-moi, monsieur le comte... parlez-moi, je vous en conjure !

Le chauffeur étendit son maître sur le talus.

— De l'eau, encore... *Wasser, bitte* !

Trotman jeta le contenu du seau sur la tête de Carnarvon. Le liquide glacé provoqua une réaction : les paupières du comte se soulevèrent, ses lèvres tremblèrent et il reprit conscience.

— Vous êtes vivant, vivant !

Le regard semblait perdu. D'une voix très faible, Carnarvon réussit à poser une question qui stupéfia son chauffeur.

— Ai-je tué quelqu'un ?

Trotman n'eut pas le temps de répondre : le comte sombra dans le coma.

## *Chapitre 21*

Costume rayé trois-pièces, nœud papillon à pois, pochette blanche, chapeau à larges rebords et à bande noire, fume-cigarette, chaussures de toile blanche : Howard Carter ressemblait à un véritable inspecteur des Antiquités répondant aux exigences de la meilleure tradition britannique et de Gaston Maspero.

Ainsi vêtu, il imposait sans peine son autorité sur les différents chantiers dont il était responsable.

Cette promotion le comblait d'aise ; il courut d'Edfou à Kom Ombo, d'Abou Simbel à Louxor, d'El-Kab à Hermonthis ; comment ne pas être émerveillé devant cette myriade de temples, de bas-reliefs et de statues qu'il fallait préserver, comment ne pas avoir envie de soulever des tonnes de sable afin de mettre au jour de nouveaux monuments ? Mais ses pensées le ramenaient toujours vers la Vallée des rois, désormais placée sous son contrôle. Hélas, il ne pouvait lui consacrer l'essentiel de son temps ; Maspero, qui ne s'intéressait guère à ce site considéré comme épuisé, ne l'aurait pas accepté.

Tirant argument des trouvailles de Loret, Carter parvint néanmoins à capter l'intérêt de son patron qui accepta une visite de routine sur les lieux.

— La tombe de la reine Hatchepsout : n'est-ce pas passionnant ?

— Intéressante, mais vide. Une sépulture sans objets et sans trésor... une vieille séductrice fanée et sans attraits.

— Je suis persuadé que des merveilles sont encore cachées, ici même.

— Rêveries, Carter. Cette Vallée n'est plus qu'une désolation.

— J'aimerais diriger une grande campagne de fouilles.

— Le Service des Antiquités est pauvre, objecta Maspero ; mon budget est bouclé. Les sommes sont affectées à l'entretien des monuments connus.

— Je suis certain...

— Cela suffit. Si vous voulez fouiller, commencez par devenir riche ; engagez une bonne centaine d'ouvriers et déboursez plusieurs milliers de livres sterling. En êtes-vous capable ?

Furieux, Carter se mordit les lèvres.

— Ma seule fortune est le salaire que vous me versez.

— Eh bien, sachez au moins le préserver et oubliez cet endroit sinistre. La Vallée est morte, Carter ; ne vous y enterrez pas.

*

Le petit matin, à Louxor, a une odeur de café et de jasmin ; la montagne rose de la rive d'Occident et le monde des dieux se mêlent aux humains dans un silence lumineux. Quand le soleil s'affirma, il trouva Carter au pied d'une petite mosquée entourée de rosiers et d'hibiscus ; à l'intérieur, un vieillard lisait le Coran. Des oiseaux buvaient dans une auge placée près de l'entrée, ornée de marbres et de mosaïques.

Habillée à l'européenne, Raifa s'arrêta à un mètre de son amant.

— Pourquoi m'as-tu donné rendez-vous ici ?

— Vous êtes très impressionnant, monsieur l'inspecteur ; je vous préférais dans un costume plus modeste, mais je m'y habituerai.

— Je n'ai guère le choix.

— Me sacrifierais-tu à tes nouvelles fonctions ?

— Raifa...

La prendre dans ses bras et la serrer contre lui... en pleine rue, impossible.

— Est-ce nécessaire de me torturer ainsi ?

— Ne le mérites-tu pas ? Mon frère vit à Qena, tu es devenu quelqu'un d'important, nous sommes libres, toi et moi, et nous ne nous voyons plus. Si ton travail devient une maîtresse, Howard, je l'écarterai. Je t'aime et je veux t'épouser.

Cette exigence ne le surprit pas ; il la redoutait et il l'espérait.

— Tu es égyptienne, je suis anglais...

— Il existe une solution : convertis-toi à l'islam. Regarde cette mosquée : elle est paix et sérénité.

— C'est vrai, mais...

— Tu n'auras que cinq obligations à remplir : la profession de foi dans le Dieu unique, les prières quotidiennes, la charité, le jeûne et le pèlerinage à La Mecque. Acceptes-tu, Howard ?

Une folle espérance brillait dans ses yeux.

— J'ai besoin de réfléchir.

— Je le comprends, Howard ; Dieu est le plus grand, je loue sa perfection. Il saura t'éclairer.

— Je le souhaite.

*

Gaston Maspero frappa du poing sur son bureau.

— C'est un véritable scandale, monsieur Carter ! Je veux la vérité.

— Mes rapports ne vous satisferaient-ils pas, monsieur le directeur ?

— Ils sont précis, concis et en progrès constants ; à ce rythme-là, vous serez bientôt le meilleur de mes inspecteurs.

— Je me montrerai digne de votre confiance.

— À condition de mettre fin à vos frasques !

— Mon existence est consacrée au travail.

— Je le souhaiterais, Carter ! Vous êtes un homme jeune, plein d'ardeur... vivre solitaire serait une erreur. Louxor est peuplé d'Européennes charmantes que vous pourriez rencontrer.

— Mon travail...

Le visage de Maspero s'empourpra.

— Il ne vous empêche pas de fréquenter une certaine Raifa !

Aussi rouge que son interlocuteur, il ne recula pas devant l'assaut.

— Qui m'a trahi ?

— Tout le monde le sait, Carter ! Dans le petit monde européen de Louxor, vous êtes à la fois la risée et la honte... d'autant plus que votre funeste projet vous conduit tout droit à la déchéance.

— À quoi faites-vous allusion ?

— Ne faites pas l'âne ! Votre « fiancée » répand partout que vous êtes décidé à vous convertir à l'islam.

Très droit, le regard fixe, Carter fit front.

— Le mariage est à ce prix.

— Il n'y aura pas de mariage. Votre conversion serait la pire des inepties ; les musulmans ne vous accepteront pas et les Européens vous rejetteront. Cette femme sera obligée de vous quitter et vous aurez perdu votre emploi, que dis-je, votre vocation ! Écoutez-moi, Howard : les religions pourrissent l'homme. J'ai été renvoyé de Normale Supérieure parce que j'avais pris position en faveur de Sainte-Beuve, de la libre pensée et du libre examen. Ensuite, je fus réintégré et je n'ai cessé de lutter pour débarrasser la science du carcan de croyances qui l'étouffe ; ne sombrez pas à cause d'une folie de jeunesse !

— Raifa désire officialiser notre union. Elle m'a initié à ce pays, à sa langue, à ses coutumes ; ma réussite lui est due en grande partie.

— Incorrigible romantisme ! La réussite d'un être n'est due qu'à son propre talent et à sa capacité d'utiliser au mieux les circonstances. Je commence à bien vous connaître, mon garçon ; si vous réussissez, personne ne vous en saura gré. À cause de votre caractère entier et de votre goût fâcheux de la rectitude, on vous enviera et on vous jalousera.

— *Mektoub.*

Ce parti pris de fatalisme musulman n'amusa pas Maspero.

— L'aventure est terminée.

— Je ne crois pas, monsieur le directeur. Trahir l'amour d'une femme serait une indignité dont je ne puis m'accommoder.

Derrière les lunettes cerclées, le regard devint glacial.

— La première qualité d'un savant est de se plier à la réalité. Vous ignorez un fait majeur : le frère de Raifa vient de rentrer à Louxor. Sa sœur m'a fait parvenir une lettre où elle me demande d'intervenir dans un sens précis : que vous cessiez de l'importuner. Sinon, son frère portera plainte.

— Je veux lire ce document.

Maspero le lui tendit.

— Ce texte a été écrit sous la contrainte... c'est l'évidence !

— Peu m'importe, il met fin à cette liaison indécente. À présent, inspecteur Carter, retournez sur les chantiers. Les monuments ont besoin de vous ; ils dureront beaucoup plus longtemps que cette Égyptienne.

## *Chapitre 22*

— Je veux la vérité, exigea Lord Carnarvon.

Le chirurgien hésita.

— Vous êtes sauvé, monsieur le comte ; n'est-ce pas l'essentiel ?

— Non. Je ne crois pas avoir perdu mon sang-froid et je vous recommande de conserver le vôtre.

Carnarvon revivait l'instant où, dans l'auberge la plus proche du lieu de l'accident, il avait ouvert à nouveau les yeux en présence de son épouse, de son chauffeur et de plusieurs médecins. Hélas, son regard était trouble ; quelques minutes plus tard, un voile noir le recouvrait.

— Suis-je définitivement aveugle ?

— Je ne le crois pas, monsieur le comte.

— Mes blessures ?

— Jambes brûlées, fractures aux maxillaires, cage thoracique enfoncée, commotions et contusions diverses.

— Degré de gravité ?

— Non négligeable.

— Quand pourrai-je marcher ?

— Dans trois ou quatre mois, mais... avec une canne.

— Courir ?

— Vous devrez y renoncer.

Carnarvon ne naviguerait plus et ne s'élancerait plus sur les océans à la conquête d'une impossible liberté.

— Je ressens une douleur atroce dans les bras.

— Ils sont démis ; vous en retrouverez le complet usage. Cependant...

— Continuez.

— Plusieurs opérations seront nécessaires ; il vous faudra du courage et de la patience, monsieur le comte.

*

Le parc de Highclere verdoyait sous un pâle soleil de printemps ; Carnarvon essayait de jouer au golf et d'allonger chaque jour la durée de son parcours. Ses capacités de vision recouvrées, il se sentait plus apte à lutter contre l'adversité. Irrité par son manque d'énergie, il retourna vers le château.

Sur le seuil l'attendait Almina.

— Ne renoncez pas, mon chéri ; il faut vivre. Pour moi, pour votre fils et pour votre fille qui vient de naître.

— Je suis las.

— La rééducation sera longue. Votre docteur...

— Un menteur, comme tous les médecins. Ma rééducation ne finira jamais ; je souffrirai jusqu'à la fin de mes jours.

Almina regarda son mari avec tendresse et lui embrassa les mains.

— Vous avez sans doute raison ; pour moi, cela ne change rien.

— Aimer un infirme... est-ce possible ?

— Vous n'êtes pas un infirme.

— Même votre tendresse ne peut modifier la réalité ; je marche avec difficulté, de ridicules efforts me fatiguent, mon existence passée fut une suite d'absurdités et je n'ai plus d'avenir. Triste bilan, ne vous semble-t-il pas ?

— Bilan inexact, monsieur le comte. L'expérience accumulée est irremplaçable, votre famille vous vénère et vos premières photographies prouvent un réel talent.

Carnarvon s'égaya.

— Réussies, vraiment ?

— Constatez vous-même.

Aussi vite qu'il le put, Carnarvon se rendit dans la chambre noire aménagée dans une aile du château. La photographie, sa nouvelle passion, exigeait une minutie dont il se croyait incapable ; après des premiers essais médiocres, il hésitait à continuer. Sa dernière série lui parut correcte : netteté, cadrage, composition immortalisaient le parc de Highclere.

— Nous photographierons donc, murmura-t-il.

*

De nombreuses lettres affluaient du monde entier ; organismes officiels et cercles d'amateurs le félicitaient pour ses clichés et propageaient sa renommée dans toute l'Angleterre ; demain, Carnarvon serait un photographe au talent reconnu.

— Votre rendez-vous, monsieur le comte.

Carnarvon hésita ; il n'aurait pas dû accepter cette visite. Assis sur le siège de Napoléon Ier, il reçut son visiteur dans la bibliothèque. L'homme au costume noir salua le châtelain.

— Londres songerait-il encore à un aristocrate accidenté ?

— Vous vous remettez fort bien, monsieur le comte, vos malheurs appartiennent au passé. La plupart des membres du gouvernement attendent votre entrée en politique.

Carnarvon se leva et récita une cinquantaine de vers de *Macbeth* ; son interlocuteur demeura impassible.

— J'apprécie Shakespeare, mais...

— M'avez-vous bien écouté ?

— Je l'espère.

— En ce cas, vous avez remarqué.

— Je ne comprends pas.

Carnarvon tourna le dos à l'émissaire du gouvernement.

— Votre discrétion vous honore mais elle est inutile ; les séquelles de ma blessure à la mâchoire m'affligent d'un défaut d'élocution que seuls mes proches peuvent supporter. M'imaginez-vous déclamant un discours et déclenchant des rires ? Les humoristes ne tarderaient pas à me brocarder et ma carrière périrait dans l'œuf.

— Vous vous trompez, monsieur le comte ; ce défaut n'existe que dans votre imagination.

— On ne flatte pas un homme diminué.

— Vous ne l'êtes pas. Votre courage a forcé l'admiration de tous ; un homme de votre trempe deviendra un dirigeant de premier plan.

— J'accepte l'adversité, pas le ridicule.

— Laissez-moi vous exposer le plan que mes amis et moi-même avons préparé pour votre élection.

— Inutile : je ne désire aucun mandat.

— C'est insensé ! Vous n'allez quand même pas vous enterrer ici et...

— Mon destin n'appartient pas au gouvernement de Sa Majesté ; notre entretien est terminé.

*

Avoir été inutile et devenir plus inutile encore... Carnarvon ressassait cette pensée que ne chassaient ni l'affection de ses enfants, ni l'amour de son épouse, ni le dévouement de ses serviteurs. Souffrant de maux de tête intolérables, il ne trouvait le repos qu'au cœur de son domaine, sous les cèdres du Liban ; se concentrer était si pénible qu'il devait interrompre fréquemment ses lectures ou son activité de photographe. Lors des repas, il observait d'interminables silences, absent de lui-même comme de la conversation.

À trente-quatre ans, le brillant comte de Carnarvon était un homme fini. Plus on l'aidait, plus il se méprisait. Dépendre de la tendresse des siens ou d'une simple canne le mettait en enfer ; si le suicide n'avait pas été une effroyable faute de goût, il s'y serait résigné.

Ses chiens furent ses meilleurs thérapeutes. Fidèles dans l'instant comme dans la durée, attentifs à ses moindres gestes, ils ne lui réclamèrent que sa présence et de longues promenades à leur côté ; il apprit à supporter ses souffrances et à ne plus regretter la santé perdue. La vie fut moins grise, le désespoir moins dense. Que l'horizon fût rétréci, comment le nier ? Mais l'aventurier sentait qu'une autre porte s'ouvrirait dans le ciel, qu'un autre chemin s'offrirait. À lui de se préparer.

## *Chapitre 23*

À Gournah, le bureau de Carter n'était ni grand ni luxueux mais représentait une extraordinaire réussite et la possibilité d'établir un plan de recherches sur plusieurs années, plan dans lequel était incluse sa chère Vallée.

Installé au fond d'un local rectangulaire où trônaient deux ventilateurs, il recevait peu, préférant la compagnie des ouvrages d'érudition à celle d'insupportables quémandeurs. Ses trois subordonnés, natifs du village voisin, avaient pour consigne d'éloigner les importuns ; aussi les banquettes adossées aux deux longs murs restaient-elles le plus souvent vides.

Avec une carte et un crayon, comme c'était facile de fouiller la Vallée ! Carter avait envie de la percer en dix endroits différents et prévoyait plusieurs centaines d'ouvriers au travail dont les chants joyeux préluderaient à la découverte. Mais il lui manquait ces milliers de livres sterling sans lesquelles aucun chantier ne pouvait être ouvert.

— Deux de vos compatriotes souhaiteraient vous voir, monsieur l'inspecteur.

— Leurs noms ?

— Ils refusent de les donner et prétendent détenir des renseignements qui vous intéresseront au plus haut point.

La curiosité le poussa à accorder l'entrevue. Les deux Anglais étaient des hommes mûrs, au visage buriné et aux traits grossiers : il aurait juré qu'il s'agissait de deux frères.

— Nous résidons à Louxor, déclara le premier, et la Vallée nous intrigue. C'est pourquoi nous sollicitons l'autorisation de fouilles.

— Vous avez évoqué des renseignements...

— Notre autorisation d'abord.

— Êtes-vous archéologues ?

Le second s'avança.

— Nous avons travaillé avec Loret ; cela devrait vous suffire.

— N'organisez-vous pas un trafic d'antiquités ?

— Ce n'est pas illégal.

— À présent, si. En tant qu'inspecteur de cette région, je désapprouve ces pratiques et ferai condamner leurs auteurs.

Les deux hommes se consultèrent du regard et reculèrent.

— Ne partez pas si vite, messieurs ; les renseignements ?

— Nous nous sommes trompés, nous...

— Ou bien vous parlez, ou bien vous êtes inculpés.

La menace les arrêta.

— Je vais vous aider, messieurs : si vous désirez un permis de fouilles, c'est que vous connaissez déjà l'endroit où porter le premier coup de pioche. Je suppose que Loret avait repéré l'entrée d'une tombe ; lorsqu'il apprit sa destitution, il préféra remblayer.

Ni l'un ni l'autre ne protestèrent ; Carter avait touché juste.

— Voici une carte de la Vallée. Indiquez-moi l'endroit et disparaissez.

*

De nombreux ouvriers s'étaient réunis à l'entrée de la Vallée, mus par quelque pressentiment ; à l'approche d'un événement, ils se mobilisaient en vertu d'un instinct séculaire.

— Faites quérir le chef des gardiens, exigea Carter.

Fendant les rangs, le *reis* s'avança.

— Ahmed Girigar ! Vous êtes monté en grade.

— Comme vous, monsieur Carter ; je suis heureux de pouvoir travailler avec vous.

— Moi aussi.

— Quand commençons-nous ?

— Tout de suite ; j'ai besoin d'hommes expérimentés.

Ahmed Girigar sélectionna les meilleurs ; il distribua ses ordres avec calme et fut obéi sur-le-champ.

Ils se dirigèrent vers la falaise ; Carter marcha en tête, pressé d'arriver à cette tombe inédite.

Le travail fut rapide et aisé ; peu de gros blocs, de la caillasse, du sable... et la cavité ! Elle s'ouvrait sur un escalier assez large, en excellent état. Aucune inscription ne donnait le nom du propriétaire. Dès que Carter s'engagea dans le couloir droit et haut, suivi d'Ahmed Girigar, il sut que la sépulture avait été violée. La chambre funéraire de forme ovale était une œuvre remarquable, bien que le sarcophage, dépourvu de textes, ne fût pas terminé.

Il s'agenouilla et ramassa une rosette.

— Regarde, Ahmed. Elle provient d'un pendentif en or incrusté de pierres précieuses : les déesses que j'ai peintes à Deir el-Bahari en portaient de semblables.

Cette tombe, comme tant d'autres, devait contenir de fabuleuses richesses ; ne subsistaient que quelques maigres reliques, au nom d'un maire de Thèbes, Sennefer, et de son épouse ; Carter attribua le numéro 42 à leur dernière demeure.

*

Les deux érudits dégustaient du pigeon grillé dans un restaurant typique de Louxor ; le premier était français, le second anglais. L'égyptologie sur le terrain, pour l'un comme pour l'autre, ne représentait qu'une étape ; leur carrière les mènerait vers des postes de professeur à Paris et à Londres, loin d'un pays qu'ils n'aimaient pas.

— Avez-vous lu le dernier tome des *Annales du Service des Antiquités* ? demanda le Français.

— Ce Carter, bien qu'il soit mon compatriote, commence à m'exaspérer.

— Vous n'êtes pas le seul ; il indispose la communauté scientifique. Quelle idée déplacée... Publier cette tombe 42 où il n'y a pas le moindre trésor !

— Si on le laisse faire, il rédigera des rapports sur les sépultures violées et sur les moindres trous de la Vallée : il ridiculise ses prédécesseurs et met ses collègues en porte-à-faux. Des plans, des relevés, des croquis ! Comme si nous n'avions pas d'autres préoccupations... Ce Carter voudrait nous écraser sous le poids d'un travail inutile. Il est ambitieux, vindicatif et outrancier, sans doute parce qu'il est issu d'un milieu pauvre.

— Nous l'empêcherons de nuire, mon cher collègue.

— Heureux de conclure cette entente cordiale : ou Carter pliera ou il rompra.

*

Carter eut conscience de déranger les habitudes d'une bande de paresseux et d'incapables pour lesquels l'Égypte et l'égyptologie n'étaient que passe-temps un peu snobs ; qui recherchait la vérité du passé devait lui accorder autant de soins qu'à l'observation du présent et à la préparation de l'avenir.

Un mois après la découverte de la tombe 42, Ahmed Girigar sollicita une entrevue à l'abri des oreilles indiscrètes. Après avoir fermé son bureau, Carter le rejoignit dans un vallon désertique où, lors des pluies d'orage, se formait un torrent.

— Quatre ouvriers qui travaillaient pour Loret ont avoué une tentative de vol.

— Dans quelle tombe ?

— Une sépulture inconnue que le Français a rebouchée, comme la 42. Les quatre hommes tentaient de s'y introduire lorsqu'un *affrit* les a dérangés ; c'est un esprit très agressif qui leur tordait le cou et les empêchait de respirer.

— Ont-ils indiqué l'emplacement ?

— Je vous y emmène.

Le *reis* conduisit Carter jusqu'au petit ravin qui gardait la tombe de Ramsès XI ; il lui montra un creux dans le sable où étaient accumulés des éclats de pierre.

— Convoque des ouvriers et creusons.

À quinze pieds sous les débris, un puits fut dégagé ; au fond, une porte intacte !

Ahmed Girigar perçut l'enthousiasme de Howard Carter.

— Ne vous réjouissez pas trop vite ; Loret est déjà entré.

Inquiet, Carter se glissa à l'intérieur ; au plafond, des nids de guêpes en terre caractéristiques des tombeaux thébains violés depuis longtemps.

Deux cercueils en bois, couverts de résine blanche, et un troisième, blanc, contenant une momie, appartenaient à des chanteurs du temple de Karnak ; entre les bandelettes, des feuilles de mimosa, de lotus et de perséa. De Toutankhamon, nulle trace.

## *Chapitre 24*

— Monsieur l'inspecteur, venez vite ! C'est grave, très grave !

Le *gaffir* était bouleversé ; une colonne venait de s'effondrer dans la tombe de Séthi I^er^, la plus belle et la plus grande de la Vallée.

Carter se rendit sur les lieux afin de constater les dégâts et de prendre des mesures d'urgence. Une fois encore, il fut ébloui par cette chapelle Sixtine de l'Égypte ancienne ; splendeur des peintures qui semblaient terminées d'hier, perfection des hiéroglyphes qui narraient le dangereux voyage du soleil dans le monde souterrain, et présence des divinités aidant le pharaon à renaître provoquaient une émotion intense. Il venait souvent se recueillir devant la représentation de Nout, la déesse du ciel, femme immense au corps couvert d'étoiles ; au soir, elle avalait l'astre du jour qu'elle mettait au monde chaque matin.

Carter n'eut pas le loisir de se consacrer à l'étude de ces fresques inégalables ; il lui fallut étayer la partie effondrée avec des rondins de bois, fermer la tombe au public et se rendre en toute hâte chez Maspero.

Le directeur du Service, las de la ville, avait installé son quartier général sur un bateau, une *dahabiya* répondant au nom de « Miriam ». Il pouvait se déplacer aisément d'un site à l'autre en empruntant le Nil, à la manière des anciens. Maspero, dont le petit bureau était encombré d'une pile de dossiers, paraissait de méchante humeur.

— Que se passe-t-il dans la Vallée, Carter ? Il paraît que la tombe de Séthi I$^{er}$ est à moitié détruite !

— La rumeur a quelque peu exagéré l'incident, mais l'affaire n'est pas négligeable : une colonne effondrée. Les travaux de restauration sont déjà en cours.

— Et les touristes ?

— Visite interdite.

Maspero, renversé en arrière, se bascula dans son fauteuil.

— Ah, les touristes ! Quelle engeance... Deux mille personnes par an dans la Vallée, une véritable colonie installée à Louxor de décembre à avril, des bavards, des agités et des malades qui viennent prendre le soleil et dégrader les monuments !

Le directeur du Service adopta une position plus auguste et fixa son inspecteur avec sérénité.

— C'est bien votre avis, Carter ? Ce sont bien vos propos ?

— Dans la lettre comme dans l'esprit. Ces gens ne songent qu'à parader dans les hôtels de luxe, à flirter, à échanger leurs cartes de visite ; ils vont de réception en réception, jouent au tennis et au bridge, inventent sans cesse une distraction nouvelle. Figurent, hélas ! à leur programme un pique-nique obligé dans la Vallée des rois et une visite des tombes. Ils n'y accordent pas le moindre intérêt et encore moins le respect ; leurs guides noircissent les murs avec la fumée des torches et chacun s'amuse à toucher les reliefs. Des mesures drastiques s'imposent, monsieur le directeur, si vous voulez sauver ces trésors inestimables.

— En douteriez-vous ?

— Agissons.

— Agir, agir ! C'est facile à dire ! Comptez-vous interdire aux touristes l'accès de la Vallée ?

— Pourquoi pas, le temps de la fouiller ?

— Elle est fouillée, Carter.

— La découverte de la tombe 42 et celle des trois chanteurs d'Amon, qui portera le numéro 44 sur ma liste, ne prouvent-elles pas le contraire ?

L'argument fit vaciller Maspero ; il reprit vite contenance.

— Des caveaux violés, réutilisés, dépourvus de mobilier et de beaux objets... de bien modestes trouvailles qui n'intéressent qu'un passionné comme vous ! Mettez-vous dans le crâne que des centaines de pillards sont passés par là et qu'ils n'ont laissé que des miettes. Que proposez-vous pour les tombes de la Vallée les plus visitées ?

— Construire des murets afin de préserver les entrées des chutes de pierres et des eaux torrentielles, tracer des chemins afin de canaliser le flot de visiteurs et installer des balustrades dans les tombes pour les empêcher de se coller aux parois.

Maspero ouvrit un dossier.

— Hmmm... c'est faisable. Mon budget le permet.

— Ce n'est pas tout ; il reste l'essentiel.

— L'essentiel attendra : je n'ai plus d'argent.

— Il faut pourtant lutter contre le noir de fumée.

— De quelle manière ?

— En utilisant l'électricité dans les tombes principales.

— L'électricité ! Qui vous la fournira ?

— Un générateur, dans la Vallée.

Maspero, irrité, cassa son crayon.

— Vous êtes un révolutionnaire, Carter. Laissez-moi travailler en paix.

— Obtiendrai-je satisfaction, monsieur le directeur ?

— N'insistez pas.

*

Dès que la nouvelle se répandit, les touristes affluèrent : grâce à la lumière électrique, on pouvait enfin admirer la totalité des bas-reliefs. Carter n'avait pas refoulé la masse des curieux, mais la suppression des torches et la pose des rambardes assuraient la sauvegarde des monuments ; pendant quelques heures, il fut contraint de se transformer en garde-chiourme et de calmer quelques excités qui hurlaient leur satisfaction de voir le progrès s'insinuer dans la Vallée.

Avec la nuit, le calme revenait ; assis sur l'une des buttes dominant les tombes royales, Carter goûtait la solitude et les moments de grâce où il avait la sensation de communier avec l'âme des rois vainqueurs du trépas.

Les gardiens ne s'aventuraient pas dans les ténèbres de la Vallée, peuplée de démons qui rendaient fou, aveugle et muet ; ils ignoraient les formules hiéroglyphiques capables de les réduire à merci. Parfois, un hibou ou une chauve-souris le frôlaient ; un renard dévalait une pente, en quête d'une proie.

L'espoir grandissait. En raison de l'absence de graffiti, Carter savait qu'aucun voyageur grec ou romain n'avait visité les tombes 42 et 44, fermées depuis l'Antiquité ; par conséquent, d'importantes sépultures se cachaient encore sous les sables. On s'était contenté de fouilles hâtives, satisfait de résultats spectaculaires puis l'on avait estimé, de manière arbitraire, que la Vallée serait à jamais muette.

En le regardant avec attention, il s'aperçut que presque rien n'était naturel dans ce paysage grandiose. Ici, trente pieds d'éclats de calcaire ; là, des roches bouleversées et des chemins aménagés par les bâtisseurs ; là-bas, les énormes déblais de fouilleurs modernes... et ces immenses falaises, cette pyramide dominatrice n'avaient-elles pas été taillées de main d'homme ?

Combien de tonnes faudrait-il déplacer avant de mettre au jour le portail d'une tombe royale inviolée qui n'existait peut-être que dans son imagination ? Ce doute le déchira. Il n'était pas encore digne de la Vallée.

## *Chapitre 25*

Golf, photographie, promenades avec sa femme et ses enfants, longues siestes et après-midi de lecture dans la bibliothèque de Highclere... La vie de château que menait Lord Carnarvon lui pesait chaque jour davantage. Contrairement aux affirmations des médecins, les séquelles de son accident ne s'effaçaient pas. Il souffrait de la mâchoire et du dos, traînait la jambe et passait des nuits blanches.

Almina restait douce et patiente bien que l'humeur de son mari se dégradât ; il ne plaisantait plus, ne jouait plus avec son fils et sa fille, gardait le silence des heures durant. La jeune femme profita d'un rayon de soleil qui illuminait le parc pour ouvrir son cœur.

— Vous êtes en prison, chéri.

— Je commence à me haïr, Almina.

— À cause de vos blessures ?

— Un homme diminué ne mérite plus de vivre.

— Vous dites des absurdités.

— Je suis infirme.

— Vous vous entêtez.

— Oseriez-vous affirmer que je suis encore capable de commander un yacht, de conduire une voiture de course ou de terrasser un lutteur de foire ?

— Ce genre d'exploits est dépourvu d'intérêt ; quantité de gens plus ou moins médiocres sont capables de les accomplir. Être le cinquième comte de Carnarvon, en revanche, est une tâche fascinante ; n'est-ce pas votre avis ?

Carnarvon fixa le soleil au point de s'éblouir.

— Vous avez retrouvé le plein usage de vos yeux, cette guérison devrait vous encourager à lutter. Les Carnarvon ont toujours défié l'adversité avec un courage remarquable et remarqué ; feriez-vous exception à la règle ?

George Herbert baissa la tête. Émue, son épouse s'approcha de lui.

— Pardonnez-moi, je vous ai blessé.

— Vous avez raison : je me comporte comme un lâche.

— Ne soyez pas injuste avec vous-même et sachez que je vous admire.

Lord Carnarvon se tourna vers son épouse.

— Sans vous, j'aurais renoncé.

— Si ma présence peut hâter votre guérison, n'hésitez pas à en abuser.

— J'ai besoin de solitude, Almina ; j'y puise des forces.

— Je respecterai votre penchant à condition que vous teniez une promesse : améliorer votre score au golf.

*

Carnarvon, malgré des douleurs parfois vives, s'obligea à manier les clubs et à parcourir les longues distances d'un trou à l'autre. La rigueur de cette ascèse eut pour conséquence d'éloigner les pensées moroses ; conquérir une mobilité, même relative, devenait un but exaltant; l'agrément du jeu et une bonne série de performances pimentèrent l'effort.

Voir venir vers lui l'émissaire du gouvernement fut cependant une surprise.

— Félicitations, Lord Carnarvon; vous devenez un excellent golfeur.

— Trop de nervosité dans les approches et manque de précision dans le drive; je ne désespère pas.

— Une journée aussi agréable invite aux projets d'avenir.

— Le mien est derrière moi.

— Permettez-moi d'être en désaccord avec vous; même si vous renoncez à une carrière politique en pleine lumière, il existe bien d'autres moyens de servir votre pays. Ne pourrions-nous évoquer vos souvenirs d'Orient?

— Vous préféreriez sans doute mes analyses politiques.

— Avant de prendre des décisions, le Foreign Office consulte les meilleurs experts; le secrétaire d'État aimerait déjeuner avec vous.

Avant son accident, Carnarvon aurait répondu par une remarque ironique; à présent, cette invitation le distrayait.

*

Lorsque son mari accepta de diriger une chasse au renard et l'autorisa à organiser un grand dîner à Highclere, Almina sut que le cinquième comte de Carnarvon avait retrouvé son rang et sa volonté de vivre. Bien qu'il s'obstinât à refuser le port du smoking et qu'il parût dans sa veste préférée en serge bleue, il distilla bons mots et remarques acerbes avec son habituel talent.

— Si vous n'étiez pas l'un des nobles les plus riches du royaume, demanda une baronne, qui auriez-vous aimé être?

Carnarvon ne réfléchit pas longtemps.

— Quelqu'un comme Schliemann.

— Peintre ou jockey ?

— Ni l'un ni l'autre. Archéologue.

— Quel vilain métier ! De la poussière, de la chaleur, de la sueur... Qu'a-t-il découvert, votre Schliemann ?

— Troie.

— La ville d'Homère, c'est bien ça ?

— Si l'on veut.

— Seriez-vous capable de découvrir une ville entière, remplie d'or et cachée sous les sables ?

— Au risque de vous décevoir, baronne, je crains que non. Votre question n'était qu'un jeu et ma réponse un rêve.

*

Son mari était en retard pour le dîner. Lady Almina, après un délai convenable, s'inquiéta. Comme le valet de chambre de Lord Carnarvon bénéficiait de sa soirée de congé, elle dut se rendre elle-même à la bibliothèque.

— Auriez-vous oublié l'heure ?

— Je le crains.

— Quelle est la cause de ce trouble ?

— Le gros livre d'un Français sur l'Égypte ancienne.

— Comment se nomme cet importun ?

— Gaston Maspero.

— Comptez-vous l'inviter à Highclere ?

— Il vit en Égypte.

— Quelle horreur ! Ce doit être insupportable... l'hiver est, paraît-il, agréable ; mais les autres saisons sont caniculaires. Comment faut-il être bâti pour supporter ces climats inhumains ?

— Je l'ignore, Almina. Je ne connais pas l'Égypte.

— Vous avez effectué plusieurs tours du monde.

Carnarvon ferma le volume et se leva.

— Un mauvais génie m'a écarté de ce pays magique.

— « Mauvais génie », « magie »... deviendriez-vous superstitieux ?

Le comte offrit le bras à son épouse ; ils marchèrent à pas lents dans le couloir, en direction de la salle à manger.

— Notre monde est plus mystérieux qu'il n'y paraît ; des forces occultes le traversent, même si nos yeux ne les perçoivent pas. Les Égyptiens les étudiaient à la manière de nos scientifiques.

— Cet ouvrage est une calamité ! Non seulement il provoque votre retard, mais encore il vous donne de curieuses pensées. Oubliez ce Maspero, l'Égypte et ses démons, et venez goûter le saumon préparé par votre cuisinier.

Le comte remplit ses obligations, l'esprit ailleurs.

## *Chapitre 26*

— Carter, annonça Maspero avec détermination, nous devons procéder à une opération de prestige qui donnera au Service des Antiquités une fameuse réputation. Le nouveau Musée du Caire regroupera les collections existant en Égypte ; grâce à l'établissement d'un catalogue général, nous procéderons à l'inventaire de tous les objets, de la plus petite statuette au colosse.

— Programme magistral.

— Heureux de votre encouragement. Le catalogue, voilà l'essentiel !

Carter ne partageait pas cet avis ; dans un pays comme l'Égypte, le plus important était de fouiller et de découvrir ; mais Gaston Maspero ne démordait pas de son credo.

— En tant qu'inspecteur de la région thébaine, je vous confie deux missions prioritaires : la première consistera à convoyer jusqu'au Musée du Caire les momies royales cachées dans la tombe d'Amenhotep II.

— Elles feront donc partie de la collection.

La remarque irrita le directeur.

— Seriez-vous mécontent de ma décision ?

— La seconde mission ?

— Un roi authentique, sur le marché des antiquités, possède une valeur incalculable ; puisque Amenhotep II reposait dans son sarcophage d'origine, occupez-vous de l'y remettre. Les touristes pourront admirer un vrai pharaon dans son vrai tombeau.

Pris au dépourvu, Carter balbutia.

— Vous... vous m'offrez une joie immense !

Bourru, Maspero se replongea dans un dossier.

— Dépêchez-vous. Même les momies détestent attendre.

*

L'inhumation d'Amenhotep II, le roi au bras vigoureux et à l'incomparable vaillance, fut un moment de bonheur qui illumina la jeune carrière d'archéologue de Howard Carter. Au-dehors, le ciel était d'un bleu tendre, traversé d'une lumière douce qui incitait au recueillement. Aidé d'Ahmed Girigar et de quelques gardiens, il se déplaça sans bruit sur le chemin emprunté par ce même pharaon, trois mille cinq cents ans auparavant.

C'était l'un de leurs ancêtres qu'ils portaient avec précaution et respect, un être à la fois proche et lointain, homme et dieu. Leurs pas soulevaient une fine poussière qu'emportait le vent du nord. Pas un mot ne fut prononcé jusqu'à l'entrée du tombeau ; peut-être les gardiens récitèrent-ils en leur cœur les prières musulmanes. Carter songea au rituel de l'ouverture de la bouche qui faisait revivre le mort en lui redonnant l'usage du verbe.

La procession, toujours silencieuse, pénétra dans la nuit du sépulcre ; l'allure se ralentit, les yeux s'habituèrent à l'obscurité. Carter n'avait autorisé qu'une seule torche, fabriquée à l'ancienne, avec du vieux tissu plongé dans de l'huile de sésame, de manière à éviter le noir de fumée.

Quand ils déposèrent le cercueil dans son sarcophage, il contint ses larmes avec peine; en célébrant ces funérailles hors du temps, il eut le sentiment d'accomplir un acte juste.

Longtemps après la fin de la cérémonie, il rêva, seul dans la pénombre, aux fastes d'un temps où la mort était lumineuse.

*

À peu de distance du temple de Louxor, un vieil hôtel particulier abritait l'un des derniers harems d'Égypte. Autrefois peuplé de femmes lascives, objet de toutes les attentions du potentat local, cet établissement dépérissait à vue d'œil; la peinture des *moucharabiehs* s'écaillait et les stucs devenaient lépreux.

Howard poussa la porte aux ferrures rouillées, persuadé qu'il se heurterait à un eunuque armé d'un gourdin; il n'y avait qu'une dizaine de pauvres hères qui fumaient du haschich. Une affreuse odeur d'oignon frit prouvait que ces hôtes peu convenables faisaient aussi la cuisine.

Pourquoi Raifa lui avait-elle donné rendez-vous dans cet endroit sordide? Il lut à nouveau le billet qu'un garçonnet lui avait apporté : aucun doute possible. Il tenta d'interroger les locataires; abrutis par la drogue, ils ne lui répondirent pas. Irrité, il rebroussait chemin au moment où la porte s'ouvrit sur Raifa.

Ses yeux vert d'eau, la douceur de son visage et l'élégance de son allure l'emprisonnèrent dans le réseau de charmes qu'elle savait si bien déployer; le harem décati se transforma en un palais des merveilles où brillaient des dorures.

— Viens, dit-elle en prenant sa main.

Ils montèrent au premier étage en courant.

Elle l'entraîna dans une chambre tendue de velours rouge où trônait un lit à baldaquin qu'éclairait un rayon de soleil passant à travers le *moucharabieh*.

— Personne ne nous importunera ; Gamal ne connaît pas cet endroit.

— Je t'aime, Raifa.

— Prouve-le, Howard.

Son défi exigeait une prompte réplique ; Raifa ne résista pas longtemps.

*

Sur ordre de Maspero, Carter avait été contraint d'inspecter le sud de la province de Thèbes et d'y repérer les vestiges archéologiques ; ce travail méticuleux l'éloigna de la Vallée et de Raifa.

Un mois après le début de cette mission, un télégramme le surprit : le directeur du Service lui demandait de rentrer à Louxor toutes affaires cessantes.

Maspero le reçut sur son bateau, omettant les salutations d'usage.

— L'affaire est grave : la tombe d'Amenhotep a été violée, sa porte brisée, la momie martyrisée.

L'indignation rendit Carter muet.

— Les premiers pillards du vingtième siècle... c'est insensé ! Qui fut assez abject pour profaner cette vénérable dépouille ? J'ai appelé la police, bien entendu. L'enquête fut aussi rapide que décevante : le gardien n'a rien vu ; aucun témoin, aucune rumeur, aucune piste. Occupez-vous de la momie, Howard, et réparez les dégâts.

— Le coupable...

— Oubliez le coupable, nous ne l'identifierons pas. Nous sommes déjà assez ridicules.

Ce drame permettait à Carter de revenir dans la Vallée, même si les circonstances étaient consternantes ; avant d'en franchir le seuil, il avait pris la décision de recommencer l'enquête.

Le printemps faisait fuir les touristes qui redoutaient la chaleur, vite accablante au centre du cirque montagneux ; les rares visiteurs se pressaient devant l'entrée du sépulcre victime des voleurs, comme s'ils attendaient un nouveau drame. Avec l'aide d'Ahmed Girigar, Carter les écarta afin d'examiner à loisir les lieux du crime.

La porte en fer posée par le Service avait été forcée par un instrument facile à identifier : une pince-monseigneur.

— Qui en possède, à Gournah ?

— Le forgeron, répondit le *reis*.

Ils interrogèrent l'artisan qui affirma avoir été volé, mais mentit en prétendant ignorer l'identité du coupable. Carter retourna à la tombe et, sous le regard étonné d'Ahmed Girigar, prit des moulages en plâtre d'empreintes de pieds fort suspectes.

— Connais-tu quelqu'un qui pourrait les identifier ?

— Un chamelier. Il parcourt les pistes du désert depuis sa jeunesse et se repose à Gournah entre deux voyages ; l'étude des empreintes est sa distraction préférée, qu'il s'agisse de celles d'un animal ou d'un être humain.

L'expert ne le déçut pas. Son diagnostic fut formel : s'il voulait le vérifier, il lui suffisait de se promener devant la maison des Abd el-Rassoul. Carter n'hésita pas. Ses investigations semèrent le trouble parmi les membres du clan ; il fut invité à montrer les moulages à son chef.

— À quoi rime ce manège, monsieur Carter ?

— À démontrer que vous étiez à la tête de la bande de pillards qui a profané la tombe d'Amenhotep II. C'est pourquoi tous les témoins se taisent, y compris votre complice, un gardien.

Le visage d'Abd el-Rassoul se durcit.

— N'insistez pas. Vous n'aboutirez à rien.

Le soir même, juste après la prière, Carter revint avec une escouade de policiers qui procédèrent à une fouille en règle dont le résultat dépassa ses espérances : colliers, figurines funéraires, bandelettes de momies, fragments de reliefs découpés à la scie provenant de plusieurs tombes prouvaient la culpabilité du clan.

Abd el-Rassoul ne nia pas.

*

Le procès eut lieu quelques jours plus tard ; la cour de justice de Louxor était comble. Carter comparut comme témoin. Le président l'interrogea longuement ; il décrivit les étapes de l'enquête qui avait mené au coupable.

— Où sont les preuves, monsieur Carter ?

— Entre les mains de la police, Votre Honneur.

— Vous vous trompez.

— J'étais témoin, Votre Honneur... Quantité de pièces archéologiques ont été saisies dans la cave d'Abd el-Rassoul.

— Inexact. Le procès-verbal n'en fait pas mention.

— Votre Honneur...

— En raison de l'absence de preuves, la cour déclare Abd el-Rassoul innocent.

*

Maspero et Carter replacèrent le corps d'Amenhotep II dans son sarcophage ; désormais, les visiteurs qui se tiendraient au-dessus du caveau contempleraient le pharaon dans sa posture hiératique, prêt à voyager dans l'autre monde.

— Ne soyez pas déçu, Carter ; personne n'a jamais pu mettre le clan sous les verrous et personne n'y parviendra.

— Je ne supporte pas l'injustice.

— Adoptez une meilleure stratégie.

— Que voulez-vous dire ?

— Quand on ne peut abattre un ennemi, mieux vaut s'allier avec lui.

## *Chapitre 27*

Highclere devenait l'un des centres de la vie culturelle britannique. Dépité de ne pas guérir plus vite et incapable d'entreprendre de longs voyages à travers le monde, Lord Carnarvon invitait à sa table artistes, écrivains et historiens, en cette année 1902 où le *Pelléas* de Claude Debussy révolutionnait la musique. Son épouse insista pour offrir également l'hospitalité à des hommes politiques, à des financiers et à des notables, satisfaits d'affronter l'esprit incisif du maître des lieux.

Un colonel en retraite, grand amateur de gibier et spécialiste du génie militaire, se lança dans l'apologie des conquêtes britanniques.

— Nous sommes les garants de la paix mondiale. Quand nous ne nous battons pas pour la préserver, nous bâtissons. Ainsi, en Égypte...

— Aurions-nous érigé une nouvelle pyramide ? s'enquit Carnarvon.

— Beaucoup mieux ! Un barrage.

— À Assouan, n'est-ce pas ?

— Grâce à cet ouvrage d'art, le bonheur de la population est assuré.

— Je n'en suis pas si sûr.

Indigné, le colonel posa sa fourchette.

— Comment pouvez-vous en douter ?

— En faisant passer l'Égypte du cycle naturel de l'inondation à l'irrigation pérenne, nous modifions brutalement des habitudes millénaires et les remplaçons par des techniques qui sont mal comprises et mal utilisées.

— Le progrès, Lord Carnarvon, le progrès !

— Jugez-vous vraiment l'espèce humaine en progrès ? Croyez-vous que les quartiers sordides de Londres soient une amélioration par rapport aux temples de l'Antiquité et que nos penseurs soient supérieurs à Platon, Lao-tseu, Bouddha ou au maître d'œuvre de la grande pyramide ?

Le colonel réajusta le col glacé de sa chemise.

— Ce sont des opinions... révolutionnaires.

Lady Almina détourna la conversation en évoquant la dernière représentation du *Songe d'une nuit d'été* où la Royal Shakespeare Company s'était montrée, une fois encore, fidèle à sa réputation.

Les invités partis, seule au côté de son mari devant le feu brillant dans la cheminée du grand salon, elle jugea bon d'intervenir.

— N'êtes-vous pas allé trop loin ?

— Le monde est absurde, ma chère, et l'Angleterre délire.

— N'est-elle pas au cœur d'un formidable empire qui garantit l'équilibre des peuples ?

— Plus pour longtemps.

— Que sous-entendez-vous ?

— L'avenir m'intéresse autant que le passé. Pendant cette interminable convalescence, j'ai le temps de lire la presse et les études des spécialistes. L'empire se fendille, Almina ; demain, il se décomposera. Ses colonies réclameront l'indépendance.

— Notre armée réduira au silence les fauteurs de troubles.

— Elle essaiera, hélas !

— Hélas ?

— S'opposer à un fleuve dont le débit augmente d'heure en heure est une stupidité ; mieux vaudrait le canaliser. Mais les hommes politiques ne songent qu'à leur intérêt du moment ; comme d'habitude, ils prendront conscience de la réalité quand il sera trop tard.

Carnarvon déposa une bûche dans l'âtre où les flammes composaient un ballet aux figures sans cesse renouvelées.

— Vos pensées sont affreuses, chéri ; elles vous dépriment.

— Au contraire.

— Vous... vous n'allez pas prendre la tête d'un parti d'opposition ?

Le comte serra tendrement son épouse contre lui.

— L'Angleterre est une petite île qui se prend pour un continent ; vous savez bien que je déteste la petitesse et que je ne m'y agiterai pas.

— Vous ne me rassurez guère ; auriez-vous conçu un projet...

— Insensé ? Pas encore. Mon état physique m'interdit d'envisager un nouveau tour du monde en solitaire, mais je ne peux rester immobile, semblable à une eau stagnante.

— Comment osez-vous parler ainsi ? Songez à vos enfants, à votre domaine, à moi-même.

— Je suis heureux et malheureux, Almina ; voilà mon drame. Je vous aime, j'aime mon fils et ma fille, j'aime cette terre... mais il est un autre amour en moi, que je ne parviens pas à nommer et qui m'étouffera si je ne réussis pas à l'exprimer.

— Vous êtes si difficile à comprendre, mon chéri.

— Je vous le concède ; pour moi-même, c'est une tâche surhumaine.

Almina se blottit contre son époux.

— Jurez-moi que vous ne quitterez plus Highclere.

— Jamais un Carnarvon ne s'est rendu coupable de parjure.

Almina retint ses larmes ; il était possible de lutter contre un ennemi déclaré ; fût-ce une maîtresse ou une ambition, mais non contre la présence invisible qui rongeait l'âme de George Herbert. Comme lui, elle sentait que des événements imprévisibles bouleverseraient l'existence paisible à laquelle elle s'attachait de toutes ses forces.

Elle s'assoupit dans ses bras.

Le comte demeura éveillé, songeant aux horizons lointains que ce maudit accident lui avait fait perdre à jamais. Il s'était immergé dans le confort familial sans arrière-pensée, avec le désir d'oublier l'aventure ; sa lucidité l'obligeait à constater l'échec. La réponse, la seule réponse qu'il attendait de la vie, continuait à le fuir : pour quel destin était-il taillé ?

## *Chapitre 28*

— Je refuse.

Maspero devint rouge de colère.

— Vous n'avez rien à refuser, Carter ! C'est moi qui dirige ce Service, et c'est moi qui décide !

— En tant qu'inspecteur de la région thébaine, j'estime avoir mon mot à dire.

— Vous devez exécuter mes ordres, un point c'est tout !

Veste en tweed, pantalon de flanelle, chemise amidonnée et nœud papillon à pois donnaient à Carter une contenance suffisante pour résister à Maspero. À vingt-neuf ans, il était devenu une personnalité du Tout-Louxor et ne réagissait plus comme un gamin apeuré.

— Même quand vous vous trompez ?

Glacial, le directeur du Service se leva, contourna son bureau et lui fit face.

— Expliquez-vous, monsieur Carter.

— En tant que scientifique, vous estimez que fouiller la Vallée des rois est inutile.

— Oui.

— Pourquoi donner un permis de fouille à Theodore Davis, un amateur sans expérience ?

— Parce que ce monsieur possède une qualité majeure : la fortune. Le Service n'aura pas un sou à débourser. Au contraire, il recevra un peu d'argent à titre d'hommage et prélèvera sa part sur d'éventuelles trouvailles.

— L'argent... c'est donc le seul critère ? Si ce personnage massacre le site et le rend impropre à toute étude scientifique, qu'aurons-nous gagné ?

— Vos élucubrations sont dépourvues de tout fondement. Ce qui vous gêne, Carter, c'est que ce monsieur est américain : comme tout Anglais, vous détestez les États-Unis. Moi, j'ai besoin d'assurer le financement du Service.

— Au prix de la destruction de la Vallée ?

— Certes pas, puisque vous êtes inspecteur et qu'elle relève de votre compétence.

— Ce qui signifie ?

— Que vous participerez aux fouilles de Davis.

— Hors de question.

— Ne soyez pas stupide, Carter.

— Un professionnel ne peut se soumettre aux volontés d'un amateur.

— Il ne s'agit pas de soumission, mais de collaboration.

— C'est pire encore ; je ne collaborerai pas avec l'ennemi. Permettez-moi de me retirer.

*

Cloîtré dans son bureau, Carter pleura de rage. Non seulement la Vallée lui échappait, mais encore elle tombait dans les mains d'un avocat américain, désireux d'occuper sa retraite en taquinant les ombres des pharaons. Carter possédait l'expérience, se sentait prêt à explorer cette terre sacrée avec amour et attention, et un intrus lui volait le but de son existence, avec l'appui des autorités !

Même Raifa n'avait pas réussi à le consoler ; il s'était

montré piètre amant, incapable d'oublier la catastrophe. Odieux, il avait claqué la porte de la chambre et sans doute rompu leur liaison en l'abandonnant, nue et en sanglots, dans le harem désaffecté.

Sa vie s'écroulait.

Seul Ahmed Girigar pouvait encore pénétrer dans son antre. Il lui apportait de l'eau, des fruits et des galettes qu'il mangeait du bout des dents.

Un visiteur réussit pourtant à forcer la porte.

— Professeur Newberry !

— Heureux de te revoir, Howard.

— Trêve de congratulations : Maspero vous envoie ?

— T'obstiner est ridicule, Howard. L'Égypte a besoin de toi.

— Mais le Service a besoin de Davis.

— Je le connais et désire favoriser une rencontre ; ce n'est pas un homme facile, autant t'avertir. Fais-moi l'honneur d'accepter. En contrôlant ses activités, tu sauveras la Vallée ; cet idéal exige de t'asseoir sur ta vanité.

— Ai-je mérité cette injustice ?

— Peu importe. Bats-toi avec tes armes.

*

La mauvaise éducation des Américains n'était pas une légende ; Theodore Davis serra brutalement la main de Carter avec l'assurance du chasseur persuadé d'abattre sa proie au premier coup de fusil.

— Alors, c'est vous le scientifique ? Vous en avez bien l'air.

Theodore Davis, de taille moyenne, donnait une impression de fragilité ; il ne se déplaçait pas sans une canne, cachait sa gorge avec un foulard blanc et couvrait sa tête d'un chapeau à larges bords. Sa culotte de cavalier, ses jodhpurs et ses bandes molletières le faisaient ressembler à un cavalier en mal de monture. Une moustache abondante qui s'épanouissait en ailes d'oiseau lui mangeait le bas du visage; derrière les verres ronds des petites lunettes, le regard était agressif.

— J'ai soixante-cinq ans et ne désire pas devenir archéologue, monsieur Carter.

— En ce cas, la Vallée des rois ne vous séduira guère.

— Le droit m'ennuie, fouiller m'amuse. J'ai l'intention de mettre au jour une grande quantité de tombes remplies de statues, de sarcophages, de momies et d'objets magnifiques : vous allez m'aider. Sachez que j'ai l'habitude d'être obéi et que j'ai horreur de discuter avec mes subordonnés.

Newberry jugea urgent d'intervenir.

— Howard Carter n'est pas précisément votre subordonné, mon cher Davis; le terme d'assistant conviendrait mieux. Le Service des Antiquités tient à vous aider dans votre généreuse entreprise.

— Généreux, mais pas dépensier ! J'ai versé ma dîme, je veux des résultats. À vous de jouer, Carter; faites-moi bâtir une maison proche du site pendant que j'habiterai un bateau sur le Nil. Je serai au frais et me promènerai à ma guise.

— Votre plan de fouilles, monsieur ?

— Un plan ? À quoi bon ! Débrouillez-vous... En attendant les premiers résultats, je vais me reposer à Assouan. Il paraît que la ville est attrayante.

*

À la fin de l'hiver 1902, Carter dirigea une équipe d'une soixantaine d'hommes qui fouillaient pour le compte de Theodore Davis. Profitant de cette main-d'œuvre, il fit dégager les deux côtés de la route qui conduisait à la Vallée et se révélait trop étroite en raison du nombre croissant de touristes; puis il s'attaqua à une zone d'une centaine de yards située entre les tombes de Ramsès IV et de Ramsès II.

La chance lui sourit; il découvrit la sépulture d'un couple que l'eau avait dégradée. Au fond, des vases canopes et une boîte peinte en jaune contenant un pagne de guerre en cuir. Dûment prévenu, Davis revint d'Assouan et se heurta à Maspero. Le directeur du Service exigeait les objets afin de les envoyer au Caire; Davis refusa. Selon les usages, ils revenaient au fouilleur qui comptait les offrir à un musée américain. Maspero tempêta, Davis paya. Le Service n'avait-il pas besoin d'argent?

L'Américain, reposé, avait conçu un plan de fouilles aberrant caractérisé par une totale absence de méthode; il tenta de diriger lui-même l'équipe, donna des ordres incohérents, s'agita en tous sens et ne réussit qu'à maculer son costume, noir de poussière. Carter le suivit, ombre protectrice et discrète; ni lui ni le *reis* Ahmed Girigar ne protestèrent. Davis procédait de manière stupide mais inoffensive; le printemps et ses chaleurs brisèrent son enthousiasme.

*

Maspero n'en crut pas ses yeux. Il relut une troisième fois le rapport confidentiel de Carter sur l'été qu'il venait de passer en Angleterre.

— Est-ce un rêve, Carter?

— Non, monsieur le directeur. Mrs Goff nous attribue des fonds destinés à la restauration de la tombe de Séthi II, et l'industriel Robert Mond à celle de Séthi Ier.

— Des amoureux de l'art égyptien?

— J'ai réussi à leur faire percevoir l'intérêt de notre travail.

— Vous devenez diplomate! Moi, je vous offre l'électricité à Abou-Simbel.

*

Déçu par la pauvreté des résultats — une petite tombe abritant deux momies de femmes et des canards momifiés — Davis prit ses quartiers d'hiver à Assouan.

Au début du mois de janvier 1903, Carter s'offrit une longue promenade à cheval sur le site de Deir el-Bahari. Soudain, les pattes avant de sa monture s'enfoncèrent dans le sable et le cavalier passa cul par-dessus tête. Ni l'animal ni l'archéologue ne furent blessés; mais ce dernier n'avait d'yeux que pour le trou miraculeux qu'il fit bientôt élargir par son équipe.

À cent cinquante mètres de l'entrée du couloir, une porte scellée. De l'autre côté, un caveau ne contenant qu'un cercueil de bois vide et un bloc enveloppé d'une toile. Carter l'ôta avec soin : elle protégeait une grande statue de Montouhotep II, vêtu d'une robe blanche et portant la couronne rouge. La dernière demeure du pharaon au visage sévère reçut aussitôt le nom de Bab el-Hosan, « la tombe du cheval ».

En l'absence de Davis, Carter tenta une expérience. Ahmed Girigar lui avait signalé l'emplacement de deux puits remplis d'objets miniatures, outils et pièces de vaisselle inscrits au nom de Thoutmosis IV : un dépôt de fondation! Sa présence prouvait que la sépulture du roi devait être proche; or, elle ne figurait pas sur son relevé, le seul exhaustif jamais établi. Un quadrillage systématique des environs devait aboutir.

Le 18 janvier 1903, il dégagea de larges marches et une porte. Malgré son envie d'aller plus loin, Carter respecta le contrat passé avec le fouilleur officiel : Davis devait entrer le premier. Il essaya en vain de le joindre; parti en excursion, il était introuvable. Personne ne savait où il avait amarré son bateau. S'estimant dégagé de ses obligations morales, Carter descendit dans la tombe.

La largeur du corridor, taillée avec art, présageait des merveilles. La qualité des peintures confirma cette première impression qui, hélas! se mua vite en déception : des milliers de fragments jonchaient le sol. Entre des morceaux de faïence bleue gisait une corde qu'avaient utilisée les voleurs. Carter franchit le puits, progressa dans la masse de débris et s'arrêta, horrifié, devant un enfant aux chairs noirâtres, debout et immobile ! Non, il ne venait pas de s'arracher au sommeil de la mort ; non, ce n'était pas un spectre vengeur, mais une malheureuse momie dépouillée de ses bandelettes et jetée contre un mur. Bouleversé, Carter éprouva de la haine à l'égard des profanateurs qui avaient martyrisé le petit prince.

*

L'ouverture officielle de la tombe de Thoutmosis IV eut lieu le 3 février 1903, en présence de Maspero ; les ouvriers de Carter continrent une foule de curieux. Davis pavanait.

— Voici ma première tombe, monsieur Maspero.

— Félicitations.

— Votre confiance était bien placée ; j'étais certain d'obtenir des résultats. À propos... où est Carter ?

— Juste derrière vous.

— Bien, bien... tout est-il prêt pour notre visite ?

— J'ai disposé des planches au-dessus des débris d'antiquités, indiqua Carter, mais la progression risque d'être pénible à cause de la poussière.

— C'est fâcheux ; d'autres ennuis ?

— L'âme errante d'un petit prince dont les pillards ont troublé le dernier sommeil.

Davis sembla mal à l'aise.

— Carter plaisante, déclara Maspero. Les momies n'ont aucun pouvoir maléfique.

L'Américain jeta un regard assassin à l'Anglais.

## *Chapitre 29*

— Est-ce prudent, docteur ? Un si long voyage !

— Indispensable, Lady Almina. Le comte de Carnarvon se rétablira plus vite s'il bénéficie, chaque hiver, d'un climat chaud et sec. L'Égypte lui offrira une véritable cure de jouvence ; il doit éviter tout risque de bronchite. Sinon, ses difficultés respiratoires s'aggraveront et je ne répondrai plus de sa santé.

Lady Almina s'inclina. Jusqu'alors, elle avait réussi à juguler le désir d'errance de son mari ; puisque son existence même était en jeu, elle ne devait pas l'empêcher de partir.

Une pluie glaciale tombait sur Highclere ; la veille, la neige s'était déposée sur les branches hautes des cèdres. Dans le hall du château, Lord Carnarvon comptait ses malles ; amusé, il constatait que sa femme l'avait équipé pour une expédition de plusieurs années.

Cachée derrière une tenture, elle le regarda. Ses cheveux d'un blond roux étaient mal peignés, formant contraste avec la moustache impeccablement taillée ; la jeunesse avait quitté le visage altier, pourtant animé d'une joie certaine. L'aventure, la maîtresse du lord, réapparaissait, parée de mille attraits que ne possédaient ni l'épouse la plus affectueuse, ni deux jeunes enfants, ni le plus beau domaine d'Angleterre.

Carnarvon serra la ceinture de son manteau. Quand il embrassa son épouse, elle sentit que l'esprit du comte se trouvait déjà sur la terre des pharaons.

*

Inauguré en 1895, le Bristol était l'un des plus beaux palaces du Caire. Sorte de pudding architectural victorien, il affichait une prétentieuse entrée à colonnades et répondait aux exigences du confort ct de l'élégance britanniques. Depuis le début de son séjour, Carnarvon vivait un rêve digne des Mille et Une Nuits ; ses douleurs diminuaient, sa vue s'améliorait, ses forces croissaient. Il goûtait l'air et le soleil comme les friandises, se promenait des heures durant dans les rues du Caire, soit à pied, soit en calèche.

Tout à fait malgré lui, il participa au ramadan, du lever au coucher du soleil. Par jeu, il s'appliqua à ne pas s'alimenter, à ne pas fumer, à ne pas se quereller, à ne pas jurer, à ne pas mentir et à ne pas envier autrui. Cette ascèse éloignait l'âme de la matérialité et l'ouvrait aux pensées spirituelles. Le comte ne fut pas déçu : une nouvelle envie de vivre l'habita. Il attendit avec impatience l'*iftar*, le moment de la rupture du jeûne où les magasins fermaient très vite et où les rues se vidaient pendant que s'illuminaient les centaines de mosquées de la ville. Feux en triangles, en losanges ou en croissants éclairaient coupoles et minarets.

Carnarvon s'arrêtait devant une cuisine en plein air, allumait une cigarette, buvait un jus d'abricot et mangeait de bon appétit du riz agrémenté de morceaux de viande, de la salade et des galettes remplies de fèves chaudes. Aux environs de deux heures du matin, il ne dédaignait pas les cheveux d'ange ou une pâtisserie à la pistache, avant de rentrer à l'hôtel et de faire la grasse matinée, indifférent aux joueurs de tambour qui réveillaient la population afin qu'elle se nourrisse avant l'apparition de la lumière.

Deux jours avant la fin du ramadan, une vieille lady n'hésita pas à l'aborder dans le hall du Bristol.

— Ne seriez-vous pas le cinquième comte de Carnarvon ?

— J'ai cet honneur.

— Ah ! Ma mémoire est toujours aussi bonne... J'ai bien connu votre père et vous lui ressemblez beaucoup. Quel curieux pays, n'est-il pas vrai ? De rarissimes pelouses que menacent la sécheresse, une dramatique absence d'ondées et une pénurie chronique de brouillard. Connaissez-vous Le Caire ?

— C'est ma première visite.

— Vous reviendrez chaque année ; cette cité, cher ami, est une drogue. Bien sûr, elle a changé et accueille trop de touristes... Pourquoi hivernez-vous aussi ?

— Pour guérir et donner un sens à ma vie.

— Allez donc fouiller ! Il paraît que le sol recèle des merveilles. Un jeune homme doit avoir un but et s'y tenir, même pendant ses loisirs ; un Anglais désœuvré trahit son pays.

*

Fouiller, creuser la terre, exhumer des trésors oubliés... l'idée effleurait Carnarvon depuis l'enfance, mais il n'avait pas réussi à la formuler avec netteté. Cette vieille lady n'était-elle pas son destin déguisé ? Ses paroles l'obsédèrent. Dédaignant les rues et les fêtes, il courut les ministères et les administrations afin de se renseigner sur le régime des fouilles. Il s'aperçut vite que seul l'argent comptait ; un Américain fortuné, Theodore Davis, ne venait-il pas d'obtenir la concession de la Vallée des rois, bien qu'il n'eût aucune expérience archéologique ?

Alors que le comte dégustait une perche du Nil à sa table du Bristol, un colosse barbu s'assit en face de lui sans lui demander son autorisation. Redingote noire, pantalon rouge et bottes à éperon lui conféraient une allure martiale.

— Je crains que vous ne fassiez erreur.

— Vous êtes Lord Carnarvon et je m'appelle Démosthène. Du moins, aujourd'hui ; dans mon métier, il est prudent de changer de nom.

— Verriez-vous un inconvénient à ce que je vous fasse chasser de l'hôtel ?

— Vous voulez fouiller ? Ça ne sert à rien.

La chair du visage de Démosthène était jaune et flasque ; ses mains tremblaient et son regard se perdait parfois dans le vague. Carnarvon connaissait ces symptômes, observés dans des bars malfamés : l'homme se droguait au haschich.

— Si vous voulez acquérir des raretés, adressez-vous à Démosthène.

— Seriez-vous versé en archéologie ?

Le colosse étouffa un rire épais.

— Après avoir été prêtre anglican au Caire et vendeur d'eau-de-vie trafiquée à Alexandrie, j'ai déniché une bien meilleure occupation : je vends des momies. Des sujets en bon état, extraits des tombes authentiques. C'est cher, mais ça vaut la peine.

— Probable. Où les « dénichez-vous » ?

— Tout doux, mon prince ! Mes sources, c'est sacré ; si on discutait des prix ?

— Entendu, mais pas ici.

— Où ça ?

— Au poste de police le plus proche.

Démosthène, les lèvres soudain exsangues, se leva.

— Nous ne nous sommes jamais rencontrés. N'essayez pas de me causer des ennuis ; ici, nous sommes en Égypte, pas en Angleterre. L'existence n'a pas le même prix.

— Des momies authentiques... en existe-t-il encore ?

À longues enjambées, le colosse traversa la salle de restaurant ; au passage, il bouscula le maître d'hôtel qui apportait un pudding à Carnarvon.

— S'il m'est permis de vous conseiller, milord, vous devriez vous méfier de ce personnage. C'est un Grec corrompu, à la fois voleur, indicateur de police et peut-être un peu assassin.

— Le deuxième bon ange de ma journée ; ce Grec et cette vieille Anglaise méritent ma gratitude éternelle.

Le maître d'hôtel déposa le pudding. En certaines circonstances, il était préférable de s'en tenir strictement au service.

Lord Carnarvon repoussa le dessert et contempla une bougie bien au-delà de minuit; comme c'était sublime, une vie qui sortait du néant et prenait enfin un sens.

## *Chapitre 30*

En cette année 1903, spécialistes et touristes ne parlaient que de la découverte d'une cachette dans l'une des cours du temple de Karnak. L'architecte français Legrain estimait qu'il lui faudrait plusieurs années pour ramener à la surface les milliers d'objets pieusement enfouis après avoir été utilisés par les prêtres. Ce succès conforta Davis dans l'idée qu'une trouvaille spectaculaire était à sa portée.

Il convoqua Carter sur son bateau amarré à Louxor. Énervé, il marchait de long en large, martelant le plancher de ses talons de bottes.

— L'important, Carter, ce sont les reines d'Égypte. Si les tombes des pharaons ont été pillées, celles de leurs épouses ont peut-être été épargnées.

— Demandez la concession de la Vallée des reines.

— Trop ruinée; je veux parler des souveraines enterrées dans la Vallée des rois. Il y en a, non?

Carter opina du chef.

— La grande Hatchepsout me fascine; on prétend que sa tombe n'a jamais été explorée à fond. Est-ce vrai?

L'Anglais acquiesça à nouveau.

— Entrez-y, Carter; je suis sûr qu'elle contient un trésor.

L'Américain avait sous-estimé la difficulté ; avec son équipe d'ouvriers, Carter parcourut 630 pieds sous le roc, emprunta un couloir interminable, dans la poussière et l'obscurité. À coups d'herminette, ils progressèrent dans la masse de débris qui obstruait le boyau. La déception fut à la mesure de l'effort ; dans la chambre funéraire dévastée ne subsistaient que deux sarcophages vides, l'un destiné à la reine, l'autre à son père, Thoutmosis I^er^.
Quand Davis put rejoindre Carter, grâce à la mise en service d'une pompe à air, celui-ci peignait une aquarelle qui restituait l'aspect ruiné du lieu saint.

— C'est tout de même une belle performance, estima-t-il ; je publierai cette tombe et mentionnerai votre courage.

Ils se serrèrent la main à l'américaine. L'essentiel, pour Carter, était de disposer d'une équipe de plus en plus qualifiée et qu'il formait selon ses vues, même si Toutankhamon persistait à le fuir.

*

— Je veux me marier, dit Raifa. J'ai longuement discuté avec mon frère et il s'est rendu à la raison ; personne ne peut lutter contre l'amour.

— Je crains que si, objecta Carter.

— J'ai travaillé et je possède les éléments de ma dot ; les meubles, les ustensiles de ménage et les draps, je les apporterai et tu n'auras pas honte de moi. Si tu étais très pauvre, tu te contenterais de me donner 25 piastres ; mais tu es un personnage respecté, Howard ! Tu me dois une belle dot.

— Sur ce point précis, je...

Elle posa un doigt sur sa bouche.

— La veille de notre mariage, je serai épilée ; mon frère, qui jouera le rôle du père, te demandera ta protection. Après ton serment, il me donnera à mon futur époux et nous prendrons place sur des trônes. Devant nous, un parterre de fleurs, des pâtisseries, de la viande rôtie, des épices... je veux beaucoup de chanteurs et de danseuses ! Ce sera le plus beau mariage jamais célébré à Louxor. Dans mille ans, on en parlera encore.

Elle se blottit contre lui. La chambre du harem désaffecté prit une allure de palais où le rêve le plus fou emportait deux amants sur un lit de roses.

— Es-tu certain d'avoir convaincu Gamal ?

— Qu'importe Gamal !

— Il jouera le rôle de ton père, rappelle-toi.

— Il le jouera. Personne ne peut résister à une femme amoureuse ; pas même toi, Howard Carter.

— Tout bien pesé...

Une moue interrogative déclencha sa fureur.

— Sois sincère. Je l'exige.

— Tout bien pesé, tu as raison.

*

Le Mena House, ancien pavillon de chasse du khédive Ismaïl, transformé en hôtel de luxe lors des festivités célébrant l'ouverture du canal de Suez en 1869, accueillait les plus riches familles du Caire et des hôtes de marque. L'Angleterre l'avait élevé au rang de colonie, puisque les sujets de Sa Gracieuse Majesté disposaient d'un médecin, d'un chapelain et d'une nurse britanniques ainsi que d'une bibliothèque de six cents volumes.

En cette soirée de printemps, Carter était invité au Mena House pour y jouir de son triomphe. La renommée de l'inspecteur avait atteint Le Caire où la bonne société organisait un dîner en son honneur ; le petit dessinateur du Norfolk devenait un archéologue reconnu et envié que les notables aimaient avoir à leur table. Les dégagements des grandes tombes de la reine Hatchepsout et du roi Merenptah, accomplis avec autant de rapidité que de rigueur scientifique, faisaient de Carter le meilleur fouilleur en activité.

Il était fier et triste. Fier du travail accompli et des échelons gravis, fier d'exercer un métier qu'il adorait, mais triste de perdre son temps dans des mondanités alors que son dialogue avec la Vallée commençait à peine et que la recherche de Toutankhamon requérait tous ses efforts.

Avant d'aller au Mena House, situé au pied du plateau de Guizeh, il monta vers la grande pyramide. De quelques phrases très sèches, il écarta les marchands de fausses antiquités et les bédouins désireux de louer ânes et chameaux ; levant les yeux vers le sommet du fabuleux monument, il se remémora la page de Chateaubriand que lui avait lue Newberry : « *Ce n'est point par le sentiment de son néant que l'homme a élevé un tel sépulcre, c'est par l'instinct de son immortalité : ce sépulcre n'est point la borne qui annonce la fin d'une carrière d'un jour, c'est la borne qui marque l'entrée d'une vie sans terme ; c'est une espèce de porte éternelle, bâtie sur les confins de l'éternité.* »

À contrecœur, il abandonna la grande pyramide pour un dîner mondain. On le pria de raconter ses exploits et on le plaignit d'avaler tant de poussière.

Un avocat britannique leva un verre de champagne.

— À notre nouvel Archimède ! Vous a-t-on informé de la plus fabuleuse des trouvailles ?

— Non... à quel endroit ?

— À Louxor, mon cher, en votre absence !

Carter fit bonne figure, malgré son inquiétude.

— Allons ! Vous faire languir plus longtemps serait cruel. Il s'agit d'une tombe.

Carter serra nerveusement sa serviette.

— Dans la Vallée des rois ?

— Précisément.

La tablée devint silencieuse.

— S'agit-il d'une tombe royale ?

— Je l'ignore, mais elle n'avait jamais été ouverte.

— Sait-on... ce qu'elle contient ?

— On le sait.

L'avocat s'exprima avec emphase.

— On le sait, grâce à trois chameaux blancs qui sont sortis du caveau, porteurs de monceaux d'or et de bijoux !

L'assistance, ravie, éclata de rire.

Carter posa ses couverts et se leva, blême.

— Pardonnez-moi de vous quitter si tôt ; l'idiotie me coupe l'appétit.

*

Raifa, ensommeillée, se lova contre Carter qui caressa ses cheveux et l'embrassa dans le cou.

— Quand nous marions-nous, Howard ?

— Bientôt.

— Demain ?

— Il reste des détails à régler.

— Ma dot ?

— Maspero. Je dois lui parler.

*

Gaston Maspero était de joyeuse humeur ; il buvait une tasse de café et mangeait une galette chaude remplie d'oignons et de haricots.

— Heureux de vous voir, Carter ; à cause de vous, je n'ai pas dormi.

— Pourrais-je connaître la raison de cet incident ?

— La qualité de votre travail. Vous êtes le plus brillant de mes inspecteurs et votre apport au Service est tout à fait remarquable. Votre réussite est due à votre travail acharné et à une excellente formation : la connaissance du terrain, la pratique de l'arabe, le don de commander des ouvriers, un sens artistique aigu.

— Tant de compliments m'inquiètent.

— Que cachent-ils ? Une promotion, mon cher Howard ! À trente ans, vous êtes tout désigné pour occuper un poste clé : inspecteur-chef de Basse et de Moyenne-Égypte. À vous les pyramides !

## *Chapitre 31*

Après six mois de travail acharné sur le site de Saqqarah, c'était sa première soirée de repos. Combien d'hectares restait-il à fouiller dans cette immense nécropole où Maspero avait découvert les premières pyramides dont les chambres secrètes étaient couvertes d'hiéroglyphes ? De la modeste demeure de l'inspectorat où il s'était installé, Howard Carter jouissait d'un panorama sans égal ; d'un côté, le désert et les monuments d'éternité ; de l'autre, la palmeraie de l'antique Memphis. Il était souvent pénible de s'arracher à la contemplation et de se perdre dans les méandres du quotidien ; mais il avait conscience de sa tâche et tenait à la remplir sans défaillance, même s'il souffrait d'être éloigné de sa chère Vallée.

La veille de son départ pour le Nord, Raifa s'était jetée à son cou en pleurant. Il n'avait pas essayé de la réconforter. Ils savaient l'un et l'autre que cette séparation serait longue ; bien sûr, pendant ses périodes de congé, Carter retournerait à Louxor, mais il ne pouvait lui promettre le mariage. Dépitée, elle lui jura fidélité ; il refusa ce serment qu'elle ne consentit pas à reprendre.

La solitude convenait à Saqqarah, dominé par la pyramide à degrés de Djeser, le premier monument en pierre érigé sur la terre d'Égypte. Des pharaons et des nobles reposaient ici depuis plus de cinq millénaires, formant une communauté invisible dont la réalité demeurait pourtant perceptible à chaque instant.

Assis sur une chaise, à l'abri du vent, Carter songeait à

Raifa, à la douceur de ses abandons, quand il vit accourir un gardien.

— Il faut venir tout de suite, monsieur l'inspecteur.

— Que se passe-t-il ?

— Des Français... ils veulent visiter le Serapeum.

— Rappelez-leur que le site est fermé.

— Ils refusent.

— Comment, ils refusent ?

— Je crois... qu'ils n'ont plus leur tête.

Irrité, il pressa le pas en direction du Serapeum, ensemble de galeries souterraines où se trouvaient les gigantesques sarcophages des taureaux sacrés. Devant l'entrée, deux gardiens se disputaient avec des touristes éméchés. L'un d'eux, un homme ivre d'une cinquantaine d'années, traita son interlocuteur de « sale arabe » et de « fils de chienne ». Avant que Carter puisse intervenir, un garde le bouscula ; s'ensuivit une bagarre générale qu'il interrompit à grand-peine.

— Qui êtes-vous ? interrogea une femme brune, décoiffée et agressive.

— Howard Carter, inspecteur des Antiquités.

— Heureuse de rencontrer enfin un responsable ! Nous voulions voir le Serapeum quand ces macaques nous ont attaqués. Ils voulaient même nous faire payer des tickets d'entrée.

— Je vous prie d'être correcte, madame ; ces gardiens sont mes subordonnés et ils obéissent à mes consignes. À cette heure, vous n'avez pas le droit d'être sur le site.

— Vous vous moquez de qui ? Nous sommes des Européens et notre ami a été sauvagement agressé ! Nous vous ordonnons de faire arrêter ces sauvages !

Un moustachu, rouge de colère, aboya comme un roquet.

— Moi, j'ai payé et je veux être remboursé ! C'est tout noir, là-dedans, et on ne nous a même pas donné de la lumière !

— Rentrez chez vous et prenez tous une douche froide.

— Ça ne se passera pas comme ça, Carter ! Nous porterons plainte.

*

Maspero semblait très gêné.

— Ils ont porté plainte contre vous, Carter. Coups et blessures... c'est grave.

— C'est surtout inexact. L'un de mes gardes, insulté de manière odieuse, a réagi de manière normale.

— Normale ? En boxant un touriste français !

— Un ivrogne dangereux qui fut à peine bousculé. Je témoigne en faveur de mon équipe.

— Tout à fait inutile ; vos adversaires ont déjà obtenu l'appui du consul général de France qui exige réparation.

— Je crains de mal comprendre.

— C'est pourtant simple, Carter ; grâce à mon intervention, j'évite le procès. Il vous suffira de vous excuser auprès du consul, de ce groupe de touristes et de licencier votre garde.

— Hors de question. Que ces ivrognes présentent leurs excuses au gardien : voilà la justice.

— Il ne s'agit pas de justice, mais de diplomatie ! Facilitez-moi la tâche et ne vous entêtez pas.

— Je n'ai pas l'intention de m'abaisser devant des menteurs.

— Ne le prenez pas de cette manière, bon sang ! Je vous demande quelques mots, rien de plus.

— C'est beaucoup trop, monsieur le directeur.

— Ne soyez pas buté ; l'affaire pourrait s'envenimer.

— Je ne suis pas dans mon tort ; la justice triomphera.

*

Comme Maspero n'obtenait pas la reddition de Howard Carter, les plaignants sollicitèrent une entrevue avec Lord Cromer, le haut-commissaire britannique, l'homme fort de l'Égypte ; il accorda crédit au mensonge et prit fait et cause contre Carter. Le jeune archéologue n'était guère prisé de la meilleure société.

Quand Maspero le convoqua à nouveau, il était très sombre.

— J'ai reçu des instructions formelles : renvoi immédiat du gardien et vos excuses. Lord Cromer sera ici dans quelques minutes afin de les entendre.

— Je pourrai donc lui dire la vérité.

— Il ne vous écoutera pas ; son opinion est faite.

— C'est donc un imbécile.

— Carter ! Vous ne percevez pas la gravité de la situation. Vous devez céder, sinon...

— Sinon ?

— Je serai contraint d'accepter votre démission.

Carter était abasourdi.

— Vous, Gaston Maspero, ne commettrez pas un tel forfait !

— Quelques phrases, Howard, seulement quelques phrases conciliantes et nous oublierons ce drame absurde.

Lord Cromer fit irruption dans le bureau du directeur du Service. Il n'accorda pas le moindre regard à Carter et apostropha Maspero.

— C'est réglé ?

— Presque, monsieur le haut-commissaire.

— Que Carter formule immédiatement ses excuses qui seront consignées par écrit et remises aux personnes concernées.

Un lourd silence s'installa. Lord Cromer ne le supporta que trente-sept secondes.

— Vous moquez-vous de l'autorité que j'incarne, monsieur Maspero ?

— Howard Carter est prêt à reconnaître ses torts, mais l'injustice...

— Mon opinion est bâtie sur des faits, non sur des sentiments. Toute discussion serait superfétatoire ; que Carter s'incline ou qu'il se démette.

Lord Cromer n'entendit pas le son de la voix de Howard Carter ; quand la porte claqua, il sursauta.

## *Chapitre 32*

Aux premières froidures, le caractère de Carnarvon changea. D'ordinaire morose, il sifflota en lisant ou en se promenant, plaisanta à table, joua davantage avec ses enfants. Brouillards givrants et pluie le réjouirent au plus haut point ; ses douleurs disparurent et il marcha plusieurs heures par jour dans le parc du château malgré l'interdiction de son médecin.

Au retour d'une de ces escapades, son épouse ne parvint plus à cacher son inquiétude.

— Votre bain est brûlant ; hâtez-vous de le prendre.

— Délicate attention, ma chère ; d'après les paysans, l'hiver sera très rude.

— Pourquoi tant de risques ? Froid et humidité vous sont déconseillés.

Le comte baissa les yeux.

— J'ai une confidence très délicate à vous faire, Almina.

— Vous n'avez pas coutume d'être aussi prudent.

— La situation justifie mes précautions oratoires.

— Je n'ose comprendre...

Carnarvon se détourna.

— Je suis tombé amoureux. Follement amoureux.

Lady Almina ferma les yeux.

— Dieu m'impose une terrible épreuve. Je l'accepte. Comment s'appelle-t-elle ?

— Elle n'est plus très jeune.

— Est-elle au moins d'une famille noble ?

— Royale.

— Mais... son nom ?
— L'Égypte pharaonique.
— Vous n'aviez pas le droit !
— C'est très sérieux, ma chère. Comme le recommande mon excellent médecin, je pars demain pour Le Caire.

*

Lord Carnarvon retrouva avec joie, en cette fin d'année 1904, les ruelles animées et odorantes du Caire. Ce séjour, qu'il avait attendu avec impatience, illuminait son existence. Il lui permettait d'échapper à de nombreuses mondanités londoniennes et de ne pas assister aux représentations de *Madame Butterfly* de Puccini, musicien larmoyant et bavard qu'il détestait.

Le comte désirait mettre au point un programme de fouilles mais ne possédait aucune expérience en ce domaine ; il consulta donc les services du haut-commissaire, devenu le véritable maître de l'Égypte grâce à l'Entente cordiale entre la France et l'Angleterre, tombées d'accord sur le partage de l'Afrique du Nord et du Proche-Orient ; à la France revenait notamment le Maroc qu'elle occupait en toute liberté, à l'Angleterre l'Égypte. Une seule restriction, mais de taille : le poste de directeur du Service des Antiquités était réservé, comme par le passé, à un Français.

Aussi Carnarvon prit-il rendez-vous avec Gaston Maspero.

— J'aimerais obtenir une autorisation de fouilles.

Maspero essuya ses lunettes rondes ; le cauchemar recommençait. Une fois encore, il faudrait s'incliner devant un amateur fortuné dont le principal argument scientifique était l'épaisseur de son compte en banque.

— Rien de plus simple ; il suffit de signer un formulaire.

— Quelles sont mes obligations ?

— Pratiquer des fouilles sur un terrain appartenant à

l'Égypte, non bâti, à l'écart des cultures, dégrevé d'impôt, hors d'une zone militaire et non attribué au service public. Si vous faites une découverte importante, par exemple un tombeau, vous devez prévenir le Service.

— Puis-je y pénétrer le premier ?

— À condition qu'un inspecteur soit à vos côtés. Vous disposez de deux ans pour me fournir un rapport sur vos activités.

— Qu'advient-il des momies ?

— Elles demeurent propriété de l'Égypte, de même que les sarcophages. En ce qui concerne les autres objets, nous procéderons à un partage raisonnable.

— Qu'entendez-vous par « raisonnable » ?

Maspero contint avec difficulté un accès de colère. Certes, une clause du contrat spécifiait que le contenu d'une tombe inviolée ne serait pas partagé entre le responsable des fouilles et l'État; mais on ne découvrirait plus de tombes intactes et, en cas de miracle, la clause serait inapplicable.

— Eh bien... selon l'importance et la valeur des objets, nous procéderons à une discussion entre gentlemen.

— Rien de plus raisonnable, concéda Carnarvon.

— J'oubliais l'essentiel : les fouilles seront effectuées à vos frais et à vos risques et périls.

— Parfait.

— Un détail encore : quel site avez-vous choisi ?

Le comte fut pris au dépourvu.

— Vous ne me croirez pas, mais je n'y ai jamais songé. C'est mon second hiver en Égypte et je ne connais que Le Caire ; m'indiqueriez-vous un lieu propice ?

Maspero était abasourdi.

— Partout, monsieur le comte, il faudrait creuser partout... Louxor est un endroit attrayant et fort apprécié de vos compatriotes; la région ne manque pas de zones inexplorées.

*

Carnarvon suivit le conseil de Maspero et s'en porta bien. Il flâna dans l'ancienne Thèbes, fut réduit, comme chaque visiteur, à l'état de lilliputien dans la salle aux colonnes géantes de Karnak, goûta la lumière de Louxor, se promena en felouque sur le Nil, médita sous l'acacia du Ramesseum, ressentit la grandeur des pharaons à Medinet-Habou, s'émerveilla cent fois en contemplant les peintures des tombes. L'Égypte pénétrait en lui, façonnait son âme, développait une sensibilité nouvelle. Avant d'ouvrir un chantier, il voulut s'imprégner de cette beauté qui lassait le temps et offrait une nourriture sans pareille.

Alors qu'il dégustait un thé à la menthe dans un estaminet de la rive ouest, un colosse barbu le salua en ôtant son chapeau blanc.

— Monsieur Démosthène... quelle heureuse surprise.

— Puis-je m'asseoir ?

— Je vois que vous avez appris les bonnes manières.

Avec sa veste noire, son pantalon rouge et ses hautes bottes, le trafiquant d'antiquités ne passait pas inaperçu.

— Vous êtes un homme de parole, monsieur le comte, puisque vous ne m'avez causé aucun ennui.

— J'ai une dette envers vous.

— Je ne vous ai pas prêté d'argent.

— Une dette d'ordre moral.

— Ah... sans intérêt. Vous venez acheter des momies ?

— En trouver.

— Où ça ?

— Dans les profondeurs de la terre.

— Fouiller ? Quelle blague ! Vous y perdrez votre fortune. J'ai tout ce qu'il vous faut et à bon prix ; ce pays est pourri.

— L'Angleterre l'assainira.

— Sûrement pas. La nouvelle loi impose la fermeture des locaux insalubres et dangereux... autrement dit, la faillite générale ! Les manufactures locales et les ateliers sont fichus ; des trusts internationaux vont occuper la place et provoquer un mécontentement qui tournera mal. Le trafic, voilà l'avenir ! Profitez bien de vos vacances d'hiver ; l'Égypte ne sera pas toujours anglaise. Pardonnez-moi : on m'attend.

Démosthène, de plus en plus gras, se releva comme un éléphant et s'éloigna en se dandinant. Fou ou visionnaire ? Personne, au Foreign Office, ne partageait ses vues ; mais les diplomates de carrière ne passaient-ils pas leur temps à se tromper ?

## *Chapitre 33*

Prostré aux côtés de mendiants endormis, Howard Carter n'était plus inspecteur du Service des Antiquités. Lord Cromer avait demandé et obtenu sa tête, contraignant Maspero à le renvoyer. Quinze années de travail acharné et soudain, la déchéance définitive. Sans emploi, sans indemnité, sans économies, incapable de partir en quête d'un autre travail, Carter se sentait brisé. En perdant son poste, il s'éloignait à jamais de la Vallée des rois et de Toutankhamon. Son rêve s'écroulait et sa vic perdait son sens. Pourtant, il ne regrettait pas son attitude ; l'injustice était le pire des maux et il ne l'accepterait jamais.

Un homme de taille moyenne, habillé à l'occidentale, le visage rond orné d'une petite moustache, s'arrêta devant lui.

— Ne seriez-vous pas Howard Carter ?

— Je ne suis plus rien.

— Mon nom est Ahmed Ziouar... vous m'avez guidé, à Saqqarah. Vous connaissez mieux mon pays que moi-même, comme si vous l'aimiez davantage. Je suis au courant, pour le drame ; permettez-moi de vous admirer, monsieur Carter.

L'Anglais, incrédule, leva les yeux.

— Où comptez-vous loger, au Caire ?

— Je ne sais pas.

— Je ne suis qu'un petit fonctionnaire, mais je dispose d'une chambrette inoccupée ; j'aurais grand plaisir à vous l'offrir. Vous pourrez dormir, reprendre des forces et vous préparer à l'avenir. Quand Dieu ferme une porte, il en ouvre une autre.

Carter se releva. Il n'avait pas le droit d'être indigne devant un homme de qualité.

*

Installé au coin d'une ruelle, Carter observa les allées et venues des Cairotes, le porteur d'eau, le vendeur de galettes, la mère de famille un panier sur la tête et un bébé dans les bras, l'âne chargé de luzerne. Tentant de s'oublier lui-même, il coucha sur la toile ces scènes sans importance, témoignages précieux d'une existence monotone et rassurante. Badauds et gamins s'agglutinèrent autour de lui et le regardèrent travailler ; un Européen lui proposa un peu d'argent. D'abord réticent, il accepta. Devenu peintre de genre, il gagna la somme nécessaire pour régler le loyer de sa petite chambre d'hôte dans un quartier pauvre ; située au dernier étage d'un immeuble lépreux, elle lui offrit un havre de paix après la journée passée dans le bruit incessant de la ville. Les aboiements des chiens troublèrent souvent la nuit ; allongé sur son lit, les yeux ouverts, il se souvint de ce temps merveilleux où il travaillait sur des sites grandioses.

La nostalgie fut la plus forte. Il revint à Saqqarah, peignit la pyramide à degrés, le désert, les plus belles scènes des tombes de l'Ancien Empire ; des touristes apprécièrent ses tableaux et ses aquarelles. Non content de vendre ces œuvrettes, il les guida sur des lieux naguère placés sous sa protection ; sa réputation grandit et il fut bientôt un mentor apprécié des visiteurs les plus attentifs.

L'art et les pourboires ne le rendirent pas millionnaire ; il apprit à se contenter dc peu et cacha sa pauvreté sous une mise impeccable. Il écrivit souvent à Raifa mais déchira les lettres, ne supportant pas l'idée de lui avouer la vérité. Il voulut qu'elle gardât en mémoire l'image d'un Carter heureux et respecté.

Au fil des mois, une autre activité se développa. Des acheteurs plus ou moins crédules lui demandèrent d'expertiser statuettes ou fragments de reliefs qu'ils se procuraient dans les souks ; la plupart étaient des faux, mais certains authentiques. La réputation de Carter s'étendit ; on le consulta au moment même des tractations.

Il passa le plus clair de ses loisirs au pied de la pyramide à degrés, fasciné par l'austérité de la mère de toute l'architecture égyptienne. De nombreuses esquisses ne lui donnèrent pas satisfaction ; comment rendre l'élan des gigantesques marches de pierre qui montaient à l'assaut du ciel ?

Le sable crissa. Un touriste s'approcha et s'immobilisa derrière lui.

— Votre talent est intact, Howard.

La voix de Gaston Maspero le fit frissonner.

— Comment allez-vous, monsieur le directeur ?

— Vous survivez, m'a-t-on dit ?

— On vous a bien renseigné. Le Service progresse-t-il ?

— Sans vous, il piétine ; les amateurs nous dament le pion.

— Theodore Davis, par exemple ?

— Son équipe est fière de son dernier exploit : une tombe intacte.

Le pinceau hésita.

— Un trésor ?

— Un beau mobilier funéraire : des coffres, des chaises, des vases et deux cercueils de belle taille contenant les momies bien conservées des parents de la reine Tiyi.

La reine Tiyi, épouse d'Amenhotep III et mère du roi

hérétique, Akhénaton... ces personnages avaient connu le jeune Toutankhamon dont l'ombre revenait le frôler. Tiyi était peut-être sa mère.

— Davis veut publier, mais il en est incapable; c'est pourquoi il me demande de l'aider. J'ai accepté, mais j'ai besoin d'un dessinateur. Accepteriez-vous cette tâche, Howard?

*

Davis et son équipe, où figurait notamment un jeune archéologue, Burton, occupaient une petite maison à l'entrée du vallon occidental de la Vallée des rois; bâtie en pierre et en terre, à l'ombre de la falaise, elle était invisible aux visiteurs. Quatre petites chambres, une salle à manger, une réserve pour les antiquités, une chambre noire, un bureau, une cuisine composaient cette demeure sur laquelle veillait en permanence un gardien. L'Américain reçut Carter dans l'une de ces cellules de moine dépourvue d'eau et d'électricité; vêtu de noir, il ressemblait à un ange exterminateur.

— Vous me devez votre retour à Louxor. En échange, j'exige la plus extrême discrétion; le dessin, d'accord, mais aucune intervention dans le processus des fouilles. Vous n'êtes plus inspecteur et j'ai formé une équipe compétente qui n'a besoin d'aucun conseil. De plus, je ne veux aucun ennui; les autorités britanniques n'apprécieraient pas votre présence ici. Enfermez-vous dans le bureau que Maspero met à votre disposition et contentez-vous de reproduire avec fidélité les objets que mes assistants vous apporteront. Des commentaires?

— Aucun.

*

L'hiver 1906 fut semblable aux autres hivers : doux, calme et ensoleillé. La fortune de Carter ne s'améliorait guère ; quelques expertises, lors de transactions d'objets de provenance plus ou moins licite, lui procurèrent un pécule suffisant. Son activité principale, non rémunérée, consista à dessiner les somptueux meubles en bois découverts par Davis dans la tombe des beaux-parents d'Amenhotep III. Il ne s'attendait pas à ce que ces grands dignitaires, d'origine modeste, fussent présents dans la Vallée réservée aux pharaons ; cette anomalie le conforta dans l'idée que les Égyptiens avaient accordé une grande importance à la période précédant la venue au pouvoir de Toutankhamon. Pourquoi avoir occulté son règne et dissimulé sa tombe avec autant de soin ?

Quand les nuits devinrent fraîches, il s'enveloppa dans une couverture de laine et lut la production scientifique que Maspero mettait à sa disposition. Souvent, il enragea ; les archéologues travaillaient mal et les historiens vérifiaient rarement leurs sources, se contentant d'accumuler de la copie afin d'obtenir des chaires universitaires distribuées au poids du papier imprimé et des relations mondaines. La compétence, le courage, l'honnêteté ? Vertus stupides qui conduisaient à la médiocrité sociale.

On frappa à sa porte.

— C'est ouvert.

Elle entra, ravissante. Les yeux maquillés, les lèvres brillant d'un rouge léger, les cheveux noirs tombant en volutes sur les épaules, elle s'immobilisa sur le seuil.

— Acceptes-tu de me revoir ?

— Raifa...

Il fut incapable de bouger. Elle avança, sans cesser de le regarder.

— Suis-je jolie ?

Il la prit dans ses bras et la serra à l'étouffer.

— Je ne suis plus rien, Raifa. J'ai perdu mon poste d'inspecteur et je suis pauvre.

— Je m'en moque... si tu savais comme je m'en moque !

— Jamais Gamal n'acceptera un mendiant comme mari de sa sœur.

—Je me contenterai d'être ta maîtresse... je t'aime, Howard.

Les mots cédèrent la place aux caresses. Combien d'heures amoureuses avaient-ils perdues à cause de sa vanité ?

*

L'ouvrier se pencha, ôta une grosse pierre, déblaya un amas de cailloux et creusa doucement à la main. Au pied d'un rocher, dans un creux, il avait perçu une sorte d'éclair. Les rayons du soleil s'étaient réfléchis sur une surface luisante. En se penchant, il avait cru apercevoir une ligne bleue entre deux morceaux de calcaire ; dégagée, elle se révéla être le rebord d'une coupe vernissée, autrefois recouverte d'or.

L'ouvrier appela son chef qui alerta Theodore Davis. L'Américain considéra l'objet avec dédain.

— Ça ne mérite pas une photo. Portez-la à Carter ; il nous fera un dessin. Après quoi, nous l'enverrons au Musée du Caire. Il faut bien les gratifier de temps à autre.

*

Sortant du groupe de touristes auquel il s'était mêlé, Carter examina l'endroit où la coupe en faïence bleue avait été sortie de terre. À son sens, elle avait dû contenir des boulettes de natron utilisées comme substance purificatrice lors du rituel d'ouverture de la bouche qui redonnait vie à la momie ; autrement dit, pendant les funérailles royales ! Au premier examen, sa conviction fut établie : il s'agissait d'une cache. Un prêtre avait pris soin de dissimuler ce précieux objet sous une roche.

Depuis trois jours, il essayait en vain de la dessiner ; ses mains tremblaient trop. Sur la coupe, un texte : « Que *le dieu parfait*  *donne la vie* » ; les hiéroglyphes placés dans le cartouche [1], à savoir le soleil, la corbeille et le scarabée suivi des trois bâtons du pluriel, se lisaient : « *La lumière divine est la souveraine des transformations* [2]. » Ces quelques signes, sans importance aux yeux de Davis, troublaient Carter au point de lui en faire perdre le sommeil : ne composaient-ils pas le nom de couronnement de Toutankhamon ?

À présent, sa certitude prenait une allure scientifique. Ce modeste objet prouvait que les funérailles du mystérieux pharaon avaient eu lieu dans la Vallée et qu'il était enseveli là, quelque part sous les sables.

## *Chapitre 34*

Lord Carnarvon assista au cocktail d'inauguration du Winter Palace, le nouvel hôtel de luxe de Louxor. Bâti au cœur de la petite cité, face au Nil, il affichait avec prétention sa façade jaune qui tranchait sur le vert des palmiers et le blanc de la mosquée et des maisons voisines ; le comte n'apprécia guère cet amas de stuc et de plâtre enrobant une carcasse métallique. Louxor devenait la proie des marchands et de hordes stupides ; le guide Baedeker à la main, les touristes envahissaient les boutiques remplies de faux scarabées, d'éventails et de chapeaux. Des contingents débarquaient à vive allure des bateaux affrétés par l'agence Cook, parcouraient les temples au pas de charge et, à l'appel du sifflet ou des cloches, remontaient à bord et s'habillaient pour le lunch.

---

1. « Cartouche » est le terme technique qui désigne l'ovale, plus ou moins allongé, où est inscrit le nom d'un pharaon.

2. Transcription technique : *Neb-Kheperou-Rê.* C'est l'un des noms de Toutankhamon, chaque pharaon en possédant plusieurs qui servent à indiquer le sens de sa mission sacrée.

Carnarvon, qui avait reçu le surnom de Lordy, se contenta d'une veste de yachtman aux boutons de cuivre ; elle lui donna une allure martiale que démentit son amabilité vis-à-vis des indigènes. Fuyant les Européens, il fut l'invité de tous les pachas locaux.

Il apprit à connaître l'Égypte de l'intérieur et se débrouilla vite en arabe ; ces préliminaires lui parurent indispensables avant de se lancer dans une fouille en bonne et due forme.

— Si vous désirez toujours une concession, déclara Maspero, j'en ai une à vous proposer : un site inexploré en haut de la colline de Cheikh Abd el-Gournah. Avec un peu de chance, vous pourrez découvrir un petit tombeau ; n'oubliez pas de m'en avertir.

— J'ai de la chance, répondit Carnarvon. Quand pourrai-je commencer ?

— Dès la semaine prochaine, si vous le souhaitez.

— Entendu. J'annule un rendez-vous et je me rends sur la rive ouest.

*

Le fonctionnaire du Foreign Office, qui travaillait à Louxor sous la « couverture » de marchand de grains, en serait pour ses frais et une bonne colère. Le comte ne refusait pas de lui communiquer ses impressions sur le pays mais n'acceptait pas d'être à sa solde.

Cheik Abd el-Gournah ne tenta pas de séduire Lordy : soleil piquant, poussière, vent de sable et sourire amusé des villageois n'avaient rien de charmeur. Au moment de commencer à creuser, l'aristocrate s'aperçut qu'il n'était pas facile de s'improviser archéologue. Pourquoi choisir cet endroit-là plutôt qu'un autre ? Se fiant à son instinct, il donna l'ordre à ses deux ouvriers de déplacer une grosse pierre plate et d'enfoncer le fer de leur bêche, le *fâs*, dans le terrain pentu. Lorsqu'ils furent fatigués, il les remplaça. Manier l'outil lui cassa le dos mais attira leur sympathie ; après avoir partagé galettes, oignons et tomates, ils déployèrent une ardeur nouvelle.

De plus, Lordy disposait d'un allié de grande valeur : un terrier femelle, Susie, qui n'avait pas accepté de quitter son maître ; afin de ne pas tromper son affection, Carnarvon l'avait emmenée en Égypte, comptant plus ou moins sur son flair et sa capacité à poursuivre une proie jusque dans sa tanière ; mais Susie, aux oreilles en forme de V retombant près des joues, avait perdu toute agressivité et n'aimait rien tant que se caler contre les jambes de Lordy, assis dans un fauteuil en rotin, à l'abri de la poussière. Très jalouse, elle ne permettait à personne de l'approcher sans son consentement.

Peu avant le coucher du soleil, les fellahs tombèrent sur ce qui semblait être la bouche d'un puits funéraire. Ils étaient aussi excités que le comte et retinrent à grand-peine leur envie d'aller plus profond. Dès le lendemain matin, un délégué du Service des Antiquités fut sur les lieux ; aussi dépité que Carnarvon, il constata que le puits, inachevé, se résumait à un trou vide.

Comme le destin lui avait adressé un clin d'œil, le comte ne se découragea pas ; pendant six semaines, il s'acharna à l'endroit de son premier succès. Le puits était relié à un tombeau et, malgré des nuages de sable, d'abondantes suées et un manque de souplesse certain, le comte se glissa dans la cavité. Un ouvrier lui passa une torche qui éclaira un petit cercueil : à l'intérieur, une momie de chat. Susie manifesta une désapprobation mesurée.

Carnarvon reconnut la minceur de son exploit ; des centaines de dépouilles de félins encombraient déjà les réserves des musées. Ces peu brillants débuts l'incitèrent néanmoins à poursuivre ses investigations dans la grande étendue plate qui s'étendait devant le temple de Deir el-Bahari : des trous ici et là, une chaleur de plus en plus accablante, et une absence totale de résultats.

*

— Voilà quatre hivers que vous passez en Égypte, mon chéri... n'êtes-vous pas lassé ?

— Au contraire, Almina.

— Qu'est-ce qui vous attire ?

— Un travail de la plus haute importance.

— Ces fouilles d'amateur ?

— Amateur... vous avez raison. Il faut mettre fin à cette pratique ridicule.

L'épouse de Lord Carnarvon lui prit le bras.

— Cela signifie que vous renoncez à votre voyage et que vous restez à Highclere.

— Cela signifie que je vais devenir un professionnel.

*

— Êtes-vous satisfait de vos activités archéologiques, monsieur le comte ?

— Pas du tout, monsieur Maspero.

Le directeur du Service des Antiquités fronça les sourcils. Ces derniers mois, les ennuis s'accumulaient ; les nouveaux inspecteurs n'avaient pas les qualités de Carter et le trafic des antiquités reprenait. De nombreuses critiques fusaient contre le savant français ; on l'accusait d'accorder trop d'importance à l'étude de l'histoire, de négliger l'archéologie, d'accorder des permis de fouilles à tort et à travers sans se soucier de la qualification des demandeurs, et de laisser partir de nombreux objets vers les musées étrangers.

— Auriez-vous été importuné ?

— Je crois que vous m'avez surestimé. Tout comte de Carnarvon que je suis, je ne dispose pas du savoir et moins encore de la technique nécessaires pour mener à bien mon entreprise. Exhumer des momies de chats ne me suffit pas ; je tiens à travailler de manière sérieuse.

— Votre équipe d'ouvriers...

— Elle obéit à mes ordres. Comme mes directives sont sans valeur, elle se contente de percer des trous qui ne mènent à rien. Oubliez un instant mes titres et ma fortune ; donnez-moi l'assistance scientifique dont j'ai besoin.

Maspero ôta ses lunettes, les essuya lentement et griffonna un nom sur le buvard dont il venait de se servir. Il hésita à le prononcer. Carnarvon éprouvait-il une réelle passion ou n'était-il qu'un papillon voletant d'une distraction à une autre ?

— Je connais un égyptologue qui pourrait vous être utile.

— Un homme expérimenté ?

— Plus de quinze ans de travail en Égypte. Il parle arabe, sait commander aux équipes et n'ignore rien des coutumes locales.

— Comment se nomme cette perle rare ?

— Howard Carter.

— Un détail m'intrigue : pourquoi ce brillant garçon n'est-il pas votre collaborateur direct ?

— Il le fut, et je m'en suis félicité. Carter était promis à une grande carrière ; mais son caractère entier et son manque de diplomatie l'ont conduit à de regrettables excès.

— Vous l'avez renvoyé ?

— Contraint et forcé, puisqu'il refusait de se soumettre à une obligation administrative.

— De quel ordre ?

— Présenter ses excuses à des touristes français coupables de brutalités, certes, mais soutenus par le haut-commissaire britannique.

— Plutôt sympathique, votre Carter. Ai-je une chance de lui plaire ?

— Je ne vous le garantis pas.

— Comment vit-il ?

— Très mal ; il vend quelques toiles, pratique des expertises et collabore pour la gloire à des travaux scientifiques. Ne le considérez cependant pas comme une proie facile.

— Où réside-t-il ?
— À Louxor. Désirez-vous le rencontrer ?
— Aujourd'hui même.

## *Chapitre 35*

Peu après dix-huit heures, Carter entra dans le hall du Louxor Hôtel. Maspero avait beaucoup insisté pour qu'il sorte de son antre et se rende à ce rendez-vous auquel le conviait un certain Lord Carnarvon. D'après le directeur du Service, ce riche aristocrate comptait sur lui ; Carter n'en croyait pas un mot. Encore un de ces amateurs prétentieux, avides de statues et de momies, désireux d'obtenir un avis de technicien sur ses dernières acquisitions. Carnarvon ne valait pas mieux que Theodore Davis, de plus en plus incompétent au fur et à mesure qu'avançaient ses fouilles dans la Vallée des rois, sans la moindre logique.

Un homme frêle, presque décharné, vêtu d'un complet bleu, s'avança vers l'archéologue.

— Monsieur Carter, je présume ? Je suis le comte de Carnarvon.

Aux côtés de l'aristocrate, un terrier à la robe blanche et noire semblait hostile.

Carter inclina un peu la tête. Son interlocuteur, au visage fatigué, s'appuyait sur une canne ; la main droite glissée dans la poche d'une veste fripée, il s'exprimait avec une certaine difficulté. Le bas du visage portait la trace d'une blessure ancienne.

— Allons nous asseoir, voulez-vous ?

— J'apprécie votre compagnie, mais j'aimerais que notre entretien fût le plus bref possible ; le travail m'attend.

— Merci de me consacrer quelques minutes de votre précieux temps, monsieur Carter; j'espère que vous ne serez pas déçu.

Le Louxor Hôtel était une enclave anglaise où les touristes jouissaient des services d'un médecin et d'une infirmière venus de Londres, et pouvaient jouer au billard après avoir roulé à bicyclette, le postérieur calé sur une selle britannique.

Le serveur apporta deux verres de porto et un bol d'eau pour Susie.

— Vous êtes le meilleur archéologue de votre génération, monsieur Carter, et celui qui connaît le mieux l'Égypte; vous voir privé de chantier est injuste.

— L'injustice ne mène-t-elle pas le monde?

— Vous êtes bien amer.

— Maspero a dû vous raconter mon histoire.

— Le talent mérite récompense; aimeriez-vous travailler avec moi?

— Je ne crois pas.

Carnarvon garda son calme.

— Autant vous avouer que je suis infirme, monsieur Carter; avant mon accident d'automobile, je courais les mers et ne reculais devant aucune aventure. À présent, je suis incapable de me débrouiller seul.

— Auriez-vous besoin d'un porteur de valises? En ce cas, je crains d'être inapte.

— Vous n'avez pas l'échine souple.

— Elle ne cesse de se raidir.

— Consentirez-vous cependant à m'écouter?

— Mes expertises ne sont pas gratuites.

— Je ne suis pas un touriste; l'Égypte est devenue la passion qui illumine mon existence. Chaque hiver, j'y séjourne; chaque hiver, je l'aime davantage.

— Je m'en réjouis pour vous.

— Cela ne me suffit pas; je suis persuadé que des trésors dorment sous le sol.

— Nous y voilà... Creuser des trous vous amuserait?

— J'ai commencé, mais il me faut un expert. Vous, Howard Carter.

— Quel est votre but exact ?

— La plus belle collection privée d'antiquités égyptiennes. Mon château de Highclere est digne d'abriter des chefs-d'œuvre sortis de cette terre sans égale ; je veux le meilleur et le plus beau.

— L'investissement serait énorme.

— Il est plus facile d'obtenir de l'argent qu'une statue authentique. J'ai écumé tous les marchands et n'ai trouvé que des faux ou des babioles ; comme dévaliser le Musée du Caire est contraire à mes principes, il ne me reste qu'à obtenir une concession.

— À quel endroit ?

— Sur la rive ouest. Cheikh Abd el-Gournah, Deir el-Bahari... un fiasco.

Carter sourit.

— Simple manque de technique, monsieur le comte. La rive des morts est sauvage, implacable ; il faut l'apprivoiser, apprendre son langage, ne pas troubler sa sérénité.

— Vous voilà bien mystique.

— Si vous ne comprenez pas cela, repartez pour l'Angleterre. L'Égypte est un monde secret, vieux de quatre millénaires. Nous sommes des intrus, trop pressés et trop ignorants. Votre collection, oubliez-la.

Carter se leva.

— Vous ne buvez pas de porto ? C'est un excellent cru.

— La vie sur les chantiers n'est pas tendre ; j'y ai contracté un mal d'estomac et je ne bois plus d'alcool avant le dîner.

— Nous nous entendrons sur ce point ; mon médecin me l'a interdit. Nous pourrions bavarder au bord du Nil ? Vous me pardonnerez ma lenteur : j'ai une jambe qui traîne.

Lord Carnarvon était déjà debout ; Susie accepta la promenade.

Ils marchèrent le long du fleuve dieu.

— Je connais votre passion, monsieur Carter.

L'attaque le surprit.

— Auriez-vous enquêté sur mon compte ?

— Je n'engage pas un collaborateur à la légère. Votre collègue Georges Legrain vient d'exhumer un document qui devrait vous intéresser : une stèle dont le texte est dû au roi Toutankhamon. Ce monarque inconnu indique qu'il est revenu à Thèbes, après l'hérésie, et qu'il y a rétabli les cultes traditionnels afin de redonner bonheur et prospérité.

Un long silence s'installa, pendant qu'ils progressaient avec lenteur. Ces révélations confirmaient, de manière définitive, l'existence du pharaon Toutankhamon que certains égyptologues continuaient à nier. Il se présentait même comme un monarque puissant, apte à gouverner et à se faire obéir.

— La tombe de Toutankhamon... c'est votre obsession, monsieur Carter. Chacun le sait, à Louxor, mais tout le monde se moque de vous.

— Hurlez-vous avec les loups ?

— Acceptez de travailler avec moi : vous chercherez votre tombe et de beaux objets pour ma collection.

— Projet irréaliste.

— Pourquoi ?

— Parce que ma tombe se cache dans la Vallée des rois et que la concession a été accordée à Theodore Davis.

— Simple hypothèse, mon cher ; votre Toutankhamon se dissimule peut-être ailleurs. C'est sans doute pourquoi sa dernière demeure n'a pas encore été identifiée.

Ces paroles-là, Carter craignait de les entendre.

— Notre vie n'a de sens qu'à la condition d'être orientée vers l'impossible. Vous, c'est un roi disparu ; moi, des chefs-d'œuvre enfouis. Si nous alliions nos folies, nous deviendrions peut-être raisonnables.

Le fleuve sommeillait ; dans les ténèbres de la rive d'Occident, la cime veillait sur la Vallée.

— Je retourne à ma peinture. Le reste ne m'intéresse plus.

— Vous êtes un drôle de bonhomme, Carter! Theodore Davis est un Américain prétentieux et autoritaire; vous croyez que je lui ressemble et vous avez tort.

— Vous êtes riche et je suis pauvre.

— Vous êtes savant et je suis ignare. Je m'occuperai des finances, vous des fouilles.

— Davis a engagé un jeune archéologue qui doit obéir aux caprices de son patron.

— Mettre en parallèle un milliardaire du Nouveau Monde et un comte britannique élevé dans la plus pure des traditions n'a aucun sens. Je vous le répète : c'est vous, et personne d'autre, qui dirigerez notre équipe. Moi, je vous demande des résultats.

Carter hocha négativement la tête.

— Je ne crois plus aux miracles; mes aquarelles me suffisent.

Carnarvon planta sa canne devant Carter et l'empêcha d'avancer. Susie s'assit entre eux.

— Votre refus signifie que vous n'avez aucune confiance dans vos moyens.

L'archéologue s'empourpra.

— Je connais la rive d'Occident mieux que quiconque; elle est devenue mon pays.

— Prouvez-le.

Quand Carter jouait dans la campagne avec ses petits camarades, ils ne cessaient de traiter les nobles de menteurs et d'exploiteurs; il s'était juré de ne jamais devenir le domestique d'un de ces grands seigneurs.

— Vous me barrez le passage, Lord Carnarvon.

— Je vous prie d'interrompre votre stupide dialogue intérieur et d'accomplir votre vocation.

« Je vous prie »... Le propriétaire du domaine de Highclere le priait, « lui », Howard Carter, peintre et archéologue licencié, exilé et sans fortune!

— Avec un caractère comme le vôtre, l'existence doit

être un combat quotidien ; ça me plaît, monsieur Carter. Continuez d'être intransigeant et sans faiblesse avec vous-même ; sinon, vous m'ennuieriez. Directeur de la mission Carnarvon : le titre vous plaît ?

Fouiller à nouveau, ne plus crouler sous le poids des soucis matériels, démontrer que ses méthodes étaient les bonnes, repartir en quête de Toutankhamon... Carter se mordit les lèvres pour ne pas répondre. Susie s'éloigna un instant de son maître et posa sa truffe contre le mollet droit de Carter ; le comte sourit.

— Il existe un dernier point, tout à fait capital, continua Carnarvon ; je dispose d'une arme qui vous manque de temps à autre. Sans elle, vous êtes condamné à dépérir. Je suis prêt à vous l'offrir.

— Laquelle ?

— La chance.

## *Chapitre 36*

Les plafonds en cèdre étaient ornés de centaines de motifs, dessinant dans le bois des sourates du Coran ; ce travail, d'une finesse extrême, avait exigé le concours d'une dizaine de sculpteurs qui s'étaient tués à la tâche pendant plus de cinquante ans.

— Aimez-vous ma demeure, monsieur Carter ?

— Je l'admire.

Ahmed Bey Kamal, sensible au compliment, colla son œil droit à la lunette astronomique qui lui permettait d'observer le lever de la lune du ramadan.

— Cette vieille maison est propice au recueillement ; c'est pourquoi j'y ai rassemblé livres et documents hérités de ma famille.

Ahmed Bey Kamal était un érudit modeste qui se complaisait dans l'étude de documents rares ; peu bavard, il ouvrait sa porte avec parcimonie.

— Pourquoi êtes-vous venu troubler ma solitude, monsieur Carter ?

Le Britannique hésita ; en certaines circonstances, la sincérité se confondait avec la muflerie. Mais il ne savait pas mentir.

— La rumeur prétend que vous êtes sur le point de publier un ouvrage étonnant.

— Voici son titre exact : *Le Livre des perles enfouies et du mystère précieux au sujet des indications, des cachettes, des trouvailles et des trésors*. La rumeur prétend que vous seriez un pilleur de tombes.

Carter se leva, outré.

— Je suis archéologue et désire ressusciter un pharaon oublié : est-ce une infamie ?

Le ton d'Ahmed Bey Kamal s'adoucit.

— Que désirez-vous savoir ?

— Le livre mentionne-t-il l'existence d'une tombe royale soigneusement dissimulée ?

L'érudit consulta son manuscrit.

— La tradition évoque une tombe cachée dans la montagne ; qui parviendra sur les lieux devra faire des fumigations et creuser le sol. Il découvrira une plaque munie d'un anneau en bronze ; après l'avoir soulevée, il descendra dans un souterrain et franchira trois portes. La dernière s'ouvre sur une grande salle où se dressent douze armoires remplies de pièces d'argent, d'armes et d'objets précieux. Devant la plus haute, une pierre précieuse éclaire comme une lampe allumée ; à côté, une clé. Qui l'utilisera pour ouvrir l'armoire connaîtra une joie céleste : lui apparaîtra un roi couché sur un lit d'ébène, orné d'or et incrusté de perles. Près du corps, toutes les richesses de l'Égypte.

Les mains de Carter tremblaient.

— Le manuscrit est-il plus précis ?

— Je crains que non.

— Pas la moindre indication géographique ? Aucun nom de pharaon ?

Ahmed Bey Kamal hocha négativement la tête.

*

Carter installa sa maison de fouilles sur une plate-forme qui dominait une croisée de chemins, à vingt minutes de marche de la Vallée des rois ; construite en briques, de forme carrée, la modeste demeure s'ouvrait sur le site de Dra Aboul el-Naga. Tombes et temples, bâtis dans le désert, gardaient la mémoire de fastes évanouis ; les paysans respectaient la lisière des cultures comme une frontière sacrée.

L'archéologue se levait tôt ; il sortait de sa chambre au plafond en forme de dôme et poussait la porte, pièce authentique provenant d'un cottage anglais et pourvue d'une serrure du Suffolk en laquelle il avait entière confiance. Après s'être nourri de fruits secs, de thé, d'une galette et d'un lever de soleil dont il ne se rassasiait pas, Carter marchait jusqu'à Deir el-Bahari qu'il avait choisi comme premier site des « fouilles Carnarvon ».

Au matin de ce dixième jour de travail, recommençait la lente litanie des porteurs de couffins remplis de gravats ; sur l'ordre de Carter, ils creusaient, déblayaient et déversaient les débris à l'écart du chantier. Carnarvon arrivait au milieu de la matinée ; appuyé sur sa canne, la main droite dans la poche de son costume gris, il observait le va-et-vient des ouvriers. Avec une rigueur militaire, Carter résumait les travaux de la veille.

— Ce pays ne manquera jamais de poussière.

— Ni de tombes, Lord Carnarvon. Je crois que nous approchons.

— Une sépulture, déjà ?

— N'exigez-vous pas des résultats ?

— J'ai appris à me montrer patient. Dois-je avouer que vous me surprenez ?

— Ne soyez pas trop optimiste ; l'entrée vient d'être dégagée. Puis-je vous prier d'entrer en propriétaire dans une tombe intacte ?

Le caveau abritait plusieurs sarcophages ; l'un d'eux, d'un blanc brillant, était recouvert d'un voile. Au pied, une couronne de fleurs. Carnarvon, ému, la ramassa.

— Elle signifie que le mort a réussi sa résurrection, précisa Carter.

— Je commence à réussir la mienne.

*

Carter pressa l'allure de son âne et entra au galop dans la Vallée des rois. L'année 1907 débutait bien mal, puisque l'équipe de Theodore Davis se targuait d'avoir mis au jour une tombe extraordinaire. Lorsque circulait ce type de nouvelle, Carter se rendait aussitôt sur les lieux.

Davis, dans son costume poussiéreux, se tenait devant l'entrée. Campé sur ses courtes jambes, les moustaches conquérantes, il apostropha l'intrus.

— Jusqu'à plus ample informé, Carter, vous n'êtes plus inspecteur du Service. Votre présence ici ne s'impose pas ; ignorez-vous que Weigall vous a remplacé ?

— C'est un incapable. À qui appartient ce caveau ?

Le visage rond de l'Américain s'anima d'un sourire.

— J'aime les reines et les reines m'aiment. Regardez, cher ami, regardez !

Avec nervosité, l'ancien avocat écarta des débris de pierre et se baissa pour entrer dans un corridor où gisaient des panneaux de bois recouverts d'or fin.

— Ces pièces sont très abîmées ; il faudrait les restaurer vite. Sinon, elles tomberont en poussière.

— Avançons, Carter ; il y a plus intéressant.

Un cercueil d'or était posé sur le sol de la chambre funéraire. Incrusté de pierres semi-précieuses, il n'avait plus de visage. On avait pris soin d'empêcher toute identification.

— C'est la reine Tiyi, l'épouse royale d'Amenhotep III et la mère d'Akhénaton l'hérétique ! La plus belle trouvaille jamais effectuée dans la Vallée !

— Conclusion hâtive, monsieur Davis. Il faut noter la position des objets, photographier, ne négliger aucun détail, ne...

— C'est moi, le patron, et c'est ma tombe. Fichez le camp.

*

Carter donna à la tombe le n° 55. Malgré ses conseils, Davis avait conduit la fouille d'une manière désastreuse. Aucun rapport archéologique, aucune tentative de restauration et, pour couronner l'entreprise, un « nettoyage » avant photographie ! Du vandalisme officiel que Maspero et ses inspecteurs oubliaient de sanctionner.

Quand un petit voleur de Gournah lui proposa un pot empli de feuilles d'or et une partie du collier d'or de la momie, Carter sut qu'il tenait une belle revanche. Il acheta les objets un bon prix et se rendit chez Davis dont il troubla la sieste.

— Vous m'énervez, Carter !

L'Anglais déposa les précieuses reliques aux pieds de l'Américain.

— C'est à vendre.

— D'où sortez-vous ça ?

— Des membres de votre équipe vous volent et pillent les tombes en cours de fouilles. Je vous rapporte vos biens.

Davis alluma une cigarette et se brûla l'index en oubliant de souffler l'allumette.

— Je... je vous les rachète !

— Je n'osais l'espérer ; votre contribution est la bienvenue.

Quand Carter tourna les talons, l'Américain tenta de le retenir.

— Je compte sur votre discrétion.

— Pourquoi ?

— Ma réputation... celle de mon équipe...

Carter se retourna et regarda son interlocuteur droit dans les yeux.

— J'exige la vérité. Qui se trouve dans le sarcophage ?

Davis serra les poings.

— Les experts se contredisent. Pour les uns, il s'agit d'un corps d'homme, pour les autres de femme... je suis certain que c'est la reine Tiyi.

Carter saisit Davis par les revers de sa veste.

— Existe-t-il une preuve, une seule preuve permettant d'identifier Toutankhamon ?

— Lâchez-moi, bon Dieu ! Non, je vous jure que non !

Carter desserra l'étreinte.

— Vous vous tairez ? demanda l'Américain d'une voix cassée.

— Je vous méprise, Davis.

*

Carnarvon épousseta son costume et prit la pose.

— Suis-je convenable ?

— Parfait, monsieur le comte, estima Carter. Dès que vous aurez trop chaud, prévenez-moi.

— Je n'en aurai peut-être pas le temps. Si je tombe, vous saurez que je me suis évanoui. Susie nous alertera.

Assis devant son chevalet, l'Anglais croquait le portrait de son patron sur le site de Deir el-Bahari, à côté de la seconde tombe qu'il venait de découvrir pour le châtelain. Il ne s'agissait, d'après Carnarvon, que d'une sorte d'étable où un petit propriétaire terrien avait entreposé ses livres de comptes et mis son âne à l'abri du soleil ; mais ces débuts n'étaient-ils pas prometteurs ?

## *Chapitre 37*

Carnarvon et Carter dînèrent au Louxor Hotel; l'automne 1907 était doux et lumineux.

— Le pigeon est un peu dur, mon cher Howard, et vous manquez d'appétit. La Vallée des rois vous pèserait-elle sur l'estomac ?

— Davis est un iconoclaste.

— Sa réputation ne cesse de grandir ; une tombe inédite par an, c'est un beau score.

Carter planta son couteau dans le pigeon grillé ; à ce rythme-là, il craignait que l'Américain ne tombât par hasard sur la tombe de Toutankhamon et ne la massacrât avec sa désinvolture habituelle.

— Davis accumule quantité de débris et n'a aucun respect pour l'art égyptien ; s'il continue, il finira par détruire le site.

— Pourquoi ne demandons-nous pas la concession de la Vallée ?

— Maspero ne nous l'accordera jamais ; Davis paye trop bien et il obtient d'excellents résultats.

— Toujours l'obsession de votre Toutankhamon... que signifie son nom, au juste ?

— « Symbole vivant du dieu caché. »

— Vivant, c'est encourageant ; caché, c'est ennuyeux. Combien de temps a-t-il régné ?

— Neuf ou dix ans.

— Marié ?

— Avec une fille d'Akhénaton.

— Des enfants ?

— Probablement pas.

— Actions d'éclat ?

— Rien de connu, à part la stèle découverte par Legrain cette année. Toutankhamon s'y présente comme un monarque puissant, juste et généreux.

— Les louanges classiques... Pourquoi a-t-il disparu de l'Histoire ?

Carter butait sur ce problème insoluble.

— Je suis sûr qu'il repose dans la Vallée.

— Sans vous détourner de votre idéal, mon cher Howard, j'aimerais que vous songiez davantage à notre exploration commune ; je suis impatient de voir quelques belles statues dans les couloirs de Highclere.

*

Pendant que son archéologue dirigeait la manœuvre, le comte de Carnarvon rencontrait, dans un salon du Winter Palace, un personnage compassé venu de Londres en touriste. Son appartenance au Foreign Office, d'ordinaire affichée avec ostentation, n'était connue que de son interlocuteur. L'entretien qu'il avait sollicité se justifiait ; dans un village du Delta, des officiers anglais venus chasser le pigeon s'étaient trompés de cible et avaient tué une vieille paysanne. L'incident avait provoqué une émeute, suivie d'une sévère répression. D'ordinaire, le calme revenait assez vite ; cette fois, les réactions populaires se durcissaient et les relations entre le gouvernement égyptien et l'administration britannique s'envenimaient. Mustafa Kamil, un journaliste de formation française, donc anarchiste, s'était attelé à la réorganisation d'un Parti National prônant l'évacuation des troupes anglaises. Par bonheur, il était décédé avant de semer une nouvelle agitation.

L'évocation de ces événements ne laissa pas Carnarvon indifférent. Quant à Susie, elle montrait les dents.

— Ces drames préludent à des troubles graves, prophétisa-t-il.

— Lord Cromer, notre haut-commissaire, a pourtant rétabli l'ordre.

— Avec une violence inacceptable qui engendrera la violence.

— Estimez-vous que son action...

— Cromer est borné et ne comprend rien à l'évolution de ce pays. Son départ serait une excellente nouvelle.

— En haut lieu, cette hypothèse a été envisagée. En tant qu'expert...

— J'y suis très favorable.

— Que préconisez-vous par la suite ?

— Lâchez la bride.

— Le laxisme n'est pas une politique.

— La répression non plus.

L'émissaire, troublé, abrégea ses vacances. La situation se révélait plus dangereuse qu'il ne l'imaginait.

*

Les assistants de Theodore Davis appelèrent leur patron. Après avoir dégagé un caveau rempli jusqu'au plafond de boue séchée, résultat de pluies torrentielles qui s'abattaient parfois sur la Vallée, ils venaient d'extraire de leur gangue une figurine dépourvue d'inscriptions et un coffret en bois. Bien qu'il fût brisé, c'était à l'Américain d'en sortir les feuilles d'or qu'il contenait.

Davis fit la moue. Une tombe minuscule, un modeste trésor... En assemblant les parcelles de feuilles d'or, il vit apparaître un pharaon sur son char, puis le même roi fracassant la tête d'un Libyen avec sa massue tandis que son épouse l'encourageait.

— Médiocre, jugea-t-il. Que signifient les hiéroglyphes ?

Personne n'était capable de les déchiffrer.

— On pourrait demander l'aide de Carter, proposa l'un des assistants.

Davis n'hésita pas ; comme il avait promis à l'Anglais de lui signaler les découvertes les plus importantes afin de préserver une entente cordiale, autant le prévenir sans tarder. De plus, il traduirait le texte.

Howard Carter accourut. En contemplant les feuilles d'or, il identifia aussitôt un travail de la dix-huitième dynastie ; sa voix s'étrangla lorsqu'il lut le nom du pharaon guerrier et chasseur.

— Toutankhamon...

*

Pour la dixième fois, Carter expliqua à Carnarvon que la statuette, la boîte en bois et les feuilles d'or avaient été volées dans la tombe de Toutankhamon avant d'être déposées dans un caveau désaffecté auquel l'archéologue attribuait le n° 58.

— Toutankhamon et son épouse, sous mes yeux, splendides, rayonnants... cette fois, plus aucun doute ! Le roi est dans la Vallée. Et c'est ce Davis, cet incapable qui s'en approche !

— Je ne voudrais pas ébranler vos convictions, Howard, mais ces petites choses en or prouvent plutôt le pillage d'une tombe royale que sa préservation. À mon sens, c'est un indice désastreux.

— Vous... vous osez utiliser cet argument ?

— Je crains d'avoir raison.

— Je refuse cette raison-là.

Pendant les journées suivant cet entretien brisé net, Carter déploya une ardeur qui épuisa ses ouvriers ; les couffins s'emplissaient et se désemplissaient en vain. Après des débuts prometteurs, la mission s'enlisait. Alors qu'il s'attaquait au bas d'une colline où des amas de débris calcaires laissaient espérer une sépulture remblayée, Carter se heurta à un Theodore Davis goguenard. Le chapeau vissé sur la tête, le foulard blanc contrastant avec le costume noir, l'Américain se dandinait, comme ivre. Carter rajusta son nœud papillon et fit face. Davis s'amusa à tracer des ronds dans le sable avec sa canne.

— Vous êtes un chic type, Howard ; puisque vous avez tenu votre langue, je tiens mes engagements.

— Une nouvelle tombe ?

Féroce, l'Américain sourit.

— Excellente intuition.

Une goutte de sueur perla au front de Carter.

— Intacte ?

— Plus ou moins.

— Un roi ?

— Celui-là.

Davis sortit de sa poche un morceau de tissu sur lequel était écrit : « Toutankhamon, an 6 ». Peu à peu, le pharaon mystérieux sortait de l'ombre.

— D'où provient cette étoffe ?

L'Américain leva sa canne, tel un maître de musique.

— Vous n'avez pas encore compris ? De la tombe de Toutankhamon, bien sûr !

— Impossible ! hurla Carter, meurtri jusqu'à l'âme.

— Allons, mon cher collègue ! Il faut vous rendre à l'évidence. Venez la visiter, votre fameuse tombe ; je vous précède.

## *Chapitre 38*

Davis, soudain alerte comme à son plus bel âge, emmena Carter jusqu'à la colline située au-dessus du tombeau de Séthi II. À l'entrée de « sa » nouvelle trouvaille, des ouvriers montaient la garde.

L'Anglais, aussi nerveux qu'intrigué, retint des larmes de désespoir.

— Entrez, Howard, et voyez vous-même.

Carter s'avança ; en acceptant l'invitation de l'Américain, il cautionnait son succès. Ce qu'il vit l'étonna.

— Mais... c'est une simple cache !

— En apparence, rétorqua Davis. Soyez plus scientifique, mon cher collègue.

Carter pénétra dans la petite pièce creusée dans le roc ; elle ne mesurait guère plus d'un mètre de côté et sa hauteur atteignait à peine deux mètres. Sur le sol, des poteries et des sacs.

— Ce n'est pas une tombe royale, jugea Carter, soulagé.

— Bien sûr que si ! Examinez donc le bouchon de cette jarre.

L'Anglais lut les hiéroglyphes : le modeste objet était scellé au nom de Toutankhamon.

— Tirons ensemble la conclusion, proposa Davis : je viens de découvrir la tombe de ce petit monarque et de résoudre ainsi une irritante énigme.

Carter s'enflamma.

— Votre position est stupide ! C'est une cachette, Davis, et rien d'autre ! Aucune tombe royale ne ressemble à cela !

— Calmez-vous et reconnaissez votre défaite ; le fair-play n'est-il pas une spécialité britannique ?

— Où figure le sceau de la nécropole royale ? Où se trouve le sarcophage ? Si vous continuez à défendre vos inepties, les plus ignares des égyptologues vous riront au nez. Laissez-moi examiner le contenu de ces jarres.

Davis fit un rempart de son corps.

— Hors de question. Venez demain à la réception que j'organise à ma maison de fouilles et vous connaîtrez enfin le trésor de Toutankhamon !

Davis n'avait pas ri d'aussi bon cœur depuis vingt ans.

*

Les chambres de la maison de fouilles avaient été nettoyées, le bureau et le magasin des antiquités rangés, la cuisine et la salle à manger lavées à grande eau sans égard pour la précieuse denrée. L'équipe de Davis, au grand complet, se tenait au garde-à-vous devant le bureau du gardien.

L'Américain fumait cigarette sur cigarette en faisant les cent pas. D'une pichenette, il ôtait la cendre qui ne cessait de se déposer sur son costume noir. Le successeur de Lord Cromer, Sir Eldon Gorst, consul général d'Angleterre, avait déjà une demi-heure de retard.

Howard Carter se tenait en retrait ; il fut le premier à apercevoir la calèche qui montait lentement le chemin. Theodore Davis se précipita à la rencontre du maître officieux de l'Égypte ; avec son concours, il deviendrait le plus célèbre des archéologues et pourrait transférer aux États-Unis les plus belles pièces arrachées au désert.

Davis présenta les membres de son équipe à l'illustre visiteur, évita Carter, et lui fit l'éloge d'un personnage que le Britannique rencontrait pour la première fois.

Herbert E. Winlock, conservateur adjoint au département d'égyptologie du Metropolitan Museum of Art de New York, venait négocier l'achat d'antiquités. Presque chauve, court sur pattes, le regard très vif, il était sans cesse en mouvement ; certains de ses collègues le comparaient à un gnome et redoutaient son esprit critique et ses reparties acides. Avec bonne humeur, Winlock vanta les excellents rapports entre son pays et l'Angleterre et souhaita que le déjeuner satisfît le palais de son hôte.

Davis, Winlock et le consul général échangèrent force banalités à la table d'honneur, dressée à l'extérieur de la maison de fouilles tandis que Carter, privé d'appétit, grignotait avec les membres de l'équipe américaine. Sitôt les agapes terminées, Davis fit apporter les jarres et les sacs entreposés dans la tombe de Toutankhamon qu'il avait décrite à Sir Eldon Gorst sans le contraindre à une visite de peu d'intérêt.

Le fouilleur américain se lança dans un discours embarrassé où il se vantait d'être le premier à dévoiler un trésor antique devant un personnage officiel dont la culture lui permettrait d'apprécier l'événement à sa juste valeur.

Davis ôta le bouchon de la première jarre, scellée avec de la boue séchée et des morceaux de papyrus ; il en sortit un petit masque peint en jaune pour imiter la couleur de l'or. Quelques applaudissements fusèrent. Encouragé, Davis vida une seconde jarre ; elle ne contenait que des bandes de toile. L'Américain passa vite à une troisième d'où il extirpa des fragments d'os d'oiseaux et d'autres petits animaux. Gêné, il continua sur un rythme accéléré. Le butin se révéla misérable : débris végétaux, morceaux de poterie, chiffons, colliers de fleurs, natron. Aucun bijou en or.

— L'archéologie est un art, estima le consul général ; il conduit parfois au succès, parfois à l'échec. Vous serez sans doute plus heureux une prochaine fois, monsieur Davis ; de ma visite, je ne retiendrai qu'un fait : le repas était correct.

Lorsque la calèche eut disparu dans un nuage de poussière, l'Américain jeta son chapeau à terre et le piétina.

*

Le soleil se couchait sur la maison de fouilles que Davis et son équipe avaient désertée. Herbert E. Winlock se pencha sur le maigre trésor que Sir Eldon Gorst avait méprisé.

— Comptez-vous acheter ces dépouilles ? demanda Carter.

— Je ne suis pas votre ennemi et j'apprécie votre travail. Davis n'aime que le grand spectacle ; ces misérables objets racontent une histoire. Vous, vous pouvez la comprendre.

Intrigué, Carter s'agenouilla au côté de Winlock.

— Regardez bien... ces bandelettes ont dû être découpées lors de l'emmaillotement de la momie royale. Avec ces chiffons, un prêtre a essuyé le corps. Le natron était utilisé lors de la momification ; pendant la cérémonie, on brisait des vases afin d'anéantir magiquement les forces des ténèbres.

— L'enterrement de Toutankhamon... en voici la preuve.

— C'est bien mon avis ; les inscriptions qui subsistent nous offrent une identification certaine.

— Et le reste ?

Winlock réfléchit, soupesa quelques ossements.

— Ne s'agirait-il pas des reliefs d'un repas ? Lors du banquet célébré par les participants aux funérailles, ceux-ci mangeaient de la volaille.

Carter contempla d'un œil nouveau les collerettes florales, les branches d'acacia et les bleuets.

— Des ornements végétaux figuraient obligatoirement dans le rituel...

— Il ne manque même pas le dernier détail.

Winlock exhiba un balai de roseaux.

— Quand le banquet fut terminé, un prêtre s'est servi de cet objet pour effacer les traces de pas des invités et abandonner la tombe au silence éternel.

Le couchant nimba de rose orangé les proches collines de la Vallée des rois.

— Une découverte unique, Carter : les restes du dernier repas en l'honneur de votre Toutankhamon. Je les emporte à New York et je prouverai la validité de notre hypothèse.

— Vous avez dit... notre ?

— Acharnez-vous, mon vieux. À présent, il est tout à fait certain que Toutankhamon a été enseveli dans la Vallée.

## *Chapitre 39*

Howard Carter feuilleta l'ouvrage de Davis, éclata de rire et le jeta par la fenêtre de la chambre d'hôtel où Lord Carnarvon lui offrait le thé.

— Je désapprouve votre geste, Howard. D'une part, vous pourriez blesser un innocent ; d'autre part, un livre mérite davantage de respect.

— Ce n'est pas un livre mais un tissu d'idioties ! Avez-vous lu le titre ? *La Tombe de Toutankhamon !* Cet Américain stupide s'entête ! Et ce n'est pas tout : il a obtenu la collaboration de Maspero !

Carnarvon dégusta un muffin d'une qualité convenable.

— Le directeur du Service s'est contenté de rédiger une notice sur la vie de Toutankhamon, c'est-à-dire sur du vide.

— Je veux quand même le voir et lui dire ma façon de penser.

— Votre thé refroidit.

— Le mensonge est insupportable.

— L'humanité aussi, Howard ; vous devriez faire la part du feu. Votre ennemi est au sommet de la gloire ; Maspero doit admettre que, depuis 1903, il a découvert une quinzaine de tombes.

— Était-ce une raison nécessaire pour ouvrir une « salle Theodore Davis » au Musée du Caire ?

— Il fallait bien exposer les trouvailles. Au lieu d'ennuyer notre bon Maspero et de claquer des portes, ne devriez-vous pas envisager la suite de notre propre campagne de fouilles ?

Carter porta la tasse de thé à ses lèvres.

— Soyez objectif, Howard ; Davis est un colosse aux

pieds d'argile. Gorst n'a guère apprécié sa mise en scène ratée ; on ne déplace pas un consul général pour lui montrer un masque en plâtre et de vieux chiffons. Si l'Américain ne continue pas à dégager au moins une tombe par an, son crédit risque d'être entamé.

*

Les milieux scientifiques méprisaient Carter et détestaient Davis. À ce dernier, ils reprochaient aussi le caractère hâtif de ses publications et le ridicule de son dernier ouvrage ; à l'évidence, il ne pouvait s'agir d'une tombe royale, fût-ce celle de l'obscur Toutankhamon. De l'avis général, l'Américain avait fait un pas de trop.

Carter dirigeait avec enthousiasme sa propre équipe ; aucun succès notable ne couronnait ses efforts. Certes, il avait exhumé une tablette de bois couverte d'un texte relatant la guerre de libération menée par le roi Kamose contre les Hyksos, envahisseurs asiatiques qui avaient occupé le pays à la fin du Moyen Empire. La valeur historique de cette modeste relique, à laquelle Carter donna le nom de « tablette Carnarvon », amusa quelque temps le maître de Highclere ; il partageait son temps entre de brefs séjours sur le chantier et de longs rendez-vous avec des personnalités égyptiennes. « Lordy » devenait peu à peu un personnage clé du pays ; chacun appréciait son sens de la diplomatie, sa capacité d'écoute et sa connaissance des dossiers. Le Foreign Office, que heurtait parfois l'indépendance d'esprit du cinquième comte de Carnarvon, se réjouissait néanmoins de sa franchise et de sa lucidité.

Qu'un observateur de sa qualité gardât un œil sur les agissements du consul général satisfaisait certains membres du gouvernement de Sa Majesté ; les hauts fonctionnaires en poste à l'étranger se prenaient parfois pour des tyrans.

Le réseau d'espionnage de Carter fonctionnait à merveille. Grâce aux gardiens de la Vallée qu'il connaissait tous depuis longtemps, il suivait pas à pas les fouilles d'un Davis de plus en plus agité. L'Américain ne se remettait pas de sa désastreuse prestation; en guise de représailles, il avait renvoyé plusieurs membres de son équipe et fouillait avec acharnement chaque monticule et chaque pied de colline. Il prouverait, une fois de plus, qu'il était le meilleur et que lui seul était capable de découvrir de nouvelles tombes.

Février 1908 s'achevait lorsqu'un *gaffir*, haletant, avertit Carter que l'équipe de Davis était sur le point d'entrer dans un caveau inviolé. L'Anglais quitta son propre chantier et gagna la Vallée en toute hâte.

Davis, cigarette aux lèvres, le considéra avec dédain.

— Vous voilà déjà, Carter! Soyez satisfait; cette fois, je le tiens, votre maudit roitelet!

L'Américain fit apporter des feuilles d'or trouvées au seuil de l'hypogée. Carter lut les noms de Toutankhamon et de son successeur, Aÿ, dont la sépulture avait été identifiée.

— Ça ne prouve rien.

— Vous verrez!

Trois jours furent nécessaires pour ôter les débris de pierre dont était empli le vaste tombeau auquel on accédait par un large escalier. Au fur et à mesure que les ouvriers évacuaient les gravats, Davis ramenait au jour d'admirables peintures murales aux couleurs intactes; leur brillant et leur fraîcheur donnaient à croire qu'elles venaient d'être achevées. Mais l'Américain ne voyait qu'un seul détail : le nom du pharaon propriétaire des lieux, où ne subsistait aucun trésor. Il ne s'agissait pas de Toutankhamon, mais de Horemheb.

*

Carter jubilait.

Horemheb, général en chef sous le règne d'Akhénaton, avait continué à occuper son poste lorsque Toutankhamon avait pris le pouvoir. Toujours aussi puissant pendant les deux courtes années où le vieux courtisan Aÿ s'était rendu maître des Deux Terres, Horemheb était monté sur le trône. La tombe n° 55 attribuée à Akhénaton, la tombe de Aÿ, ces deux-là, Horemheb ne les avait pas détruites ; pourquoi aurait-il exercé une vengeance aveugle contre Toutankhamon ? À moins que le jeune roi ne se fût rendu coupable d'un forfait qui eût justifié l'effacement de son nom et la destruction de ses monuments.

Davis accumulait les bourdes. Non seulement il ne rédigeait pas de rapport scientifique sur ses fouilles, mais encore il interdisait à ses assistants d'en publier un ; des voix de plus en plus nombreuses s'élevaient contre les méthodes hâtives de l'Américain.

L'hiver 1909 avait mal commencé pour Carnarvon. Cédant à la requête de Carter, persuadé d'avoir épuisé le site de Deir el-Bahari, il avait accepté d'ouvrir un chantier dans le Delta où l'on exhumait parfois de splendides statues. Échec cuisant et journées perdues, en raison d'une saison froide et humide dans des contrées où les temples avaient été démontés pierre par pierre ; avec le retour de la chaleur, l'équipe avait tenté de travailler près de Saïs, mais une invasion de cobras l'en avait dissuadée.

Pendant que Carnarvon, après de nombreux entretiens avec des politiciens du Caire et d'Alexandrie, regagnait l'Angleterre, Carter retournait à Louxor. Aucun message ne lui était parvenu ; il savait déjà que, pour la première fois, la saison de fouilles de Davis s'était révélée totalement infructueuse. Délaissant le centre de la Vallée, l'Américain avait exploré en vain les ravins et les falaises qui bordaient la vallée de l'ouest, avant de se perdre dans de petits vallons tout aussi stériles.

Dépité, la mine sombre, Theodore Davis affirmait à son entourage que la Vallée des rois ne cachait plus que des monticules de sable.

*

Lady Carnarvon voyait, avec crainte, s'approcher la fin de l'automne 1910. Bientôt, George Herbert ferait préparer ses malles.

— Ce concert vous a-t-il plu ?

— Horripilé ! Ce monsieur Stravinski et son « oiseau de feu » font un tintamarre qui n'a guère de rapport avec la musique. Mes oreilles en bourdonnent encore.

— Vous semblez fatigué.

— L'humidité me ronge. Il est temps de repartir pour l'Égypte.

— Votre fille se plaindra encore de votre longue absence.

— Evelyn est sensible et intelligente ; elle comprend mes raisons profondes.

— Je n'en suis pas si sûre.

— Vous verrez... un jour, elle partagera mon amour de l'Égypte.

Lady Carnarvon cessa de lutter. Personne n'était aussi obstiné que son époux.

*

Carter attendait son patron sur le quai de la gare de Louxor. À ses yeux pétillants, le comte sut que son archéologue avait obtenu un beau succès. Depuis longtemps, les deux hommes évitaient les banalités et se comprenaient d'un regard. Susie manifesta sa joie en léchant les mains de Carter.

— Une tombe ?

— Celle du fondateur de la Vallée des rois, monsieur le comte. Je me suis plongé dans l'étude du *papyrus Abbott* et j'ai la certitude que la sépulture d'Amenhotep Ier est à portée de main. Ce serait une fantastique découverte.

— Oubliez-vous Toutankhamon ?

— Nous pénétrerons dans *deux* tombes inviolées.

— Bel optimisme : qu'est-ce qui vous freine ?

— J'ai des contacts avec des informateurs... difficiles à manier.

Carnarvon haussa les sourcils.

— Autrement dit, des pilleurs. Faites attention à vous, Howard; Susie s'est habituée à votre compagnie et n'aimerait pas vous perdre de manière brutale.

## *Chapitre 40*

L'arrière-salle du café était enfumée et empestait l'ail; Carnarvon s'assit à une table où deux clients avaient abandonné des tasses à café. L'aristocrate, avec sa veste de serge bleue et son pantalon froissé, ne ressemblait pas à un touriste fortuné. Il commanda un thé à la menthe qu'il n'avait pas l'intention de consommer et attendit l'arrivée de Démosthène.

Le colosse barbu demeurait fidèle à son chapeau blanc, à sa redingote noire et à son pantalon rouge. Un serveur lui apporta aussitôt une liqueur à base de graines de chanvre et bloqua l'entrée du lieu avec des chaises.

— Nous voici tranquilles, Lord Carnarvon.

— Pourquoi désirez-vous me voir d'urgence ?

Démosthène but une gorgée de sa drogue favorite; ses mains tremblèrent. Ses paupières gonflées accentuaient son aspect maladif.

— Parce que vous êtes en danger de mort.

— Désagréable nouvelle. Hypothèse ou certitude ?

— Vous dérangez, monsieur le comte. Certains Égyptiens de haut rang n'apprécient guère vos interventions, et certains Anglais qui possèdent des intérêts financiers dans le pays, moins encore.

— On est toujours trahi par les siens, mon cher Démosthène. Auriez-vous eu vent d'intentions plus... précises ?

— Non, rien que des rumeurs persistantes. Ça mérite bien un bakchich ?

— Sans aucun doute.

Une liasse de livres sterling changea de mains.

— Votre commission sera plus consistante si vos informations sont plus complètes.

— Impossible, monsieur le comte. Je tiens trop à ma misérable peau ; comme vous m'êtes sympathique, je vous ai alerté. À vous de jouer.

Démosthène vida son verre et quitta le café en titubant.

*

À la même heure, dans une maison en terre de Gournah, Howard Carter prenait le café avec l'un des *gaffirs* de la Vallée des rois que Davis avait engagés pour surveiller son dernier chantier.

L'homme, âgé d'une cinquantaine d'années, était l'un des plus redoutables voleurs du clan Abd el-Rassoul qui lui offrait une protection efficace. Grâce à cet appui, le *gaffir* pouvait écouler quelques belles pièces négligées par les archéologues.

— Où en est Davis ?

— Il explore des recoins inconnus de la Vallée.

— Avec succès ?

— Il enrage chaque jour davantage ; Dieu lui a ôté la chance. Souhaitez-vous acquérir ces pierres ?

Le *gaffir* déplia un grand mouchoir. Apparemment, des sardoines et des cornalines gravées ; sur l'une d'elles, une scène de jubilé montrant Amenhotep III, père ou grand-père de Toutankhamon, et son épouse Tiyi sous la forme d'un sphinx ailé.

Pour Carter, le plus difficile commençait : la négociation durerait plusieurs heures.

*

Carnarvon examina le petit trésor que lui apportait Carter ; tenir ces joyaux antiques au creux de la main, les soupeser, les toucher du bout des doigts lui procurait un réel plaisir.

— Félicitations, Howard. Un trésor d'Amenhotep Ier ?

— Hélas, non ! Mais il provient bien de la Vallée.

Le comte fronça les sourcils.

— Nous n'avons pas le droit d'y fouiller, me semble-t-il ?

— Acheter n'est pas interdit.

— Davis laisse faire ?

— Davis est très déprimé : aucune découverte depuis deux ans, de mauvaises publications, une équipe qui se disloque. Je crois qu'il est sur le point d'abandonner.

Carnarvon tortilla quelques poils de sa moustache.

— Si je vous suis bien, l'opération « Vallée des rois » est commencée ?

Carter sourit.

— L'idéal est l'unique feu qui ne s'éteint jamais ; donnez-moi les moyens de l'atteindre et je ferai de vous un homme comblé.

— Curieuses paroles, Howard ; le milliardaire, n'est-ce pas moi ?

— Vous oubliez que Toutankhamon et ses trésors seront bientôt à portée de ma main.

— Et votre fameuse tombe d'Amenhotep Ier ?

— Je suis sur ses traces.

*

Theodore Davis fit irruption dans le bureau où Maspero s'entretenait avec Lord Carnarvon ; l'égyptologue français se leva.

— Que signifie cette intervention, monsieur Davis ?

— Pourquoi le comte de Carnarvon est-il ici ?

— Mes rendez-vous ne regardent que moi.

— Je vais vous le dire, Maspero : Carnarvon veut obtenir la concession de la Vallée des rois et me dépouiller de mon chantier !

— Et quand cela serait ? Vous êtes un homme âgé et fatigué, monsieur Davis ; tant d'années passées dans la Vallée ont épuisé votre curiosité.

Le visage rond de Theodore Davis devint rouge de colère.

— C'est ce maudit Carter qui agit par votre intermédiaire... Il veut la Vallée mais n'est pas assez riche pour l'acheter ! Soyez assuré qu'il ne l'obtiendra pas.

Maspero essaya de se montrer conciliant.

— Quelle importance ? Il n'y a plus rien à trouver ; vos fouilles l'ont prouvé de manière définitive.

— Peu importe ; je ne veux pas que Carter touche à un seul caillou de la Vallée.

— Pourquoi tant de haine ? interrogea Carnarvon.

La question surprit Davis. Il alluma une cigarette et marcha de long en large.

— Parce que... parce qu'il est Howard Carter !

— C'est un peu mince, estima Maspero.

— Il perturbe le système, bouscule les habitudes, s'acharne à suivre les traces d'un roi sans intérêt et d'une tombe qui n'existe pas ! Ce type a un caractère impossible... il croit que la Vallée lui appartient depuis toujours. Son cas relève de la psychiatrie.

— Et s'il avait raison ? suggéra Carnarvon.

Désarçonné, l'Américain frappa du poing sur le bureau de Maspero.

— Moi vivant, Carter ne donnera pas un seul coup de pioche dans la Vallée ! Vous n'avez pas le droit d'exiger ma concession, monsieur Maspero.

— C'est exact, mais...

— Aucune des tombes que j'ai fouillées ne le fut de manière définitive. Donc, je recommence ; vous voulez de la science ? Vous allez en avoir ! Mètre par mètre, j'inspecterai *mes* sépulcres. Ainsi, Carter comprendra que je ne quitterai jamais les lieux.

Davis sortit du bureau en claquant la porte.

— Désolé, dit Maspero ; j'espérais davantage de compréhension.

— Que faire ?

— Malheureusement, rien. La Vallée appartient à Davis.

## *Chapitre 41*

Carnarvon se regarda dans l'énorme miroir. Assis dans un fauteuil confortable, la poitrine couverte d'une immense serviette blanche, il vit le barbier s'incliner vers sa joue gauche, la recouvrir de mousse et lever un rasoir anglais qu'il avait affûté sur un cuir.

— Ibrahim est-il malade ?

— Un refroidissement, monsieur le comte. Je le remplace.

Le barbier avait la main sûre. La lame glissa sur la joue et la mousse fut rejetée dans le plat à barbe de fabrication anglaise, lui aussi.

— L'air est un peu frais, ce matin.

— Vous n'êtes pas obligé de me faire la conversation, mon ami.

Le barbier étala la mousse sur la joue droite.

— Je ne suis pas certain que la nomination de Lord Kitchener comme consul général soit appréciée des Égyptiens. C'est un homme dur, qui ne comprendra pas les aspirations de notre peuple.

— Seriez-vous spécialiste de politique internationale ?

La lame se posa sur le cou.

— Vous devriez m'écouter, monsieur le comte.
— Pourquoi ?
— Parce que ce rasoir est une arme redoutable et que vous êtes sans défense.
— Le pistolet que je pointe sur votre abdomen est une preuve du contraire ; ne faites aucun faux mouvement.
— Je serai plus rapide que vous.
— L'avenir le dira ; je vous écoute.

La lame s'était immobilisée. La voix du barbier devint plus sourde.

— Puisque vous êtes un ami de l'Égypte, monsieur le comte, déconseillez à Kitchener d'entreprendre une répression contre les partisans de l'indépendance.
— Vous me prêtez des pouvoirs que je ne possède pas.
— Essayez quand même ; votre influence est considérable. Si vous luttez à nos côtés, nous éviterons un bain de sang. Sinon...

La lame entailla la chair.

— Prenez garde, mon ami ; vous vous égarez.

La pression se relâcha.

— Qui vous envoie ?
— Le peuple, monsieur le comte. Ne l'oubliez pas.

Le faux barbier se retira.

Carnarvon ôta la serviette blanche et passa la main sur ses joues rasées d'une manière impeccable. Si on continuait à l'importuner, il lui faudrait bien se munir d'une arme à feu qu'il avait simulée avec l'index et le majeur.

*

En cette année 1912, qui resterait celle du naufrage du *Titanic*, l'Égypte était devenue anglaise. La vieille terre des pharaons appartenait désormais à la Grande-Bretagne. L'opération s'était déroulée sans traumatisme apparent, grâce à quelques hommes de dialogue dans les rangs desquels figurait le cinquième comte de Carnarvon.

Howard Carter avait d'autres préoccupations. Il mettait la dernière main à un livre que cosignait son patron, *Cinq années d'explorations à Thèbes*. L'ouvrage prouvait aux spécialistes que sa collaboration avec le milliardaire britannique s'était traduite par un travail sérieux, quoique peu spectaculaire. Avec fierté, Carter offrit le volume à Maspero.

— Excellent, Howard ; je suis heureux de vous voir à nouveau conquérant. Vous me manquez.

— À cause des vols ?

— Exactement.

— On pille des tombes, on découpe des bas-reliefs, on brise des statues pour mieux transporter les morceaux... les bandes organisées sont de plus en plus actives, voilà la déplorable réalité ! Les clients sont nombreux et riches.

— Je le sais ! tonna Maspero. Vous, vous auriez pu mettre un frein à ces trafics ! Autour de moi, il n'y a que corruption et laxisme. C'est pourquoi j'ai pris la décision de faire voter une loi contre les fouilles clandestines.

— Croyez-vous à son efficacité ?

— Je ferai garder les sites et surveiller la main-d'œuvre sur les chantiers ; les mesures les plus simples sont souvent les plus positives.

— Comptez sur moi pour vous aider.

Les deux hommes se serrèrent la main.

*

Theodore Davis piqua une violente colère, traita ses collaborateurs d'incapables et d'imbéciles, puis se réfugia dans sa chambre. Personne n'osa entrer dans la maison de fouilles où, depuis deux saisons, régnait une atmosphère sinistre.

Davis ne réussissait plus à découvrir des tombes inédites. Il devait se contenter de déblayer des caveaux connus depuis longtemps et de régler des questions d'archéologie sans intérêt. Lui, le plus illustre des commanditaires, devenait la risée de ses adversaires et de ses collègues ; les membres de sa propre équipe commençaient à le critiquer. Chaque jour éclataient des querelles à propos de tout et de rien ; la période des grands succès était lointaine.

Mais un Theodore Davis pouvait-il renoncer ?

*

Depuis une quinzaine de jours, Carter n'avait plus aucune nouvelle de la Vallée. Seuls les touristes hantaient le célèbre site où toute activité archéologique semblait éteinte. Ses informateurs se taisaient ; il n'avait plus aucun contact avec les *gaffirs* qui prétendaient connaître l'emplacement de la tombe d'Amenhotep Ier.

Carter déjeuna avec Raifa chez leur ami peintre. Malgré son insistance, la jeune femme refusait toujours de poser ; être enfermée dans son propre portrait lui paraissait pire que la mort. Raifa n'évoquait plus le mariage ; elle se contentait de la fidélité de son amant, de moments de tendresse volés à son travail et à son rêve, d'un amour sincère que le temps n'usait pas. L'hiver, elle ne cherchait pas à le rencontrer ; Carter était voué à Carnarvon et travaillait avec un acharnement et une constance qui effrayaient ses collègues. Lorsque la chaleur devenait insupportable, il fallait interrompre les recherches sur le terrain et se livrer à des travaux d'inventaire et d'archivage ; il devenait plus accessible, acceptait de la revoir, d'oublier un peu livres, documents et rapports. Elle réussissait à l'entraîner dans de longues promenades où, peu à peu, il se confiait, confessait amertume, doute, espérance.

Ainsi s'écoulait leur existence au rythme du Nil, ainsi se tissait leur passion sous le regard des génies de la rive d'Occident.

— Tu sembles inquiet.

— Un soupçon de fatigue, Raifa.

— Je ne te crois pas.

— Tu as raison, je suis inquiet.

— Que redoutes-tu ?

— La Vallée me nargue. Elle est là, à portée de ma main, et elle me refuse. Pourtant, elle sait que je la connais mieux que quiconque ; est-elle morte, Raifa ? A-t-elle livré tous ses secrets ?

Le maître de maison les interrompit.

— Un homme te demande, Howard ; il affirme que c'est urgent et important.

— Un habitant de Gournah ?

— Non, un Européen.

Carter s'excusa auprès de Raifa. Le visiteur inattendu n'était autre que Theodore Davis ; le chapeau enfoncé jusqu'au milieu du front, le costume noir élimé, les jodhpurs et les bandes molletières poussiéreux, il faisait presque pitié.

— Pardonnez-moi de vous déranger... je voudrais vous parler.

Carter n'était pas habitué à de tels égards.

— Marchons vers la colline ; nous serons tranquilles.

Le soleil était haut dans le ciel ; l'air vif rosissait les joues. Sous leurs pas crissaient le sable, la pierraille et les débris calcaires.

— J'ai soixante-quinze ans, je suis malade et fatigué ; la Vallée m'a épuisé. Peut-être se venge-t-elle, puisque j'ai dévoilé tous ses mystères.

— Vous savez bien que non.

— Vous savez bien que si, Carter. Toutes les tombes royales ont été découvertes.

— Pas celle de Toutankhamon.

— Une simple cachette pour un roitelet... les feuilles d'or le prouvent. Malgré notre rivalité, je vous estime et je puis vous affirmer, sans nulle arrière-pensée, que c'est mon ultime conviction. C'est bien dans ce modeste caveau que fut inhumé Toutankhamon. Des pillards auront détruit le sarcophage et la momie. Ne vous acharnez pas dans une quête inutile ; votre talent mérite mieux. Il y a cinquante sites inexplorés qui vous attendent.

— J'ai rendez-vous avec Toutankhamon et je tiendrai mes engagements.

— À votre guise... moi, je passe la main.

Carter s'immobilisa, stupéfait.

— J'ai pris la décision de quitter l'Égypte et de renoncer à ma concession. À mon âge, il convient de prendre du repos.

Carter contenait mal sa joie.

— La Vallée... la Vallée est libre ?

— Soyez un peu patient ; il reste des formalités à remplir. Mais elle le sera bientôt, en effet.

L'Anglais ferma les yeux.

— C'est... c'est fabuleux !

— Ne vous réjouissez pas trop vite. D'une part, vous n'obtiendrez peut-être pas ma suite, d'autre part, vous ne récolterez qu'une carcasse vide. La Vallée a livré tous ses trésors.

— Impossible.

— Je vous aurai prévenu.

## *Chapitre 42*

— Lord Carnarvon ne peut pas vous recevoir, déclara l'infirmière anglaise avec dédain.

— Est-il souffrant ? demanda Carter.

— Je vous en prie, monsieur ! De quel droit...

— Celui de son principal collaborateur.

L'infirmière haussa les épaules.

— Les visites sont interdites.

— Pas pour moi ; veuillez m'annoncer.

— Il n'en est pas question.

Exaspéré, Carter bouscula le cerbère, ouvrit la porte

de la chambre et se campa face au lit où reposait Carnarvon. Au chevet, Susie veillait.

— Sortez immédiatement ! hurla l'infirmière.

Fiévreux, le visage las, le comte se redressa.

— Du calme, mademoiselle ; le docteur Carter était attendu.

Pincée, elle abandonna la lutte.

— J'ai une formidable nouvelle !

— La tombe d'Amenhotep Ier, enfin ?

— Mieux encore ; la Vallée elle-même ! Davis renonce ; elle est à nous.

Les bras ballants, Carnarvon pencha la tête en arrière.

— Je crains de devoir renoncer, moi aussi.

— De quoi souffrez-vous ?

— D'une infection bizarre ; les médecins n'y comprennent rien.

— Faites-moi confiance.

Deux heures plus tard, Carter était de retour en compagnie de Raifa. L'infirmière leur jeta un regard dubitatif mais n'osa intervenir.

Carnarvon se sentait trop faible pour protester ; Raifa lui fit boire de l'eau sur laquelle avait soufflé un derviche, lui frotta le front avec des herbes odorantes et posa sur sa poitrine une amulette porteuse d'une sourate du Coran. Puis elle ferma les volets, tira les rideaux et, sans prononcer un mot, sortit de la chambre.

*

Le comte dégusta son second *kebab* d'un bel appétit et vida une chope de bière brune. Susie apprécia le mouton grillé.

— L'appétit revient, mon cher Howard ; votre guérisseuse est remarquable.

— Comprenez mon impatience... Qu'a donné votre entrevue avec Maspero ?

— Rien.

— Comment, rien ?

— Les désirs de Davis ne sont pas devenus réalité. Officiellement, il conserve la concession, même s'il n'envisage plus aucun travail dans la Vallée.

— Il s'est tout de même confié à Maspero ?

— À vous, et à vous seul. Le directeur du Service est persuadé que vous avez rêvé.

— Je vous jure que...

— Inutile, Howard ; Davis vous a donné de faux espoirs.

— Il me paraissait sincère.

— Vous êtes un grand archéologue mais un piètre connaisseur de la nature humaine ; votre adversaire vous a appâté.

— Je suis sûr du contraire ; Davis est usé. Il n'a plus envie de lutter contre la Vallée.

— Souhaitons que vous ayez raison.

*

Pendant la saison 1913-1914, Carnarvon fut fort occupé au Caire ; il suivit de près l'évolution politique d'une Égypte qui, grâce à une loi organique, disposa d'une assemblée législative de soixante membres élus et de vingt-trois nommés par le gouvernement. Certes, elle ne détint qu'un seul pouvoir : créer de nouveaux impôts directs ; mais ce fut un pas vers l'indépendance dont le champion, Zaghloul, n'hésita plus à affirmer sa conviction. Désireux d'éviter des affrontements directs, Carnarvon multiplia les entretiens confidentiels et favorisa les contacts entre les responsables des deux camps. L'Angleterre se montra d'abord attentive et conciliante ; mais 1914 vit la situation se dégrader. Les autorités britanniques durcirent leur position. Plusieurs contingents de soldats renforcèrent la présence militaire étrangère ; les casernes reçurent un matériel moderne.

Le peuple murmura. Les différends entre nations européennes ne l'intéressaient pas, mais les soldats étrangers, armés de pied en cap, gardaient les bâtiments publics des grandes villes et défilaient en pays conquis.

Carter demeurait indifférent aux convulsions qui s'annonçaient. Au printemps 1914, il se rendit à la maison de fouilles de Theodore Davis afin d'y rencontrer le dernier de ses assistants encore au travail.

Henry Burton, surnommé Harry, était anglais et âgé de trente-cinq ans. Vêtu de costumes stricts que son tailleur londonien expédiait à « H. Burton, Tombes royales, Louxor », il arborait un visage sévère ; personne ne l'avait entendu rire ni plaisanter. Méticuleux, voire maniaque, il tenait à ce que ses cheveux noirs fussent plaqués sur son crâne plat et que sa pochette restât d'une blancheur immaculée.

Les présentations furent glaciales.

— Howard Carter, archéologue de Lord Carnarvon.

— Henry Burton, photographe de Theodore Davis ; donnez-vous la peine d'entrer.

Sur les murs, des photographies du sphinx, des pyramides, des tombes et de paysages anglais où de vertes pelouses se nourrissaient d'une pluie généreuse.

— La maison est quelque peu en désordre ; je n'ai pas eu le temps de faire le ménage.

— Veuillez excuser le caractère impromptu de ma visite ; j'ai agi sur une impulsion.

— Admettons-le. Désirez-vous visiter ma chambre noire ?

— Avec plaisir.

Carter admira le matériel que Burton avait installé ; sans nul doute, il était le meilleur professionnel opérant en Égypte.

— Puis-je vous inviter à déjeuner, monsieur Carter ? On vient de me livrer des saucisses d'Oxford, un lapin aux champignons, de la bière allemande et du bicarbonate de soude.

Le repas se déroula dans une ambiance plus cordiale.

Burton révéla, non sans fierté, que ses clichés étaient publiés dans les *Illustrated London News* et qu'il comptait rejoindre l'expédition du Metropolitan Museum à Deir el-Bahari.

— Davis reviendra-t-il en Égypte ?

— Non. Il s'est retiré dans sa résidence de Newport d'où il m'a envoyé ses consignes : fouiller l'aire entre la tombe de Merenptah et celle de Ramsès VI. J'ai procédé à quelques sondages, en pure perte ; je ne dispose ni des hommes ni du matériel indispensables. Un combat d'arrière-garde... la mission Davis est terminée.

Carter maîtrisa à grand-peine son exaltation ; Davis ne lui avait pas menti.

— Avez-vous lu les dernières livraisons du *Daily Mail* et du *Westminster Gazette ?* Les nouvelles sont désastreuses, cher ami. Dans notre vieille Europe, les tensions s'accroissent ; j'espère que les gouvernants seront assez sages pour éviter d'horribles conflits.

— Le message de Davis... était-ce le dernier ?

— Sans aucun doute.

Un bruit étrange intrigua les deux hommes. D'abord, ils crurent qu'ils se trompaient ; puis ils se rendirent à l'évidence : la pluie, une pluie battante, torrentielle, s'abattait avec une violence inouïe sur la Vallée des rois et formait des torrents furieux, charriant boue et pierraille. En moins d'une heure, la tombe de Ramsès II et celle de Ramsès III furent inondées et obstruées par un amoncellement de débris.

— Je n'aurai pas le temps de les déblayer, déclara Burton, effondré. Cet endroit est maudit.

*

Carter méditait à l'entrée de la Vallée quand deux hommes, la mine sombre, se dirigèrent vers lui. L'un d'eux, Mohamed Abd el-Gaffir, était l'un des informateurs qui affirmaient connaître l'emplacement de la tombe d'Amenhotep Ier. Il s'immobilisa à un mètre de l'archéologue et lui dévoila le contenu de son couffin : des fragments de vase d'albâtre.

— Je vends, déclara-t-il avec gravité.

— Où as-tu pris ce trésor ?

Le pilleur se renfrogna ; Carter devait l'aider.

— La tombe que tu m'avais promise ?

Abd el-Gaffir baissa les yeux.

— Existe-t-il un puits ?

— Oui, au centre.

— Profond ?

— Très profond.

Carter exultait : il s'agissait donc d'une tombe royale !

— Emmène-moi.

— Il faudra payer.

— Tu seras récompensé.

— Une somme pour les vases, une autre pour la tombe.

— Entendu.

Une brève négociation permit de fixer les prix, puis Abd el-Gaffir guida Carter sur un sentier à pic, derrière Dra Abou el-Naga. Le caveau avait été creusé dans un vallon sombre et isolé, en retrait par rapport à la Vallée. Un bloc cachait l'entrée ; l'archéologue et le pilleur le déplacèrent avec peine. Cet effort calma Carter, enfiévré à l'idée de pénétrer dans le sépulcre intact d'Amenhotep Ier, le créateur de la Vallée des rois.

Dès que la torche illumina la tombe, Carter se reprocha sa naïveté. Des milliers de débris de vases en céramique et en albâtre jonchaient le sol ; Abd el-Gaffir et ses acolytes s'étaient livrés à un pillage en règle avant de monnayer ce squelette. Amenhotep Ier n'avait pas échappé à la rapacité des vautours.

Dépité, Carter acheta pour Carnarvon les plus belles pièces qu'Abd el-Gaffir gardait par-devers lui et expédia un rapport à son patron ; il insista sur l'importance archéologique de la trouvaille et sur le fait que le comte de

Carnarvon avait identifié l'emplacement secret de la dernière demeure d'un illustre pharaon.

## *Chapitre 43*

Tout à fait chauve, les moustaches blanches, corpulent, le regard sévère et les mains potelées, Maspero ne dissimulait pas sa lassitude.

— Depuis bientôt soixante-huit ans qu'elles tiennent l'air, mes ailes commencent à se fatiguer, mon cher Howard ; je vois approcher le moment où il faudra que je les replie. C'est avec ce sentiment de la fin inévitable que je tâche de terminer, sinon tout ce que j'avais songé à faire, du moins presque tout ce que j'avais commencé. Malheureusement, les jours n'ont que vingt-quatre heures et la corvée administrative me les écourte tant que j'ai grand-peine à trouver de temps à autre les quelques heures dont j'aurais besoin pour mener à terme tous ces travaux. Il en sera d'eux probablement ce qu'il en est de bien des choses humaines ; beaucoup d'ambition pour peu de profit. Je puis me rendre ce témoignage que je n'ai découragé aucune vocation véritable par une sévérité pédante, vaniteuse ou déplacée.

— En ce cas, encouragez la mienne.

— Que voulez-vous encore, Carter ?

— La Vallée.

— La Vallée, toujours la Vallée !

Maspero se leva et regarda par la fenêtre de son bateau amarré près du Musée ; il y avait entassé livres, documents administratifs et notes prises pendant les années où il avait régné en maître incontesté sur le Service des Antiquités. C'était le bureau qu'il préférait ; il lui donnait la sensation d'être toujours en voyage, de ne pas se figer dans la respectabilité d'un érudit comblé d'honneurs.

— Davis est propriétaire de la concession.

— Il y renonce, je la veux.

— Pourquoi, Carter ?

— Parce qu'elle est ma vie ; je crois en elle.

— La foi, à présent ! Moi, je l'ai perdue... Au début, je croyais vraiment à l'unité du dieu égyptien, à son immatérialité, à la sublimité de l'enseignement que donnaient ses prêtres : tout était soleil pour moi. À présent, je suis sceptique : les faits, rien que les faits, et toutes les religions sur un pied d'égalité !

— Désolé de vous décevoir : ma foi en l'Égypte est intacte.

— Vous êtes jeune ; vous renoncerez à vos illusions.

— Je ne perdrai jamais le chemin de la Vallée.

Maspero s'empara d'un cahier et le brandit au visage de Carter.

— Mes notes sont formelles ! Les sables de la Vallée ont été retournés dans tous les sens. Pas une seule tombe royale ne manque à l'appel.

— Celle de Toutankhamon...

— Chimère !

— Même si je dois déplacer des tonnes de terre et de gravats, je la trouverai.

— Vous n'avez aucune preuve de son existence.

— Bien sûr que si : une coupe en faïence au nom du roi, une feuille d'or à son effigie et une partie du matériel funéraire utilisé lors de ses funérailles.

— Reprendre des fouilles dans la Vallée vous fera perdre du temps et de l'argent ; Carnarvon vous a sorti de l'enfer, je le reconnais, mais votre collaboration n'a plus aucun sens.

— Il est mon ami ; il a besoin de moi, j'ai besoin de lui. Plusieurs secteurs de la Vallée, enfouis sous des déblais anciens ou récents, n'ont pas été explorés.

— Vous n'y découvrirez que de petits objets sans valeur ; ils ne rembourseront pas la mise de fonds de Carnarvon. La conclusion de Davis est formelle : la Vallée est dépouillée de ses secrets.

— Un seul absent : Toutankhamon. Pourquoi nier l'évidence ? Dans la chaîne de rois, il est l'unique maillon manquant.

— Roitelet sans pouvoir et sans sépulture... voilà la vérité.

— Vous avez écrit vous-même le contraire. Donnez-moi la concession ; vous ne le regretterez pas.

— Je le regrette déjà ; vous méritez mieux qu'une obsession. Les papiers se trouvent sur la table, à votre gauche.

Carter serra sur son cœur les précieux documents ; en ce mois de juin 1914, il devenait le propriétaire officiel de la Vallée des rois. À quarante et un ans, il réalisait son rêve le plus fou.

— Je rentre en France, déclara Maspero. Nous ne nous reverrons plus.

*

Carter entra dans la maison de fouilles de Theodore Davis, désertée depuis peu ; Burton s'était intégré à l'équipe américaine de Deir el-Bahari : chambres, bureau, salle à manger... tout était vide. Le photographe, qui avait emporté ses clichés et laissé les murs nus, n'avait oublié qu'un calendrier. Chaque jour était coché, jusqu'à la fin du mois de juin.

L'été brûlant ne gênait pas Carter ; bien sûr, il lui faudrait attendre quelques semaines avant de recevoir l'autorisation officielle de fouilles, là où il le souhaiterait ; mais chaque *gaffir* connaissait déjà le nom du nouveau maître des lieux.

*

Le soleil mourant d'un soir de juillet caressait le front de Raifa posé sur l'épaule de Carter ; ils s'étaient aimés avec la fougue d'une passion sans cesse renaissante contre laquellc luttait en vain le frère de l'Égyptienne.

— Je voudrais un enfant, Howard.

— La Vallée m'attend.

— Comment peux-tu comparer cet amas de pierres mortes à l'être qui naîtra de notre amour ?

— Elles ne sont pas mortes... en elles frémit une autre vie que le temps ne peut user.

— Ce site te rend fou.

— Il est mon destin ; je n'ai pas le droit de le fuir.

— Tu n'aimes que ces tombeaux, ces rois disparus, ce silence qui me fait peur...

Il la serra davantage contre lui ; l'un et l'autre se turent. Raifa ne protesterait plus, ne demanderait plus à Carter autre chose que lui-même. Elle aurait dû le quitter, épouser un homme de sa race et lui donner de nombreux fils ; mais cet Anglais, venu d'une autre planète, continuait à la fasciner. Aussi exigeant avec lui-même qu'avec autrui, refusant compromissions et bassesses, acharné à poursuivre le plus insensé des idéaux au péril de son existence, son amant était un prédestiné, l'un de ces êtres appelés à remplir sur cette terre une fonction qui lcs dépasse. Carter ne pouvait pas sortir du chemin éternel tracé avant lui et pour lui ; s'il s'cn écartait d'un seul pas, il s'étiolerait comme une fleur fanée. C'était ainsi, et il n'en serait pas autrement. Comment lutter contre une maîtresse vieille de trois millénaires, jeune comme le soleil de l'aube, qui s'appelait la Vallée des rois ?

*

Les conseillers militaires britanniques se consultèrent du regard ; le colonel qui présidait la réunion perçut leurs pensées.

— Voyons, messieurs ! Le comte de Carnarvon est un

conseiller bénévole ; il n'a d'autre but que la grandeur de l'Angleterre.

— En ce cas, protesta un jeune gradé, pourquoi nous inonder de rapports stupides ? On croirait lire les prophéties d'un illuminé !

Le comte ne se départit pas de son calme.

— Depuis un an, je vous mets en garde. La guerre aura lieu et l'Égypte n'échappera pas au conflit. Hier, l'héritier du trône d'Autriche a été assassiné à Sarajevo ; je redoutais un incident de ce genre. Les Balkans s'enflammeront ; et viendra le tour des grandes puissances.

Les protestations fusèrent, assorties d'exclamations : « ridicule », « honteux », « stupide ». Le colonel jugea nécessaire de mettre fin à la confrontation.

— Le pessimisme est un mauvais conseiller, Lord Carnarvon ; nous vous remercions néanmoins pour votre collaboration.

*

Le 28 juillet 1914, l'Autriche déclarait la guerre à la Serbie.

Carter, n'y tenant plus, avait pris le train pour Le Caire ; Carnarvon ne le reçut que le 1er août, jour où l'Allemagne déclara la guerre à la Russie. Bien que le comte parût fort préoccupé, Carter réussit à le convaincre d'aller voir Maspero et de lui arracher le dernier formulaire qui leur permettrait enfin de fouiller à leur guise. Son enthousiasme décida Carnarvon ; la Vallée des rois présentait d'autres attraits que ceux des futurs champs de bataille où l'aristocrate voyait déjà s'entre-déchirer la jeunesse européenne à cause de la vanité et de la sottise de politiciens aveugles.

Maspero était livide.

— Je suis malade, messieurs ; la France me guérira. Je croyais bien ne plus vous revoir, Carter ; demain, j'aurai quitté ce bureau, le Service des Antiquités et l'Égypte.

— Nous vous regretterons, dit Carnarvon, ému ; avant votre départ, pourriez-vous signer le dernier document qui nous manque ?

Gaston Maspero s'assit à son bureau.

— Au terme de quatorze années passées à la tête de ce Service, pendant mon second mandat, j'ai mis fin à la rivalité franco-britannique sur le terrain des antiquités. Comment refuser de couronner cette belle œuvre ? Vous bénéficierez donc de mon dernier acte officiel.

L'érudit rédigea, sur papier libre, un contrat entre le Service et Lord Carnarvon ; pendant dix ans, l'aristocrate, qui confiait la direction scientifique des fouilles à Carter, pouvait explorer la Vallée des rois comme il l'entendait. Si des tombes royales intactes étaient découvertes, elles resteraient propriété de l'Égypte ; le comte garderait néanmoins des œuvres dont la valeur correspondrait au montant de ses dépenses.

*

Au soir du 13 août, Carnarvon reçut un Carter enflammé qui venait d'achever la rédaction de son plan de travail ; il ne lui faudrait pas moins de trois cents hommes pour déblayer les monceaux de sable, de pierres et de débris qui recouvraient les parties vierges de la Vallée.

Le comte le lut avec attention.

— Trop tard, Howard.

Carter devint livide.

— Mais nous n'avons même pas commencé...

— Le malheur déferle sur le monde, mon ami. Aujourd'hui l'Angleterre a déclaré la guerre à l'Autriche.

## *Chapitre 44*

Carnarvon avait suivi les conseils de Kitchener qui le priait de quitter l'Égypte au plus vite et de retourner à Highclere afin de transformer son immense domaine en hôpital de campagne. De retour sur ses terres, le comte s'aperçut que deux cent cinquante-trois personnes dépendaient plus ou moins directement de lui ; son premier devoir consistait à assurer leur subsistance. Lady Almina, heureuse de retrouver son mari, mais inquiète pour l'avenir, redoutait le manque de vivres ; aussi le comte ordonna-t-il de laisser les pommes de terre dans les champs, le blé dans les granges, et de transformer les pâtures en terres arables. Il établit lui-même un plan de rationnement et s'adressa solennellement à ses gens afin que toute rapine fût évitée, sous peine d'exclusion définitive du domaine.

Quand les premiers officiers blessés au combat arrivèrent, Highclere était prêt à les accueillir. Carnarvon songeait à l'Égypte, au rêve fou de Carter que brisait une guerre mondiale, à cette Vallée qui leur échappait une fois encore ; mais il chassait ces émotions afin de se concentrer sur une seule tâche : lutter contre la barbarie allemande menaçant l'Europe entière.

Le taxi s'arrêta devant le perron de Highclere ; Lady Almina tenta de retenir son mari.

— C'est une véritable folie, mon chéri ; renoncez à partir, je vous en supplie.

— Je veux combattre.

— Votre état physique est trop mauvais et vous avez

dépassé l'âge de la conscription ; l'armée ne peut accepter votre concours.

— J'ai rendez-vous au ministère de la Guerre ; grâce à ma connaissance du français, je ferai un excellent officier de liaison. Mon ami, le général Maxwell, m'emmènera au front.

— Oublieriez-vous votre fils et votre fille ?

— Pas un instant ; jamais ils n'admettraient que leur père eût refusé de se battre.

Carnarvon embrassa son épouse et s'assit sur la banquette arrière du véhicule.

Non loin de Londres, une douleur fulgurante lui perça le ventre ; le front en sueur, les lèvres crispées, il tenta de résister. La souffrance fut la plus forte. Dépité, furieux contre lui-même, il demanda au chauffeur de le ramener à Highclere où sa femme l'accueillit avec la plus douce des tendresses. Le comte, décidé à repartir au plus vite, consentit à se reposer quelques jours.

Une semaine plus tard, la même douleur réapparut, plus violente encore. Les soldats blessés ayant été transférés, le château était désert. Aux symptômes, Almina identifia une crise d'appendicite aiguë ; elle parvint à obtenir une voiture et, avec l'aide d'un domestique, accompagna son mari dans la capitale. À l'hôpital, on diagnostiqua une péritonite. Carnarvon, presque inconscient, fut aussitôt transporté en salle d'opération.

— Je ne sais pas si votre mari survivra, déclara le chirurgien.

*

— Vous vous nommez Howard Carter ?

— Exact.

L'officier supérieur n'appréciait guère l'attitude orgueilleuse de ce personnage vêtu d'un blazer et d'un pantalon de flanelle ; il ressemblait à un aristocrate trop habitué à vivre éloigné des réalités du monde.

— Vous n'avez plus l'âge de monter au front et de vous battre, monsieur Carter, mais vous pouvez encore servir votre pays.

— Je suis à vos ordres.

— Vous êtes nommé messager du roi et remplirez cette fonction au Moyen-Orient ; le Foreign Office vous confiera diverses missions.

— Comme il vous plaira.

— Ce n'est pas une réponse de soldat.

— Je suis archéologue.

L'officier supérieur porta un commentaire dans la colonne réservée à l'administration militaire : « esprit indépendant ; tendance à l'indiscipline. À surveiller ».

*

Le 18 décembre 1914, l'Angleterre décréta que l'Égypte n'était plus vassale de la Turquie, alliée des Allemands, mais protectorat britannique. Le 19, le *khédive* Abbas II Hilmi, aux tendances nationalistes trop marquées, fut déposé et remplacé par Husayn qui, en dépit du titre ronflant de sultan, obéirait aux ordres du haut-commissaire anglais. Le Caire deviendrait une base opérationnelle importante et l'effort de guerre serait imposé, sans ménagement, à la population égyptienne. Si nécessaire, la loi martiale serait appliquée.

Convoqué à 8 h 30, Carter arriva un peu après 11 heures. L'officier supérieur l'apostropha avec véhémence.

— C'est intolérable, monsieur Carter ! Vous n'avez rempli aucune des missions qui vous ont été confiées et vous vous moquez des autorités !

— Les consignes que je reçois sont absurdes.

— Comment osez-vous...

— Les fonctionnaires qui les distribuent sont cloués dans leur bureau et oublient de mettre le nez à la fenêtre.

— Discipline et obéissance sont les vertus majeures du

soldat ; vous n'avez pas à critiquer les ordres. J'attends vos excuses.

— Reconnaissez plutôt vos erreurs. Ensuite, je remplirai ma mission comme il convient et à ma manière.

L'officier supérieur se leva.

— Vous êtes révoqué, Carter.

*

Quelques mois après le début du conflit, il n'y avait pas de vainqueur. En Europe commençait une interminable guerre de tranchées où les soldats mouraient dans des conditions abominables ; en Orient, les Turcs avaient fermé les détroits.

Libre de ses mouvements, Carter était revenu à Louxor où il partageait son temps entre Raifa et la visite toujours nouvelle des tombes royales. La riante Égypte sombrait dans la tristesse et dans l'angoisse ; la plupart des chantiers étaient fermés, beaucoup de jeunes archéologues tombaient au champ d'honneur, loin du soleil de Haute-Égypte et de ses pierres lumineuses.

Carter passait de longues heures solitaires dans la Vallée, cette Vallée qui lui appartenait et qu'il ne pouvait pas fouiller à mains nues. Le découragement le gagnait ; sans la présence de Carnarvon, sans sa magie conquérante, il se sentait abandonné. Pourquoi le destin se montrait-il aussi cruel ? Au moment de goûter le fruit convoité pendant tant d'années, celui-ci s'était brutalement retiré.

Certains prédisaient que cette guerre durerait dix ans, peut-être davantage, que l'Égypte serait envahie par des hordes de Turcs et d'Allemands, que les monuments seraient rasés et que les tombeaux serviraient d'entrepôts pour les munitions.

Un matin frais de décembre, Carter songea à renoncer. Il écrirait une longue lettre à Carnarvon pour lui expliquer que la Vallée se refusait à jamais. Le cœur dans un étau, il entra pour la millième fois dans l'immense tombe de Séthi I$^{er}$ et se laissa capter par les scènes rituelles et les textes ésotériques qui couvraient les murs. Dieux et déesses l'accueillirent, prononçant les paroles de vie gravées dans la pierre, au fur et à mesure que son regard se posait sur les hiéroglyphes. À son insu, Carter s'identifia au soleil qui s'enfonçait dans l'autre monde et affrontait les mystères des chambres cachées avec l'espérance de renaître ; l'astre mourant traversait douze terrifiantes régions où régnaient ténèbres, génies agressifs, serpent décidé à détruire la lumière. Le voyageur franchit les portes et passa au-dessus du puits profond d'où montait l'énergie des premiers âges ; il lut, sur les parois, le *livre du jour* et le *livre de la nuit*, récita les formules de l'ouverture de la bouche.

Il pénétra dans la salle de l'or où trônaient l'âme du soleil et l'esprit de Pharaon, son messager, ressuscité dans le sarcophage ; celui de Séthi I$^{er}$, transporté en Angleterre, laissait un vide cruel. Carter se jura de ne jamais dénaturer une tombe en lui volant son cœur, cette pierre de régénération que l'Égypte nommait non point cercueil mais « pourvoyeur de vie ». Levant les yeux, il admira les représentations de la déesse du ciel, des astres, des planètes et des décans ; qui vainquait la mort retournait dans la lumière d'où il était issu et se confondait avec l'origine même de l'univers.

Bouleversé, Carter écrivit à Carnarvon :

« *Une étude superficielle de la mythologie et de la religion égyptienne pourrait induire que nous avons fait des progrès. Mais si nous avons la capacité d'admirer et de comprendre leur art, nous perdons tout sentiment de supériorité. Aucune personne dotée de sensibilité ne niera que l'art égyptien ait corporifié l'essentiel. Avec tout notre progrès, nous sommes incapables de le percevoir. L'Égypte est l'horizon d'éternité, la Vallée détient le secret. C'est pourquoi nous devons continuer. Je reste ici et je vous attends.* »

## *Chapitre 45*

Lord Carnarvon dépouillait journaux et dépêches. La situation évoluait mal. Les sous-marins allemands parvenaient à organiser le blocus de l'Angleterre et les offensives alliées, mal préparées, ne débouchaient sur aucun succès d'envergure. Parmi le flot de mauvaises nouvelles, la lettre de Howard Carter avait apporté un peu de lumière. La Vallée... le comte en rêvait, à présent. Elle représentait un paradis inaccessible où la folie des humains s'éteignait au pied des demeures d'éternité.

— Chéri ! Vous m'aviez promis de ne pas vous lever.

Lady Almina, courroucée, pria son époux de regagner son lit.

— J'ai besoin de travailler un peu.

— Lorsqu'on souffre d'une pleurésie, on a surtout besoin de repos et de chaleur.

— Je ne suis pas malade.

— Vous n'êtes pas raisonnable ! Prenez soin de votre santé.

Le valet de chambre interrompit la discussion :

— Un pli urgent, monsieur le comte.

— Qui l'envoie ?

— Le ministère.

Carnarvon lut le document ; atterré, il s'affala dans un fauteuil.

— Que se passe-t-il ? demanda son épouse.

— Les Turcs et les Allemands viennent d'attaquer le canal de Suez. Demain, ils envahiront l'Égypte.

*

Howard Carter termina l'inventaire des objets découverts dans la tombe d'Amenhotep III et en dégagea complètement l'intérieur ; là, comme ailleurs, Davis s'était contenté d'un travail sommaire. Grâce à une exploration méticuleuse et systématique, Carter avait retrouvé cinq dépôts de fondation intacts, devant la tombe ; des centaines d'outils en miniature étaient empilés dans des puits taillés dans le calcaire, mélangés à du sable et recouverts de blocaille. Fait surprenant, les inscriptions ne mentionnaient pas Amenhotep III, mais son père Thoutmosis IV, qui servait ainsi de seuil et de fondation à son fils.

Les bruits de l'attaque germano-turque contre le canal de Suez parvinrent à peine à ses oreilles ; ne doutant pas de leur victoire, il apprit sans surprise que les troupes britanniques avaient repoussé l'envahisseur et continuaient la lutte dans le Sinaï et en Palestine.

À l'heure où les communications maritimes étaient interrompues et où la mévente et la baisse du prix du coton à l'exportation acculaient l'Égypte à la misère, Carter s'était résolument engagé dans un dialogue ininterrompu avec la Vallée des rois. Elle serait désormais son unique souci et sa seule raison d'être.

À la fin de février 1915, il exhuma les pauvres restes du mobilier funéraire de la reine Tiyi, l'illustre épouse d'Amenhotep III et peut-être la mère de Toutankhamon ; alors qu'il tenait entre les mains deux figurines en albâtre à l'effigie de la souveraine, Carter apprit la mort de Theodore Davis, si épris de cette grande dame. L'Américain n'avait pas survécu longtemps à son abandon de la Vallée. Plus exigeante que la plus jalouse des maîtresses, elle imposait à ses amants une fidélité absolue.

Howard Carter oublia le monde extérieur. Pendant que les pays d'Europe s'entre-déchiraient, il écrivit aux conservateurs de musées, afin de dresser un catalogue des objets découverts dans les tombes royales, réunit ouvrages et articles consacrés à la Vallée, lut les relations de voyages des premiers explorateurs, étudia les anciennes cartes.

Rien de ce qui s'était passé sur le site ne lui échappa ; il interrogea quantité d'habitants de Gournah, palabra avec des voleurs, dépouilla des monceaux de rapports de fouilles. Chaque jour, il affina son instrument de travail : une immense carte de la Vallée des rois où étaient localisées toutes les tombes. Il respira au rythme de la Vallée, devint sensible à ses moindres pulsations, guetta ses réactions les plus intimes.

Carter était mort à lui-même ; dans son mariage d'amour avec le mystère, il avait fait offrande de son être.

*

Au début du printemps 1916, Lord Carnarvon, élu président du Camera Club, nourrissait un nouvel espoir : celui de rejoindre enfin le front en tant que conseiller du *Royal Headquarters Flying Corps*, dans le département de la photographie aérienne. Certes, il ne se battrait pas les armes à la main mais, en détectant la présence ennemie sur le terrain, pourrait faciliter la progression des Alliés tandis que se poursuivait la terrifiante bataille de Verdun où les Français parvenaient à bloquer l'offensive allemande au prix de dizaines de milliers de morts.

L'Égypte, dont la monnaie avait été rattachée à la livre sterling, semblait échapper au chaos, bien que la population souffrît de plus en plus de privations. Il fallait que cette guerre, la plus barbare et la plus destructrice jamais menée dans l'histoire de l'humanité, prît fin au plus vite ; Carnarvon était prêt à offrir sa vie pour sauver des milliers de jeunes hommes envoyés à l'abattoir.

Une fois encore, sa santé défaillit. Trois jours seulement après son engagement, il fut contraint de retourner à Highclere. Déprimé, au bord du désespoir, il reçut l'affection de son épouse et de ses enfants ; mais ce fut la lettre de Carter qui le rasséréna : son ami lointain venait d'accomplir un bel exploit.

*

Dans un Louxor désert, vide de personnalités et d'officiels, le plus petit événement prenait des proportions considérables. Lorsque coururent des rumeurs annonçant la découverte d'un fabuleux trésor dans un endroit désert tout près de la Vallée, les imaginations s'enflammèrent. Si les velléitaires se contentèrent de rêver, les pillards professionnels tinrent à vérifier les on-dit et, surtout, à s'emparer des richesses.

Deux bandes rivales, après avoir fait parler les indicateurs qui cédèrent aux premières tortures, arrivèrent au même moment sur le lieu convoité ; la bagarre fut violente et le sang coula. Affolé à l'idée que ce conflit dégénérât au point d'embraser la rive ouest, les édiles alertèrent Carter. Ce dernier n'hésita pas un instant ; il enrôla une dizaine d'ouvriers qui avaient échappé au recrutement. Bien que la nuit tombât, il ne différa pas l'expédition. Il fallut progresser dans un terrain difficile pour atteindre une crevasse au fond d'une petite vallée, à plus de cent mètres d'altitude, entre des parois abruptes.

Carter buta sur une corde qui pendait dans la faille ; tendant l'oreille, il perçut des bruits faciles à interpréter : les voleurs étaient au travail. L'Anglais décida de ne pas risquer la vie de ses compagnons, coupa la corde des pillards et lui en substitua une autre, grâce à laquelle il descendit en rappel. Parvenu au fond du sépulcre, à soixante-dix mètres au-dessous de l'entrée, il s'engagea dans un couloir descendant et se heurta à huit hommes armés qui le considérèrent avec effarement.

— Vous avez le choix, leur dit-il en arabe. Ou bien vous remontez avec ma corde et vous disparaissez, ou bien vous restez ici et vous y mourrez.

Les pillards hésitèrent ; ils connaissaient la réputation de Carter et savaient qu'il ne reculerait devant personne. L'un après l'autre, ils remontèrent, abandonnant leurs torches.

L'archéologue demeura seul. Il eut enfin le temps de réfléchir au surprenant emplacement de cette tombe si bien cachée ; sans nul doute devait-elle aboutir à un trésor que convoitaient tous les voleurs de Gournah. Carter s'enfonça dans un couloir de 16 mètres de long qui se terminait par une pièce d'angle carrée ; il tourna à angle droit et emprunta un second couloir à forte pente menant à une chambre funéraire, remplie de gravats. Les pillards y avaient creusé un tunnel où Carter se glissa en rampant.

Toutankhamon... le nom tant de fois espéré serait-il inscrit sur le sarcophage ?

*

Vingt jours furent nécessaires pour dégager le sépulcre ; Carter avait fait installer un système de poulies et un filet dans lequel il descendait jusqu'au caveau. Nul trésor, nul objet précieux, mais un sarcophage de grès dédié à « Hatchepsout, souveraine de tous les pays, fille de roi, sœur du roi, femme du dieu, grande épouse du roi, maîtresse des deux pays ». Il venait de découvrir une autre sépulture de la reine Hatchepsout, creusée pour cette grande dame avant qu'elle ne devînt Pharaon.

Toutankhamon restait inaccessible ; mais la Vallée continuait à parler.

## *Chapitre 46*

Le 30 juin 1916, deux ans après avoir quitté l'Égypte, Gaston Maspero présidait la séance de l'Académie des Inscriptions et Belles-Lettres dont il était le secrétaire perpétuel. Il songeait à ces merveilleuses années consacrées à l'étude des monuments et à la réorganisation du Service des Antiquités ; hanté par le souvenir de son fils mort sur le champ de bataille, il se rappelait aussi le plus insoumis des archéologues, ce Howard Carter qu'un rêve insensé obsédait depuis son adolescence. Sans doute se trompait-il ; mais combien de fois l'Égypte avait-elle dévoilé ses mystères à des hommes de cette trempe ?

Soudain, il défaillit.

— Mes chers confrères, dit-il d'une voix tremblante, je vous prie de m'excuser... je ne me sens pas très bien...

Quelques instants plus tard, Gaston Maspero était mort.

*

À l'automne 1917, Lord Carnarvon put enfin faire de longues promenades dans le parc de Highclere. Au pied des cèdres du Liban, il acquit la certitude que les Alliés gagneraient cette interminable guerre. À la fin de 1916, l'offensive allemande s'était soldée par un échec à Verdun ; 360 000 hommes avaient été tués dans le camp français, presque autant chez l'adversaire.

Quand, le 6 avril 1917, les États-Unis avaient déclaré la guerre à l'Allemagne, le comte n'avait plus douté de l'issue finale.

L'Égypte souffrait. Certes, elle n'était plus menacée par l'ennemi ; bientôt, les forces anglaises, restées maîtresses de l'ancienne terre des pharaons, s'empareraient de Bagdad et de Jérusalem. Mais l'économie de guerre plongeait le peuple dans la détresse ; une énorme inflation se traduisait par des privations sans cesse croissantes. Les Anglais avaient mis la main sur les organismes de production et suscitaient un sentiment de révolte que les militaires n'appréciaient pas à sa juste mesure ; dans un pays où, à cause du conflit et de la misère, on comptait plus de décès que de naissances, les pires convulsions étaient à craindre.

Pourtant, la décision de Carnarvon était prise. En

dépit des conseils et des mises en garde, le comte encourageait Carter à commencer la campagne de fouilles dont il lui avait proposé le plan en août 1914.

*

Tandis que l'Europe, inquiète et fascinée, assistait à l'effondrement du régime des tsars et à la révolution des bolcheviques, Carter, indifférent aux événements extérieurs à la Vallée, traversait le Nil et débarquait sur la rive d'Occident. Sous la protection de la cime rose et bleue au lever du soleil, dorée au midi, rouge et orange au coucher, l'archéologue se lançait dans l'aventure qu'il souhaitait avec un désir sans cesse plus ardent : l'inauguration de sa première campagne de fouilles.

Carter monta vers la maison qu'il occuperait, au sommet d'une colline dominant le Nil et regardant la Vallée; au pied, une fontaine délabrée. Avec une clé en bois, il ouvrit la porte après avoir grimpé les marches d'un escalier de marbre. À l'intérieur, une pendule britannique, un piano, de nombreux coussins, des nattes, des tapis, une lampe à pétrole, un brasero, un four à pain en terre et une baignoire métallique, bref le confort nécessaire. Quelques trous dans la toiture exigeaient une réparation; mais il y avait tâche plus urgente : choisir un *reis*, un chef d'équipe courageux et compétent.

On frappa; Carter ouvrit.

— Toi... Ahmed Girigar, mon ami!

— J'ai survécu et je suis prêt à travailler avec vous.

— La chance me sourit à nouveau.

— Il convient d'organiser votre existence ici; vous aurez besoin d'un secrétaire, d'un palefrenier, d'un cuisinier, d'un portier, d'un porteur d'eau, d'un...

— Non, Ahmed; je n'ai pas besoin d'aide.

— Ce n'est guère convenable; puisque je ne réussirai pas à vous faire changer d'avis, je m'occuperai de vous. Inutile de m'en dissuader : je suis aussi têtu que vous.

Les deux hommes se donnèrent l'accolade.

— Dès ce soir, rangez vos vêtements avec soin et surtout pas à l'envers ! Les démons de la nuit y rentreraient et vous empêcheraient de vous lever.

*

— *E' shams, effendi* ! le soleil, monsieur !

Ahmed Girigar apportait le café et une pipe afin que Carter se levât du bon pied. L'archéologue était si impatient qu'il avala trop vite son breakfast ; après une toilette rapide, il monta sur l'âne qui le conduirait à la Vallée. Le nouveau maître du site avait soigné sa tenue pour sa première apparition devant ses ouvriers : costume de laine trois-pièces, nœud papillon à pois, pochette blanche, chapeau à larges bords et fume-cigarette. Ahmed Girigar s'était montré à la hauteur de sa réputation ; une longue procession de porteurs de paniers attendait les ordres à l'entrée de la Vallée. Ils n'avaient pas encore retiré leurs *galabiehs*, chantaient et parlaient fort.

— J'ai négocié six jours de travail par semaine, précisa le *reis* ; repos le vendredi. Où voulez-vous creuser ?

Carter songea au plan abandonné qu'il avait recueilli dans la maison de fouilles de Davis, transformée en réserve d'antiquités ; grâce aux notations de l'équipe de l'Américain, il avait complété son propre plan, longuement réfléchi et pris une décision : il ouvrirait un chantier là où Davis avait arrêté son exploration, à savoir dans le triangle défini par les tombes des rois Ramsès II, Merenptah et Ramsès VI. Il était persuadé que, dans les montagnes de débris accumulés au cours des fouilles précédentes, il trouverait de nombreux objets destinés à la collection privée de Carnarvon et peut-être des indices qui l'orienteraient vers la tombe de Toutankhamon.

Carnarvon, sensible aux arguments de Carter, donna son accord. Savoir que la plus belle et la plus folle entreprise de son existence débutait en terre lointaine, sous le soleil des dieux, lui redonna de la vigueur; dans la tourmente, l'horizon s'éclaircissait.

Une intense émotion saisit Howard Carter quand il vit s'ébranler la longue file des ouvriers en sous-vêtements, les uns emplissant couffins et paniers de gravats, les autres les vidant; un porteur d'eau, l'outre sur l'épaule, allait de travailleur en travailleur. Des chants rythmaient la manœuvre lente et régulière, que surveillait le *reis* dont les ordres étaient suivis à la lettre. Pieds nus, le corps couvert de sueur, ces hommes gagnaient quelques *pennies* par jour et s'estimaient bien payés; les plus expérimentés utilisaient des pioches afin d'attaquer les buttes artificielles. Du Service des Antiquités, encore orphelin après le décès de Maspero, Carter avait obtenu un decauville; sur les rails préfabriqués, les ouvriers poussaient le wagonnet ouvert et à bascule. La petite voie ferrée pouvait être aisément déplacée selon les exigences de la fouille en cours et facilitait l'évacuation des débris hors de l'aire étudiée et, surtout, hors de la Vallée elle-même, vers un endroit déjà exploré. Déblais, déchets, blocs rejetés... voilà ce qui épouvantait Carter. Ses prédécesseurs ne s'étaient préoccupés que de creuser à la hâte et à l'aveuglette, sans se soucier de nettoyer la Vallée à présent encombrée de masses de terre et de pierraille.

Le premier mois de travail se déroula dans de pénibles conditions; froid vif au petit matin, chaleur accablante à midi, poussière qui collait aux vêtements et à la peau. Un calcul approximatif ne fit pas reculer Carter; il faudrait déplacer plusieurs centaines de milliers de mètres cubes de sable et de gravats afin de réussir un exploit qu'aucun archéologue n'avait tenté avant lui : atteindre la roche elle-même, le plancher minéral de la Vallée, et s'assurer ainsi qu'aucune entrée de tombeau ne lui échapperait.

Dès qu'un objet apparaissait, dès qu'un fragment antique émergeait du magma, Carter en notait la description sur la première liste exhaustive qu'un archéologue eût jamais songé à dresser de manière aussi précise. Les *ostraca*, morceaux de calcaire qui servaient de brouillon aux apprentis scribes, n'avaient malheureusement enregistré aucune indication sur Toutankhamon.

Au début de 1918, le chantier paraissait organisé à la perfection ; mais Ahmed Girigar arborait une mine soucieuse. Carter l'interrogea.

— Certains ouvriers veulent interrompre le travail.

— Pourquoi ?

— Vous êtes trop présent... D'ordinaire, les archéologues ne viennent pas si souvent et si longtemps sur le terrain.

— Ils s'y habitueront. Quoi d'autre ?

— Les objets... D'habitude, ils en prélèvent une partie qu'ils revendent. Vos collègues fermaient les yeux.

— Moi, c'est différent ; qu'ils renoncent à voler.

— Il faudra négocier.

— Impossible, Ahmed.

— En ce cas, augmentez-les.

— Fixe toi-même la somme et annonce-leur la bonne nouvelle.

## *Chapitre 47*

Carter frémit en examinant le très ancien plan d'une tombe royale, tracé de la main du maître d'œuvre qui l'avait construite. Le texte hiéroglyphique et les légendes évoquaient la « demeure de l'or » où reposait le corps de lumière de Pharaon ; animée par les couleurs des fresques et la présence de l'ennéade divine, elle abritait un sarcophage que protégeaient des chapelles. Comment imaginer les trésors accumulés puisque toutes les tombes de la Vallée avaient été violées ?

Toutes, sauf une.

Carter avait interrogé les vendeurs d'antiquités, depuis les petits voleurs de Gournah jusqu'aux antiquaires ayant pignon sur rue. Aucune pièce du mobilier funéraire de Toutankhamon n'était en circulation ; par conséquent, personne n'avait pillé sa sépulture.

L'archéologue dormait peu ; il songeait au travail du lendemain, à une meilleure utilisation du piquet et du cordeau à la manière des anciens afin de respecter proportions et distances entre les monuments et de mieux comprendre les dispositifs de la Vallée. Chaque jour, il fallait apprendre à penser comme l'architecte égyptien, à vivre comme lui l'âme de la pierre.

Assis sur la terrasse de sa maison de fouilles, Carter aperçut un étrange personnage qui gravissait le sentier alors que le soleil déclinait. Le colosse barbu peinait ; les derniers rayons faisaient chatoyer le rouge de son pantalon. Sa sinistre redingote noire suscitait l'image d'un prédateur en quête de sa proie. Ahanant, il s'immobilisa à quelques mètres de Carter.

— J'aimerais vous parler.

— Je vous ai déjà croisé, à Louxor... qui êtes-vous ?

— Démosthène, marchand d'antiquités.

Carter offrit un siège au visiteur du soir.

— Désirez-vous boire ?

— Quelque chose de fort.

— Désolé, je n'ai que de l'eau.

— Tant pis.

— Je suis occupé, monsieur Démosthène ; pourriez-vous m'indiquer les raisons de votre démarche ?

— Tout est si calme et si paisible, ici... on ne croirait pas que vous êtes en danger.

Carter rajusta son nœud papillon.

— Des menaces ?

Le colosse protesta avec bonhomie.

— Plutôt des informations confidentielles. Vous n'avez pas que des amis.

— Vous m'en voyez surpris.

— Moi, je suis un ami ; vous pouvez m'accorder votre confiance.

— De quel danger parliez-vous ?

Démosthène sembla embarrassé.

— Vous nuisez au petit et au grand commerce... Votre équipe d'ouvriers devient incorruptible, votre *reis* ne jure que par vous et la Vallée est interdite au négoce. C'est une situation extrêmement embarrassante, monsieur Carter ; si nous tombions d'accord, je vous éviterais beaucoup de désagréments.

— Je ne perçois pas bien votre position... Souhaitez-vous être engagé comme déblayeur ?

Les sourcils de Démosthène se froncèrent.

— Vous ne vous en tirerez pas comme ça, Carter. Vous devez me vendre des objets ; ensuite, je ferai taire la concurrence.

— La morale scientifique me l'interdit.

— Il n'y a jamais eu de morale en archéologie. Tout s'achète et tout se vend.

— Sauf moi, cher monsieur. Soyez aimable de redescendre ce sentier au plus vite ; bien que nous ne boxions pas dans la même catégorie, je miserai quand même sur ma rapidité et la précision de mes coups.

Démosthène recula.

— Vous avez tort, Carter ; en ce monde, l'intégrité ne triomphe jamais.

— Il n'est pas besoin d'espérer pour entreprendre, ni de réussir pour persévérer.

— Vous serez brisé.

*

Les ouvriers se prosternèrent en direction de La Mecque, touchèrent le sol du nez et du front et prononcèrent les paroles rituelles : « Dieu est le plus grand, je loue Sa perfection » ; puis ils jetèrent un regard par-dessus leurs épaules afin de vénérer les anges déchus.

Un homme de belle stature, fin et élégant, au visage d'une beauté antique orné d'une chevelure, d'une moustache et d'une barbe blanche, attendit la fin de la prière avant de traverser le chantier et d'aller saluer Howard Carter.

— Félicitations, vous êtes fort tolérant.

— Je crains que nous n'ayons pas été présentés.

— Je vous connais bien, monsieur Carter ; mon illustre prédécesseur, Gaston Maspero, m'a souvent parlé de vous.

Carter se raidit. L'homme aux yeux très vifs enfoncés dans leurs orbites était donc le nouveau directeur du Service des Antiquités, Pierre Lacau, dont il avait appris la récente nomination. De nombreux bruits couraient sur son compte ; âme damnée des jésuites, épris d'administration et de réglementation, érudit à la mémoire exceptionnelle, il lisait les textes les plus ardus avec une déconcertante facilité. Onctueux, méticuleux, d'un calme inaltérable, il ne ressemblait guère à Maspero qui l'avait pourtant désigné comme successeur, en raison de ses compétences techniques.

Carter sut aussitôt que Lacau serait un ennemi redoutable. Sa froideur le rebuta d'emblée.

— On m'a dit que vous aviez entrepris une vaste campagne.

— Vous pouvez le constater, monsieur le directeur.

— Quels sont vos objectifs ?

— Faire parler la Vallée.

— Croyez-vous à l'existence d'une sépulture inviolée ?

— Il existe des présomptions.

— En cas de découverte, il faudrait m'avertir sur-le-champ.

— Élémentaire courtoisie.

— Non, mon cher collègue : obligation professionnelle. Ma position est... très délicate.

— Pourquoi ?

— Maspero était un homme généreux, trop généreux... je ne conteste pas votre autorisation, mais les temps changent et je dois veiller sur les richesses qui sortent du sol égyptien.

— Soyez plus clair.

— Eh bien... le partage des pièces historiques me paraît être une hérésie. Le contenu d'une tombe royale, intacte ou dévastée, ne doit-il pas appartenir au Service ?

— Lord Carnarvon investit beaucoup d'argent dans les fouilles que je dirige ; il lui fut promis un dédommagement sous forme d'œuvres d'art.

— Certes, certes... mais ces coutumes déplorables doivent cesser. Même les pièces en double resteront en Égypte.

— Que comptez-vous accorder au comte ?

— Mais... le prestige, monsieur Carter, le prestige ! C'est déjà beaucoup.

— Je crains qu'il ne soit guère satisfait de vos futurs règlements.

— Futurs... mais bientôt en vigueur. Je compterai sur vous pour les faire appliquer de manière scrupuleuse.

— Sinon ?

Le regard de Pierre Lacau se fit perçant.

— Vous n'avez pas bonne presse auprès des égyptologues, monsieur Carter ; on vous juge trop indépendant, voire révolutionnaire... et votre parcours apparaît plutôt chaotique. Nul ne nie votre compétence, quoique vos projets semblent un peu... farfelus.

— Ma carrière vous aurait-elle intrigué ?

— Je tiens des listes et je rédige des fiches, beaucoup de listes et beaucoup de fiches ; c'est la seule méthode scientifique qui permette d'être informé.

— Jamais vous ne m'auriez accordé cette concession, n'est-ce pas ?

— Gaston Maspero se montrait trop libéral envers les archéologues étrangers, mais ce qui est fait est fait. L'important sera de respecter les nouveaux règlements. Je suis persuadé que notre collaboration sera fructueuse. À bientôt, monsieur Carter.

## *Chapitre 48*

Très attentif aux rapports de Carter, Carnarvon n'avait pas tardé à réagir. Puisque le Service des Antiquités, obligatoirement dirigé par un Français, tentait de revenir sur sa parole, il convenait de creuser un canal de dérivation. Aussi rencontra-t-il, à Londres, le directeur du Metropolitan Museum et s'entretint-il avec lui de l'avenir de sa collection privée. En raison de sa fortune, de sa connaissance de l'Égypte et de ses grands projets, le comte apparaissait comme l'un des plus grands collectionneurs du siècle. Il révéla à l'Américain que Carter et lui avaient commencé à accumuler un véritable trésor provenant des fouilles déjà accomplies et d'âpres négociations avec des marchands d'antiquités de la région thébaine. Ils ne souhaitaient pas disposer de ces magnifiques objets, dont les plus beaux appartenaient à des princesses de la cour d'Égypte ; aussi proposa-t-il au Metropolitan Museum de s'en porter acquéreur avec la plus grande discrétion. Encore fallait-il convaincre Carter, mais un homme semblait tout désigné pour cette transaction : Herbert Winlock.

*

À la fin du mois de janvier 1918, un assez grand nombre de touristes visitaient à nouveau l'ancienne Thèbes, comme si la guerre était finie. Pourtant, l'armée allemande ne baissait pas la tête et d'aucuns prédisaient de nouvelles offensives meurtrières.

Howard Carter avait progressé. Près de la tombe de Ramsès VI, dans l'angle oriental, un trou d'une profondeur de trente pieds témoignait de l'activité incessante de son équipe qui, au terme d'efforts considérables, avait atteint le lit de la roche. Pour la première fois, on pouvait contempler le sol de la Vallée tel qu'il se présentait à l'origine. Pestant contre les curieux qui se penchaient au risque de se rompre le cou, Carter fit construire des petits murets de protection autour de la fosse.

Douze pieds au-dessous du niveau de la porte d'entrée de la tombe de Ramsès VI, une énigmatique trouvaille : des dalles de pierre couvertes de branchages et de roseaux qui, sans nul doute, étaient des maisons d'ouvriers construites, de manière sommaire, sur des blocs de silex. L'archéologue exhuma quelques *ostraca*, dont l'un datait du règne de Ramsès II, des perles de verre, des fragments de feuille d'or et un vase contenant le corps desséché d'un serpent, considéré comme le protecteur du foyer.

Cette installation prouvait que les artisans avaient travaillé à la construction d'une tombe qui se cachait forcément en dessous ; les demeures explorées, il faudrait continuer à creuser.

Alors qu'il se préparait à entamer cette nouvelle phase de l'aventure, Carter reçut un fonctionnaire du Service des Antiquités. En raison de l'affluence touristique et de ses retombées économiques, on le priait de ne pas couper l'accès à la tombe de Ramsès VI, l'une des plus belles et des plus visitées de la Vallée.

La saison chaude approchait, les ouvriers étaient fatigués... Carter accepta d'interrompre la fouille.

*

— Heureux de vous revoir, Howard.

— Moi de même, Herbert.

Winlock et Carter déjeunèrent dans la demeure de la rive d'Occident d'où l'Anglais contemplait, avec une joie sans cesse croissante, les sites magiques qui l'avaient envoûté à jamais.

— Ma proposition vous convient-elle, Howard ?

— J'ai reçu les instructions de Lord Carnarvon et je m'y conformerai.

— Vous voilà bien obéissant... J'ai l'impression que la personnalité de Lacau ne vous a guère séduit et que la guerre entre l'Angleterre et la France est sur le point de reprendre.

— Ce ne sera pas de mon fait.

— Le Metropolitan Museum est décidé à acquérir les plus beaux objets de la collection que vous rassemblez pour Lord Carnarvon.

— Ils sont tous magnifiques.

— Eh bien, nous achèterons la totalité. Le comte a évoqué des colliers, des bracelets, des coupes, des scarabées, des miroirs...

— Vous les examinerez à loisir.

— J'ai ordre de négocier directement avec vous et de garder le secret jusqu'à ce que ces objets soient exposés au Metropolitan.

Les deux hommes scellèrent l'accord en levant leur verre.

— Et Toutankhamon ?

— Aucune piste sérieuse, hélas ! Mais il est là, tout près, j'en ai l'intuition.

*

Le 21 mars 1918, les Allemands lancèrent une formidable offensive en Picardie. Carnarvon, heureux d'avoir assis la situation matérielle de Carter grâce aux commissions qu'il toucherait en vendant peu à peu les objets de sa collection aux Américains, douta de sa lucidité lorsque l'ennemi progressa en Flandres et sur la Marne. Le sort de la guerre se jouait.

*

Dans sa maison de fouilles, gardée jour et nuit par des hommes dont Ahmed Girigar garantissait l'honnêteté, Carter avait déployé sa carte de la Vallée des rois. Il la contemplait des heures durant, vérifiait et revérifiait ses annotations, s'assurait qu'il avait bien coché les endroits où des fouilles, grandes ou petites, avaient été pratiquées. Comment échapper à une écrasante réalité ? Il lui faudrait creuser le moindre recoin, ne pas laisser un pouce de terrain inexploré, donc découper la Vallée en secteurs et n'en négliger aucun.

Avec l'affection d'un père, Carter surveillait la Vallée afin de lui éviter désagréments et déprédations. Il s'assurait lui-même que les gardiens remplissent au mieux leur fonction et faisait des tournées d'inspection impromptues ; la veille, il avait expulsé un Américain qui, un pot de goudron à la main, traçait son nom sur les murs d'un tombeau. Ce vandale et ses semblables auraient mérité la prison ; naguère, dégrader un monument sacré était considéré comme le plus grave des crimes.

Le printemps vit revenir la douce Raifa qui, avec la patience des femmes d'Orient, entreprit de reconquérir son amant ; mais il lui sembla plus lointain, presque inaccessible, même si sa passion semblait intacte. L'Égyptienne douta de sa beauté ; elle soigna davantage son maquillage, déploya les artifices de la séduction, devint tendre comme une fiancée du paradis. Carter la chérissait, mais son esprit demeurait ailleurs. Elle comprit que sa plus redoutable rivale, la Vallée des rois, s'était emparée du cœur de celui qu'elle ne renoncerait pas à délivrer de ces chaînes absurdes. Comment un homme pouvait-il faire l'amour avec des pierres, du sable et des tombes ?

*

Carter examinait l'emplacement de ses futures fouilles, lorsqu'il vit accourir Ahmed Girigar. Le *reis* n'avait pas coutume de céder à la précipitation ; l'affaire devait être grave.

— Venez vite.

— Que se passe-t-il ?

— Un drame, chez vous... j'ignore les détails.

Les deux hommes grimpèrent jusqu'à la maison de fouilles. Sur le seuil, l'un des deux gardiens épongeait le sang qui coulait de la tête de son collègue.

— On a surpris un voleur, expliqua-t-il. Il était entré par-derrière ; nous nous sommes battus, il a réussi à s'enfuir.

— L'avez-vous identifié ? demanda Carter.

— Non.

— Où se trouvait-il ?

— Dans la grande pièce ; il avait commencé à rouler la carte.

— Soyez remercié pour votre courage.

— *Malech*, répondit le gardien, fataliste. Que Dieu détourne le mal.

Carter, tendu, constata les dégâts. Rien n'avait été volé et la carte était intacte.

— Je paye les soins indispensables au blessé et je veux un gardien supplémentaire derrière la maison, indiqua-t-il au *reis*.

— Qui est coupable ?

— C'est assez facile à deviner ; ce document ne peut intéresser que mes chers collègues. On veut m'intimider et m'empêcher de continuer.

— Pourquoi la haine habite-t-elle le cœur des hommes ?

— *Malech*, répondit Carter.

## Chapitre 49

À Gournah, clans et familles s'observaient ; le village avait ses propres lois et sa propre hiérarchie. Le calme régnait lorsque chacun recevait son dû ; en cas de conflit, les chefs de bandes faisaient régner une justice sommaire. Aussi, d'ordinaire, personne ne songeait à sortir du rang. Or, le vieux Mahmoud, qui nourrissait son épouse avec difficulté, venait d'en prendre une seconde. Autrement dit, il avait fait fortune et personne ne savait comment. L'un des indicateurs de la police, se souvenant que Mahmoud avait travaillé dans une équipe d'ouvriers de la Vallée des rois, jugea bon d'avertir ses supérieurs qui informèrent aussitôt Carter. L'origine de la richesse de Mahmoud ne pouvait être que la rapine et, plus grave encore, un pillage dont il était le seul bénéficiaire.

Accompagné d'un policier, Carter rendit visite au vieil homme ; comme ce dernier refusait de répondre aux questions, les enquêteurs décidèrent d'interroger sa nouvelle épouse qui travaillait dans un champ. Affolée, elle s'enfuit et tenta de gagner le débarcadère où le fonctionnaire la rattrapa. Hystérique, elle hurla pendant une dizaine de minutes ; quand elle se calma, Carter lui parla avec douceur.

— Êtes-vous l'épouse de Mahmoud ?

— Oui, oui.

— Pourquoi ne lâchez-vous pas ce panier ?

— Il est à moi !

— Je voudrais voir son contenu.

— Non, c'est à moi !

Le policier fut contraint d'intervenir et lui arracha le précieux objet ; à l'intérieur, une petite figurine funéraire en bois. Carter l'examina avec attention.

— Authentique. Qui te l'a donnée ?

— Mahmoud.

— T'a-t-il ordonné de la vendre ?

— Oui.

— Où Mahmoud l'a-t-il trouvée ?

— Je ne sais pas.

Carter et le policier ramenèrent la femme à Gournah ; son époux s'enferma dans un mutisme que rien ne semblait pouvoir briser. L'archéologue eut recours à l'arme ultime : la comparution devant le *moudir* qui gouvernait la province. La réputation du magistrat terrorisait ses administrés ; n'affirmait-on pas que, pour se débarrasser des bandes de voleurs, il faisait boucher avec des fagots l'entrée des grottes où ils se cachaient et y mettait le feu ? Beaucoup mouraient enfumés, préférant le trépas à la torture.

C'est un Mahmoud tremblant qui entra dans la demeure du gouverneur. D'abord, il crut que le terrible personnage était absent ; au fond de la grande pièce trônait une énorme baignoire d'où sortaient des volutes de vapeur. Émergea soudain une tête ruisselante d'eau.

Quand les yeux noirs fixèrent Mahmoud, le vieillard poussa un cri d'effroi.

— Tu es un voleur, affirma le *moudir*, et je te couperai les membres.

Mahmoud s'agenouilla.

— Par pitié, non !

— Si tu veux échapper au châtiment, indique-moi l'emplacement de la tombe que tu as pillée !

Le vieillard, tête baissée, parla d'abondance.

*

Carter et Ahmed Girigar grimpèrent vers le vallon perdu. « Tombe inviolée, avait révélé le *moudir* ; d'après

Mahmoud, elle est remplie de richesses. » C'est pourquoi l'archéologue avait décidé de ne prévenir personne avant de vérifier par lui-même. De nuit, munis de cordes, les deux hommes escaladèrent le piton rocheux que les descriptions précises du vieillard leur avaient permis d'identifier.

Ils constatèrent qu'une dalle avait été posée sur un trou qui s'enfonçait dans la roche ; Girigar la déplaça. Carter s'encorda et commença à descendre ; le boyau avait été taillé de manière grossière et se terminait par une pièce minuscule d'où jaillirent des chauves-souris. Sur les murs, à peine dégrossis, aucune trace d'inscription ni de peinture ; cette pauvre cavité n'avait jamais contenu d'objet antique. Furieux, Carter remonta.

— Mahmoud s'est moqué de nous.

Ahmed Girigar paraissait inquiet.

— Des ombres, par là... ne redescendons pas par le même chemin.

Un coup de feu éclata, la balle frôla l'oreille droite de Carter. Le *reis*, sortant son pistolet de la poche de sa *galabieh*, tira au jugé et protégea la retraite de Carter.

*

L'archéologue connaissait les coupables. Il avait eu tort de mépriser l'avertissement de Démosthène et était tombé dans un traquenard organisé de manière remarquable ; le vieux Mahmoud avait joué son rôle à la perfection. Qui n'aurait cru à ses aveux ? Demain, les pillards professionnels fomenteraient un nouvel attentat, plus machiavélique ou plus brutal. Pour mettre fin à cette menace, une seule solution : s'adresser au chef des bandits. C'est pourquoi Carter demanda audience auprès du maître du clan Abd el-Rassoul.

L'accueil fut aussi solennel que la première fois ; le redoutable personnage offrit du mouton grillé, des dattes et du lait frais. Pendant le repas, Carter se contenta d'aborder des sujets aussi neutres que la pêche dans le Nil ou les difficultés millénaires de l'irrigation ; c'était à son hôte de faire le premier pas qu'il accomplit en fumant le narguilé.

— Votre présence m'honore, monsieur Carter ; vous êtes à présent le maître de la Vallée.

— Un site qui requiert toutes vos attentions.

— Ma famille le fréquente depuis plusieurs générations ; nous avons un droit de propriété.

— Le passé est le passé.

— Qui ne respecte pas le passé est indigne du présent.

— Mon rôle consiste à préserver la Vallée de tout pillage.

— Vous le tenez fort bien.

— Trop bien, à votre goût ?

— Vous connaissez bien mes goûts.

— Ne serais-je pas devenu... gênant ?

— Certains l'affirment.

— N'affirment-ils pas aussi qu'il conviendrait de se débarrasser du gêneur ?

— C'est bien possible.

— Ma disparition ne vous contrarierait guère.

— La vie et la mort sont dans la main d'Allah.

— La main des hommes se substitue souvent à celle de Dieu.

— C'est la destinée.

— Il serait inconvenant de vous demander si vous êtes le véritable auteur de la tentative d'assassinat dont je fus l'objet.

— En effet.

— Sachez que je préfère mourir plutôt que de renoncer.

— Pourquoi tant d'obstination, monsieur Carter ?

— Parce que la Vallée des rois est mon destin ; c'est là que la main de Dieu m'a touché. La quitter me condamnerait au néant.

Abd el-Rassoul parut ébranlé par tant de détermination.

— Si vous m'empêchez d'acheter et de vendre, monsieur Carter, comment nourrirai-je ma maisonnée ?

— De l'avis général, la Vallée est épuisée ; plus aucun trésor ne se cache dans son sol. Les vestiges archéologiques ne vous procureront aucun bénéfice.

— J'ai une question précise à vous poser : étendrez-vous votre pouvoir à toute la rive d'Occident ?

— Seule la Vallée m'intéresse, désormais.

— Concluons un pacte : mes hommes n'y interviendront pas et personne n'osera vous attaquer. Mais vous ne m'importunerez plus en dehors de votre domaine et ne ferez plus appel à la police.

— Qu'il en soit ainsi.

— Qu'Allah soit notre témoin.

## *Chapitre 50*

Pendant la dernière semaine de septembre 1918, les Alliés lancèrent une quadruple offensive en Champagne, en Argonne, sur la Somme et en Flandre ; cette fois, Carnarvon fut persuadé que les troupes allemandes ne résisteraient pas et que cette abominable guerre au cours de laquelle plus de huit millions d'hommes étaient morts, prendrait bientôt fin.

Hélas, la santé du comte ne s'améliorait pas ; il se sentait incapable de supporter les fatigues d'un long voyage. Comme l'Égypte était lointaine !... Jour après jour, Carnarvon suivit le cours des événements qui agitaient une société paysanne affamée et épuisée. Quand, le 30 octobre 1918, la Turquie capitula, le mouvement nationaliste commença à s'organiser. Le comte en souligna la vigueur lors de ses entretiens avec l'émissaire du Foreign Office qui ne manquait pas de le consulter régulièrement; prudent, Londres commença à désavouer quelques hauts fonctionnaires britanniques un peu trop rigides. Les vieux résidents à la poigne de fer avaient l'échine trop raide pour préparer l'avenir.

Après l'armistice signé le 11 novembre à Rethondes, l'Égypte rappela qu'elle était restée fidèle aux Alliés; le sultan Fouad ne cacha pas son ambition d'obtenir une rapide indépendance au terme de négociations avec l'Angleterre. Saad Zaghloul prit la tête d'une délégation de patriotes, le *Wafd*, qui demanda au haut-commissaire britannique l'autorisation d'aller à Londres afin de solliciter la libération de l'Égypte. En guise de réponse, il fut déporté à Malte.

Carnarvon, qui luttait tant bien que mal contre l'épidémie mondiale de grippe, déplora cette décision et multiplia les mises en garde; la Grande Guerre avait brisé un ordre international que d'aucuns jugeaient inébranlable et modifié les mentalités en profondeur. Dans quelle tourmente entrerait l'Égypte?

*

— Il faut composer, dit Ahmed Girigar.

Carter maîtrisa mal sa colère.

— Composer... qu'est-ce que cela signifie? Mes ouvriers sont les mieux payés du pays!

— Ce n'est pas seulement une question d'argent.

— Je respecte ces hommes, Ahmed; me comporterais-je en tyran?

— Vous êtes exigeant, mais juste.

— En ce cas, pourquoi interrompre le travail?

— Le pays est en proie à des convulsions; mes compatriotes veulent l'indépendance.

— Je ne me préoccupe pas de politique... et la Vallée s'en moque!

— La répression n'a pas éteint les aspirations du peuple ; elle les a décuplées. Des émeutes ont éclaté ici et là, une campagne de désobéissance civile a été largement suivie.

— En quoi toute cette agitation me concerne-t-elle ?

— Vous oubliez que vous êtes étranger et anglais.

— Que me conseilles-tu ?

— Ralentissez vos activités pendant quelque temps ; lorsque le calme sera revenu, nous remettrons l'équipe au travail.

— Et si le calme ne revient pas ?

— Dieu décidera.

*

Le haschich calmait à peine Démosthène. Comment son plan avait-il pu échouer ? Sans la maladresse des tireurs, Carter ne serait plus de ce monde et le trafic aurait recommencé comme autrefois. Le marchand se serait volontiers acharné, mais les ordres du clan Abd el-Rassoul étaient formels : la Vallée des rois devenait un domaine réservé à l'Anglais. Mais personne n'interdisait de ruiner sa réputation.

Démosthène ne s'adresserait pas à Lacau, le directeur du Service, qui aurait refusé de recevoir un individu aussi peu recommandable ; il lui fallait s'infiltrer de manière plus subtile en acquérant la confiance d'employés subalternes. Les plus accessibles étaient des inspecteurs locaux à qui la personnalité de Carter portait ombrage ; le voir déguerpir serait une vive satisfaction que partageaient nombre d'égyptologues, excédés par l'indépendance et la capacité de travail de leur collègue. À cause d'énergumènes de cette espèce, n'accusait-on pas les érudits de rester confinés dans leur bureau au lieu de connaître l'expérience du terrain ?

L'arme de Démosthène serait le fiel. Au fil des mois, il répandrait de fausses informations, d'abord insignifiantes puis de plus en plus compromettantes ; son premier poisson était un inspecteur égyptien entre deux âges dont la carrière stagnait dans un médiocre secteur de Haute-Égypte.

Le Grec glissa dans la poche du fonctionnaire une enveloppe remplie de billets.

— Pourquoi ce geste ?

— Votre documentation sur les momies me fut précieuse.

— De simples articles...

— À Louxor, on est si mal informé.

— Vous avez pourtant le fameux Carter !

— Un curieux archéologue, en vérité.

— Curieux ? Impossible, voulez-vous dire ! Ses exigences scientifiques sont insupportables ; s'il fallait publier la moindre pièce sortie du sable, où irions-nous ?

— Il a lui-même d'autres préoccupations.

— Lesquelles ?

— Ce ne sont que des bruits, murmura le Grec, mais on prétend qu'il vend des objets, pour son propre compte, sans prévenir Carnarvon.

— Auriez-vous des preuves ?

— Ce ne sont que des bruits, répéta le Grec.

*

Raifa ne se berçait pas d'illusions. Si Howard lui accordait autant de promenades dans la campagne, c'est parce que les menaces de soulèvement populaire ralentissaient son travail dans la Vallée ; dès que l'agitation serait retombée, il retournerait vers son véritable amour.

La déportation de Saad Zaghloul avait calmé bon nombre d'esprits, conscients que l'Angleterre réagirait avec la plus grande fermeté dès que les velléités d'indépendance deviendraient trop ostensibles. Ce n'était pas au Caire que se façonnait le nouvel ordre mondial mais à Washington, à Londres et à Paris ; l'Égypte devrait se plier aux décisions qu'on lui imposerait de l'extérieur même si les cœurs les plus ardents, tel celui de Raifa, en étaient meurtris.

L'été 1919 assomma de sa chaleur les derniers contestataires ; se débarrasser du poids de l'Angleterre et de son administration semblait utopique. On continuait à palabrer, voire à comploter, mais l'on remettait à plus tard la révolution.

— Quand reprendras-tu tes fouilles ?

— À l'automne ; cette agitation m'a fait perdre un temps précieux.

— C'est la colère d'un peuple, Howard !

— Ne me prends pas pour un aveugle, Raifa ; j'en suis conscient. Comprends mon combat comme je comprends le tien ; ma concession est limitée et je dois faire parler la Vallée.

— Pourquoi, Howard ?

— C'est un feu, au plus profond de moi, une exigence à laquelle je ne peux me soustraire. La Vallée m'appelle sans cesse, et je ne parviens pas encore à traduire son message.

— Tu me fais peur.

— Sommes-nous libres de choisir notre chemin ?

— La plupart des êtres le sont ; toi, tu es le serviteur d'une force contre laquelle rien ne peut lutter.

Ils s'assirent à l'ombre des palmes, près d'un puits.

— Ne refuse pas mon aide, Howard ; je te sens si seul, parfois. À lutter contre l'invisible, ne disperseras-tu pas tes forces ?

— Un pharaon dort dans les ténèbres de l'oubli ; parfois, je crois entendre sa voix. L'invisible... oui, tu as raison, c'est l'invisible qui m'attire, de l'autre côté de cette muraille de roches et de déblais. Je franchirai l'obstacle, je te le promets.

Raifa n'avait pas besoin de cette promesse-là ; elle se lova tendrement contre Carter et goûta la douceur de la fin du jour.

## *Chapitre 51*

Lady Almina, conformément au souhait de son époux, avait organisé un dîner de treize convives. Seules des bougies éclairaient la salle à manger. Elle ne connaissait aucun des hôtes dont elle jugea l'apparence plutôt bizarre ; femmes âgées portant des vêtements chamarrés et hommes barbus. L'un d'eux arborait un turban. Lorsqu'ils furent installés, selon le plan de table du comte, Lady Almina osa l'interroger à voix basse.

— Qui sont ces personnes ?

— Les meilleurs médiums de Londres.

— Des illuminés, à Highclere ? Mais pourquoi...

Carnarvon posa l'index sur les lèvres de sa femme.

— Recueillons-nous, ma chère ; l'affaire est sérieuse.

Pendant le dîner, la fine fleur de la voyance britannique se comporta de manière honorable ; le comte nota même une propension à la gourmandise chez la plupart de ses membres. Habitué à sonder les êtres du regard, en se fixant à des attitudes ou à des gestes, il repéra vite deux charlatans, plusieurs déséquilibrés et un fou. Une petite femme brune, qui poussait l'impudence jusqu'à ressembler à la reine Victoria âgée, l'intrigua ; elle mangeait peu, parlait moins encore et regardait sans cesse la flamme d'une bougie au point de s'hypnotiser.

La table desservie, Lord Carnarvon exhiba un plan de la Vallée des rois et une feuille où Carter avait inscrit en hiéroglyphes les noms de Toutankhamon.

— Concentrez-vous, mes amis, et faites appel aux esprits. Le roi dont voici les noms est-il enterré sur ce site ? Si oui, pouvez-vous préciser l'endroit ?

Un silence pesant enserra l'assemblée. Les uns fermèrent les yeux, les autres formèrent un geste de prière, d'autres encore se recueillirent sur une boule de cristal ou des cartes de tarot. Le sosie de la reine Victoria continua à fixer la flamme.

— Ce monarque est un atlante, proféra l'homme au turban ; son corps est enfoui sous les eaux.

Comme Carnarvon l'avait classé dans la catégorie des charlatans, sa vision ne l'importuna guère ; se succédèrent d'autres révélations du même acabit, sans nul rapport avec la Vallée ou le règne de Toutankhamon.

Soudain, la petite femme brune prit la parole ; elle avait une voix grave, qui montait du ventre.

— Un pharaon... un pharaon mort jeune... tout brille, tout rayonne autour de lui... son âme se cache, elle nous échappe... une porte scellée... personne ne doit l'ouvrir, personne ne doit entrer ! Là est le secret, le grand secret !

La voyante s'évanouit et tomba sur le parquet. Au même instant, le maître d'hôtel pénétra dans la salle à manger.

— Monsieur le comte... un vol vient d'être commis dans la bibliothèque !

Carnarvon abandonna les médiums et se précipita sur les lieux du forfait. Un rapide examen lui apprit que le malfaiteur s'était attaqué à sa collection d'objets égyptiens ; négligeant les plus précieux, il ne s'était emparé que d'une feuille d'or de Toutankhamon.

Lady Almina, affolée, se serra contre son mari.

— Un vol chez nous, c'est horrible ! Mais qui...

— Ou bien l'esprit du pharaon, ou bien un spécialiste.

Selon des informations récentes, une indiscrétion aurait permis au British Museum de connaître le pacte secret passé entre le comte et les Américains ; la fureur des égyptologues, qui dédaignaient le travail de Carnarvon et celui de Carter, taxé de rêveur et de fanatique, s'était-elle traduite de cette façon brutale ? Habitué à la perfidie et à ses innombrables manifestations, le maître de Highclere jugea l'hypothèse plausible. Il préféra cependant croire que l'âme de Toutankhamon se révoltait à l'idée d'être troublée dans son sommeil et lui donnait un sérieux avertissement.

Quoi de plus excitant ?

*

L'émissaire du Foreign Office apprécia l'excellence du porto.

— Cuvée spéciale, rappela Lord Carnarvon.

— Remarquable.

— Votre visite, cher ami, signifie que mes dernières analyses ont été prises en considération.

— Elles ont même fait quelque bruit.

— Agréable ou désagréable ?

— Les dents de quelques responsables de nos services secrets ont grincé ; pour eux, l'Égypte n'est pas proche de l'indépendance.

— Ils se trompent, comme d'habitude ; sinon, l'Angleterre aurait conservé la maîtrise du monde.

— Voici une opinion presque subversive ; savez-vous que vous avez beaucoup d'ennemis ?

— Beaucoup d'ennemis anglais, beaucoup d'amis égyptiens ; ce sont ceux-ci qui auront le dernier mot, croyez-moi.

— N'oubliez quand même pas que vous êtes de nationalité anglaise, Lord Carnarvon, et que vous devez défendre les intérêts de votre pays avant ceux d'un peuple lointain aux coutumes si différentes des nôtres.

— Menace déguisée ?

— Nous louons votre esprit critique et votre franchise, mais ne souhaitons pas que vous dépassiez la limite du raisonnable.

— Où la fixez-vous ?

— À vous d'être prudent.

— Je m'exécute : trouvez-moi un moyen de transport pour l'Égypte.

L'émissaire frémit.

— Vous repartez ?

— La guerre est finie et ma santé s'améliore ; oublieriez-vous que j'ai obtenu la concession de la Vallée des rois ?

— Excellente couverture qui vous permettra de reprendre de multiples contacts avec les personnalités égyptiennes.

— Couverture ? Non, mon cher, plus que cela...

— Que voulez-vous dire ?

— Qui oserait parler de vocation avec un haut fonctionnaire ?

*

Carter faisait les cent pas sur le quai du port d'Alexandrie. Le bateau en provenance d'Angleterre était annoncé ; à son bord, Lord Carnarvon, de retour sur la terre des pharaons après tant d'années d'absence. Carter était encore plus nerveux qu'à l'ordinaire en raison des mauvaises nouvelles transmises par la radio. Le navire ne ressemblait guère à un paquebot de croisière ; il s'agissait d'un bateau de transport de troupes, muni d'un pare-mines mais dépourvu de tout confort. On y avait aménagé à la hâte des cabines étroites sans avoir eu le temps de procéder à un nettoyage en règle et à une indispensable désinfection. De nombreux voyageurs avaient été gravement malades pendant la traversée et l'on parlait même de deux décès ; aussi Carter, connaissant la très médiocre santé du comte, se rongeait-il d'inquiétude.

À cause d'un temps épouvantable en Méditerranée, le bateau avait pris du retard et, pendant une journée, les autorités portuaires avaient même redouté un naufrage. Mais le chant des sirènes annonçait enfin l'arrivée ! Le remorqueur entra en action et bientôt, les premiers passagers débarquèrent.

Dans la cohue, Carter chercha en vain Carnarvon. Des familles se retrouvaient, des parents embrassaient leurs enfants, des femmes leurs maris ; la joie éclatait, sans retenue. Près d'une heure s'était écoulée ; le vide de la passerelle offrait le plus attristant des spectacles. Le comte n'avait donc pas survécu et ce rafiot délabré formait le plus sinistre des linceuls. Peut-être gisait-il dans sa cabine, incapable de se lever ? Au moment où Carter se décidait à monter à bord, il aperçut Lord Carnarvon.

Très frêle, la démarche hésitante, il portait sur son visage les marques d'une profonde fatigue ; la main droite souleva un chapeau à larges bords, dévoilant les cheveux blond roux qui flottèrent un instant au vent. Lord Carnarvon jouait toujours de cette élégance naturelle qui faisait de lui un personnage irremplaçable ; sous la carapace de l'aristocrate perçaient générosité et passion. Susie courut vers Carter qui la caressa avec tendresse.

Malgré le bonheur qu'il éprouva à ces retrouvailles, ce fut un autre sentiment qui l'envahit.

Carnarvon n'était pas seul.

À son bras, une resplendissante jeune femme.

## *Chapitre 52*

Le couple descendit lentement la passerelle. Un chapeau noir en cloche cachait la chevelure de la jeune femme au visage radieux, à peine sorti de l'enfance ; sa veste grise à grands revers, lourde et austère, était pourtant agrémentée d'un décolleté qui laissait augurer de formes ravissantes. La jupe longue et les bas noirs ajoutaient encore au sérieux excessif de l'ensemble.

— Heureux de vous revoir, Howard ; voici ma fille, Lady Evelyn.

Les grands yeux noirs captivèrent le regard de Carter. Comment une femme pouvait-elle être à la fois aussi belle et aussi tendre, aussi pudique et aussi attirante ?

— Eh bien, Howard, auriez-vous perdu votre langue dans la Vallée ?

— Pardonnez-moi... l'émotion.

— Ravie de vous connaître, monsieur Carter ; mon père ne parle que de vous, à Highclere, et de ce roi si mystérieux dont j'ai oublié le nom.

— Voyager est indispensable pour bien connaître l'humanité ; c'est pourquoi j'ai décidé d'emmener Eve. Susie était d'accord.

— N'est-ce pas moi qui ai insisté au point d'user votre légendaire patience ?

— Ce point est trop délicat pour être traité à la va-vite.

Entre le père et la fille régnait une complicité rieuse ; Carter se sentit balourd, incapable de trouver le mot juste. Avec précipitation, il relata ses derniers travaux dans la Vallée pendant que les porteurs s'occupaient des bagages.

— Lady Evelyn désire-t-elle voir les plus beaux sites du pays ?

— J'ai chaud, avoua-t-elle, mais comment m'habiller autrement ? J'ai lu qu'une femme devait se dissimuler sous des vêtements épais et même voiler son visage.

— Seules les paysannes sont très strictes, dans certaines campagnes reculées. En ville, les vêtements européens ne choquent personne.

— Merveilleux ! J'ai eu raison de remplir mes malles.

— J'ai opté pour d'autres contenus, révéla le comte ; après ces années de privation, j'ai songé que même un archéologue aussi exigeant que Howard Carter ne dédaignerait pas quelques plaisirs simples. Notre maison de fouilles sera bientôt équipée de vin français, de cognac, de bière anglaise, de tabac et du meilleur café ; lorsqu'on se bat contre le mystère, il faut prendre des forces.

*

Du Caire à Medinet el-Fayoum, Lord Carnarvon et sa fille bénéficièrent d'une voiture à moteur conduite par un chauffeur tantôt hésitant, tantôt audacieux ; puis le comte choisit une calèche en bon état que tiraient des chevaux bien soignés.

— Où m'emmenez-vous ? demanda-t-elle, perdue dans une foule bruyante.

— Au paradis.

Dès qu'elle fut sortie de la ville où des canaux, devenus égouts, faisaient régner une odeur pestilentielle, la calèche emprunta des chemins de terre bordés de jardinets. La jeune femme s'étonna de la luxuriance du paysage, agrémenté de palmiers dattiers, de citronniers, de lauriers-roses ou d'hibiscus ; sa surprise fut encore plus grande quand elle découvrit le lac Qaroun, immense réserve d'eau aménagée par les pharaons et d'où la province du Fayoum tirait sa fertilité.

— Autrefois, indiqua Lord Carnarvon, le lac était deux fois plus grand et la végétation beaucoup plus dense ; les nobles venaient chasser dans une réserve, à certaines périodes de l'année.

— Le paradis... vous avez raison, il doit ressembler à cet endroit.

Ils déjeunèrent au bord du lac où l'on pêchait d'excellents poissons. Susie dégusta une variété de truite avec une évidente satisfaction. Brusquement, Lady Evelyn cessa de manger.

— Là-bas, près de la petite barque, un homme se baigne !

Carnarvon leva la tête.

— C'est indéniable.

— Mais il est nu !

— Je n'ai aucun caleçon à lui fournir. Ou bien tu changes de place, ou bien tu acceptes la fatalité.

— Je croyais que les musulmans bannissaient la nudité, même au bain.

— Les femmes, oui ; les hommes, non, surtout dans

cette région où l'on a conservé de vieilles coutumes. Sous les pharaons, on nageait nu et l'on travaillait de même dans les champs.

— Observer les survivances fait partie de l'apprentissage d'une future archéologue, n'est-ce pas? Je ne changerai pas de place.

Le comte emmena sa fille sur des sites que ne fréquentaient pas les touristes, comme le temple de Medinet Maâdi, admirable vestige d'une grande cité enfouie sous les sables ou le sanctuaire ptolémaïque de Kasr Karoun, aux pierres blondes et chaudes. Ils errèrent sur les bords du lac, se désaltérèrent à l'ombre des palmes et furent accueillis dans plusieurs demeures villageoises où on leur offrit galettes et thé à la menthe.

— M. Carter semblait fâché de vous voir partir, observa-t-elle.

— C'est un bien grand mot; il souhaitait te montrer la Vallée au plus vite. Que dis-je... *sa* Vallée.

— Quand irons-nous?

— Bientôt. J'ai voulu te préparer à ce choc en te faisant goûter aux merveilles de ce pays. La Vallée est un autre monde, féroce, hostile et grandiose.

— On croirait qu'elle vous fait peur!

— Un peu, je l'avoue. Elle ne parle que de mort et d'éternité, en des termes si puissants que l'âme en est captivée.

À quelques kilomètres au nord de Medinet el-Fayoum, des paysans armés de fourches arrêtèrent la calèche. Un dialogue très vif s'engagea entre eux et le cocher. Carnarvon, qui parlait mal arabe mais comprenait de nombreux termes, perçut l'essentiel.

— Une émeute. Les indépendantistes ont molesté des policiers et veulent s'attaquer aux étrangers.

Lady Evelyn serra le bras de son père.

Le cocher proposa au comte de changer de route et de continuer à pied, s'il le fallait; dans plusieurs agglomérations, la colère du peuple éclatait. Le paradis se teintait de sang.

*

Lord Carnarvon fut reçu par un proche collaborateur du maréchal Allenby, le haut-commissaire qui régnait sur l'Égypte.

— Vous ne contrôlerez plus longtemps les mouvements de foule, prédit le comte.

— Ne soyez pas si pessimiste.

— Calmez le jeu, ou bien le pays entier s'embrasera.

— Que proposez-vous ?

— Libérez Zaghloul.

— Vous n'y pensez pas !

— Vous en avez fait un martyr ; les discours de ses partisans sont de plus en plus violents.

— S'il sort de prison, nous ne pourrons plus l'arrêter.

— Au contraire, il s'épuisera.

— Pari bien dangereux.

— La seule issue possible. Zaghloul est beaucoup plus redoutable en prison ; et ce n'est pas notre seul souci.

Le fonctionnaire, déjà contrarié, se rétracta davantage.

— Soyez plus explicite.

— La dette de l'Égypte demeure considérable ; les pays vaincus, Allemagne, Autriche et Hongrie, ne font plus partie de la Caisse chargée de la gérer. À cause de la Révolution, la Russie s'est retirée ; ne restent que les Italiens, les Français et nous. Si je ne m'abuse, ce triumvirat ne durera pas longtemps ; il faudra un vainqueur.

— Secret d'État, Lord Carnarvon.

— Secret de polichinelle. Si l'Angleterre ne veut pas sombrer dans le ridicule, qu'elle rétablisse d'abord la paix.

*

Carter, dépité, se sentait seul. Carnarvon et sa fille, occupés au Caire, n'accordaient aucun intérêt à ses travaux. Un calme précaire, revenu en Haute-Égypte lui avait pourtant permis de reprendre ses fouilles autour de la tombe de Ramsès IV, puis devant celle de Thoutmosis III ; mais les premiers sondages ne fournissaient aucune piste intéressante.

À l'issue d'une semaine décevante, Carter se promenait le long du Nil, à Louxor, quand il fut abordé par l'un des plus fameux marchands d'antiquités clandestines de la rive ouest, un homme jeune et rasé appartenant au clan d'Abd el-Rassoul.

— Je vous avais promis un lot de scarabées.

— Exact.

— À présent, je n'ai plus peur d'être dénoncé, puisque vous avez promis de ne pas avertir la police.

— À condition que plus un seul objet ne sorte de la Vallée des rois.

— Que maudit soit celui qui trahit sa parole.

— Où sont tes scarabées ?

— Je ne les ai plus ; un autre acheteur m'a proposé un meilleur prix. Si vous les voulez, il faudra me payer le double.

— Qui s'est permis...

— Ne vous fâchez pas, monsieur Carter : ainsi va le commerce. J'attends votre réponse jusqu'à demain.

Stupéfait, Carter suivit le marchand à bonne distance. Qui s'amusait à faire monter ainsi les prix et à intervenir dans des relations établies depuis longtemps, et seules capables de sauver certains objets ?

L'homme entra au Winter Palace ; il en ressortit quelques minutes plus tard avec un Américain que Carter reconnut aussitôt : Herbert Winlock ! L'Anglais continua sa filature et attendit que la conversation prît fin pour aborder son ami.

— Pardonnez ma brutalité, Herbert, mais ce gaillard vous a-t-il proposé un lot de scarabées ?

— Oui, mais...

— Ils appartiennent à Lord Carnarvon.

L'Américain se tâta les joues, amusé.

— Autrement dit, ce petit bandit cherche à interrompre le circuit normal et à nous dresser l'un contre l'autre.

— Je le crains.

— Je le renverrai donc vers vous. Le Metropolitan Museum s'est engagé à ne gêner en rien les transactions de votre patron à condition que la plus belle partie de sa collection nous revienne ; vous n'avez pas à vous en plaindre, je crois ?

— La commission que je perçois me met à l'abri du besoin pendant quelque temps.

— Tant mieux. Soyez sans crainte ; la règle du jeu demeure inchangée. De vous à moi, cela m'amuse de battre les Anglais sur leur propre terrain et de terrasser dans l'ombre le British Museum.

Winlock rougit.

— Excusez-moi... j'oubliais que vous êtes anglais.

Carter ne protesta pas. Anglais, l'était-il encore ?

*

Carnarvon eut le triomphe modeste. La libération du leader indépendantiste avait apaisé les esprits ; Zaghloul discourait librement avec véhémence, les palabres prenaient le pas sur l'action. En sortant du bureau du haut-commissaire, où on l'avait vivement encouragé à poursuivre sa tâche, le comte sentit ses jambes se dérober sous lui. Son cœur battit la chamade et il respira avec peine. Le planton vint à son secours. Susie aboya.

— Appelez ma fille, vite...

*

Sur le bateau du retour, Evelyn soigna son père qui devait subir une légère intervention chirurgicale en Angleterre. Elle lutta contre le désespoir qui le menaçait.

— Carter doit être découragé, dit-il. Je venais lui apporter mon soutien et nous ne sommes même pas allés à Louxor.

— Ce n'est que partie remise ; dès que vous serez sur pied, nous reviendrons. L'Égypte me fascine autant que vous.

## *Chapitre 53*

Pendant tout le mois de janvier 1920, Carter déplaça les monceaux de débris encombrant les environs de la tombe de Merenptah, fils et successeur de Ramsès II. Grâce au decauville, le travail avança vite. Devant l'entrée de la tombe de Ramsès IV, Carter découvrit cinq dépôts de fondation qui contenaient outils miniatures, perles, plaques de faïence, et quatre grandes fosses fermées. Un tel dispositif laissa espérer une cachette ; hélas, elles étaient vides.

Carter piétinait. Il ne pouvait accuser que lui-même, puisqu'il ne manquait ni d'hommes ni de matériel. Tant d'efforts déployés pour de si maigres résultats... Malgré son obstination et son sens de la méthode, il était loin d'égaler les performances de Theodore Davis. Par moments, il désespérait ; ne lui faudrait-il pas se rendre aux raisons de la quasi-totalité des égyptologues, persuadés que la Vallée était épuisée ?

La détérioration de la santé du comte aggravait le sentiment d'échec ; tout se liguait contre l'archéologue. Carnarvon croyait-il encore à un grand succès ? Il ne s'était même pas donné la peine d'emmener sa fille à Louxor.

Un télégramme, reçu le 24 janvier, fit regretter à Howard Carter d'avoir douté de son patron : Carnarvon annonçait son arrivée à la mi-février. L'archéologue convoqua aussitôt Ahmed Girigar et lui demanda de doubler la cadence ; une prime spéciale serait accordée aux ouvriers afin qu'ils dégagent les abords de la tombe dc Ramsès II où pouvaient être dissimulés des objets précieux. Quand le comte se présenterait sur le chantier, Carter n'aurait pas les mains vides.

*

Lady Almina refusa l'Égypte dès ses premiers pas sur la terre des pharaons. « Le plus beau pays du monde », selon l'expression de son mari, n'était qu'un gigantesque réservoir de mouches où régnait un soleil insupportable et où soufflaient des vents qui charriaient de la poussière et donnaient la migraine. Quel charme pouvait-on trouver à ces étendues plates, où des palmiers grêles luttaient contre la sécheresse, à ces déserts brûlants et inhospitaliers, à ces jardinets misérables et mal entretenus, quelles excuses pouvait-on accorder à ces gens paresseux et sales qui passaient leur temps, assis, à fumer la pipe ?

Plus elle descendait vers le sud, moins Lady Almina espérait une pluie soutenue et des vallons verdoyants. Engoncée dans un tailleur de laine, elle ne cessait de se plaindre.

— Est-il indispensable d'aller jusqu'à Louxor ?

— Par bonheur, oui.

— Par bonheur ! Comment vous et votre fille osez-vous apprécier cette contrée et les sauvages qui l'habitent ?

— Savez-vous qu'ils nous considèrent comme des analphabètes ?

Lady Almina sursauta.

— De quel droit, grand Dieu !

— À leurs yeux, nous faisons tout à l'envers ; nous marchons avec des chaussures dans les lieux saints, nous ôtons nos chapeaux dans les maisons et, surtout, nous écrivons dans le mauvais sens, de gauche à droite alors qu'un lettré rédige de droite à gauche.

— Ces arguments sont si absurdes que je préfère me taire.

*

Les abords de la Vallée des rois épouvantèrent l'épouse de Lord Carnarvon. Le chaos de roches, l'aspect impitoyable des falaises écrasées de soleil et le silence minéral lui donnèrent le sentiment de sortir du monde des vivants et d'entrer dans un univers résolument hostile où elle n'avait pas sa place.

Quand Howard Carter vint à sa rencontre, elle crut à l'apparition d'un démon surgi d'une des tombes creusées dans le roc ; l'impeccable costume trois-pièces, le nœud papillon à pois et l'allure du personnage la rassurèrent. Elle avait affaire à un compatriote, îlot de civilisation dans cette désolation.

Salutations et présentations furent accomplies selon l'usage, Lady Evelyn se tenant légèrement en retrait ; puis, précédé de Susie, Carter fit visiter au trio la tombe de Séthi Ier. Il conseilla à Lady Almina de remettre à un ouvrier son lourd casque colonial muni d'un voile, mais elle refusa sèchement. Vêtue d'un élégant costume de cuir verni et couverte de bijoux, elle avançait avec peine à cause de ses hauts talons. Lady Evelyn, qui avait prévenu sa mère qu'il s'agissait d'une excursion dans le désert et non d'une garden-party, s'était contentée d'un pull décolleté, d'une jupe écossaise et d'une ombrelle.

Carter décrivit avec enthousiasme le voyage du soleil dans l'autre monde et ses transformations successives d'une mort apparente à la résurrection. Éblouie, intriguée, Lady Almina demeura sur la défensive ; une bonne chrétienne et une aristocrate née dans le pays le plus raffiné du monde n'avait pas le droit d'admirer les œuvres barbares d'une religion révolue.

La maison de fouilles raviva son animosité.

— Comment pouvez-vous vivre dans ce cadre rébarbatif, monsieur Carter ? Cette demeure est indigne d'un gentleman !

— C'est pourquoi nous devons l'améliorer, déclara Lady Evelyn d'une voix douce. Demain seront livrées des malles remplies de tapis, de moustiquaires, de rideaux et de lampes à pétrole. J'ai même songé à un petit balai pour lutter contre la poussière des tombeaux.

— Notre séjour n'en sera que plus agréable, jugea le comte, puisque les nourritures promises ont déjà été acheminées.

— « Notre séjour » ! s'insurgea Lady Almina ; vous n'allez pas me contraindre à habiter ici ?

— Bien sûr que non, ma chère ; votre suite est réservée dans le meilleur palace de Louxor. En ce qui me concerne, je passerai quelques nuits dans cette maison.

Lady Evelyn n'osa pas formuler son désir ; comme elle aurait aimé, elle aussi, séjourner dans la Vallée ! De son père, elle avait hérité le goût de l'aventure et des situations inattendues. Lorsque s'y ajoutait le parfum du mystère, elle se sentait animée de la passion de conquérir. Être propriétaire, à vingt ans, du plus fameux site de l'Orient, n'était-ce point le plus incroyable des miracles ?

*

Howard Carter vérifia le pli de son pantalon, resserra son nœud papillon, coupa un poil rebelle qui déshonorait sa moustache et descendit vers son chantier où l'attendait une épreuve redoutable. En cette matinée du mois de mars, il devait montrer aux Carnarvon le résultat de ses énormes travaux de déblaiement qui avaient coûté fort cher au comte. L'archéologue n'avait qu'une certitude : aucune tombe ne se cachait là où les fouilles avaient été conduites avec le plus grand soin. De statues, de colliers d'or, de figurines funéraires, point ; que montrer à Lord Carnarvon, sinon le roc, des débris d'outils utilisés par les bâtisseurs et les fondations des petites maisons où ils travaillaient ? Le triangle délimité par les tombes de Ramsès VI, de Ramsès II et de Merenptah, dont Carter attendait tant, se révélait stérile. Il n'avait donc pas rempli sa mission première : enrichir la collection privée du comte.

Sur les conseils de sa fille, Lady Almina avait accepté de se vêtir plus légèrement ; sans abandonner veste sombre et jupe grise très stricte, elle avait consenti à échanger la laine contre le coton. Parfois, elle se prenait à goûter le soleil de Louxor et même les promenades en felouque sur le Nil, mais se reprochait ces moments de laisser-aller. À ses côtés, Lady Evelyn était resplendissante : chapeau à fleurs, robe blanche, collier de perles soulignaient l'éclat de sa jeunesse. Le comte, appuyé sur sa canne, regarda sa montre.

— Nous sommes à l'heure, Howard ; montrez-nous vos trouvailles.

Dans quelques instants, Carter devrait affronter la honte. Il tenterait bien de démontrer la valeur scientifique des fouilles entreprises, avec la certitude que les Carnarvon bâilleraient vite d'ennui. À quelques pas de la dernière cavité creusée par son équipe, Ahmed Girigar murmura quelques mots à l'oreille de Carter

— En es-tu certain ?

— Je le suis.

Plus détendu, Carter fit longer le chantier à ses hôtes ; les deux femmes furent étonnées de l'ampleur des travaux, le comte demeura silencieux. Après une demi-heure d'explications techniques, il interrompit l'archéologue.

— Ces montagnes de roche devaient cacher des objets magnifiques ; nous sommes impatients de les admirer.

Carter les ramena vers le trou profond autour duquel Ahmed Girigar avait posté plusieurs gardiens.

— Nous allons vivre ensemble le couronnement d'une fouille, annonça-t-il avec fierté. Tout au fond, il y a une cache. Désirez-vous descendre le premier, Lord Carnarvon, et en extraire le trésor ?

— Ce privilège me revient, déclara Lady Almina, à la stupéfaction générale. Je n'ai pas fait ce long voyage pour rien ; puisque nous engloutissons une fortune dans cette région, à moi d'apprécier nos acquisitions.

Avec intrépidité, Lady Almina s'engagea dans la pente. Gêné, maladroit, Carter tenta de l'aider ; elle fut plus rapide que lui et, au prix de quelques glissades, atteignit son but.

— Comment dois-je procéder ?

— Eh bien... à la main.

Sans hésiter, l'aristocrate plongea ses mains dans la terre vénérable, mélange de sable et de débris rocheux ; très vite, elle dégagea le col d'un vase. Folle de joie, elle le sortit de sa gangue et le brandit avec une exaltation qui gagna l'assistance.

— Un vase d'albâtre ! Il est splendide !

Carter recueillit le chef-d'œuvre. Sans attendre son autorisation, elle creusa à nouveau. La cachette contenait treize superbes vases au nom de Ramsès II et de son fils Merenptah. Le destin venait de sauver Howard Carter en offrant à Carnarvon les plus belles pièces découvertes dans la Vallée depuis qu'il finançait les fouilles.

## *Chapitre 54*

Pierre Lacau ne parvenait pas à se concentrer sur le texte hiéroglyphique qu'il traduisait ; trop de soucis l'obsédaient. Le 5 avril, la Société des Nations avait autorisé la Grande-Bretagne à occuper la Palestine ; l'influence anglaise au Proche-Orient allait grandissant. Dans combien de temps s'attaquerait-elle au bastion du Service des Antiquités ?

Par malchance, le fouilleur le plus célèbre et le plus remuant était ce Carter qui, une fois de plus, défrayait la chronique ; ne venait-il pas de déterrer treize vases d'albâtre dans un coin oublié de la Vallée des rois ? Loin de s'en vanter, il s'était contenté de les photographier, d'indiquer leur position et de les décrire dans son propre catalogue archéologique tout en laissant la gloire de la découverte à Lord Carnarvon.

L'érudit français se sentait investi d'une mission sacrée : remplir son rôle de directeur du Service en défendant à la fois les intérêts de la science et de son pays. Aussi, après une période d'observation qui avait pu accréditer sa passivité, passait-il à l'offensive.

— Lord Carnarvon est arrivé, annonça son secrétaire.

— Qu'il entre.

Pierre Lacau se leva pour saluer l'aristocrate.

— Merci d'avoir accepté ce rendez-vous, monsieur le comte.

— Vous rencontrer est un privilège, monsieur le directeur ; n'êtes-vous pas un des hommes les plus puissants de ce pays ?

— Un humble fonctionnaire qui cherche à préserver un patrimoine prestigieux, rien de plus.

On leur servit du café.

— Votre succès fait grand bruit.

— De belles pièces, j'en conviens.

— On avance le terme de chefs-d'œuvre.

— Voici les dessins de Howard Carter.

Lacau apprécia le talent de l'artiste et la beauté des vases.

— La rumeur ne mentait pas. D'un côté, c'est merveilleux ; de l'autre, fort ennuyeux.

— Pourquoi cette inquiétude ?

— Ces splendeurs font partie de l'héritage égyptien.

— Le contrat passé avec le Service des Antiquités est limpide ; je finance les fouilles, les trouvailles m'appartiennent.

— Le texte est plus ambigu, estima Lacau, et j'ai entrepris une profonde réforme juridique.

— Une loi ne saurait être rétroactive, monsieur le directeur.

— Certes, certes... engager une bataille d'avocats me déplairait. Néanmoins...

Carnarvon jugea le Français dangereux. Le ton doux et l'allure courtoise cachaient une volonté de fer et une rare obstination ; de plus, ce personnage élégant, au visage fin et à la magnifique barbe blanche, maniait la ruse comme il respirait.

— Vous avez donc songé à un marché.

— Je ne suis pas un commerçant... Il me semble qu'un partage serait une excellente solution.

— En quels termes ?

— Sept vases pour le Musée, six pour vous ; je vous laisse le choix. Ceux qui sont ornés d'une tête d'ibex rendront prestigieuse votre collection ; quant à la morale scientifique, elle sera considérée comme sauve.

— Je souhaite, monsieur le directeur, que ce pacte scelle de bonnes relations entre nous.

— Pourquoi en irait-il autrement, monsieur le comte ?

*

Carnarvon passa un été paisible à Highclere. Sa santé s'améliorait ; son épouse et sa fille évoquaient souvent leur séjour égyptien et préparaient déjà la prochaine expédition. Lors de ses longues promenades avec Susie, le comte songeait à l'évolution favorable que connaissait l'Égypte ; en fixant les frontières d'une Turquie dépecée, le traité de Lausanne avait définitivement libéré le vieil État de l'influence ottomane. En dépit de troubles sporadiques, la société se remodelait ; la fondation de la banque Misr permettait à l'épargne de se reconstituer tandis que se formait une bourgeoisie moyenne, désireuse de jouir des fruits d'une expansion économique de plus en plus marquée. Certes, les aspirations à l'indépendance ne disparaissaient pas ; mais elles semblaient moins agressives et s'éteindraient peut-être dans le flux de la prospérité.

— Mon père rêverait-il ?

— On ne peut rien te cacher, Eve.

— J'aime ce diminutif.

— Méfie-t'en ; il fait de toi une tentatrice.

— Jurez encore que vous m'emmènerez avec vous, cet hiver.

— Je n'ai qu'une parole.

— C'est si beau, l'Égypte... et cette Vallée ! Je comprends votre passion.

— Tu me rends si heureux...

— Croyez-vous que M. Carter découvrira sa fameuse tombe ?

— Lui le croit ; c'est l'essentiel.

*

La chaleur diminua avec les premiers jours de l'automne. Howard Carter se rendit au Caire afin de s'entretenir avec Arthur Lucas, directeur du laboratoire analytique du gouvernement, auquel il avait confié une partie du contenu des vases ; chimiste expérimenté, Lucas se passionnait pour les techniques de préservation et de restauration des antiquités. Le visage ovale agrémenté d'une épaisse moustache noire et de sourcils fournis, le savant ne se départait jamais de son sérieux dont un col empesé, d'une blancheur immaculée, était la meilleure preuve.

Lucas, lent et méticuleux, avait étudié avec plaisir un matériau vieux de trois millénaires.

— Quelles sont vos conclusions ? demanda Carter.

— Vos jarres contenaient un mélange de quartz, de calcaire, de bitume, de résine et de sulfate de sodium.

— Des traces d'huile ?

— En effet.

Carter fut déçu ; conformément aux inscriptions, les vases avaient servi à conserver les huiles saintes et n'appartenaient donc pas à un matériel funéraire qui aurait pu indiquer la proximité d'une tombe.

— Vos investigations progressent-elles ?

— Je déblaierai toute la Vallée, s'il le faut.

— J'aimerais vous aider ; si la chimie vous est nécessaire, ne manquez pas de faire appel à mes services.

*

Ahmed Girigar et ses ouvriers reprirent le travail avec enthousiasme ; Carter, présent chaque jour sur le terrain, leur communiquait son énergie et sa certitude de réussir. Après avoir dégagé les maisons d'ouvriers, il ouvrit un nouveau chantier dans le ravin proche de la tombe de Thoutmosis III ; là encore, il lui fallut déplacer les débris provenant des fouilles de Davis afin d'atteindre le sol de la Vallée de la dix-huitième dynastie, époque où elle avait été choisie comme sépulture des pharaons.

La carte de l'archéologue s'enrichissait sans cesse ; il précisait l'emplacement de petits caveaux, rectifiait les erreurs de ses prédécesseurs, dressait des plans exacts et réfléchissait sur les choix des constructeurs. Trop souvent, il oubliait la nécessité de mettre au jour des objets dignes d'une collection de qualité. Son unique trouvaille fut un lot de fragments de canopes provenant de la tombe 42, la première qu'il avait explorée dans la Vallée, bien des années auparavant.

Lorsque Carnarvon fut de retour, en compagnie de sa femme et de sa fille, aucun miracle ne se reproduisit. Carter n'eut aucun objet, petit ou grand, à leur présenter. Sa seule surprise avait consisté à aménager en salle à manger la partie supérieure de la tombe de Ramsès XI où fut célébré le banquet de Noël arrosé d'un excellent champagne. Ravi de voir sa fille heureuse et son épouse détendue, Carnarvon ne posa aucune question sur les maigres résultats de la campagne en cours ; installés autour d'une longue table, les convives participèrent à une fête hors du temps grâce à la bienveillance d'un pharaon fort hospitalier.

Quand ses invités furent partis, Carter éteignit la lumière et absorba à pleins poumons l'air nocturne ; il marcha à pas lents, communia avec cette Vallée qu'il aimait tant et qui lui refusait son ultime secret.

À quinze pas, une silhouette sortit des ténèbres.

— Raifa !

— Tu ne sais plus que j'existe, Howard.

— Raifa...

— Ne mens pas. J'ai vu la jeune fille, j'ai vu la manière dont tu la regardais.

— Lady Evelyn est la fille de Carnarvon. Je n'ai pas le droit...

— L'amour se moque des interdits ; moi non plus, je n'avais pas le droit. Mais elle a vingt ans et moi plus de quarante... Est-il une autre vérité ?

Raifa recula.

— Ne pars pas...

— Tu ne me retiendras pas, Howard. La Vallée a gagné ; c'est elle qui a attiré cette jeune fille et nous éloigne à jamais.

## *Chapitre 55*

Carter, profondément ébranlé par la fin de sa liaison avec Raifa, se noya dans un travail herculéen qui épuisa ses ouvriers les plus robustes. Au centre de la Vallée, il explora l'espace entre la désolante tombe 55 et celle de Ramsès IX. Il atteignit une fois encore le lit rocheux avec, comme seule récompense, un vase canope de l'époque ramesside.

Refusant de céder à la déception, il attaqua l'autre côté de la tombe 55 et dut se contenter d'une maigre cachette contenant des rosettes de bronze et du jaspe rouge destiné à colorier les papyrus. Il entraîna ensuite son équipe vers le vallon où, autour de la tombe de Thoutmosis III, il avait déjà remué des tonnes de débris. À nouveau, le decauville entra en action.

En vain.

La Vallée demeurait stérile.

*

Carnarvon et Carter assistèrent au coucher de soleil, assis sous l'auvent de la maison de fouilles.

— Toujours rien, Howard ?

— Rien d'important, c'est vrai. La Vallée est peut-être le plus ingrat de tous les sites, mais quand elle vous livre l'un de ses secrets, on est récompensé au centuple de longues années de travail monotone.

— J'ai confiance en vous, mais le doute m'effleure. Quel est votre plan, à présent ?

— Atteindre le rocher primitif près des grandes tombes. Les sépultures ramessides ont été creusées à un niveau plus élevé que les tombes de la dix-huitième dynastie, à laquelle appartient Toutankhamon. Il faut donc descendre non seulement sous les déblais mais aussi sous les sols de Ramsès II et de ses successeurs.

— L'entreprise est colossale.

— N'est-ce pas la raison pour laquelle vous m'avez choisi ?

Le comte sourit.

— Contentez-vous de percer les mystères de la Vallée, Howard, pas les miens.

Carnarvon se leva et, de son pas lent, descendit le sentier en s'aidant de sa canne.

Souvent Carter se demandait si l'aristocrate le considérait comme un véritable ami ou s'il lui offrait l'illusion de ce privilège. Qu'il le mît à l'épreuve ne l'attristait pas, puisque son existence n'était qu'une suite de défis ; mais il eût aimé qu'une fois au moins, Lord Carnarvon ouvrît son cœur.

De la dernière langue de feu que le soleil mourant posait sur le flanc de la Vallée, sortit une femme aux cheveux noirs et à la robe blanche.

— Je ne voulais pas quitter Louxor sans vous saluer, dit Lady Evelyn.

— Votre attention me touche.

— Vous êtes bien seul, ici.

— Les pharaons m'entourent.

— Leur discours n'est-il pas trop silencieux ?

— J'avoue que leur voix n'est pas aussi douce que la vôtre.

— Deviendriez-vous charmeur, monsieur Carter ?

— Dans ce domaine, je crains d'être le plus maladroit des hommes.

— Ce n'est pas sûr...

— Reviendrez-vous ?

— C'est tout à fait certain.

La robe blanche virevolta et disparut dans le crépuscule.

*

Pierre Lacau referma le dossier. Après avoir mûrement réfléchi, il avait arrêté des décisions qui devenaient irrévocables, sans tenir compte des intérêts particuliers et des susceptibilités diverses. Aussi reçut-il Lord Carnarvon avec une froide détermination.

— Désolé, monsieur le directeur : je n'ai aucun trésor à partager. La saison de fouilles fut mauvaise.

— Vous devriez changer d'archéologue.

— Howard Carter me donne toute satisfaction.

— Il a une langue trop bien pendue, surtout lorsqu'il critique le Service et traite son directeur de savant médiocre et incompétent.

— Des ragots.

— À force de me revenir aux oreilles, ils doivent être vrais.

— Carter est-il le sujet de notre entretien ?

Lacau ouvrit son dossier.

— Les licences de fouilles sont des documents obsolètes ; désormais, elles comporteront une obligation qui sera respectée à la lettre : la présence permanente d'un inspecteur du Service sur chaque chantier. Il exercera une surveillance effective et interviendra en cas de besoin.

— Ne redoutez-vous pas quelques... frictions ?

— Je les ignorerai.

— Est-ce tout ?

— Les modalités de partage des objets trouvés pendant les fouilles sont modifiées.

Les mains de Carnarvon se crispèrent sur sa canne.

— De quelle manière ?

— Le partage habituel par moitié est aboli. Le Service deviendra acquéreur de la totalité des pièces archéologiques découvertes ou d'une partie d'entre elles, à sa convenance et selon les besoins du Musée.

— Coup de force... est-ce la bonne expression ?

— Nécessité scientifique.

— Je devrai donc m'y plier.

— Je vous le conseille vivement. Autre point décisif, monsieur le comte : votre concession prendra fin en avril 1923. Ensuite la Vallée des rois reviendra au Service des Antiquités.

— Ce n'est pas très correct ; M. Maspero m'avait offert un meilleur délai.

— Dieu veille sur lui ; mais il ne dirige plus le Service. Vous rentrez en Angleterre, je crois ? Permettez-moi de vous souhaiter un bon voyage.

*

Au début de l'automne 1921, Lord Carnarvon écouta les premières émissions régulières de radio sur un énorme poste récepteur qui défigurait sa bibliothèque. Le monde tournait mal : la Chine avait autorisé la création d'un parti communiste et l'Allemagne d'un parti national-socialiste sous l'impulsion de Hitler, de sanglantes convulsions secouaient la Russie, des grèves de mineurs troublaient la sérénité de la Grande-Bretagne. L'Égypte inquiétait de nouveau le comte; en raison d'un climat insurrectionnel, les autorités britanniques avaient accepté de dialoguer avec les indépendantistes; mais la négociation avait vite tourné court puisque le haut-commissaire refusait toute concession. Zaghloul avait servi de bouc émissaire et connu une seconde déportation, cette fois aux Seychelles.

Les pelouses vertes de Highclere luisaient sous le soleil d'automne; par la fenêtre de la bibliothèque, le cinquième comte de Carnarvon contemplait avec ravissement un paysage inchangé depuis plusieurs générations. La plus abominable des guerres avait dévasté l'Europe, les sociétés les plus stables vacillaient, mais Highclere restait identique à lui-même, borne immuable sur le chemin.

Après le dîner, Lady Almina demeura aux côtés de son mari, devant un feu de bois.

— Vous êtes inquiète, ma chère.

— Nos comptables m'ont alertée. Le cours de la livre fléchit, l'inflation s'accentue et nos dépenses augmentent. Entretenir nos 15 000 hectares et une nombreuse domesticité sera bientôt une gageure. Si nous voulons maintenir notre train de vie, il nous faut envisager des économies.

— Dans quel domaine ?

— Le personnel de maison, impossible; les jardiniers, de même; les équipages de vénerie sont indispensables. Il ne reste donc...

— ... que mes fouilles en Égypte.

— Leurs résultats sont médiocres, avouez-le. Ce n'est pas la vente de votre collection qui remboursera l'investissement. Réfléchissez-y, je vous en prie.

*

Carter regretta de ne pas avoir conservé un poste fixe qui lui aurait permis de fouiller sa vie durant sans obligation de résultat; pensée stupide, constata-t-il aussitôt, puisque la hiérarchie administrative ne lui aurait pas permis d'explorer la Vallée des rois. Carnarvon était le seul homme qui lui offrait la possibilité de réaliser son rêve.

Carter se rendit au rendez-vous que lui avait fixé Herbert Winlock; dans l'un des salons du Winter Palace se déroulerait la dernière transaction qui rendrait le Metropolitan Museum propriétaire des plus beaux objets de la collection Carnarvon. Plus de deux cents pièces seraient bientôt exposées; colliers, bracelets, bagues et coupes témoigneraient de l'art des orfèvres du Nouvel Empire, au grand dam du Service des Antiquités et du British Museum.

La somme que recevrait Lord Carnarvon le dédommagerait en grande partie de ses efforts; quant à la commission finale de Carter, elle lui permettrait de finir ses jours dans un village de Haute-Égypte, loin d'une civilisation factice dont il ne partageait pas les dogmes.

Winlock, enjoué, nota que l'Anglais manquait de tonus.

— La concession prend fin au printemps 1923 et je serai loin d'avoir achevé mon travail.

— À New York, j'ai examiné de près la modeste trouvaille que Davis avait négligée... Mon hypothèse s'est confirmée. La présence des sceaux de la nécropole royale et du nom de Toutankhamon prouvent de manière définitive qu'un banquet funèbre fut célébré en son honneur dans la Vallée où il est enterré. Je peux même préciser que les convives étaient au nombre de huit, qu'ils portaient des couronnes florales et qu'ils ont fait un solide repas ; au menu figuraient du canard et du mouton. Ils ont bu de la bière et du vin et ont pris soin d'enterrer à la fois les reliefs de ce repas exceptionnel et les pièces de vaisselle.

Le regard de Carter s'éveilla.

— Je n'ai pas le droit de douter. Toutankhamon est ici, tout près ; mais pourquoi fut-il si bien caché ?

## *Chapitre 56*

Démosthène ne décolérait pas. À cause de Carter, le commerce des antiquités se portait de plus en plus mal. Certes, le pillage des tombes privées continuait, mais plus rien ne provenait de la Vallée des rois. Or, les amateurs payaient toujours plus cher les objets, même médiocres, issus de l'illustre site. Aussi le Grec multipliait-il les entretiens avec les inspecteurs du Service ; ils appréciaient sa générosité qui rendait plus acceptable leur misérable salaire et prêtaient l'oreille aux rumeurs qu'il véhiculait. Chacun savait que l'Anglais était la bête noire de Pierre Lacau et qu'il donnait un mauvais exemple en travaillant sans cesse ; se débarrasser de lui devenait nécessaire, d'autant plus que les égyptologues commençaient à se moquer du « fou de la Vallée » qui déplaçait des tonnes de sable et de roches à la recherche d'une tombe que Davis avait découverte depuis longtemps.

Face à trois jeunes loups du Service qui empochèrent une enveloppe contenant leurs frais de déplacement, Démosthène abattit plusieurs cartes maîtresses.

— Messieurs, j'ai le désagréable devoir de vous apprendre que Howard Carter est un homme corrompu. Il vient de conclure des accords secrets avec les Américains et leur vend des pièces très rares à prix d'or.

— Objets volés ? demanda l'inspecteur le plus gradé.

— Bien entendu.

— Carnarvon en était-il le propriétaire officiel ?

— En effet.

— En ce cas, nous ne pouvons intervenir.

— Un vol, un crime contre le patrimoine égyptien !

— Une affaire entre Carnarvon et ses acheteurs.

— Ce n'est pas tout, insista le Grec ; Carter sert d'expert auprès de collectionneurs. Il leur demande des sommes considérables avant de délivrer ses précieux avis. Même le milliardaire Calouste Gulbenkian, le plus riche vendeur de pétrole de la région, l'a rétribué de façon princière. Messieurs, Carter s'enrichit sur le dos de l'Égypte !

— Des preuves ?

— Ma bonne foi ne suffit-elle pas ?

— De toute manière, Carter n'est pas un fonctionnaire. Il gagne sa vie comme il l'entend. Ce qu'il nous faudrait, c'est une faute professionnelle évidente, une atteinte au site, une destruction systématique des vestiges.

Démosthène commanda une liqueur à base de graines de chanvre ; il avait besoin de s'étourdir dans un paradis artificiel loin de Louxor et de Carter.

*

Carter convoqua le *reis*, quarante hommes et cent vingt garçons. Le mois de février serait décisif ; il demanda à cette nombreuse troupe de redoubler d'ardeur sur un nouvel emplacement, du côté est de la tombe de Siptah, pharaon de la fin de la dix-neuvième dynastie. Comme cette aire n'avait pas été explorée par Davis, on pouvait s'attendre à d'heureuses surprises.

Le mois de février 1922 vit une intense activité ; sous la direction d'Ahmed Girigar, chaque ouvrier mit du cœur à l'ouvrage. Une énorme quantité de débris fut déplacée et déversée dans le ravin proche de la tombe de Thoutmosis III. En peu de temps, grâce au courage de son équipe, Carter avait de nouveau atteint le niveau le plus ancien de la Vallée, là où il espérait découvrir la tombe de Toutankhamon.

Un télégramme l'avertit de l'arrivée imminente de Carnarvon.

Quand le comte pénétra sur le chantier, Carter lui trouva un air soucieux. Il jeta un œil discret sur les excavations.

— Beau travail, Howard.

— L'équipe fut admirable ; elle mérite une gratification.

— Elle l'aura. Résultats ?

L'archéologue était au bord des larmes.

— Rien. Absolument rien. Ni tombe, ni beaux objets.

— J'ai de graves nouvelles à vous apprendre. Demain 21 février, l'Égypte sera reconnue comme un État souverain et indépendant.

— L'Angleterre renonce...

— Pas tout à fait. Le véritable maître du pays demeure le haut-commissaire britannique et notre armée continuera à occuper le pays. Le gouvernement de Sa Majesté défendra l'Égypte contre toute agression extérieure, protégera ses intérêts, assurera la sécurité de ses moyens de communication et contrôlera le Soudan.

— État souverain... c'est donc une mascarade.

— Pas tout à fait non plus. L'Égypte jouira de davantage de dignité et l'Angleterre devra lui témoigner de nouveaux égards.

Carnarvon omit de préciser le rôle qu'il avait joué dans les négociations.

— Les résultats paraissent minces, dit Carter avec émotion, mais notre connaissance de la Vallée s'est accrue dans des proportions intéressantes. Les plans des tombes royales de la dix-huitième dynastie n'ont plus de secret pour moi et je commence à comprendre comment travaillaient les artisans des Ramsès. Ces dernières fouilles furent exaltantes; voulez-vous que je les décrive en détail?

—Je vous suis, Howard, répondit le comte d'une voix lasse.

*

Le 15 mars 1922, Fouad I$^{er}$ abandonna le titre de sultan et se proclama roi d'Égypte avec l'accord des autorités britanniques. Carter et Carnarvon dînèrent en tête à tête dans la modeste salle à manger de la maison de fouilles où l'archéologue offrit un repas digne du comte : feuilles de vigne farcies, boulettes d'agneau aux épices, poisson de la mer Rouge, melon et pâtisseries égyptiennes.

L'aristocrate ne tergiversa pas.

— Existe-t-il encore un espoir de faire une grande découverte?

—J'en suis persuadé.

— Notre bilan n'est pas fameux. À part les transactions commerciales, sans rapport avec la Vallée, nous n'avons sorti de terre que des vases ramessides.

— Winlock a prouvé que la tombe de Toutankhamon reste à trouver.

—Je vous crois, Howard; mais ne s'agit-il pas d'une petite sépulture correspondant au règne d'un petit roi et, de plus, pillée depuis longtemps?

— Pillée, certainement pas : quelques objets auraient circulé chez les antiquaires.

—Je vous le concède. Même intacte, elle ne doit pas contenir grand-chose; la poursuite de cette chimère exige-t-elle de nouvelles campagnes et des mois de travail acharné?

— Tant qu'il restera un pouce de terrain inexploré, nous devrons persévérer ; vous m'aviez promis la chance, monsieur le comte.

— J'aurais mauvaise grâce de le nier ; c'est une maîtresse infidèle qui m'a peut-être quitté.

— Nous avons vécu ensemble les épreuves les plus rudes ; le succès est proche, je le sens !

— La concession se termine.

— Lacau n'osera pas vous refuser un renouvellement.

— Détrompez-vous : il vous hait.

— Que son fiel l'étouffe ! Ces longues années stériles en apparence étaient indispensables ; mon équipe est rodée, sa cohésion parfaite et nous progressons vers le terme de notre quête.

— N'auriez-vous pas un autre site à me proposer ?

— Ne trahissons pas la Vallée.

Carnarvon sentit qu'il n'atténuerait pas la détermination de Carter.

— Comme vous voudrez... nous lui consacrerons donc une dernière saison... Quel endroit choisirez-vous ?

Carter réfléchit longuement.

— Cela vous paraîtra peut-être absurde, mais j'ai envie de creuser sous les fondations des habitations d'ouvriers, près de la tombe de Ramsès VI.

— Vous avez pourtant bien dégagé cette zone-là.

— Je n'ai pas mené mes investigations à leur terme, à cause des touristes et des visites officielles ; cette fois, je couperai l'accès au tombeau et je saurai si ces maisons provisoires ne cachent pas un dépôt de fondation qui nous offrirait la clé de l'énigme.

*

Le 9 mai 1922, Carter avait fêté seul son quarante-neuvième anniversaire. Après avoir bu une bouteille de champagne, il avait erré dans sa Vallée. Tant de souvenirs s'égrenaient au fil des pas : les découvertes des tombes du fondateur, Amenhotep Ier, de la reine Hatchepsout, les espoirs et les échecs, l'amour de Raifa, la fidélité d'Ahmed Girigar et l'étrange amitié de George Herbert, comte de Carnarvon, à la fois si distant et si proche. Il se sentait brisé, épuisé, comme si son avenir ne le concernait plus.

Dans moins d'un an, Carter serait contraint de renvoyer ses ouvriers et de fermer son chantier. Lacau et les égyptologues triompheraient, la Vallée serait délaissée et abandonnée aux touristes. Le vent glacé de l'échec le fit frissonner.

## *Chapitre 57*

Carnarvon demeurait prostré sur une chaise longue, face au parc de Highclere qu'embellissaient les couleurs de l'été.

La chaleur d'août enveloppait les cèdres du Liban, au faîte épanoui ; Lady Almina, qui soignait son mari avec tendresse, consultait de plus en plus fréquemment les médecins. Le comte n'allait même plus promener Susie ; sentant son maître malade, celle-ci passait le plus clair de son temps à ses pieds.

Pendant que le fils de Lord Carnarvon pratiquait les sports traditionnels de l'aristocratie anglaise, Lady Evelyn ne cessait d'observer son père. D'ordinaire si loquace avec elle, il sombrait dans d'interminables périodes de mutisme ; même la lecture des ouvrages d'archéologie ne le réjouissait plus. À plusieurs reprises, il s'était assoupi, laissant tomber son livre sur la pelouse.

Aucun remède ne parvenait à le guérir d'un épuisement qui ressemblait à une mort lente. Ni les prières de

Lady Almina, ni la douceur de Lady Evelyn n'atténuaient les souffrances du comte qui refusait toute visite.

Sa fille lui apporta une tasse de thé.

— Eve...

— Oui, père ?

— Assieds-toi à côté de moi. Je te sens contrariée, presque révoltée ; le spectacle que je t'offre n'est pas digne d'un père.

— Ne vous tourmentez pas ainsi ; vous traversez une mauvaise période.

— À cinquante-six ans, je ne suis plus qu'un vieillard impotent.

— Un malade qui ira mieux dès qu'il consentira à formuler ses soucis.

Carnarvon redressa le buste et regarda sa fille.

— Tu me connais mieux que moi-même.

— De quoi avez-vous peur ? Pour vous ronger de la sorte, le poids doit être bien lourd !

— Plus encore que tu ne l'imagines.

— Eh bien, agissez ! Un être de votre trempe ne peut continuer à s'enfermer dans le remords.

— Tu as raison.

Elle l'embrassa sur le front.

— Expédie un télégramme à Howard Carter, ordonna-t-il, et convoque-le ici sur-le-champ.

*

Le fils d'un modeste peintre animalier pénétra avec quelque crainte dans l'immense domaine de son patron ; Highclere l'écrasa de sa taille et de sa splendeur. L'austérité de la Vallée lui avait fait perdre le goût des pelouses tondues à la perfection, des collines verdoyantes, des hêtres et des chênes. Carter le campagnard, l'amoureux de la terre, aurait aimé posséder un semblable domaine. La richesse du comte lui sauta au visage et le réduisit à sa médiocre condition : un valet au service d'un seigneur.

Un instant, il songea à prendre la fuite ; mais il se souvint que son véritable maître, celui qui orientait sa destinée, était un pharaon perdu dont la voix, à peine audible, avait traversé les siècles. Serrant sur son cœur une serviette remplie de documents, Carter suivit le domestique qui l'introduisit dans la bibliothèque du château.

Éclata un orage d'une violence inouïe ; les lumières s'éteignirent. Carter demeura immobile dans le noir, environné de livres à la présence rassurante. Un bougeoir à la main, Lady Evelyn illumina les ténèbres.

— Monsieur Carter ! Quel plaisir de vous revoir... même si je vous distingue à peine !

Vive, elle alluma des bougies qui baignèrent la pièce d'une douce clarté.

— Aimez-vous Highclere ?

— Qui ne serait subjugué ?

— Ce château a enchanté mon enfance ; si vous le souhaitez, je vous en dévoilerai les secrets.

— Pardonnez mon impatience : comment va votre père ? Ce télégramme...

Le visage de la jeune femme se voila de tristesse.

— Je vais l'avertir.

Quelques minutes plus tard, Carnarvon apparut, les traits tirés, les mains cachées sous un plaid qui recouvrait ses jambes. Il était assis dans un fauteuil roulant que poussait sa fille.

— Bonsoir, Howard. J'ai eu un malaise ce matin et je marche avec difficulté ; Evelyn exige que je me ménage.

— Si ma visite est inopportune...

— C'est moi qui vous ai mandé ; nous devons discuter de choses sérieuses. Veux-tu nous laisser, Evelyn, et nous faire servir du porto ?

À contrecœur, la jeune femme se retira.

— Du nouveau, Howard ?

— Rien de notable. J'ai préparé la prochaine saison et convoqué mon équipe selon les modalités habituelles.

Le comte rejeta la tête en arrière.

— Je suis las, très las... et l'Égypte n'est plus un pays très sûr. La violence ne cesse de s'y développer ; bientôt, les autochtones rejetteront les étrangers et prendront le pouvoir. Il me faudra choisir une autre destination pour mes séjours d'hiver.

Carter resta silencieux, dans l'attente de la suite d'un discours qui s'interrompit là. Alors, il se révolta.

— Ce n'est pas Lord Carnarvon qui s'exprime de cette manière, jugea-t-il ; jamais l'homme que j'ai connu ne reculerait devant un danger, jamais il n'aurait eu peur d'un pays qu'il aime plus que tout autre.

L'impertinence du serviteur déclencherait-elle la fureur du seigneur ? Carter n'en avait cure.

— Pardon de vous avoir offensé, Howard ; Lacau m'a découragé. Le nouveau règlement qu'il compte faire appliquer est une catastrophe.

— Je me charge de Lacau.

— Vous sous-estimez la puissance de l'administration ; elle est capable de nous dépouiller de tout.

— Lacau a peur de vous et de l'Angleterre ; si nous montrons les dents, il reculera.

— Je n'en suis pas sûr... Quels résultats ferons-nous valoir ? Pendant cinq saisons de fouilles, vous avez défriché plus de 200 000 tonnes de débris et j'ai investi plus de 20 000 livres pour creuser des trous dans le sable et en retirer quelques vases. Soyons lucides : nous avons échoué.

— Me jugez-vous incompétent ?

— Au contraire, vous êtes le meilleur archéologue de votre génération. Si vous n'avez rien découvert dans cette maudite Vallée, c'est qu'il n'y a rien à trouver. Que laisserai-je derrière moi ? Des monticules de pierrailles et des cratères... Demain, on rira du nom de Carnarvon. Je suis très riche, Howard, mais la Grande Guerre a bouleversé le monde et changé les règles de l'économie ; autrefois, je ne comptais pas. Aujourd'hui, comme tout un chacun, je dois surveiller mon budget. Ma fortune n'est pas inépuisable ; il faut être un lord anglais, cher ami, pour avoir autant de patience et perdre autant d'argent à déplacer des déblais au milieu d'un nuage de poussière.

— Ces précautions m'étonnent ; renonceriez-vous à solliciter de nouveau la concession ?

— J'y renonce, en effet. Ma santé et le bien-être de ma famille me l'interdisent.

— Si ma dernière saison vous démontre que...

— Il n'y aura pas de dernière saison, Howard.

— Ce n'est pas possible ! Vous me plantez un poignard dans le dos.

— Telle n'est pas mon intention.

— Laissez-moi une dernière chance.

— Inutile.

Carter ouvrit sa serviette et en sortit un plan de la Vallée des rois qu'il déplia sur une grande table.

— Regardez. J'ai indiqué l'emplacement précis de toutes les découvertes faites dans la Vallée depuis la plus modeste figurine jusqu'à la plus grande tombe. Ce plan, je ne l'ai montré à personne ; il m'incline à penser que la seule zone vraiment inexplorée se situe près de la tombe de Ramsès VI. J'ai à peine effleuré cette partie centrale du site ; c'est ici, et nulle part ailleurs, que se cache la sépulture de Toutankhamon.

— Vous m'en avez tant parlé, Howard... le rêve s'est transformé en cauchemar.

— Accordez-moi cette dernière saison.

Carnarvon hocha négativement la tête.

— Accordez-moi au moins votre appui.

— Dans quelle perspective ?

— Je financerai moi-même les travaux.

— Vous, Howard ?

— J'ai gagné de l'argent, grâce à vous ; je le dépenserai jusqu'au dernier *penny* et jusqu'à la dernière heure où je pourrai payer les ouvriers ; même si je ne dispose pas d'un mois de fouilles, je démontrerai que j'ai raison. Tout ce que je vous demande, c'est de maintenir votre position de commanditaire officiel afin que Lacau ne me mette pas de bâtons dans les roues.

Carnarvon ôta son plaid et se leva.

— J'accepte, mais à une condition.

— Laquelle ?

— C'est moi, et personne d'autre, qui financerai les travaux de notre dernière saison.

## *Chapitre 58*

Animé de la plus farouche détermination, Carter arriva à Louxor le 2 octobre 1922. Il convoqua aussitôt Ahmed Girigar et lui expliqua son plan : la reprise des travaux intensifs au nord-est de la tombe de Ramsès VI.

Le *reis* manifesta un certain étonnement ; ne faudrait-il pas à la fois couper l'accès aux visiteurs et démonter les maisons d'ouvriers datant de l'époque ramesside ? Telle était bien l'intention de l'archéologue.

Ahmed Girigar se retirait quand il entendit un chant caractéristique.

— Un oiseau se serait-il introduit chez vous ?

Carter se faufila entre les caisses emplies de bouteilles de vin français, de gâteaux secs et de conserves achetées chez *Fortnum and Mason*, et revint avec une cage où s'ébattait un canari. Le *reis* fut émerveillé.

— L'oiseau d'or ! Il vous portera bonheur.

— J'éprouvais le besoin d'entendre cette voix-là.

— L'oiseau d'or parle le langage du ciel ; il nous guidera.

Dans l'équipe, chaque ouvrier savait que ce serait la dernière saison de fouilles sous la direction de Howard Carter, patron exigeant mais compréhensif, qui s'intéressait au sort des hommes et à celui de leur famille.

Demain, il faudrait à nouveau accepter le joug d'un étranger glacial et distant qui se contenterait d'inspecter le chantier de temps à autre en se vantant de ses efforts auprès des visiteurs de marque.

Concentré, Carter distribua des consignes précises ; dès que l'accès à la tombe de Ramsès VI fut coupé, il fit ôter la masse de débris qui encombraient encore le secteur à explorer. Le 1er novembre, il photographia les habitations d'ouvriers ramessides, vérifia ses relevés antérieurs et donna l'ordre de les démolir afin d'aller plus profond. Ahmed Girigar lui signala qu'au moins un mètre de terre séparait les fondations de ces constructions rudimentaires du roc primitif. Le déblaiement exigerait trois ou quatre jours.

*

Un homme attendait Carter devant l'entrée de sa maison isolée. Un homme qu'il reconnut avec difficulté, tant il était vieilli et usé.

— Vous êtes Gamal, le frère de Raifa !

— Ma sœur est morte.

— Comment est-ce arrivé ?

— Aucune importance. Elle a émis le vœu que vous assistiez à son enterrement ; trahir une défunte m'est impossible.

Gamal tourna les talons. Carter le suivit.

Lavé à l'eau chaude, le cadavre de Raifa avait été enveloppé dans un linceul blanc pendant que les pleureuses chantaient des mélopées. Les chevilles liées, du coton dans les oreilles et les narines, Raifa commençait son ultime voyage, bercée de la prière des morts : « *Nous appartenons à Dieu et devons retourner à lui.* » Seuls les hommes suivaient le cercueil recouvert d'étoffes chamarrées. Au cimetière fut déclamé un passage du Coran : « *Deux anges vont venir vers toi et t'interroger. À la question : qui est ton Seigneur ? réponds : Allah est mon Seigneur. À la question : qui est ton*

*Prophète ? réponds : Mohamed est mon Prophète.* » À la tête de la fosse fut creusé un trou grâce auquel les vivants pourraient parler à la morte.

Les pelletées de terre engloutirent des années de jeunesse et de bonheur.

*

Le soir du 3 novembre, les maisons d'ouvriers avaient été démontées ; il était possible, à présent, de creuser le sol nu et de s'aventurer dans un secteur inexploré. Carter dormit mal, cette nuit-là ; il se réveilla à plusieurs reprises, hanté par le doux visage de Raifa. À l'aube, le canari chanta de sa plus belle voix, comme s'il contribuait à faire naître le nouveau soleil.

Lorsqu'il arriva sur le chantier, Howard Carter éprouva une sorte de malaise dont il comprit vite la cause : le silence. D'ordinaire, les ouvriers babillaient, échangeaient mille et un propos, maniaient les outils en chantant. En cette matinée du 4 novembre, chacun se taisait. Carter se dirigea vers le *reis*.

— Un accident ?

Ahmed Girigar ne répondit pas ; il fit signe au porteur d'eau de s'approcher.

— Explique-toi.

L'homme tremblait.

— Je me suis amusé à creuser le sable avec mon bâton, là-bas... Soudain, il a buté dans quelque chose de dur. Intrigué, j'ai insisté. Avec les mains, j'ai dégagé un bloc. Je crois... je crois que c'est très ancien ! J'ai eu peur et j'ai caché le bloc avec du sable.

— Montre-moi l'endroit, ordonna Carter.

Carter s'agenouilla et dégagea le bloc à son tour.

— C'est une marche... peut-être un escalier taillé dans le roc.

Il était trop tôt pour s'enthousiasmer. Les ouvriers se relayèrent tout au long de la journée afin de faire apparaître un escalier qui s'enfonçait à quatre mètres au-dessous de l'entrée de la tombe de Ramsès VI ; la forme des marches, leur largeur, leur modelé ressemblaient à ceux des hypogées de la dix-huitième dynastie, l'époque de Toutankhamon. Hélas, pendant le dégagement, nulle confirmation : pas de dépôt de fondation, pas de petit objet au nom d'un pharaon.

La nuit du 4 au 5 fut brève. Allongé sur son lit, Carter s'obligea à fermer les yeux et à prendre un peu de repos. Il tenta de chasser les hypothèses et les espérances de son esprit, ne s'attachant qu'à la réalité : il venait de mettre au jour un escalier qui menait à une tombe.

La journée de travail commença très tôt, dans un climat d'excitation ; les ouvriers ne chantaient pas et parlaient peu. Tous avaient conscience de participer à une aventure extraordinaire et envie d'en savoir davantage ; le *reis* n'eut pas besoin de les stimuler. Déjà se répandait la légende : cette tombe était celle de l'oiseau d'or dont l'âme avait guidé la main des hommes.

Carter était de plus en plus nerveux, au fur et à mesure que la volée de marches surgissait de terre. Il eut mille fois envie de se mêler aux ouvriers et de hâter la manœuvre ; les heures passaient trop lentement, angoissantes ; ne s'agissait-il pas d'un caveau inachevé ou d'une simple cavité abandonnée sans avoir été utilisée ? La Vallée s'était si souvent moquée de lui en l'attirant dans l'un de ses pièges ! Comment ne pas se souvenir qu'elle n'avait jamais livré de tombeau intact ?

Au début de l'après-midi, Carter descendit l'escalier, les jambes tremblantes. Il était peut-être le premier homme à accomplir ce geste dérisoire depuis plus de trois mille ans ; sur le chantier régnait un silence absolu, comme si une crainte sacrée s'en était emparée.

Carter avait fait interrompre le dégagement au niveau de la douzième marche, car se dévoilait la partie supérieure d'une porte qu'il voulut examiner aussitôt. Sur les blocs, du mortier portait l'empreinte de plusieurs sceaux.

— C'était donc vrai, murmura-t-il ; j'ai eu raison de ne pas perdre foi en la Vallée.

Carter reconnut Anubis dominant les neuf ennemis de l'Égypte, enchaînés et incapables de nuire : le sceau de la nécropole royale qu'il espérait contempler depuis tant d'années ! Il ne lui restait plus qu'à identifier le nom du roi pour connaître le propriétaire de la tombe.

La déception fut horrible.

Seuls avaient été apposés les sceaux de la nécropole royale, les uns verticalement, les autres de travers, lors de la fermeture définitive de la porte. Cela signifiait que le sépulcre appartenait à un grand dignitaire, jugé digne de reposer parmi les rois. Toutankhamon, un instant entrevu, s'éloignait.

Restait cette porte murée ; ne prouvait-elle pas que la sépulture était inviolée ? Certes, son étroitesse écartait définitivement l'hypothèse d'une tombe royale. Mais ne cachait-elle pas le secret d'un maître d'œuvre de l'époque radieuse où l'Égypte brillait de mille feux ? Et pourquoi l'individu enterré là avait-il été si bien dissimulé ? À moins qu'il ne s'agisse d'une simple cache d'objets plus ou moins précieux...

La première émotion passée, Carter examina le haut de la porte centimètre par centimètre ; là où le mortier s'était écaillé, apparaissait du bois. Un linteau. Était-ce la porte de la cachette ou celle d'accès à un couloir descendant ? Il élargit une petite fissure entre le mur et le linteau et ménagea une ouverture assez grande pour qu'il puisse, à l'aide d'une lampe électrique, entrevoir ce qui se trouvait de l'autre côté de la porte scellée.

Il existait bien un couloir, mais rempli de pierres et de gravats ! Non contents de dissimuler la tombe sous des maisons d'ouvriers, les bâtisseurs avaient occulté son accès avec d'incroyables précautions. Démolir cette porte sur-le-champ et vider le couloir ? Il refréna une impulsion stupide ; Carnarvon devait être à ses côtés. Ne pas lui offrir cette joie eût été la plus méprisable des trahisons.

Carter gravit les douze marches et demanda au *reis* de les recouvrir de terre et de faire garder les lieux jour et nuit.

— Vous paraissez bouleversé... Désirez-vous que je vous raccompagne chez vous ?

— Merci, Ahmed. Je préfère être seul.

La nuit tombait. La lumière lunaire étendit sur la Vallée un voile argenté ; très exaltés, les ouvriers se dispersèrent, persuadés qu'un immense trésor se cachait derrière la mystérieuse porte. Malgré les recommandations du *reis*, personne ne tiendrait sa langue bien longtemps.

Carter enfourcha un âne ; les nerfs à vif, il eut envie de vaguer dans la Vallée la nuit durant. Une insupportable attente commençait ; dans combien de temps Carnarvon descendrait-il à son tour cet escalier ? Quel miracle Carter pouvait-il lui promettre ? Certes pas une tombe royale, mais à coup sûr un caveau très ancien, datant de la dynastie des Amenhotep et des Thoutmosis. Si le comte se déplaçait pour voir une cachette pillée et dévastée, ne mettrait-il pas fin, sans délai, à la campagne en cours ? Non, il délirait... La porte scellée et le blocage du couloir ne prouvaient-ils pas que ce mystérieux sépulcre était inviolé ?

L'âne erra sous la lune, tandis que le cerveau enfiévré de Carter se perdait dans les rêves les plus fous, passant par les gammes de l'espoir et du désespoir.

## *Chapitre 59*

Carnarvon revenait d'une longue promenade dans le parc de Highclere, en compagnie de Susie ; Lady Evelyn, dépeignée, courait vers lui en brandissant un papier.

— Père, venez vite ! Un télégramme de Howard Carter !

Le comte ne se serait pas cru capable d'une émotion aussi intense. Il courut à son tour ; sa fille tomba dans ses bras.

— Lis-le-moi.

— Je le connais par cœur : « *Enfin, une merveilleuse découverte dans la Vallée. Tombe splendide avec sceaux intacts. Ai recouvert et attends votre arrivée. Félicitations.* »

— Félicitations, répéta Carnarvon, bouleversé.

— Quand partons-nous ?

— Le plus tôt possible, Eve. Carter est un sorcier ; il ne faudrait pas le contrarier.

— Comme je suis heureuse !

— Moi aussi... un bonheur comme celui-là, je n'y croyais plus !

— Serait-ce Toutankhamon ?

— Carter ne prononce pas son nom.

— La prudence...

— Ne nous posons pas mille questions ; les réponses sont en Égypte.

*

Le dîner fut sinistre. Lady Almina avait reçu la nouvelle comme une catastrophe ; pour elle, l'Égypte était une page tournée.

— Votre santé vous interdit un voyage aussi fatigant.

— Avez-vous bien lu le télégramme de Carter ?

— Votre Carter est un rêveur ; il cherche à vous éblouir afin de conserver votre financement.

— Ce n'est pas son style.

— N'êtes-vous pas le plus heureux des hommes à Highclere ? Vous pouvez vous consacrer, en toute quiétude, à vos occupations favorites, la lecture et la chasse, voir grandir vos enfants qui vous admirent, sans parler de mon affection.

— Je suis conscient de ma bonne fortune, Almina, mais Carter a besoin de moi.

— Ne peut-il se débrouiller seul ?

— Il s'agit d'une tombe inviolée.

— Combien de fois m'avez-vous affirmé que c'était impossible ?

— Je me trompais et Carter avait raison.

— J'ai un mauvais pressentiment ; prenez-le en considération, je vous en prie.

— Je crains que mes malles ne soient prêtes.

*

Le 6 novembre, Carter surveilla le remblaiement des marches qui disparurent sous une couche de terre protectrice ; quarante-huit heures après le début de cet étrange travail, plus rien n'était visible. De gros blocs, appartenant aux maisons des ouvriers de l'époque ramesside avaient été roulés devant l'escalier occulté. Carter se demanda s'il n'avait pas rêvé ; seule la présence permanente de gardiens armés indiquait l'existence de vestiges dignes d'intérêt.

Le 7 novembre, Ahmed Girigar le réveilla en sursaut.

— Que se passe-t-il ?

— Un homme vous demande ; il prétend que c'est important.

Carter s'habilla en hâte. Le visiteur l'attendait à l'extérieur, carnet et crayon à la main.

— Je suis journaliste ; il paraît que vous venez de découvrir un trésor fabuleux. Donnez-moi l'exclusivité et je vous fais passer à la une.

— Qui vous a raconté cette fable ?

— Louxor ne parle que de ça.

Carter se tourna vers le *reis*.

— Ahmed, veuillez raccompagner ce monsieur.

— Holà ! Vous devez informer la presse !

— N'insistez pas.

La taille et le regard du *reis* dissuadèrent le journaliste.

— La presse reviendra, Carter, et en force, croyez-moi !

À peine avait-il disparu qu'un des ouvriers de l'équipe apporta un sac de toile rempli de lettres et de messages. Tout Louxor, en effet, était déjà informé ; on félicitait l'archéologue, on lui proposait de participer aux fouilles, on le menaçait, on lui posait mille questions.

Howard Carter s'effondra dans un fauteuil.

— Je me sens perdu, Ahmed ; ce tourbillon m'emporte.

— Vous êtes trop seul ; il vous faut de l'aide.

— Carnarvon ne sera pas ici avant une vingtaine de jours... Si ce délire s'amplifie, comment résister ? Je ne suis pas préparé à lutter contre ces vagues-là !

— Il existe un homme solide qui vous prêtera main-forte ; contactez-le dès aujourd'hui.

*

Arthur Callender, ancien manager des chemins de fer égyptiens, coulait une retraite paisible à Armant, quinze *miles* au sud de Louxor. Ingénieur réputé, il avait participé à des fouilles archéologiques en tant qu'homme à tout faire et croisé à plusieurs reprises le chemin de Howard Carter qu'il estimait. Lorsqu'il reçut son appel de détresse, il y répondit aussitôt.

Grand, robuste, les épaules larges, le faciès lourd, Callender faisait songer à un éléphant. Mal habillé, gros mangeur, il ne s'énervait jamais et rassurait son entourage. Aucune tâche technique ne l'effrayait ; l'électricité n'avait aucun secret pour lui et il savait manier n'importe quel outil. Bâtir une maison, transporter des caisses, évaluer la quantité et la nature des matériaux nécessaires sur un chantier lui semblait jeux d'enfant.

Carter et Callender se donnèrent l'accolade.

— Comment puis-je vous être utile, Howard ?

— Vous ne me demandez pas pourquoi je vous ai fait venir ?

— Peu importe. Servir, c'est servir.

— Une tombe, Arthur. Une tombe de la dix-huitième dynastie.

— Vous la méritez bien.

— Elle est peut-être vide.

— La chasse finit par sourire aux hommes de qualité.

— Je dois me rendre à Louxor pour accueillir Carnarvon et sa fille qui viennent de me télégraphier. Mes ouvriers sont honnêtes, mais ils subiront des pressions et...

— J'ai compris ; je veillerai sur la tombe comme sur un être cher. Partez tranquille, Howard.

Sur l'une des grosses pierres marquant l'emplacement de la découverte, Carter avait peint les armoiries du cinquième comte de Carnarvon ; nul n'ignorerait l'identité du nouveau propriétaire.

*

Pendant son séjour au Caire, Carter acheta du matériel électrique et déposa au Service des Antiquités une demande d'autorisation d'éclairage, grâce au branchement sur l'installation de la tombe de Ramsès VI. Lacau ne pouvait lui refuser ce dispositif qui faciliterait la fouille.

Dans la Vallée, Callender monta la garde avec une vigilance qui découragea les curieux et d'éventuels pillards ; de plus, le maître du clan Abd el-Rassoul calma bien des ardeurs en rappelant qu'il existait entre lui et Carter un pacte de non-agression.

Mais Démosthène entra en jeu. Fou furieux à l'idée de voir Carter triompher, il intervint auprès d'un *cheikh* de la rive est dont la xénophobie était bien connue. Sorcier et fabricant de talismans, le notable jouissait d'un grand renom. Les plus humbles le redoutaient.

Suivi d'une cohorte de disciples, il se présenta devant l'emplacement de la tombe. Arthur Callender posa le sandwich au concombre qu'il dégustait et lui fit face, sans baisser les yeux. Les ouvriers de Carter, affolés, se tinrent en retrait. Le *reis* les admonesta afin qu'ils ne prennent pas la fuite.

— Cet endroit est maudit, révéla le *cheikh*. Cette tombe contient des esprits néfastes ; personne ne doit ouvrir la porte que les démons antiques ont scellée ! Sinon, les profanateurs seront châtiés et des forces diaboliques déferleront sur le monde, des forces qu'aucun sorcier ne saura détruire.

— Avez-vous l'intention de rester ici ? demanda Callender, les bras croisés sur la poitrine.

— Bien sûr que non, répondit le *cheikh*, surpris.

— Tant mieux. Il s'agit d'un site archéologique interdit au public et je suis obligé de vous demander de partir sans délai.

— Insolent ! Tu périras comme les autres !

— Mieux vaut mourir le cœur en paix que la haine à la bouche.

— Maudit soit ce tombeau et maudits soient ceux qui y pénétreront !

La bruyante cohorte s'éloigna. Callender se rassit et mordit dans son sandwich à belles dents.

*

Callender résidait seul dans la maison de fouilles de Carter où il goûtait quelques courtes périodes de repos, entre deux tours de garde. Il n'accordait sa confiance qu'à Ahmed Girigar et à quelques-uns de ses proches que le fanatisme du *cheikh* n'impressionnait pas ; il surgissait néanmoins à l'improviste, de jour comme de nuit, et s'assurait du respect de ses consignes.

Son meilleur ami était le canari. Dès que Callender entrait, il le saluait de notes joyeuses ; l'ingénieur n'oubliait pas de partager avec lui les friandises. Ce soir-là, il sut qu'un événement anormal s'était produit ; la porte grinça et l'oiseau resta muet. Tendant l'oreille, il perçut un battement d'ailes.

Un drame se déroulait dans la pièce où était posée la cage dorée. Un cobra avalait le canari.

Callender tua le serpent, mais sa proie était morte. Il l'enterra au pied de la maison.

Dès le lendemain, on murmura que la malédiction du *cheikh* avait fait sa première victime. Le pharaon, dont l'âme s'était glissée dans le corps du cobra, s'était vengé de l'oiseau d'or qui avait révélé l'emplacement de son tombeau.

## *Chapitre 60*

Carter mourait d'impatience et maudissait la lenteur des bateaux. Une tombe inviolée l'attendait dans la Vallée, et lui piétinait sur le quai de la gare de Louxor !

La joie contenue de Carnarvon et le sourire de Lady Evelyn, enthousiaste à l'idée de vivre la plus fabuleuse des aventures, effacèrent les journées perdues. Traversée du Channel, chemin de fer à travers la France, nouvelle traversée de Marseille à Alexandrie, nouveau chemin de fer d'Alexandrie au Caire puis du Caire à Louxor, le comte n'était pas au terme de ses épreuves. Il lui fallut encore prendre le bac entre la rive est et la rive ouest du Nil, après avoir reçu les salutations du gouverneur de la province venu l'accueillir, puis grimper sur le dos d'un âne et cheminer vers la Vallée des rois au rythme du grison.

Chapeau gris à bordure blanche, épais manteau à double rang de boutons, écharpe de laine, Carnarvon, fatigué et frileux, ne parvenait pas à se réchauffer. Sa fille, radieuse, portait un ensemble beige clair ; un col de fourrure rappelait les froidures européennes et la jupe très sage, boutonnée sur le côté, l'obligatoire maintien d'une jeune femme de l'*establishment.* Les yeux pétillants de Susie, qui courait aux côtés de l'âne, ne perdaient pas une miette du spectacle.

Plus ils progressèrent, plus les badauds furent nombreux ; ravie, Lady Evelyn accepta les fleurs qu'on lui offrit. Des garçons jouèrent du tambourin, des fillettes dansèrent en poussant des cris de bienvenue.

— Si nous n'étions pas le 23 novembre 1922 et si je ne m'appelais pas Carnarvon, je croirais volontiers rejouer l'entrée du Christ à Jérusalem. Votre petite découverte semble faire grand bruit, mon cher Howard.

Carter observa la fille du comte. De jolie, elle était devenue belle ; la jeune fille avait cédé la place à une femme enjouée, au regard vif et profond.

— Dites-nous la vérité, exigea-t-elle, mutine ; quel est le nom du roi enterré dans cette tombe ?

— Je l'ignore.

— Vous seriez-vous réellement arrêté devant cette porte ?

Carter rougit.

— Sur mon honneur, je vous le jure !

— Ne soyez pas susceptible, dit-elle en riant ; vous êtes vraiment un homme à part. À votre place, je n'aurais pas eu ce courage.

Les ânes forcèrent l'allure en pénétrant dans la Vallée. Callender, prévenu par télégramme, avait commencé à dégager les marches de l'escalier. Lady Evelyn sauta de sa monture et fut la première sur le chantier.

— Quand reprenons-nous les travaux ?

— Dès que vous le souhaiterez, répondit Carter.

— Un peu de repos serait bienvenu, jugea Carnarvon. De rudes journées sont à prévoir.

*

Le matin du 24 novembre, Carter contempla les marches. Vers quoi menaient-elles ? Il s'assit sur un bloc et, machinalement, plongea la main dans le sable. La brûlure lui arracha un cri de douleur ; il se pencha et vit le petit scorpion noir qui venait de le piquer. Sans s'affoler, il appela Ahmed Girigar.

— Cette race-là n'est pas mortelle, mais il faut désinfecter la plaie tout de suite.

La meilleure guérisseuse de Gournah apporta des herbes, un onguent et banda le poignet gonflé. Souffrance et fièvre étaient supportables ; aucun poison n'empêcherait Carter de diriger les fouilles. Il songea à Raifa qui, elle aussi, connaissait les remèdes ancestraux capables de lutter contre le venin. Pendant un mois, l'archéologue ressentirait des douleurs parfois violentes ; à chaque pleine lune, la brûlure se raviverait. Mais ses jours n'étaient pas en danger et, s'il disposait de la vigueur nécessaire, il continuerait à travailler.

Carter se reposa jusqu'à l'arrivée de Carnarvon et de sa fille, au début de l'après-midi ; après avoir caché son poignet gauche bandé grâce à la manche de sa veste, il vérifia l'horizontalité de son nœud papillon et aida Lady Evelyn à descendre de son âne. Bien qu'il fût affligé de quelques vertiges, il parvint à donner le change.

— Dégagerons-nous la porte ? demanda la jeune femme, impatiente.

— Ne perdons plus un instant.

Callender avait terminé. À présent, seize marches étaient apparentes. Carter invita Carnarvon et sa fille à descendre.

— Il y a plusieurs empreintes de sceaux ! s'exclama-t-elle.

— La marque de la nécropole, indiqua Carter.

Carnarvon avait mis un genou à terre.

— En bas, elles sont différentes.

Intrigué, Carter s'approcha. De fait, la partie inférieure de la porte avait reçu des inscriptions hiéroglyphiques assez nettes. Un cartouche royal, répété à plusieurs reprises.

Carter crut que son cœur s'arrêtait de battre ; livide, il recula d'un pas.

— Monsieur Carter... vous vous sentez mal ?

L'archéologue fut incapable de répondre. Il pointa l'index vers les cartouches.

— Là... sur la porte...

Carnarvon le prit par le bras.

— Que lisez-vous, Howard ?

— Toutankhamon.

*

L'extase des saints devait ressembler à cette joie ineffable qui se saisissait de l'être entier et le situait dans un état indescriptible, entre ciel et terre. Toutankhamon, enfin. Le roi surgissait du fond des temps ; sa demeure d'éternité renaissait de la Vallée, devenait son cœur et son centre.

Carnarvon n'avait pas lâché le bras de Carter.

— Un cognac ?

— Non... j'ai besoin de toute ma tête. Je veux revoir cette porte.

Carter craignait de s'être trompé et d'avoir déchiffré un autre nom, mais c'était bien Toutankhamon qui avait été inhumé en ce lieu étrange.

— Fabuleux, Howard, jugea Callender avec chaleur.

— Bravo, monsieur Carter ! dit Lady Evelyn, enthousiaste. Permettez-moi de vous embrasser !

Elle n'attendit pas l'autorisation de l'archéologue.

— Voilà la plus belle marque de gratitude, estima le comte. Vous êtes un homme célèbre et adulé, Howard.

— La paternité de la découverte vous revient.

— Je n'ai pas l'intention de nier ma participation, mais c'est votre rêve qui se réalise.

— *Notre* rêve.

Carnarvon fit semblant de réfléchir.

— Vous n'avez pas tout à fait tort.

Carter se pencha à nouveau sur les sceaux.

— Un autre monarque partagerait-il le tombeau ?

— C'est beaucoup plus grave.

Carter avait blêmi ; Carnarvon perçut son trouble.

— Qu'y a-t-il ?

— La tombe a été violée.

## *Chapitre 61*

— D'où vous vient cette certitude ?

— L'un des sceaux de la nécropole a été apposé sur une sorte de fissure ; on a ouvert cette porte après l'avoir scellée, et on l'a rescellée.

Le comte ne perdit pas espoir.

— L'événement s'est produit avant l'époque ramesside, puisque les habitations d'ouvriers ont été construites au-dessus de cette tombe qu'elles ont cachée et sauvée.

— Raisonnement inattaquable, reconnut Carter ; le matériel funéraire a peut-être été préservé.

Une sourde inquiétude avait gagné les fouilleurs ; des voleurs étaient-ils entrés dans le caveau ?

Ahmed Girigar alerta Carter ; des décombres qui remplissaient le bas de l'escalier, il venait d'extraire un scarabée. L'archéologue n'en crut pas ses yeux : il portait le nom de Thoutmosis III. Intrigué, il examina le moindre tesson, bientôt aidé de Lady Evelyn qui eut la main heureuse en pêchant plusieurs fragments inscrits.

Elle les montra à Carter, de plus en plus perplexe : il déchiffra à nouveau le nom de Toutankhamon mais d'autres cartouches révélaient la présence de ses prédécesseurs, Akhénaton l'hérétique, et Semenkhkarê. Un autre tesson mentionnait Amenhotep III, le père d'Akhénaton.

— Cinq pharaons, murmura Carter.

— Qu'en concluez-vous ?

— Rien de bon.

Callender accumulait des fragments de poterie et de boîtes en bois qui avaient contenu bijoux et vêtements royaux, les uns appartenant à Toutankhamon, les autres à Akhénaton. Cette vision découragea Carter.

— Pourquoi ce pessimisme, Howard ?

— Je crains que ce caveau ne soit une simple cachette pillée depuis longtemps ; les reliques prouvent que des prêtres ont déplacé les momies de ces rois pour les mettre à l'abri dans cette cavité. À la suite d'une tentative de vol, elles furent cachées ailleurs.

— Il existe une autre possibilité : Toutankhamon, contraint de quitter el-Amarna et de revenir à Thèbes, a dissimulé des trésors qu'il avait emportés avec lui.

Carter opina du chef, mais songea aux nombreux viols de sépulture que narraient plusieurs papyrus. Il imaginait les conciliabules des voleurs, leur marche dans les ténèbres, l'attaque des gardes et la plongée dans le tombeau à la recherche de l'or. Ces criminels ne respectaient pas la momie ; ils arrachaient les colliers, les bijoux et les amulettes, ôtaient le masque, brûlaient les bandelettes. Ils emportaient vases, meubles et statues puis partageaient leur butin. Après leur passage, la demeure sacrée n'était plus que chaos et désolation. Voilà ce que Carter craignait de contempler de l'autre côté de la porte scellée.

— Nous l'ouvrirons demain, décida Carnarvon.

— Pourquoi ce délai ? demanda Lady Evelyn, impatiente.

— À cause du règlement du Service des Antiquités.

Carter ne se révolta pas, trop accablé par la déception qui avait suivi l'ivresse.

*

Lacau avait expédié dans la Vallée le plus sinistre des inspecteurs, le maigre et rigide Rex Engelbach que personne n'avait jamais entendu rire. Le 25 novembre au matin, il vint examiner les lieux ; la vision des marches ne lui procura aucune émotion.

— S'agit-il d'une porte de tombe, au bas de l'escalier ?

— C'est probable, répondit Lord Carnarvon.

— En ce cas, il faut prévoir une grille de fer.

— Elle est prévue. Auparavant, nous comptons quand même entrer.

— N'oubliez pas qu'un inspecteur du Service doit être présent au moment de l'ouverture ; Pierre Lacau est très exigeant sur ce point. Toute infraction serait sévèrement sanctionnée.

— Et vous, intervint Carter, irrité, n'oubliez pas que le découvreur a le droit d'entrer le premier.

Rex Engelbach se haussa du col.

— C'est précisé dans votre licence de fouilles, en effet ; notez bien que je le déplore. La précipitation d'un amateur est redoutable.

— Je ne suis pas un amateur et je travaille dans cette Vallée depuis plus longtemps que vous.

Redoutant un pugilat, Carnarvon s'interposa.

— Eh bien, restez. M. Carter va procéder à l'ouverture.

Lady Evelyn, indifférente aux querelles administratives, se tenait déjà devant la porte. Carnarvon la photographia et prit plusieurs clichés des sceaux.

— Comme vous le constatez, dit Carter à Engelbach, nous travaillons avec sérieux. J'ai moi-même dessiné le moindre détail et notre publication sera aussi précise que complète.

— Espérons-le.

— Je dois vous faire constater un fait essentiel.

Carnarvon et sa fille s'écartèrent ; Carter montra à Engelbach la partie supérieure gauche de la porte.

— Qu'y a-t-il de particulier ?

— L'enduit de mortier. Il bouche un trou qui servit de passage à des voleurs.

— Simple hypothèse.

— Certitude indéniable ; prenez soin de consigner dans votre procès-verbal que ce tombeau fut violé dans l'Antiquité.

Engelbach prit des notes. Carnarvon échangea un sourire complice avec Carter ; face à Lacau et à son administration, la différence entre « tombe intacte » et « tombe violée » aurait peut-être une grande importance.

— Nature exacte du tombeau ?

— Si vous désirez le savoir, monsieur Engelbach, il faut entrer.

— Ce sera long ?

— La porte n'est pas très large.

— Eh bien, allons-y.

Les ouvriers ôtèrent un à un les blocs de pierre. Carter discerna l'entrée d'une galerie à la pente marquée, d'une hauteur de deux mètres et de même largeur que l'escalier. Progresser impliquait de vider l'amas de pierres et de terre qui bouchait le passage ; des vestiges dignes d'intérêt se cachaient dans ces débris : tessons de poterie, bouchons de jarres, vases d'albâtre et vases peints. Carter s'attarda sur des outres qui avaient contenu l'eau nécessaire au plâtrage de la porte ou bien le mortier lui-même. Aucun de ces objets ne mentionnait le nom de Toutankhamon ou de ses prédécesseurs.

— Traces du vol, jugea Carnarvon. Les bandits se sont frayé un passage dans cette blocaille et ont abandonné derrière eux une partie de leurs rapines.

Engelbach continua de prendre des notes. À la tombée du jour, le couloir avait été dégagé sur neuf mètres environ.

— Pas de seconde porte en vue, observa l'inspecteur du Service. Pas de chance, Carter : vous êtes tombé sur une cachette vidée et rebouchée.

*

Le 26 novembre, Rex Engelbach ne se rendit pas au chantier qu'il considérait sans intérêt. Carter, fiévreux, ne songeait pas à sa main douloureuse ; être délivré de ce fonctionnaire borné lui donnait des ailes. Sous son impulsion, les ouvriers débordèrent d'énergie et poursuivirent le vidage avec précaution ; un mètre de plus, et ils mirent à nu le bas d'une seconde porte qui fut bientôt dégagée.

Cette fois, c'était l'épreuve de vérité. L'accès au tombeau serait-il la porte de l'enfer ou celle du paradis ? Carter se rappela que, cent ans plus tôt, le 14 septembre, Champollion avait, dans un moment d'illumination, percé le secret des hiéroglyphes. Si l'égyptologue britannique ouvrait la première tombe royale intacte, il le rejoindrait dans la légende.

— Défoncerons-nous cette porte ? demanda Lady Evelyn.

— C'est peut-être dangereux. Si l'air n'a pas été renouvelé depuis trente-quatre siècles, comment savoir s'il n'est pas toxique ?

— Je me moque des risques ; vivre un tel moment fait oublier la peur.

Carter consulta Carnarvon du regard ; le comte ne manifesta aucune opposition. Sa fille était aussi têtue que lui.

— Il existe un moyen d'identifier d'éventuelles émanations nocives : la flamme d'une bougie. Si elle s'éteint, nous sortirons au plus vite du tombeau.

La gorge serrée, Carter pratiqua une petite ouverture dans le coin supérieur gauche. Il y introduisit une barre de fer que lui tendait Callender et qui ne rencontra que le vide ; aucun blocage de l'autre côté, par conséquent. Puis il approcha la bougie allumée de l'orifice. La flamme vacilla quelques instants, mais ne s'éteignit pas.

— Tenez-la, demanda-t-il au comte. J'élargis le trou.

Carter regarda, tremblant. Il avait le sentiment de pénétrer vivant dans l'autre monde, de franchir un seuil sacré qui interdisait à l'humanité une contrée fabuleuse.

D'abord, il ne vit rien ; la flamme continuait à vaciller et éclairait à faible distance. Puis ses yeux s'habituèrent à l'obscurité ; des formes se détachèrent peu à peu des ténèbres.

Carnarvon devint aussi impatient que sa fille.

— Voyez-vous quelque chose ?

— Oui, des merveilles !

## *Chapitre 62*

— Des animaux étranges, des statues, de l'or... partout, le rayonnement de l'or !

Carnarvon regarda à son tour, abasourdi ; quand vint le tour de Lady Evelyn, elle demeura aussi muette que les deux hommes. Quant à Callender, il resta bouche bée. L'aventure se transformait en miracle.

Carter reboucha le trou de manière sommaire ; le quatuor sortit de la tombe en silence. Callender plaqua une grille de bois sur la porte extérieure et demanda au *reis* de monter la garde pendant la nuit. Ahmed Girigar ne posa aucune question ; les trois hommes et Lady Evelyn enfourchèrent les ânes et partirent vers la maison de fouilles sans échanger un mot ; Susie les accompagna en silence.

Callender servit quatre cognacs. L'alcool fit sortir Carnarvon du mutisme.

— Des dizaines, peut-être des centaines de chefs-d'œuvre... la Vallée est généreuse, Howard.

— Le jour le plus merveilleux de notre existence, le jour du miracle... et dire que Davis a interrompu ses fouilles à moins de six pieds de cette tombe ! Mais je ne comprends pas son plan ; elle ne ressemble à aucune autre.

— Comporte-t-elle plusieurs chambres ? interrogea Lady Evelyn.

— J'ai aperçu l'amorce d'un passage dans le mur nord ; une porte murée, probablement.

— Ni sarcophage, ni momie, observa Callender.

— C'est donc bien une cachette, conclut Carter.

— Oubliez-vous ce passage qui donne peut-être accès à une chambre funéraire ? objecta Carnarvon. Si la porte murée est intacte, Toutankhamon repose encore dans son sarcophage.

— Vider l'antichambre, explorer la totalité du tombeau... Il nous faudra beaucoup de patience avant de rencontrer le pharaon... s'il existe.

Lady Evelyn se leva, farouche.

— Retournons au tombeau.

— Vous ne voulez pas dire que...

— Si. Il faut agir cette nuit même.

— Si le Service des Antiquités l'apprend, il supprimera notre licence.

— Le *reis* ne nous trahira pas, précisa Callender ; c'est un type formidable. Mettons-le dans la confidence.

— Il faut rédiger un message pour Engelbach, estima Carnarvon ; nous lui indiquerons que la seconde porte a été dégagée et que nous l'attendons demain matin sur le chantier.

— Le lui faire parvenir ce soir ne déclenchera-t-il pas son arrivée intempestive ? s'inquiéta la jeune femme.

— Aucun risque : le bureau du Service ferme à dix-sept heures. Engelbach ne trouvera le message que demain.

— Eh bien, messieurs, munissons-nous de lampes. Je passe la première.

*

Ahmed Girigar attacha les ânes à un piquet et reprit sa faction devant la grille de bois qu'il avait refermée après le passage du quatuor. En compagnie de Susie, il monterait la garde à l'extérieur.

Carter hésita à forcer la porte de la chambre fermée que des prêtres avaient close à l'époque de la splendeur de l'Égypte. Cette entreprise n'était-elle pas marquée au sceau de la folie ?

— Il faudrait élargir le trou, constata Carnarvon.

— Nous devrions renoncer, estima Carter.

Lady Evelyn s'approcha de l'archéologue et lui prit la main.

— À vous de décider, bien sûr... mais ne nous causez pas cette peine.

Son sourire, dans la pénombre, était celui d'une déesse égyptienne.

Carter élargit le trou.

— J'aimerais entrer la première. S'il subsiste un danger, c'est à moi de l'affronter.

— Lady Evelyn...

— Je ne reviendrai pas sur ma décision, monsieur Carter. L'archéologue doit survivre à tout prix pour rédiger un rapport scientifique.

Carnarvon aida sa fille ; Carter se débrouilla seul, puis tendit le bras au comte que Callender poussa avec ménagement. Lady Evelyn les éclairait avec une lampe électrique.

— Je suis coincé, se plaignit Callender, beaucoup plus corpulent que ses compagnons.

Carter le tira. La pierre s'effrita, son ami passa.

Serrés les uns contre les autres, le cœur battant la chamade, ils braquèrent les lampes sur le trésor. L'amoncellement d'objets dépassait le rêve le plus insensé ; lits funéraires dorés, statues royales en bois noir, coffres peints et incrustés, vases d'albâtre, chaises, cannes, pièces démontées d'un char..., le regard bondissait d'un chef-d'œuvre à l'autre.

Une odeur légère flottait dans cet air qu'ils étaient les premiers à respirer depuis plus de trois mille ans.

Lady Evelyn poussa un cri.

— Là, un serpent !

Tandis qu'elle se réfugiait dans les bras de Carter, Callender s'interposa.

— C'est bien un serpent, mais en bois doré.

L'émotion passée, l'archéologue mesura la pièce : 8 mètres de long, 3,60 mètres de large, 2,20 mètres de haut. Dans ce petit espace était entassé le plus fabuleux trésor jamais découvert en Égypte.

— Quel désordre, observa Carnarvon. On a empilé les objets les uns sur les autres... à moins que des voleurs n'aient été surpris en plein travail.

— Un désordre ordonné, rectifia Carter. Regardez par terre.

Sur le sol, des pièces d'étoffe et des fleurs desséchées qui n'avaient pas été piétinées.

— Ceux qui ont foulé cette terre sacrée pour la dernière fois ont pris soin de ne rien détruire. Ce n'est pas seulement un trésor matériel qui s'offre à nous, mais l'âme de l'Égypte ; le parfum qui emplit nos narines est celui de l'éternité.

Bouleversé, Carnarvon s'immobilisa devant les trois lits de résurrection, l'un à tête de lion symbolisant la vigilance, l'autre à tête de vache évoquant la mère céleste, le dernier à tête d'hippopotame incarnant la matrice de renaissance. L'ombre portée des têtes se dessinait sur le mur, comme si elles reprenaient vie.

Lady Evelyn n'osa pas ouvrir les dizaines de coffrets en bois précieux et les boîtes en forme d'œuf ; un décor représentant Toutankhamon sur son char, victorieux d'ennemis en déroute, la plongea dans une sorte d'extase. Carter souleva le couvercle du coffre à la gloire du jeune roi : à l'intérieur, des sandales et des vêtements ornés de perles de couleur.

— Il a porté ces robes et chaussé ces sandales, constata-t-elle, émue.

Carnarvon admira un trône dont le dossier était consacré à Toutankhamon et à sa jeune épouse ; la reine, face au roi, lui témoignait son affection en tendant le bras vers lui, dans un geste d'une tendresse et d'une distinction inégalables.

— C'est le plus beau relief de l'art égyptien, murmura Carter.

— Comme vous devez être heureux, dit Lady Evelyn, si proche de lui qu'elle le touchait presque.

Les instants de grâce se succédaient ; quantité d'objets uniques séduisaient l'œil de l'égyptologue.

— Venez voir ici, proposa Callender qui, malgré sa corpulence, se déplaçait sans rien heurter ; dans l'angle sud-ouest de cette antichambre, il existe une ouverture.

— Si elle est étroite, je passe en tête !

Lady Evelyn, une lampe électrique à la main, s'exécuta sans délai. Elle appela aussitôt Carter qui, en rampant, pénétra dans une petite pièce carrée creusée dans le roc comme l'antichambre. Elle aussi était remplie d'objets magnifiques, lits dorés, sièges d'or, vases d'albâtre ; un grand désordre y régnait, comme si une bourrasque avait traversé l'endroit et bouleversé l'ordre originel.

Carter se sentit écrasé. L'étude du contenu de l'antichambre et de l'annexe exigerait des années d'inventaire et de recherche ; il faudrait comprendre pourquoi la seule sépulture intacte de la Vallée avait été conçue de cette façon. Sépulture... était-ce bien le mot exact ? Ne manquait-il pas Toutankhamon lui-même ?

De retour dans l'antichambre, Carter se dirigea vers l'amorce de passage qu'il avait cru discerner dans le mur nord ; il dut affronter le regard des deux statues en bois noir qui incarnaient le roi comme propre gardien de son tombeau. En lui-même, il les pria de lui pardonner cette intrusion et leur promit de respecter l'âme et le corps du pharaon, s'il parvenait à atteindre le sarcophage. D'un côté, Carter était à présent persuadé qu'il progressait bien dans une tombe royale et non dans une cachette, si prodigieuse fût-elle ; de l'autre, il s'étonnait d'un plan anormal, sans aucun point commun avec les tombes connues. D'ordinaire, un couloir plus ou moins long, flanqué de chapelles latérales, aboutissait à une chambre funéraire ; cette dernière était-elle cachée derrière l'un des murs de l'antichambre ?

Un mortier de couleur différente de celle du mur prouvait l'existence d'un passage ; y étaient apposés plusieurs sceaux de la nécropole. Les prêtres avaient donc rebouché l'orifice après être sortis de la salle secrète.

— Désirez-vous aller plus loin, monsieur le comte ?

— Bien sûr, répondit Lady Evelyn à la place de son père.

Carter descella quelques blocs, avec l'aide de Callender. Le rayon de sa lampe n'éclaira qu'une sorte de couloir étroit, sans doute un boyau qui conduisait à une autre chambre. Il lui fallut donc ôter d'autres blocs et dégager le bas du passage afin de pouvoir s'y glisser. Carnarvon, sa fille et Callender retinrent leur souffle.

Soudain, Carter disparut, comme s'il était tombé dans un gouffre.

— Howard ! Où êtes-vous ?

La tête de l'archéologue réapparut.

— Tout va bien... Le sol est environ à un mètre au-dessous de celui de l'antichambre. Le décalagc m'a surpris.

— Que voyez-vous ?

— Rien encore... je ramasse ma lampe.

Le silence fut de courte durée.

— Mon Dieu ! Un mur d'or !

Lady Evelyn, les pieds en avant, s'engouffra à son tour dans l'ouverture. Sa lampe, jointe à celle de Carter, éclaira une énorme chapelle qui remplissait presque entièrement une pièce plus petite que l'antichambre, mais plus grande que l'annexe.

— La chambre funéraire... Cette fois, nous y sommes !

Carnarvon descendit à son tour ; la corpulence de Callender lui interdit de suivre le même chemin. Lui et

Carter décidèrent de ne pas desceller d'autres blocs. Reboucher le trou ne devrait pas leur prendre trop de temps.

Le comte, fasciné, passa la main sur l'or du gigantesque catafalque dont la porte était fermée par un verrou.

— Il repose à l'intérieur, j'en suis sûr. Un pharaon dans son sarcophage d'or, pour la première fois !

Carter tira lentement le verrou.

Un linceul de lin, parsemé de rosettes d'or, recouvrait le cercueil.

— Il est ici, murmura-t-il d'une voix étranglée. Il est bien ici et je prendrai soin de lui.

Carter referma la porte de la chapelle et remit le verrou en place, les mains tremblantes.

— Impossible d'aller plus loin, cette nuit, sans risquer d'abîmer ces merveilles.

Accroupie, Lady Evelyn braquait sa lampe vers un passage creusé dans l'angle nord-est de la chambre funéraire.

— Une autre pièce, ici... c'est incroyable !

Carter et Carnarvon rampèrent à la suite de la jeune femme ; un extraordinaire reliquaire doré capta leurs regards. Aux quatre angles, quatre déesses d'or qui étendaient leurs bras en signe de protection ; les visages étaient si parfaits, les corps si admirables qu'ils éprouvèrent un véritable sentiment de piété.

— Nous devons partir, déplora Carter. Il faut rentrer à la maison de fouilles avant l'aube.

— C'est la plus grande découverte de tous les temps, murmura Carnarvon ; il y a suffisamment d'objets pour remplir la totalité de la partie supérieure du British Museum consacrée à l'Égypte.

À regret, ils sortirent de cette nouvelle chambre au trésor où trônait une magnifique statue du chacal Anubis, allongé sur le toit d'une chapelle. Le long des murs, coffrets, vases, lampes, corbeilles, modèles de barques, bijoux composaient un décor d'une éblouissante beauté.

Presque hébétés, ils revinrent dans la chambre funéraire et remontèrent dans l'antichambre. Callender remit les blocs en place et Carter plaça devant le passage le couvercle d'une corbeille et des tiges de roseaux.

Ahmed Girigar ne posa aucune question. Quatre ombres montèrent sur les grisons et, guidés par Susie, s'évanouirent en silence dans la nuit finissante.

## *Chapitre 63*

Carter ne dormit pas. Il tenta de se persuader qu'il ne rêvait pas et que la tombe de Toutankhamon existait bel et bien; pour se rassurer, il regarda le plan qu'il avait dressé à la hâte.

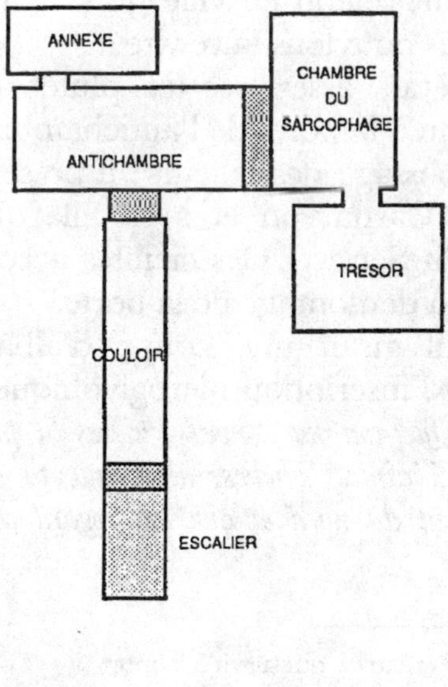

Un ensemble de quatre pièces de modestes dimensions composait la seule sépulture royale intacte de la Vallée ; bien qu'elle ne ressemblât à aucune autre, il ne manquait aucun élément essentiel. Ce n'était pas un local aménagé à la hâte, mais un univers achevé où tous les objets rituels nécessaires à la survie du roi étaient présents. Toutankhamon offrait ainsi le chemin parfait pour qui voulait percer les secrets de la spiritualité égyptienne et, à travers elle, de la résurrection.

Au début de la matinée, Carter réveilla Callender et lui demanda de préparer l'installation électrique qui permettrait d'éclairer la tombe de Toutankhamon en la reliant au générateur principal de la Vallée. Quant à lui, il relèverait les sceaux de la seconde porte avant de la démolir. Carnarvon, assisté de sa fille, prit des photos ; eux non plus n'avaient pas trouvé le sommeil. Tous redoutaient l'arrivée de Rex Engelbach.

Vers midi, l'un de ses subordonnés, Ibrahim Effendi, se présenta à l'entrée du tombeau ; Carter l'accueillit.

— M. Engelbach m'a transmis votre message ; d'autres obligations l'ont retenu en ville. Je suis moi-même assez occupé ; si nous pouvions faire vite...

L'homme était assez sec et plutôt distant. Carter l'emmena jusqu'à la porte de l'antichambre et lui fit noter les traces de passage des voleurs ; il présenta l'inspecteur au comte de Carnarvon et à sa fille qui vantèrent la compétence du Service. Ces civilités accomplies, Callender procéda au démontage de la porte.

Sur le seuil gisait une coupe d'albâtre ; Carter la ramassa et lut l'inscription hiéroglyphique qui ornait son pourtour : « *Que ton ka*[1] *vive ! Puisses-tu passer des millions d'années, toi qui aimes Thèbes, alors que tu es assis, le visage tourné vers le vent du nord et que ton regard contemple la béatitude.* »

1. La puissance créatrice qui survit à la mort.

— La dernière offrande, jugea Lady Evelyn ; celle de son épouse, lorsqu'elle quitta le tombeau.

Le sol était couvert de gravats, de fragments de poteries et de débris végétaux. Ibrahim Effendi avança avec précaution et s'étonna de l'accumulation d'objets ; cannes, armes, paniers, poteries, sceptres, trompettes, coffrets, sièges attiraient tour à tour le regard. Carter, qui examinait chaque mur avec une puissante lampe électrique, signala un passage ouvert dans l'angle sud-ouest de l'antichambre ; l'inspecteur constata l'existence d'une annexe, encore plus encombrée que la grande pièce. Carter lui fit remarquer qu'un certain nombre de coffres et de paniers avaient été ouverts et que la tombe devait être considérée comme pillée.

— Curieux voleurs, objecta l'inspecteur ; ils n'ont pas emporté grand-chose. Regardez ces anneaux d'or enveloppés dans un châle : quoi de plus facile à dérober ?

— La conclusion s'impose d'elle-même, déclara Carnarvon : les bandits ont été surpris et arrêtés. Les prêtres ont ensuite procédé à un rangement hâtif.

L'inspecteur parut satisfait de l'explication. Carter garda pour lui une autre hypothèse qui excluait le vol : afin de sauvegarder le trésor de Toutankhamon, on l'avait transféré d'une autre tombe avec une précipitation certaine. Circonstances politiques troublées ? Action magique ? Volonté de préserver un message jugé essentiel ? Un mélange de ces divers motifs, probablement.

Ibrahim Effendi aperçut le couvercle de la corbeille et les roseaux ; il les déplaça et mit à nu une partie dégradée de la cloison.

— Il existe une autre pièce.

— C'est certain, reconnut Carnarvon ; mais il serait imprudent de détruire cette cloison avant d'avoir vidé l'antichambre.

— Comment envisagez-vous la suite de cette fouille ? demanda le fonctionnaire à Carter.

— Le travail est gigantesque ; il faut dresser des plans,

tout photographier en veillant à ce que le flash au magnésium ne mette pas le feu, et sortir les objets sans les briser. Sans doute faudra-t-il en restaurer certains avant de les déplacer. Mon collègue Callender s'occupera de la construction d'une grille en fer qui placera le tombeau à l'abri des convoitises ; de plus, un garde passera la nuit à l'intérieur, dans le couloir.

— Parfait ; un inspecteur du Service viendra vérifier l'avancement de vos travaux tous les deux jours. Notre directeur est très attentif à la légalité.

— Nous aussi, approuva Lord Carnarvon.

*

La première vague d'envahisseurs déferla sur la Vallée l'après-midi même. À Louxor, on ne parlait que de la fabuleuse découverte de Carnarvon et de Carter ; les égyptologues se ruèrent sur la rive ouest, estimant avoir un droit de regard sur la tombe qu'un archéologue hors normes avait eu l'impudence de ramener à la lumière.

Avec beaucoup de fermeté, Howard Carter refusa d'ouvrir la grille. La meute de chiens hurlants, dont il avait entendu les aboiements tout au long de sa carrière, ne l'effrayait pas.

— Ce n'est pas la tombe de Toutankhamon, mais celle de Horemheb ! clama un érudit britannique.

— Inexact. Renseignez-vous mieux : elle se trouve bien dans la Vallée, mais pas à cet endroit.

— N'est-ce pas la cachette d'un équipement de palais ? suggéra un savant français.

— Non.

— On aurait identifié des objets mésopotamiens, affirma un Allemand, et il ne s'agirait pas d'une tombe égyptienne.

— Il s'agit de l'art pharaonique le plus magnifique, dans le style si pur de la dix-huitième dynastie.

— Montrez-nous vos chefs-d'œuvre !

— Lord Carnarvon a décidé de prendre le temps nécessaire ; puisque nous sommes en présence du plus fabuleux trésor jamais découvert, nous lui devons un total respect.

— Vous n'allez pas quand même nous faire attendre ? protesta le Français.

— Plusieurs années, s'il le faut. Veuillez m'excuser, messieurs ; si votre compagnie me réjouit, celle de Toutankhamon requiert toute mon attention.

*

Le soir même, le gouverneur de la province dîna au Winter Palace avec Lord Carnarvon et sa fille.

— L'Égypte est fière de vous, monsieur le comte ; votre archéologue, Howard Carter, est un homme très efficace. Hélas, il n'a pas un caractère facile ; ses collègues ont déploré son attitude.

— Lui déplore la leur depuis bien des années ; le succès rend les gens jaloux, monsieur le gouverneur.

— Certes... mais ne pourrait-on pas hâter la fouille ? On ne prend pas autant de précautions, d'ordinaire.

— Belzoni défonçait un tombeau en dix jours, parfois en dix heures, c'est vrai... mais Toutankhamon requiert beaucoup de soins.

— Carter ne désire quand même pas inventorier les objets un par un ?

— Bien sûr que si, répondit Lady Evelyn. Aucune pression ne le fera changer d'avis.

— La science attend une publication rapide...

— La science se pliera aux exigences de la fouille.

— Il ne faudrait pas renouveler la triste expérience de la tombe 55, précisa Carnarvon, affable ; en la dégageant à toute allure, des spécialistes l'ont dévastée.

— Bien sûr, bien sûr... mais une petite année de travail serait déjà bien longue pour...

— Toutankhamon décidera, dit Lady Evelyn avec un charmant sourire.

Carnarvon estima qu'il avait assez joué avec les nerfs de son invité.

— Rassurez-vous, monsieur le gouverneur, nous organiserons une ouverture officielle du tombeau afin que vous-même et les notables puissiez admirer le trésor.

— Ah... quelle merveilleuse idée ! Avez-vous prévu une date ?

— Le 29 novembre vous conviendrait-il ?

— Admirable.

L'atmosphère devint franchement cordiale ; le gouverneur reçut l'assurance qu'il ferait partie des premiers à contempler des splendeurs encore interdites. Carnarvon ne précisa pas que les invitations étaient déjà parties et qu'il avait omis de demander l'autorisation du Service des Antiquités.

*

La nouvelle se répandit comme une traînée de poudre dans toute l'Égypte. Les journalistes, privés d'informations précises, étaient contraints de broder et de laisser libre cours à leur imagination puisque Carnarvon refusait toute entrevue avec la presse avant l'ouverture officielle, qui devenait un événement national.

Le 28 novembre se propagea une rumeur : trois avions auraient atterri dans la Vallée des rois. De nombreux témoins avaient vu Carter transporter lui-même d'énormes caisses et en remplir les soutes. Les avions, chargés du trésor de Toutankhamon, s'étaient envolés pour une destination inconnue et l'archéologue félon avait disparu.

— La Vallée est un endroit prodigieux, indiqua Carter à une vingtaine de reporters accourus pour vérifier, mais elle ne peut pas servir de piste d'atterrissage : trop de trous et trop de bosses !

## *Chapitre 64*

Lady Allenby, représentant le haut-commissaire retenu au Caire, le gouverneur de la province et le grand patron de la police locale étaient au premier rang des personnalités qui, le 29 novembre, se pressèrent devant l'entrée de la tombe. Certains notables remarquèrent l'absence de Pierre Lacau et d'un représentant du ministère des Travaux publics, en charge des affaires archéologiques ; Lord Carnarvon se comportait comme si la sépulture lui appartenait. Qui, en un pareil moment, aurait songé à le lui reprocher ?

Carter était nerveux. Lui qui détestait les mondanités serait obligé de guider ces personnages bavards et indisciplinés qui ne songeaient qu'au respect de leur privilège : être les premiers à voir l'or du pharaon oublié. Pendant qu'il s'engageait avec eux dans le couloir descendant, Carnarvon s'occupait de la presse qu'il avait réduite à sa plus simple expression : seul Arthur Merton, du *Times*, avait été autorisé à visiter le tombeau et à rédiger un article.

— Mes collègues égyptiens sont mécontents, avoua-t-il ; quant à Bradstreet, le correspondant du *New York Times*, il est furieux et vous menace de représailles.

— Les Américains sont susceptibles ; faites votre travail et ne vous préoccupez pas du reste.

Merton, ravi, devint l'auteur d'un *scoop* mondial. L'article exclusif du *Times*, consacré à la plus sensationnelle découverte du siècle, fit très vite le tour de la planète. Toutankhamon devint une vedette de l'actualité à laquelle quotidiens et hebdomadaires consacrèrent autant d'articles qu'à un monarque en exercice. Dès le 30 novembre, l'agence Reuter chiffra le trésor à plusieurs millions de livres sterling et déclencha les convoitises les plus variées.

Carnarvon était plutôt satisfait de sa stratégie ; en concentrant l'information, il avait réussi un coup de maître ; la dispersion aurait amoindri sa force. Que les journalistes se battent entre eux et courtisent Merton le soulageait ; mais il ne pouvait éviter l'adversaire qui, en cet après-midi du 30, se dirigeait à pas lents vers l'entrée de la tombe.

— Belle trouvaille, dit Pierre Lacau.

— Le mérite en revient à Carter.

— La petite cérémonie d'hier s'est bien déroulée, d'après les on-dit.

— Carter a séduit nos hôtes.

— En tant que directeur du Service des Antiquités, j'aurais aimé être présent.

— Une regrettable erreur dans la rédaction des cartons d'invitation nous a privés de cette joie.

— Erreur qui a touché également le ministère des Travaux publics.

— La loi des séries.

— Aviez-vous l'intention de m'interdire l'entrée de la tombe ?

Le comte s'indigna.

— Vous n'y songez pas ! Permettez-moi de vous guider ; Carter sera enchanté de vous revoir.

Les deux hommes ne se serrèrent pas la main ; Carter, qui avait commencé l'inventaire, n'interrompit pas son travail. Lacau ne manifesta aucune émotion à la vue des œuvres uniques qui emplissaient l'antichambre. Carnarvon lui expliqua que la tombe avait malheureusement été pillée et que cette pièce communiquait avec deux autres chambres, dont l'une était inaccessible.

— Quand comptez-vous percer ce mur ?

— Pas avant février prochain. Je dois retourner à Londres et Carter désire progresser en prenant le maximum de précautions.

— Tant mieux. Vous avez beaucoup de chance.

— Ne l'avons-nous pas sollicitée ?

— Tout ce qui se trouve ici est exceptionnel ; je vous considère comme responsables, l'un et l'autre, de la sauvegarde de ces objets.

— Heureux de vous l'entendre dire, rétorqua Carter, ironique.

*

D'un revers de main, Carter écarta le monceau de télégrammes et de lettres qui s'accumulaient sur sa table de travail.

— Ils sont devenus fous... J'ignorais que j'avais une centaine de proches cousins, prêts à venir m'aider et surtout à partager le trésor avec moi !

— L'article du *Times*, revendu à tous les organes de presse, a fait sensation, rappela Carnarvon. Toutankhamon est devenu la plus grande vedette internationale et vous êtes son imprésario.

Allongé sur une chaise longue, le comte buvait un verre de bière ; il commençait à s'amuser.

— Je suis archéologue et je veux la paix !

— Calmez-vous, Howard. L'agitation finira par s'atténuer.

— Voilà dix jours qu'elle dure et elle ne cesse de s'amplifier ! Les félicitations plus ou moins hypocrites, passe encore... mais comment accepter les menaces, les malédictions, les conseils stupides et les plaisanteries douteuses ? Mille personnes me demandent de leur expédier un peu d'or ou de sable qu'ils conserveront pieusement !

— La rançon de la gloire, mon cher ; de l'homme le plus riche de la terre, on peut tout exiger.

— Personne ne dépouillera Toutankhamon.

— Quel pharaon ! Lui, dont on ne sait rien, éclipse les têtes couronnées, les conférences internationales, le débat sur les dommages de guerre et même les compétitions de cricket : après tant de siècles de silence, il occupe le devant de la scène de manière tonitruante.

— Savez-vous qu'on nous accuse d'avoir réveillé les forces maléfiques qui dormaient dans le tombeau ? C'est à cause d'elles, et donc de nous, que les soldats belges commettent des atrocités au Congo !

— Vous faites rêver le monde entier, Howard ; ne vous préoccupez pas de quelques cauchemars.

— Je ne peux plus sortir d'ici sans être agressé par les journalistes ; ils veulent tout savoir sur Toutankhamon.

— Que répondez-vous ?

— Qu'il est mort et a été enterré dans la Vallée des rois.

— Ça ne doit guère les amuser.

— Je ne les supporte plus ! Je ne suis pas un saltimbanque mais un chercheur qui a passé son existence au service de l'Égypte ancienne, dans les endroits les plus reculés et les plus inhospitaliers, à remuer des tonnes de sable, à apprendre la patience, le silence et la solitude. Débarrassez-moi de ces parasites.

— Hélas, Howard, nous ne sommes qu'au début de l'épidémie.

*

Décembre 1922 vit déferler des hordes de journalistes, d'érudits, de marchands et surtout de touristes. La tombe de Toutankhamon était un point de passage obligé ; il fallait contempler l'entrée et tenter d'y pénétrer. Dans le brouhaha, le tumulte et la poussière, on voulait parlementer avec Carter, l'interroger, être informé de la dernière trouvaille.

Dès les premières minutes du jour, les touristes arrivaient en charrettes ou sur le dos d'un âne et s'installaient sur le parapet de pierre que Carter avait fait construire autour de la tombe. Chacun prédisait à l'autre qu'un événement exceptionnel allait se produire, par exemple la sortie d'une statue en or ou l'apparition de la momie ; certains parlaient sans cesse, d'autres lisaient, d'autres encore se photographiaient avec la tombe à l'arrière-plan. Lorsque Carter sortait à l'air libre, ils l'apostrophaient et devenaient presque hystériques ; plus d'une fois, l'archéologue crut que le parapet céderait sous le poids.

Ce matin de décembre, un télégraphiste obtint l'autorisation de franchir le barrage de gardiens et de pénétrer dans le couloir où Carter l'attendait.

— Un message pour moi ?

— Oui et non.

— Expliquez-vous.

— Je suis un touriste... L'agence m'avait promis que je pourrais visiter le tombeau. Je me suis procuré cet uniforme et me voilà !

Carter empoigna le bonhomme par le col de la veste et le propulsa hors de la tombe. À peine s'était-il acquitté de cette tâche qu'un groupe d'officiels se présenta. Carter dut examiner leurs recommandations, rédigées par des diplomates et des fonctionnaires du Musée du Caire, et s'assurer qu'il ne s'agissait pas de faux. Pendant une demi-heure, il leur présenta, comme à tant d'autres, les chefs-d'œuvre de l'antichambre.

En sortant, l'un de ces privilégiés murmura à l'oreille de son épouse : « Finalement, il n'y avait pas grand-chose à voir. » Furieux, Carter ferma la grille en bois, quitta la Vallée, traversa le Nil et se précipita au bureau du Service des Antiquités où Ibrahim Effendi buvait un café.

— La tombe de Toutankhamon ne se visite plus.

Le fonctionnaire se leva, éberlué.

— Monsieur Carter ! C'est tout à fait impossible ! Elle attire des milliers de touristes, les hôteliers et les commerçants sont ravis.

— J'ai l'intention de remblayer et de disparaître jusqu'à la fin de ce tumulte.

— On vous accusera d'égoïsme et de grossièreté.

— Un chercheur qui n'admet pas d'être dérangé mérite-t-il ces critiques ? Dix visites par jour représentent cinq heures de travail perdues. Pourquoi ces éternels privilégiés jouissent-ils de davantage de droits que les autres alors qu'ils se moquent de Toutankhamon, de sa tombe et de l'Égypte entière ? Seuls les guident la curiosité et le snobisme ; l'important, c'est de pouvoir épater ses relations en affirmant que l'on a réussi à décrocher un laissez-passer.

— Votre métier vous impose...

— Parlons-en, de mon métier ! L'archéologie est une distraction de milliardaires : voilà ce qui traîne partout. Combien d'« archéologues » se sont usé les mains sur un chantier ? D'ordinaire, ils confient le travail à des tâcherons ou à des incapables ! Moi, je dois sauver le trésor de Toutankhamon et je le sauverai ; je n'accepte pas que des imbéciles commettent des dégâts dans l'antichambre en renversant des objets. Dorénavant, je ne tiendrai plus compte des recommandations : l'autorisation de visite, c'est moi seul qui la donnerai.

Carter claqua la porte. Le fonctionnaire pensa que le fouilleur possédait un don inné pour augmenter le nombre de ses ennemis.

## *Chapitre 65*

Au soir du 2 décembre, Carter, Carnarvon et Lady Evelyn dînèrent dans un salon privé du Winter Palace. La jeune femme, en robe turquoise décolletée, était resplendissante. Le comte paraissait d'excellente humeur, Carter fatigué et soucieux.

— Une information désopilante, Howard : le conservateur des collections égyptiennes du British Museum, Budge, m'a contacté. Soudain, il estime que vous et moi sommes de grands archéologues.

— Il veut des objets.

— Vous ne semblez pas croire à sa sincérité.

— Le British Museum n'aura rien.

— C'est bien mon avis ; avoir été trop longtemps méprisé rend un peu rancunier.

Lady Evelyn exprima ses inquiétudes.

— Vous semblez à bout de forces, monsieur Carter.

— Je suis très inquiet.

— Pour quelle raison ?

— L'étude de cette tombe et de son contenu dépasse mes compétences. Non seulement la vider sera long et coûteux, mais encore me faudra-t-il des experts.

Carnarvon craignait d'entendre ces paroles.

— Long et coûteux, répéta-t-il.

— Vous n'allez quand même pas abandonner, père !

— Si nous rendons la concession au Service, indiqua Carter, vous perdrez tous vos droits sur les objets.

— Quelle solution proposez-vous ?

— Constituer une équipe.

— Formidable ! jugea Lady Evelyn.

— Bien entendu, avança Carnarvon, vous avez déjà choisi vos collaborateurs.

— Mon ami Winlock m'a beaucoup aidé.

— Le Metropolitan Museum ! C'est à lui que vous faites appel ?

— Un partenaire fidèle et dévoué, n'est-il pas vrai ?

— Eh bien, cette équipe ?

— Harry Burton, le meilleur photographe au monde dans le domaine archéologique ; Arthur Mace, neveu de Petrie, spécialiste de la restauration et de l'emballage des objets, et deux dessinateurs. Le professeur Breasted se penchera sur les inscriptions, de même que le grammairien Gardiner. Callender continuera à m'aider et le chimiste Lucas ne tardera pas à venir nous rejoindre.

Carnarvon alluma un cigare.

— Remarquable, Howard. Vous m'étonnez chaque jour davantage ; je ne pensais pas que vous étiez aussi un conducteur d'hommes, capable de réunir la meilleure équipe du moment. Un détail m'intrigue : combien me coûtera-t-elle ?

Carter sourit.

— Rien.

En dépit d'une longue expérience du flegme, Carnarvon manqua de s'étrangler en avalant la fumée.

— Pardon ?

— Notre découverte enthousiasme Lythgoe, l'un des directeurs du Metropolitan ; il met son personnel gratuitement à notre disposition.

— Où est le vice ?

— Il aimerait vous rencontrer et négocier... dans un autre registre.

— Je suis soulagé... Pendant un instant, j'ai cru ne plus rien comprendre à la nature humaine. Où se trouve-t-il ?

— À Londres. Il pense que vos entretiens ne doivent pas se dérouler en Égypte.

— Il a raison. Remblayez la tombe, faites-la garder et rassemblez au plus vite les membres de votre équipe ; nous partirons pour Londres le 4.

— Si tôt ? protesta Lady Evelyn.

— Nous n'avons pas le choix ; Howard est un homme impitoyable. Nous reviendrons dès que possible.

Carter sut que la tristesse qu'il déchiffra dans les yeux de Lady Evelyn lui était destinée.

— Excellente idée, ce photographe, reprit Carnarvon.

— Je connais votre goût pour cet art, mais...

— Je ne suis pas vexé : malgré mon talent, j'ai raté presque tous mes clichés ! Vous, Howard, n'oubliez pas de peindre. Toutankhamon vous offre une mine inépuisable ; plus tard, on s'arrachera vos tableaux et vous serez milliardaire.

— J'y songerai.

Y songeait-elle, à ce « plus tard » ?

*

Le 4 décembre, le comte et sa fille quittèrent Louxor pour Le Caire. Carter les accompagna ; il avait proposé à Carnarvon une liste d'achats indispensables. L'escalier de la tombe avait été remblayé jusqu'à la première marche ; des soldats égyptiens, auxquels s'ajoutaient les hommes de confiance du *reis*, gardaient le site. Mais les touristes n'avaient d'yeux que pour un colosse, armé d'un fusil, qui était assis sur un gros bloc peint aux armoiries de Lord Carnarvon. Callender tirerait sur quiconque tenterait de violer le territoire interdit. Ni le soleil ni les quolibets ne le distrayaient de sa tâche ; grâce à sa présence, Carter avait pu partir en paix.

Au Caire, Carnarvon logea au Shepheard, bâti dans la plus pure tradition londonienne ; le luxueux hôtel accueillait chaque hiver de nombreux Anglais de la meilleure société. Ils prenaient volontiers le breakfast et le thé dans les jardins que des grilles séparaient d'une rue propre et bien dégagée. Les élégantes affichaient volontiers leur toilette devant l'entrée monumentale, agrémentée de palmiers.

Carter était songeur. Pendant le voyage, le comte avait évoqué deux grands projets ; le premier, une série de livres sur la tombe comprenant une édition populaire destinée au grand public et une publication scientifique d'envergure ; le second, un film distrayant et attractif. Carter protesta ; il n'était ni écrivain, ni metteur en scène.

Le comte lui conseilla de travailler avec des spécialistes et de songer aux bénéfices qu'il en retirerait. Si les inventeurs [1] du tombeau ne prenaient pas conscience que ce

1. Terme technique pour désigner les découvreurs d'un trésor archéologique.

dernier devenait aussi une entreprise commerciale, d'autres se chargeraient de l'exploiter.

— J'ai un rendez-vous ennuyeux à l'hôtel, Howard; peut-être aimeriez-vous faire découvrir le Vieux Caire à ma fille? Dans ce rôle, Susie sera tout à fait incompétente.

— J'aimerais me consacrer sans délai à mes achats.

Lady Evelyn jugea nécessaire d'intervenir.

— Emmenez-moi! J'ai une folle envie de découvrir les souks.

— Je crains que cet endroit...

— Vous me protégerez.

*

L'émissaire du gouvernement britannique était aussi lugubre que les précédents. Taille moyenne, yeux ternes et costume gris le rendaient aussi ennuyeux que le smog.

— Nous sommes fort étonnés, Lord Carnarvon.

— Je vous comprends; on ne tombe pas sur Toutankhamon chaque week-end.

— Je n'évoquais pas votre épopée archéologique dont les aspects techniques ne nous préoccupent pas, mais un silence inexplicable depuis votre arrivée en Égypte.

— La raison en est pourtant simple.

— Seriez-vous assez aimable pour me la donner?

— Toutankhamon.

— Pardon?

— Mon épopée est aussi une aventure intérieure; de ce fait, la politique m'intéresse moins. Quand on s'occupe de l'immortalité d'un pharaon, les affaires humaines semblent dérisoires.

— Vous vous égarez, monsieur le comte.

— Au contraire, cher ami, au contraire.

*

Carter avait besoin d'une grille en fer, de produits chimiques, de matériel photographique, de caisses de dimensions variées, de trente-deux balles de calicot, d'environ deux kilomètres d'ouate et d'autant de bandes chirurgicales. Il comptait aussi acheter une automobile et quelques autres babioles.

Khan el-Khalili, le plus grand bazar d'Orient, enserrait ses dix mille boutiques dans un réseau de ruelles tortueuses et sombres où l'on vendait de l'or, de l'argent, des pierres précieuses, des épices, des antiquités fausses et vraies, des meubles, des tapis, des fusils, des poignards et tous les produits de l'industrie ancienne et moderne. Ce qu'on ne voyait pas dans les boutiques pouvait être obtenu grâce à de savants palabres.

Lady Evelyn apprécia l'habileté de Carter, admira les brûle-parfums, s'enivra des essences de lotus et de jasmin, et acquit deux œufs d'autruche pour sa collection.

Lorsqu'il eut la certitude que ses commandes seraient livrées à Louxor dans les meilleurs délais, Carter emmena la jeune femme à la citadelle d'où ils contemplèrent la capitale de l'Égypte. De ce point culminant, la lèpre des quartiers pauvres disparaissait ; au-dessus d'un magma de demeures entassées les unes sur les autres surnageaient les minarets, des dômes et quelques croix chrétiennes. Au loin se profilaient les pyramides de Guizeh, d'Abousir et de Saqqarah.

— Je n'ai pas envie de rentrer en Angleterre ; ne pourriez-vous convaincre mon père...

— Un seul être exerce un réel pouvoir sur lui : vous, Lady Evelyn.

— Ai-je le droit de l'abandonner ?

— Ce serait le trahir.

— La plus aimante des filles ne doit-elle pas, un jour, quitter son père ?

Carter n'osa répondre ; aux lueurs du couchant se mêlaient la lumière de la cité et les lanternes jaune et rouge des cafés.

— Ne me demandez pas d'interpréter le destin... Voilà bien des années, j'ai dû interrompre une campagne de fouilles à quelques mètres de l'escalier qui mène à la tombe de Toutankhamon. Pourquoi le sort m'a-t-il imposé tant de doutes, d'efforts et de souffrances ? Peut-être parce que vous deviez avoir vingt ans, l'année de la découverte.

Le visage tourmenté de Howard Carter émut Lady Evelyn. Il n'avait rien d'un séducteur, manquait de charme, se comportait de manière trop rude ; mais ce soir-là, il n'était que douceur et aspiration à un bonheur impossible.

Ni lui ni elle ne rompirent le silence vespéral. Du Caire, la mère du monde, ils espérèrent une aurore.

## *Chapitre 66*

L'amitié, valeur sacrée, était parfois pesante ; la mission dont Carnarvon avait chargé Carter lui déplaisait au plus haut point : s'entretenir avec le directeur du Service des Antiquités et obtenir certaines assurances.

La veille, le bateau avait emporté le comte et Lady Evelyn vers l'Angleterre ; d'après certaines attitudes et certains regards, Carter s'était pris à espérer que ses sentiments ne la rebutaient pas. Mais il n'avait pas eu le courage de l'interroger, craignant de briser son rêve.

Répondant au souhait de Lord Carnarvon, Pierre Lacau avait accepté de recevoir Carter sans cérémonie, loin du cadre officiel de son bureau ; le rendez-vous ne figurait pas sur l'agenda du directeur. Les deux hommes se rencontrèrent en fin d'après-midi dans la cour sablée du musée de Boulaq où Mariette avait aménagé le premier bâtiment consacré à la civilisation pharaonique.

Le matin même, Carter avait reçu un télégramme signé du *reis*, Ahmed Girigar : « *Je me permets d'informer Son Excellence que tout va bien et que ses ordres sont suivis conformément aux instructions. Tous, ici, saluent votre respectable personne et tous les membres de la famille de Lord Carnarvon.* » Ce court texte l'avait rassuré et ému aux larmes ; un tel dévouement l'investissait d'une puissance inépuisable.

Froid, élégant, Lacau considérait son interlocuteur avec un sentiment de supériorité, mêlé de dédain.

— Des ennuis, monsieur Carter ?

— Aucun.

— Pourquoi tant de mystère ?

— Lord Carnarvon s'inquiète à propos du partage des objets.

— Ah, le partage ! Il faudra bien y venir, en effet.

— Quelles sont vos intentions ?

Carter avait la sensation d'être trop direct, voire brutal ; le ton de Lacau l'horripilait.

— Je me conformerai aux habitudes ; puisque Lord Carnarvon engage les frais d'un travail qui s'annonce long et coûteux, il recevra des objets de valeur.

— Permettez-moi de vous rappeler que le tombeau a été pillé.

— Mes inspecteurs l'ont noté ; ce point-là est néanmoins matière à discussion scientifique.

Lacau ne précisa pas que le contenu entier d'une sépulture inviolée devait revenir au Musée ; son demi-sourire traduisait néanmoins la certitude de détenir une carte majeure.

— Vous serait-il possible de notifier votre engagement par écrit ?

— Ce n'est pas indispensable, monsieur Carter ; ma parole suffira à Lord Carnarvon. Qu'il se rassure : un certain nombre de chefs-d'œuvre enrichiront sa collection.

Mal à l'aise, Carter se sentait observé comme une proie.

— Votre équipe est-elle constituée ? demanda Lacau, onctueux.

— Je retourne à Louxor afin de coordonner ses efforts.

— Prenez bien soin de Toutankhamon.

Carter préférait mille heures de travail dans un tombeau surchauffé à dix minutes de conversation avec Lacau ; il pourrait néanmoins télégraphier à Carnarvon que la négociation avait abouti.

*

Le 16 décembre, Carter rouvrit la tombe et, le 17, fit poser la grille de fer à l'entrée de l'antichambre. Le matériel commandé au Caire était arrivé la veille ; Callender s'était livré à une vérification approfondie et avait manifesté sa satisfaction. À présent le travail sérieux pouvait commencer.

Le 18, se tint la première réunion de l'équipe. Carter distribua les piles de linge de corps ; il fallait en changer souvent à cause de la chaleur qui régnait à l'intérieur du tombeau.

— Merci de votre collaboration, messieurs ; je vous propose de vous familiariser avec les lieux.

Breasted l'épigraphiste, Burton le photographe, Mace le spécialiste de la conservation et les deux dessinateurs du Metropolitan Museum suivirent Howard Carter, qui emprunta très lentement le couloir descendant. La grille était dissimulée sous une toile blanche.

— Un fantôme britannique ? demanda Burton.

Callender, de l'intérieur de l'antichambre, alluma la lumière, tandis que Carter soulevait le voile et poussait la grille. Les regards se fixèrent d'abord sur les deux gardiens du seuil à la peau noire, puis sur le trône d'or ; la majesté du spectacle, son irréalité grandiose transposèrent brusquement les arrivants du vingtième siècle à l'époque glorieuse d'un jeune pharaon dont l'âme retrouvée rayonnait d'or. Des larmes dans les yeux, ils congratulèrent Carter et le remercièrent de leur offrir le plus beau cadeau de leur existence. Breasted lui serra si fort la main que l'Anglais eut de la peine à se libérer.

— À mon avis, déclara Burton, qui tenta de dominer l'émotion par l'ironie, l'affaire Toutankhamon risque d'être éternelle.

*

Carnarvon ne savait plus où donner de la tête. Après un accueil triomphal, dès son arrivée en Angleterre, il s'était rendu le 22 décembre à Buckingham Palace où le roi George V lui avait accordé audience. Brillant et enjoué, Carnarvon avait séduit le souverain avant d'enchanter l'opinion publique, avide de détails et d'anecdotes. Lors d'une conférence courue du Tout-Londres, le comte, en dépit de sa légère difficulté d'élocution, s'était taillé un beau succès en narrant les seize années de fouilles, de doutes et d'espoirs déçus qui avaient précédé l'extraordinaire découverte. De nombreuses personnalités le félicitèrent : aristocrates, hommes politiques, comédiens, banquiers et même le célèbre jockey Denoghull.

La veille de Noël, Carnarvon, malgré sa fatigue, se rendit au Burlington Hotel. Albert Lythgoe, représentant officiel du Metropolitan, le reçut avec chaleur.

— Quel triomphe, monsieur le comte ! Votre visite m'honore.

— Elle était prévue, cher ami.

— Un peu de champagne vous plairait-il ?

— Ne refusons pas le plus joyeux des vins.

Lythgoe, anxieux, renversa une coupe. Il parla de manière précipitée, vanta les mérites de Carter, célébra le courage de Carnarvon.

— Une rude tâche nous attend, confessa l'aristocrate. Les objets sont si nombreux... je crains qu'une seule année soit insuffisante.

— L'équipe du Metropolitan sera à votre disposition aussi longtemps que nécessaire.

— Je vous en suis reconnaissant. Reste, bien sûr, le point le plus délicat : le partage de ces chefs-d'œuvre.

— Estimez-vous que mon musée...

— L'Égypte aimait la justice, je l'apprécie aussi ; votre aide est si précieuse qu'elle mérite récompense.

Lythgoe aurait embrassé le comte si les convenances n'avaient interdit un acte aussi excentrique.

— Quelle est la position de Lacau ?

— Il reconnaît mes droits au partage.

— Méfiez-vous de lui, conseilla Lythgoe. S'il ne confirme pas ses engagements par écrit, il peut changer d'avis.

— Comment le convaincre ?

— En procédant vous-même à la restauration des objets ; le Service des Antiquités en est incapable. Plus vous sauverez d'objets, plus Lacau vous en attribuera.

— Il me reste à vous souhaiter un joyeux Noël.

Dans la nuit froide de Londres, le comte songea au bon tour qu'il jouait au British Museum si dédaigneux envers Carter. Il n'aimait guère les Américains mais, dans les circonstances présentes, c'était le seul choix possible. Guilleret, sifflotant une chanson populaire, Lord Carnarvon monta dans la voiture qui l'emmènerait à Highclere où il réveillonnerait en famille. Eve serait ravie d'apprendre que l'aventure continuait.

## *Chapitre 67*

Le 25 décembre, Carter décida de sortir le premier objet de la tombe. Comme s'ils avaient pressenti le drame, les meubles émettaient d'étranges craquements.

— Encore le fantôme, jugea le photographe.

La plaisanterie n'amusa pas Callender. Carter demanda à ses collaborateurs de se mouvoir avec la plus extrême prudence dans la petite allée centrale ouverte au cœur de l'antichambre. Un geste brusque pouvait provoquer la chute d'une pile d'objets, recouverts d'une fine pellicule de poussière rose que l'archéologue ôta à l'eau tiède.

Mace se saisit d'une paire de sandales. À peine les avait-il touchées qu'il les reposa, comme s'il tenait une bombe sur le point d'exploser.

— Impossible de les manipuler avant de les avoir consolidées ; sinon, elles tomberont en poussière.

L'Américain utilisa de la paraffine qu'il laissa durcir deux heures ; quant aux bouquets funéraires, il les vaporisa avec du celluloïd. Carter comprit que chaque type d'objet poserait un problème particulier, qu'en déplacer un seul risquait d'endommager les autres, et qu'il faudrait en restaurer un bon nombre dans l'espace confiné de l'antichambre. Même Callender sembla un instant rebuté par cette entreprise colossale qui exigeait des doigts de fée.

— Toute négligence de notre part serait criminelle, déclara Carter. Nous devons transmettre ce trésor au monde et nous montrer à la hauteur de notre chance.

— Il est parfois bon d'être photographe, remarqua Burton.

— N'utilisez pas une lumière trop violente.

— Une demi-pénombre me suffirait... mais j'ai une meilleure solution à vous proposer : deux projecteurs portatifs. Ils diffuseront une lumière uniforme, très supérieure à celle du flash, et je prendrai un long temps d'exposition.

L'après-midi, Carter se heurta à un autre problème : la profusion de perles qui ornaient colliers et bracelets. Bien que les fils fussent pourris, il refusa d'en sacrifier une seule, fit dessiner les originaux avec un maximum d'exactitude et, maniant l'aiguille, s'occupa lui-même du renfilage en suivant l'ordre des perles voulu par l'artisan.

La foule était de plus en plus nombreuse autour de l'entrée de la tombe ; Mace et Callender en sortaient les objets un par un, salués par des applaudissements nourris. Le spectacle devenait permanent, et l'on se bousculait pour y assister.

Alors qu'il portait un grand collier qui scintillait au soleil, Carter aperçut un jeune Arabe. Il avait réussi à se faufiler au premier rang et semblait fasciné. L'archéologue l'appela ; Callender le laissa approcher.

— Ton visage me rappelle quelqu'un... Comment t'appelles-tu, mon garçon ?

— Houssaïn Abd el-Rassoul.

L'un des fils du chef du clan ! Le puissant personnage avait respecté ses engagements ; aussi Carter voulut-il le remercier de manière éclatante. Il passa le collier au cou d'Houssaïn, Burton le photographia. Sur la *galabieh* blanche se détachait un scarabée qui élevait le soleil dans ses pattes avant.

— Dès que le cliché sera développé, je te donnerai la photo.

— Je la garderai toute ma vie, promit Houssaïn, et la montrerai à tous ceux qui franchiront le seuil de ma maison[1].

*

Soldats de la province, membres du Service des Antiquités et hommes de confiance d'Ahmed Girigar continuaient à monter bonne garde jour et nuit. Certains journaux faisaient allusion à l'arrivée de gangsters décidés à s'emparer des trésors de Toutankhamon ; les bandits locaux, en contradiction avec les consignes d'Abd el-Rassoul, consentiraient à leur prêter main-forte. Carter

1. Promesse tenue : Houssaïn Abd el-Rassoul, propriétaire du rest-house proche du Ramesseum (Thèbes ouest) y exposa cet étonnant document.

ne traitait pas ces menaces à la légère et se préoccupait sans cesse de la sécurité ; quatre chaînes cadenassées fermaient la grille en bois de l'entrée et la grille en fer, d'une tonne et demie, qui interdisait l'accès à l'antichambre. Seul Carter pouvait donner l'autorisation de manipuler un objet.

— On ne peut pas continuer comme ça, se plaignit Burton ; il nous faut au plus vite un laboratoire et un entrepôt.

— Votre chambre noire ne vous suffit pas ?

— La tombe 55 est proche de Toutankhamon mais trop exiguë. Qui attribue les emplacements ?

— Le Service des Antiquités ; je m'en occupe.

Il fallut de nouveau affronter Rex Engelbach qui, avec un air compassé, rejeta l'idée. Sa péroraison achevée, Carter repartit à l'assaut.

— Si vous ne nous accordez pas un local plus spacieux, nous ne pourrons pas continuer à travailler. Vous porterez la responsabilité de cet échec.

Agacé, Engelbach accepta de discuter.

— Où souhaitez-vous aller ?

— La tombe de Séthi II nous conviendrait. Elle est étroite mais profonde ; comme elle est peu visitée, nous n'en priverons que quelques spécialistes.

— Elle est trop éloignée de celle de Toutankhamon ; mieux vaudrait construire un hangar à proximité.

— Les touristes le prendraient d'assaut ; je reconnais que le trajet à parcourir sera assez long, mais nous pourrons couper le chemin et l'interdire aux importuns. La sécurité sera facile à assurer ; j'ai déjà prévu une grille en fer.

Engelbach hésitait.

— Les falaises qui entourent cette tombe la protègent du soleil, continua Carter, et la gardent assez fraîche, même l'été. De plus, l'aire, devant l'entrée, est bien dégagée. Nous y installerons un studio de photographie en plein air et un atelier de menuiserie.

Engelbach céda.

*

Chaque objet fut déposé sur une civière rembourrée puis attaché avec des bandages. Une fois par jour, un impressionnant convoi partait de la tombe de Toutankhamon et se dirigeait vers la tombe de Séthi II ; policiers armés et *chaouiches* munis de gourdins surveillaient les porteurs et tenaient à l'écart les curieux qui ne cessaient de prendre des photos. Des excités poussaient des cris et bousculaient les journalistes qui griffonnaient des notes. Irrité, Carter déplorait qu'on dépensât davantage de pellicule en un hiver que pendant toute l'histoire de la photographie ; à peine esquissait-il un geste, des déclics se déclenchaient.

Dès l'arrivée du précieux chargement, l'équipe agissait avec précision et rapidité. Numérotation, mesures, relevés des inscriptions, dessins, photographies : chaque œuvre était pourvue d'une fiche d'identité indispensable aux études futures. Puis elle était entreposée dans le fond du caveau avant d'être emballée en prévision de son transfert au Musée du Caire.

Alors qu'un chargement était sur le point de partir, le soleil disparut. Carter leva la tête ; de gros nuages noirs voilaient le ciel. Callender s'affola.

— Un orage... s'il éclate, les lits funéraires sont fichus ! Nous n'aurons pas le temps de les mettre à l'abri.

Un éclair zébra les nuées ; quelques gouttes de pluie tombèrent. En moins de cinq minutes, elle deviendrait torrentielle, transformerait le lit de la Vallée en rivière et envahirait la tombe. Nulle grille ne barrerait la route à ce cataclysme.

Carter ferma les yeux.

Il ne lui restait qu'à prier : une invocation au dieu Amon, le maître des vents, lui vint à l'esprit. Un souffle puissant faillit le renverser ; à l'issue d'une rapide bataille, il chassa les nuages et dissipa l'orage.

— Là-haut, on nous protège, conclut Callender.

*

Le rêve continuait. Allongé sur son lit, Carter relisait pour la dixième fois la lettre que Lady Evelyn lui avait adressée. Une longue lettre, une écriture ronde et tendre... La jeune femme évoquait leur expédition nocturne dans la tombe, manifestait sa reconnaissance à l'égard de l'archéologue, décrivait en détail l'épopée. Ses vœux de bonheur pour l'année nouvelle laissaient entrevoir une affection sincère et profonde.

Elle, une aristocrate ; lui, un roturier... choquant et impossible ! Avait-elle osé parler de son inclination à Lord Carnarvon ? Sûrement pas. De l'ami ou du propriétaire de Highclere, qui l'aurait emporté ? Carter devait renoncer à être heureux parce qu'il était né dans une famille pauvre, n'avait fréquenté aucun grand collège, et ne possédait que la maigre culture d'un archéologue formé sur le terrain et détesté de ses pairs.

Montait en lui une révolte contre la convention et l'injustice qui condamnaient le monde à sombrer dans une lutte de castes aussi artificielle que cruelle ; cette fois, il ne renoncerait pas

## *Chapitre 68*

Autour de Démosthène étaient réunis la plupart des marchands d'antiquités de Louxor. Tous étaient devenus de farouches ennemis de Carter, accusé de ruiner un commerce autrefois florissant. La découverte des trésors de Toutankhamon aggravait encore la situation ; pas un seul objet n'était sorti du chantier et les amateurs ne songeaient plus qu'à des merveilles inaccessibles ! Agir devenait indispensable.

— Si Carter commettait une faute professionnelle... avança un Libanais.

— Chassez cette hypothèse, recommanda Démosthène. Il est trop précautionneux.

— A-t-il réellement découvert la tombe ? demanda un Syrien. Détruisons cette légende !

— Malheureusement, elle est devenue réalité.

— Il existe des lois, même dans ce pays ! À qui appartient ce trésor ? Pas à Carter !

— N'oubliez pas Lord Carnarvon ; il ne vise qu'à enrichir sa collection personnelle et se joue des fonctionnaires du Service des Antiquités que nous aurions pu acheter sans peine.

— Carnarvon est hors d'atteinte, affirma le doyen des trafiquants. C'est Carter qu'il faut détruire.

— Comptez sur moi, dit Démosthène.

— Si tu y parviens, ta fortune est faite.

*

Howard Carter était immergé dans le travail ; il veillait à ce qu'on traitât les pièces les plus modestes avec le même soin que les immenses chefs-d'œuvre. Burton, sans rechigner, adoptait le rythme infernal et développait plus de cinquante photos par jour. Mace restaurait, soignait, emballait. Callender fabriquait des caisses.

Le soir, pendant que ses collaborateurs se reposaient, Carter triait ses notes, mettait à jour son journal de fouilles, classait des négatifs et préparait le lendemain afin de ne pas gaspiller de temps ; trop d'heures avaient été perdues à cause de visites inutiles. Seule la nuit lui apportait une tranquillité absente de la Vallée.

Dès que l'aube se levait, touristes et correspondants de presse s'attroupaient avec l'espoir de voir sortir un chef-d'œuvre ; dès qu'un des membres de l'équipe de Carter manipulait un objet, les commentaires fusaient. Circulaient les messages expédiés par les adeptes des sciences occultes qui recommandaient de verser sur le seuil de la tombe du lait, du vin et du miel afin d'apaiser la fureur des mauvais génies. Cette foire d'empoigne, de plus en plus prononcée, mettait les nerfs de Carter à rude épreuve.

À Louxor, on s'agitait ; la petite ville devenait le théâtre de bagarres entre touristes déçus de n'être pas entrés dans le caveau ou entre journalistes qui, après des courses à cheval ou à dos d'âne, se bousculaient afin d'utiliser le télégraphe. À l'effervescence de la journée succédait celle de la nuit ; dans les salons des grands hôtels, on dansait la valse et la polka avant d'évoquer, la nuit durant, les tonnes d'or enfouies dans le secret de la sépulture.

Carter refusait toutes les invitations à ces soirées où la bêtise rivalisait avec le néant. Sa seule distraction consistait, une fois par semaine, à dîner seul au Winter Palace. C'est là que l'aborda Démosthène, rasé de près et vêtu d'un smoking.

— Auriez-vous fait fortune ?

Le Grec s'assit.

— Moi, non ; vous, si.

— Détrompez-vous. Le trésor de Toutankhamon n'est pas à vendre.

— Pas encore. Des centaines et des centaines d'objets... on ne pourra les exposer tous dans un musée ; quand Lord Carnarvon et le Service auront prélevé leur part, il restera bien quelques miettes.

Carter dégustait un sauté de bœuf ; à gauche de son assiette, un carnet de notes qu'il relisait.

— Ces miettes, déclara Démosthène, je m'en porte acquéreur. Les bénéfices seront énormes. Si vous connaissiez mes clients ! Soixante-dix pour cent pour vous, trente pour moi... sans compter cette petite avance.

Le Grec poussa vers Carter une enveloppe bourrée de livres sterling. L'archéologue plaça sa fourchette juste au-dessus ; une goutte de sauce tomba et la tacha.

— Prenez garde, Démosthène ; vous salissez votre bien.

Il la rempocha, furieux.

— Tout s'achète, Carter ! J'y mettrai le prix.

— Vous perdez votre temps. Le trésor de Toutankhamon vaut davantage que tout l'argent de la planète, car il contient un secret. Et ce secret n'est pas monnayable.

— Vous m'avez ruiné, Carter. Vous le paierez !

*

Redingote noire, pantalon rouge et chapeau donnèrent à Démosthène le courage de se rendre chez le *cheikh* qui, ce soir-là, présidait le *zâr*, cérémonie magique où il manipulait des forces dangereuses. Le Grec donna son nom au gardien de la porte d'une maison basse et sordide. Plié en deux, Démosthène pénétra dans une atmosphère enfumée et s'assit sur une banquette à côté d'une femme enveloppée dans un châle noir. Le *cheikh* psalmodia des formules avant d'égorger un mouton ; il se couvrit de son sang et tourna sur lui-même en appelant les génies.

La femme rejeta son châle, s'empara d'un couteau et traça de longues stries sur ses avant-bras. Sans ressentir la moindre douleur, elle se coupa l'extrémité de l'index gauche. Affolé, Démosthène recula vers la porte ; l'incantation du *cheikh* le cloua sur place.

— O génies des ténèbres, sortez de vos cavernes, tuez les pilleurs et les profanateurs qui osent troubler le repos de Toutankhamon !

Le Grec vacilla. L'air lui manqua. Il porta la main a son cœur et s'écroula.

*

Carter tendit l'oreille. Cette fois, il ne se trompait pas ; c'était bien le bruit d'un moteur. Au loin, un nuage de poussière accompagnait la progression de l'automobile. Lord Carnarvon avait pris le volant et conduisait doucement ; la route n'était guère propice à la vitesse et il voulait éviter trop de secousses à Lady Evelyn, assise à son côté. Le véhicule parcourut en une demi-heure la distance entre le débarcadère et l'entrée de la Vallée.

Toute l'équipe s'était réunie pour accueillir les voyageurs. Très ému, le comte donna l'accolade à Carter qui saisit un regard tendre et furtif de Lady Evelyn ; Burton leur demanda de poser pour une photographie. Susie se plaça au premier plan.

Carnarvon, impatient, marcha d'un pas pressé jusqu'à la tombe de Séthi II.

— Voilà si longtemps que je désirais voir cet endroit... magnifique, messieurs !

Le comte admira à loisir les œuvres restaurées qui brillaient avec davantage d'éclat que dans la pénombre du tombeau. Mace lui présenta plusieurs cannes décorées et des vêtements rituels ornés de centaines de rosettes en or.

— Formidable travail ! Cela mérite une récompense.

Carnarvon déboucha la bouteille de Dom Pérignon qu'il avait apportée ; Burton remplit les verres. Tous se sentaient fiers et heureux.

*

— Je suis si fatigué, Carter.

Carnarvon s'était allongé sur une chaise longue en rotin tressé. À ses pieds, Susie dormait. Pendant le cocktail improvisé, le comte avait plaisanté et redonné une énergie nouvelle à la petite confrérie.

— Vous semblez pourtant en excellente forme.

— Apparence trompeuse.

— Le voyage l'a épuisé, précisa Lady Evelyn.

— La vision de ces trésors me redonne la jeunesse, affirma le comte.

Un chapeau à larges bords vissé sur la tête, Carnarvon contemplait le coucher du soleil. La terrasse de la maison de fouilles s'ouvrait sur les hauteurs de la Vallée ; roses, silencieuses, elles se noyaient dans le disque rouge qui descendait vers l'au-delà.

— Toutankhamon n'est pas mort, Howard. Il a traversé le monde souterrain et il resurgit à son heure, pas à la nôtre. C'est pourquoi il ne doit pas être livré en pâture à n'importe qui. Les journalistes du monde entier m'assaillent ; pourquoi ne pas accorder une exclusivité définitive au *Times* ?

— Excellente idée. Son correspondant au Caire, Arthur Merton, est un ami et un bon connaisseur de l'archéologie. Il relatera correctement notre aventure.

— Le contrat rapportera une belle somme et couvrira une partie des frais ; avoir affaire à un seul journaliste économisera notre énergie.

Lady Evelyn regardait un jeu de photographies.

— Êtes-vous persuadé, monsieur Carter, que cette tombe est bien celle de Toutankhamon ? Ne s'agirait-il pas d'une sorte de cachette ? Ramsès Ier qui ne régna que deux ans fut gratifié d'une sépulture plus vaste que Toutankhamon qui resta au moins six ans sur le trône !

— Je ne cesse de songer à la nature réelle de notre découverte, avoua Carter. C'est beaucoup plus qu'une tombe égyptienne ; le Maître d'Œuvre a voulu que son emplacement demeure *le* mystère de la Vallée. Dès le Nouvel Empire, sous les derniers Ramsès, sa trace disparut des archives ; cachée sous des demeures d'artisans, elle devint inaccessible aux voleurs. Pourquoi ? Parce que Toutankhamon était le lien entre le culte solaire et la connaissance du dieu secret, Amon. En lui se résumait l'enseignement spirituel de l'Égypte qui devait être préservé à tout prix ; le petit roi était un grand pharaon.

## *Chapitre 69*

Pierre Lacau perdit son légendaire sang-froid. Il déchira l'exemplaire du *Morning Post* en mille morceaux et les jeta à la corbeille. Les premières attaques contre Carnarvon et Carter l'avaient plutôt amusé ; en apprenant l'existence d'un contrat d'exclusivité avec le *Times*, les journalistes s'étaient déchaînés, accusant le comte et son archéologue de prostituer la science et de se vautrer dans le mercantilisme le plus sordide. Ne considéraient-ils pas, à tort, que la tombe de Toutankhamon était leur propriété personnelle ?

L'édition cairote du *Morning Post* s'en était pris au véritable responsable de cet état de fait : le directeur du Service des Antiquités ! On reprochait à Lacau de refuser toute information à la presse, comme s'il était l'esclave de Carnarvon. Les journaux égyptiens s'étaient engouffrés dans la brèche : pourquoi le fonctionnaire français ne désavouait-il pas l'aristocrate britannique ? Pourquoi n'ouvrait-il pas le tombeau à tous les journalistes en refusant de reconnaître la suprématie du *Times* ?

Lacau, pris dans la tourmente, n'était pas préparé à une telle épreuve ; à cause de cette maudite découverte, il subissait l'assaut de milliers de touristes, célèbres ou inconnus, qui exigeaient avec la même hargne un permis de visite. Aussi s'était-il rendu à Louxor afin d'y rencontrer Carter qui le reçut sur le chantier, occupé à emballer un collier.

— La situation devient intolérable.

— Seul le travail importe ; laissez les envieux aboyer.

— Vous devriez être plus aimable avec les journalistes égyptiens.

— Un contrat est un contrat : qu'ils s'adressent au *Times*.

— Refuser l'entrée du tombeau aux visiteurs provoque un vif mécontentement.

— Je m'en moque. Je n'ai plus une minute à perdre avec ce genre de futilités.

— Quand une personnalité est munie d'un laissez-passer officiel du gouvernement, cessez de faire barrage !

— Certainement pas ; sinon, la tombe serait emplie de touristes et nous ne pourrions plus la vider.

Lacau se sentait pris dans un étau.

— Mettons-nous au moins d'accord sur une date : j'exige une journée réservée aux visiteurs agréés par le Service ; des journalistes égyptiens et étrangers se joindront à eux. C'est l'unique moyen de freiner la campagne de presse contre vous et contre moi.

— Impossible.

— Je fixe la date du 26 janvier.

*

Lacau attendit en vain l'accord écrit de Carter. Il envoya Rex Engelbach qui, fort de ses prérogatives administratives, intervint avec autorité et véhémence.

— Le directeur a choisi une date pour les visites officielles. Vous convient-elle, monsieur Carter ?

— Non.

— Votre entêtement est inacceptable !

— Les mondanités ne m'intéressent pas.

— Le Service des Antiquités...

— Le Service des Antiquités ne peut imposer la présence de profanes.

— Seriez-vous un officiant dans un lieu sacré ?

— Vous commencez à comprendre.

Engelbach perdit contenance.

— Votre fichue porte blindée exaspère le monde entier ! Vous vous comportez comme un tyran qui garde jalousement des trésors qui ne lui appartiennent pas... Si ça continue, je recense les armes à feu et je prends votre position d'assaut !

— Pourquoi ne pas utiliser la dynamite ? Ce serait plus rapide.

— J'y songerai.

Mortifié, Engelbach tourna les talons.

*

Carter invita Carnarvon à entrer dans l'antichambre de la tombe ; comme d'habitude, les deux hommes ralentirent leur démarche et baissèrent la voix. Tout près d'eux, le pharaon veillait.

Ils s'arrêtèrent devant une boîte qui portait le n° 43.

— C'est celle-ci ?

— Oui.

— Des papyrus, vous êtes certain ?

— Je n'ai soulevé le couvercle qu'une seule fois. À vous l'honneur de vérifier.

La main de Carnarvon trembla. Découvrir des papyrus, c'était lever le voile sur le règne mystérieux de Toutankhamon, déchiffrer l'une des périodes les plus obscures de l'Histoire, comprendre pourquoi cette tombe était unique.

Le comte sortit un premier rouleau qu'il commença à déplier avec un soin extrême.

— Ce n'est que du lin, Howard... une simple bande de tissu.

Carter examina le reste du coffret.

— Des rouleaux de lin, en effet... Je suis pourtant certain que des papyrus ont été cachés dans cette tombe. S'ils n'ont pas été enfermés dans un coffre, ils furent dissimulés à l'intérieur d'une statue. Je connais plusieurs cas semblables dans la Vallée [1]. Mais aurons-nous le

1. Carter avait une intuition juste ; en 1990, grâce à un examen radioscopique, on a obtenu la certitude que des statues appartenant au trésor de Toutankhamon contenaient des papyrus.

temps et les moyens d'ouvrir toutes les statues sans les endommager ?

— Pourquoi ce pessimisme, Howard ?

— Nous sommes attaqués de toutes parts.

— Travaillez en paix ; je suis à vos côtés. Et souvenez-vous : j'ai de la chance.

*

L'équipe œuvrait avec un enthousiasme croissant ; chaque jour apportait son lot de merveilles, qu'il s'agisse d'un trône où, au milieu du dossier, apparaissait le génie de l'éternité qui tenait les tiges des millions d'années, d'un lit rituel à tête de lion sur lequel Toutankhamon s'était allongé lors des fêtes de régénération, ou bien encore d'un coffre de cèdre incrusté d'ivoire et couvert d'un texte qui affirmait que les yeux, la bouche et les oreilles du roi seraient à nouveau ouverts dans l'autre monde où le souverain, baigné d'une brise rafraîchissante, goûterait des mets délicats.

Carnarvon vivait des moments exaltants ; le mal de vivre avait disparu de sa pensée et de son cœur. Il se surprenait parfois à remercier Toutankhamon de lui avoir accordé cette grâce qu'il n'espérait plus. Sa fille partageait ce bonheur miraculeux ; son père n'évoquait plus ses maux, oubliait ses douleurs, gambadait comme un jeune homme de la tombe au laboratoire et du laboratoire à la tombe. Elle-même adoptait le rythme effréné de Carter et, à ses côtés, apprenait à déchiffrer les hiéroglyphes, à établir une description sommaire d'un objet lors de son enregistrement et à juger de son état de conservation. Inséparables, Carter et Lady Evelyn faisaient régner sur le chantier une joie juvénile.

Carnarvon se reposait à l'entrée du laboratoire quand il aperçut Pierre Lacau, silhouette élégante et fragile, corps étranger à la Vallée.

— Je fais appel à votre sens des responsabilités, monsieur le comte.

— Pourquoi pas ?

— Croyez-moi, l'affaire est sérieuse ; je suis moi-même menacé, à cause de l'intransigeance de Carter.

— Vous m'en voyez désolé. Howard est un scientifique qui manque de diplomatie, je l'admets ; mais personne ne met en doute sa vocation, ses compétences et son intégrité.

— Non, personne... Il faut laisser entrer des journalistes égyptiens dans la tombe. Ils mènent contre nous une cabale de plus en plus féroce.

— Ne soyez pas si sensible aux critiques, monsieur Lacau ; mon contrat avec le *Times* m'interdit ce genre de dérogation.

— Puisque vous ne voulez pas entendre raison, je suis contraint d'utiliser d'autres méthodes. Vous recevrez dès aujourd'hui une mise en demeure du ministère des Travaux publics dont dépendent les fouilles archéologiques.

Lacau tint parole. La lettre officielle adoptait un ton plutôt doux ; le conseiller juridique du ministère recommandait à Carter et à Carnarvon une attitude plus conciliante de manière à préserver leurs intérêts et à ne pas s'engager dans une lutte préjudiciable à tous les chercheurs désireux d'explorer le sol égyptien. Des menaces planaient entre les lignes, mais la conclusion s'en tenait à une suggestion : prendre les dispositions nécessaires dans l'intérêt général.

## *Chapitre 70*

Carter buvait son café du petit matin lorsque le *reis* lui annonça une incroyable visite.

— Quel nom as-tu prononcé ?

— Arthur Weigall.

Carter posa sa tasse et sortit sur le perron de la demeure de fouilles. Jamais la présence de ce bandit ne souillerait sa demeure. Weigall, ex-inspecteur des Antiquités, soupçonné de vol et contraint à démissionner, Weigall osait revenir en Égypte !

Coiffé d'un casque colonial, vêtu avec élégance d'une veste à rayures et d'un pantalon gris, le visiteur était un assez bel homme, aussi glacé que le col de sa chemise. Les lèvres minces et le regard acéré exprimaient une agressivité latente.

Connaissant le caractère irascible de son hôte et ses préventions à son égard, Arthur Weigall ne s'embarrassa pas de formule de politesse.

— Je suis innocent et je veux vous aider. C'est un ami sincère qui désire vous parler ; écoutez-moi au moins quelques instants, je vous en supplie.

Weigall avait un visage mobile et changeant ; plusieurs individus semblaient cohabiter en lui.

— Soyez bref.

— Vous êtes en danger, Howard, en grand danger. L'Égypte n'est plus une colonie soumise ; en dédaignant la presse autochtone, vous vous êtes mis à dos l'opinion publique. On vous accuse d'être un voleur et l'on commence à vous haïr. Toutankhamon ne vous appartient pas ; les partisans de l'indépendance le considèrent comme l'un des leurs que vous avez emprisonné.

— Vous délirez.

— C'est vous qui vous égarez ; revenez sur terre, déclarez à la presse égyptienne que vous comprenez ses griefs et que vous regrettez votre conduite.

— Je n'ai qu'une morale : ni regret, ni remords.

— Ne vous obstinez pas, Howard ; vous n'êtes plus en terrain conquis. Le monde s'est modifié pendant que vous en restiez à la dix-huitième dynastie, auprès de votre pharaon bien-aimé. Ne comptez pas trop sur la protection de Carnarvon ; c'est un homme faible et malade. Et puis...

— Et puis ?

— On parle d'une malédiction qui toucherait tous les profanateurs de la tombe.

— Stupide.

— Souvenez-vous de la terrible mise en garde du grand dignitaire Oursou : « *Celui qui violera ma tombe dans la nécropole sera un homme haï de la lumière ; il ne pourra pas recevoir d'eau sur l'autel d'Osiris, mourra de soif dans l'autre monde et ne pourra pas transmettre ses biens à ses enfants.* »

— Tout cela ne me concerne pas, objecta Carter. Oursou vivait à l'époque d'Amenhotep II, non sous le règne de Toutankhamon ; je ne viole pas une tombe, je la préserve de toute destruction et de tout pillage ; enfin, je n'ai pas d'enfants.

— Vous avez tort de prendre l'avertissement à la légère. J'aimerais tant vous faire comprendre...

— Disparaissez.

— Vous n'entrerez jamais dans la salle secrète, Carter, ou bien la malédiction s'abattra sur vous !

*

Après un long entretien, parfois un peu vif, Carnarvon obtint l'accord de Carter. Le 26 janvier, à la date souhaitée par Lacau, tous les journalistes égyptiens et étrangers furent admis à visiter l'antichambre et à constater que l'équipe de Carter travaillait de la manière la plus remarquable.

Cette concession ne calma pas l'ardeur vengeresse de Bradstreet, le correspondant du *New York Times* et du *Morning Post.* L'exclusivité dont jouissait le *Times* lui apparaissait comme un coup de force inacceptable ; il continua à orchestrer une virulente campagne d'opinion contre l'équipe d'explorateurs et de marchands sans scrupule qui avaient pris Toutankhamon en otage ; Carter était dépeint comme un monstre de vanité et d'égoïsme qui ne communiquait aucune information sérieuse et voulait tout garder pour lui tandis que son patron, Carnarvon, se transformait en businessman uniquement préoccupé de bénéfices et prêt à traiter n'importe quel contrat avantageux. Les deux pilleurs se révélaient beaucoup plus efficaces que les bandes de voleurs de Gournah. Pourquoi les chefs-d'œuvre entassés dans l'antichambre n'étaient-ils pas déjà exposés, pourquoi la tombe n'était-elle pas ouverte aux visiteurs ? Parce que Carter, tel un avare serrant contre lui un sac d'or, ralentissait le vidage et inventait mille tracasseries administratives qui empêchaient le Service des Antiquités de remplir sa fonction.

*

Lady Evelyn aidait Carter à traiter un courrier de plus en plus abondant.

— Voulez-vous lire le dernier article de cet ignoble Bradstreet ?

— Non.

— Tant mieux ; gardez votre énergie pour l'essentiel. Répondrons-nous aux cent demandes d'autographes d'aujourd'hui ?

— Je partagerai ce pensum avec Mace et Burton ; votre père et moi avons décidé de ne pas négliger ceux qui nous encouragent et perçoivent la difficulté de notre tâche.

— Enverrons-nous des graines provenant du tombeau à ce grainetier britannique qui voudrait faire pousser du blé égyptien ?

— Pas avant de les avoir étudiées nous-mêmes.

— Voici une supplique d'un couturier parisien qui réclame des échantillons de tissu afin de lancer une mode Toutankhamon.

— À vous de répondre, Lady Evelyn.

— Il se débrouillera sans nous. Ah... troisième lettre d'un fabricant de conserves qui exige des aliments momifiés.

Carter se prit la tête dans les mains.

— Je n'en peux plus...

Elle se leva, s'approcha de lui et passa sur le haut de son front un mouchoir imbibé d'eau de Cologne.

— Il faut tenir bon, Howard; si vous perdez pied, les vautours s'abattront sur Toutankhamon, et c'est l'œuvre d'une vie qui sera gâchée.

— Sans vous...

— Ne dites rien de plus.

*

Février fut exceptionnellement chaud. Le vent de sable irritait les yeux et rendait les déplacements difficiles. Plusieurs fois par jour, les membres de l'équipe devaient changer de sous-vêtements; Lady Evelyn, débarrassée de son accoutrement de touriste, avait adopté des tenues plus sportives et s'était aménagé un minuscule salon privé au fond de la tombe de Séthi II. Elle prenait soin de ne pas importuner les spécialistes de la restauration et de l'emballage qui luttaient contre le temps; leur labeur devait être mené à terme avant avril où les conditions climatiques leur interdiraient de poursuivre une tâche déjà épuisante.

La sortie des grands lits rituels avait été un immense succès et demeurait un moment d'émotion incomparable dans la mémoire des spectateurs agglutinés autour du tombeau et sur le trajet du laboratoire. Lorsque la tête de lion apparut au sommet de l'escalier, des murmures d'admiration parcoururent la foule; l'animal était vivant, ses yeux à la fois graves et rieurs sondaient les âmes. Symbolisant hier et demain, le lion supprimait les siècles séparant la fermeture du sépulcre de sa réouverture. Chaque témoin suivit les gestes lents de Callender qui surveillait la mise en place des chefs-d'œuvre dans de grandes caisses tapissées d'ouate.

Les curieux avaient occupé les meilleures places depuis

six heures du matin ; aucun ne fut déçu. Ce jour-là apparurent le trône d'or dont le décor chantait l'amour de Toutankhamon pour sa jeune épouse et un buste du roi si réaliste que certains crurent que le souverain en personne sortait du grand sommeil. Les plus blasés sentirent qu'un événement exceptionnel se produisait ; peu importait que l'on appréciât ou non l'art égyptien, Toutankhamon et l'histoire des pharaons. Une force, jusqu'alors emprisonnée et retenue dans les ténèbres, déferlait comme une vague sur le monde des hommes ; une vague magique qui charriait dans son sillage une énergie capable de bouleverser les consciences

*

Carnarvon donna enfin une conférence de presse. Dans le plus grand salon du Winter Palace, les journalistes se bousculèrent ; malgré le service d'ordre et l'obligation de présenter un carton d'invitation à l'entrée, nombre de resquilleurs avaient franchi les barrages.

Avec un sens certain du théâtre, le comte attendit que le brouhaha s'éteignît avant de prendre la parole.

— M. Carter et son équipe, grâce à des efforts dignes des Égyptiens, respectent le programme que nous nous étions imposé afin de faire connaître au monde les prodigieux trésors de Toutankhamon. Les résultats obtenus feront taire, je l'espère, les mauvaises langues et les envieux. Les objets de l'antichambre, dont beaucoup ont été restaurés dans notre laboratoire de la Vallée, seront transférés au Musée du Caire au début du printemps. Le Service des Antiquités se chargera ensuite d'organiser une exposition digne de ces pièces incomparables.

Quelques ricanements fusèrent ; l'incompétence de la plupart des employés du Service était notoire. Carnarvon jetait une énorme pierre dans le jardin de Pierre Lacau.

— La tombe sera-t-elle ouverte au public ? interrogea Bradstreet, acerbe.

— Certainement pas.
— Pour quelle raison ?
— La meilleure de toutes : la fouille n'est pas terminée.

Un frisson d'excitation anima l'assemblée ; les plumes des stylos étaient prêtes à courir sur le papier. Bradstreet, persuadé de n'obtenir aucune réponse précise, porta l'estocade.

— À quelle date percerez-vous le mur de la salle cachée ?

— Vous êtes bien informé, reconnut le comte avec un demi-sourire.

— Alors, cette date ?

— Nous ouvrirons la porte murée le 17 février, en présence de la reine des Belges.

## *Chapitre 71*

Une reine vivante pour un roi mort, une souveraine populaire pour un pharaon adulé : Lord Carnarvon, grâce à ce formidable coup de publicité, fit taire ses détracteurs. Dès le 15 février, Louxor devint le centre du monde : toutes les capitales eurent les yeux braqués sur la bourgade de Haute-Égypte d'où partirent des centaines de télégrammes et de dépêches relatifs à la Vallée des rois. Les chemins de fer égyptiens triplèrent le nombre des trains en provenance du Caire ; les hôtels se remplirent de lords, de ladies, de ducs, de duchesses et même de radjahs qui ne voulaient pas manquer le miracle tant attendu : la découverte du caveau inviolé d'un pharaon.

L'aspect de la route menant à la Vallée avait bien changé. Autrefois, du sable, de la roche et du silence ; à présent, une litanie d'automobiles pétaradantes qui passaient entre les deux files de soldats de l'armée égyptienne en habit de cérémonie, chargés de former une haie d'honneur pour les visiteurs de marque.

Carter pestait. Cet afflux de touristes, fussent-ils milliardaires, influents et célèbres, le gênait dans son travail et menaçait la sécurité des objets. Combien de lords balourds et de duchesses engoncées avait-il empêchés de renverser un vase d'albâtre ou de piétiner des perles ! Seule la présence de Lady Evelyn lui donnait la force de jouer la comédie.

Le 16 février, la reine et son fils, le prince Léopold, arrivèrent à Louxor au moment précis où la mort tragique du canari fut divulguée. Les journaux s'emparèrent du drame ; certains ajoutèrent que la chambre funéraire grouillait de cobras qui attaqueraient les profanateurs. Bradstreet ironisait ; dans cette fameuse pièce, si longtemps inaccessible, on ne découvrirait que du vide ou, au mieux, un sarcophage pillé.

Le 17, à midi, l'antichambre fut dégagée ; ne subsistaient que les deux statues du roi à la peau noire qui encadraient le passage vers la chambre funéraire. Carter, non sans regret, contempla la pièce nue ; un pan entier de sa vie s'écroulait. Peut-être aurait-il dû se contenter de graver dans sa mémoire la première vision de ces merveilles et de refermer la tombe.

À 14 heures débuta la cérémonie officielle ; au lieu des vingt personnes prévues, une quarantaine envahit la dernière demeure de Toutankhamon. Lady Evelyn, Lord Carnarvon et Carter rivalisaient d'élégance classique avec leurs hôtes ; le haut-commissaire anglais, Lord Allenby, et les plus hautes autorités égyptiennes avaient répondu à l'invitation du comte, de même que Lacau et Engelbach. Ce dernier sema le doute en rappelant la triste aventure de Davis qui, quelques années auparavant, avait importuné le maître du pays pour lui montrer des vases vides. La reine des Belges, souffrante, s'était excusée.

Carter, Carnarvon et Lady Evelyn échangèrent quelques regards complices pendant que cameramen et photographes fixaient sur la pellicule la brillante assistance qui se pressait à l'entrée de la tombe. Carter ouvrit la grille de fer ; il conseilla aux hommes d'ôter leur veston afin de mieux supporter la chaleur qui régnait dans l'antichambre.

— C'est très obscur, se plaignit un ancien ministre égyptien.

— Rassurez-vous, dit Carnarvon ; les entrailles de la terre ne nous engloutiront pas. Nous goûterons une sorte de concert ; Carter nous chantera une chanson inédite.

Accoudé au parapet, Arthur Weigall, contrit, regarda les privilégiés disparaître dans le couloir.

— Le comte ne cesse jamais de plaisanter, remarqua le journaliste qui se trouvait à ses côtés.

— Avec cet état d'esprit, je ne lui donne pas six semaines à vivre. La malédiction des pharaons...

— Vous plaisantez, je suppose ?

Gêné, Weigall s'éclipsa. Un autre journaliste prit sa place ; comme ses collègues, il était prêt à passer l'après-midi sous le soleil, avec l'espoir d'être le premier à recueillir une information sur la chambre secrète. Déjà, de faux bruits circulaient ; de source sûre, on parlait de deux momies qui, un quart d'heure plus tard, devinrent huit.

L'équipe archéologique avait installé des chaises et une barrière séparant les spectateurs de la porte murée devant laquelle était édifiée une petite plate-forme qui permettrait à Carter de travailler dans de bonnes conditions, sans risquer d'abîmer les statues noires que protégeaient des caisses en bois.

Quand Carter monta sur l'estrade, il sentit le frisson d'excitation qui faisait vibrer les spectateurs derrière la barrière. Bien que sa main tremblât, il frappa le premier coup sur la paroi qu'éclairaient des projecteurs.

Après avoir dégagé le linteau de bois qui indiquait la présence d'une porte, il enleva plâtre et pierraille formant la couche supérieure du remplissage et perça un trou de faibles dimensions.

— Une lampe, demanda-t-il à Callender.

Carter éclaira la chambre secrète. Lui seul pouvait voir ce qui se trouvait de l'autre côté de la paroi ; les spectateurs retinrent leur souffle.

— Je vois un mur... un mur d'or et de faïence !

Callender lui tendit un levier et l'aida à desceller de plus grosses pierres, de manière à élargir le trou ; Carter, dont les gestes étaient précipités, perdit patience en se heurtant à des blocs irréguliers, de taille et de poids très variables. Il tint à ôter lui-même chacun d'eux et les passa à Callender, lequel les remit à un ouvrier afin de les sortir de l'antichambre. Mace veilla à ce que la cloison ne s'effondrât pas dans la chambre secrète, au risque d'endommager ses trésors ; Carter glissa un matelas dans l'orifice et passa de l'autre côté. Carnarvon le suivit.

L'assistance attendait une déclaration ; mais Carter venait de marcher sur des perles tombées d'un collier. Malgré l'impatience de plus en plus manifeste, il les ramassa une à une et refusa de progresser avant d'avoir terminé. Lacau s'imposa comme le troisième explorateur privilégié ; Carter, en extase devant la grande chapelle dont les côtés ressemblaient à un mur d'or, ne le chassa pas. Les trois hommes avancèrent avec prudence, car le sol était jonché de symboles : avirons magiques qui permettaient à la barque royale d'avancer sur les chemins du ciel, naos contenant les instruments rituels utilisés lors des funérailles, bouquets de persea, jarres à vin, trompette en argent, peaux d'Anubis enroulées autour d'une hampe afin d'évoquer la mort et la renaissance.

Lacau resta muet. Les inscriptions et les scènes de l'énorme chapelle, qui remplissait presque toute la pièce, offraient un répertoire inédit ; combien d'années d'études faudrait-il pour l'interpréter ? Sur les murs, des peintures représentaient l'ouverture de la bouche de la momie royale après qu'elle fut halée vers la nécropole par les

« amis du roi ». La pesée du cœur, confronté à la Règle, avait été favorable ; aussi l'esprit de Toutankhamon était-il entré dans l'éternité.

Carter tira les loquets, ouvrit les grandes portes et fit apparaître une seconde chapelle. Sur la porte, un sceau.

— Il est intact, remarqua Lacau. Et ce voile que le temps a jauni... personne ne l'a soulevé depuis l'enterrement du roi !

Ils gardèrent le silence un long moment. Qui oserait briser le sceau ?

Le regard de Lacau tomba sur la porte basse qui s'ouvrait sur la dernière pièce de la tombe, le trésor. Carter y pénétra le premier, notant la présence d'une brique d'argile dans laquelle était fichée une torche de roseau. Anubis, couché sur une chapelle et enveloppé d'une étoffe de lin, regardait l'intrus. Face à la porte, contre le mur le plus éloigné, quatre déesses en or tendaient les bras pour protéger le coffre à canopes où étaient préservés les viscères du roi. Elles étaient si naturelles et si vivantes, leur visage exprimait tant de sérénité qu'il osait à peine les contempler.

Coffres, modèles de bateaux, bijoux, matériel de scribe, éventail en plumes d'autruche, statuettes... le regard se perdait. Quand Lacau sortit, éberlué, Lady Evelyn rejoignit son père et l'archéologue. Carter, en déchiffrant les hiéroglyphes inscrits sur divers objets, identifia les noms des proches du monarque, notamment Maya, ministre des Finances et superintendant de la nécropole royale. C'était donc lui qui avait ordonné le creusement de la tombe à cet endroit et imposé le secret le plus absolu après avoir conduit les funérailles ! Maya le fidèle, dont Carter devenait le continuateur.

Troublé, il s'apprêtait à quitter la chambre funéraire quand il remarqua la présence d'une lampe à mèche dont le socle d'argile portait une inscription.

— Que dit-elle ? demanda Lady Evelyn.

— Elle protège le tombeau de toute violation et garde intacte la chambre secrète.

Ni Carter, ni Carnarvon ne furent capables de prononcer un seul mot en revenant dans l'antichambre ; ils se contentèrent de lever les bras au ciel. Les personnalités, les unes après les autres, franchirent le seuil du Saint des Saints ; plusieurs se détachèrent avec peine du monde fascinant qui leur était offert. Pas une dont les jambes ne vacillèrent, pas une qui ne fût écrasée par tant de beauté. À l'agitation succéda la gravité de témoins persuadés d'avoir participé à des mystères dont la véritable nature leur échappait.

Plus de trois heures après le début de l'étrange cérémonial, Carter et Carnarvon sortirent les derniers de la tombe, transpirants, poussiéreux, échevelés ; le soleil s'était couché et la fraîcheur piquait la peau. Carter posa un châle sur les épaules de Lady Evelyn.

— La Vallée a changé, remarqua-t-elle ; regardez... elle est éclairée d'une lumière inhabituelle ! Je n'en ai jamais vu de semblable.

— Jamais je ne l'ai autant aimée... Elle nous offre l'impossible.

## *Chapitre 72*

Toutankhamon était devenu le maître absolu de Louxor. Pas une conversation où il ne fût présent, pas une boutique où son nom ne fût apposé sur les marchandises les plus diverses ; les cuisiniers avaient inventé des « soupes Toutankhamon » ou des rôtis à la « *Tout* », tandis que les organisateurs de festivités attiraient la foule au « bal Toutankhamon ».

Bradstreet, qui comptait écrire un article ironique sur la maladie diplomatique de la reine des Belges, déchanta en apprenant que la souveraine, vite rétablie, s'était rendue sur la rive ouest dès le 18 février. Sans doute préférait-elle une visite solitaire à la cohue de l'inauguration officielle.

Callender lui avait réservé une surprise ; en perfectionnant l'installation électrique et en dissimulant les ampoules, il avait créé une ambiance douce et chaude, propice à la découverte de la grande chapelle et des merveilles de la salle du trésor. Troublé, l'égyptologue Jean Capart, qui accompagnait la reine, applaudit.

— Comment retenir cette minute fugitive ? C'est le plus beau jour de ma vie !

Enthousiaste, il embrassa Carter sur les deux joues.

— Vous êtes un génie et un bienfaiteur de l'humanité.

Sans prétendre à ces titres de gloire, Howard Carter était heureux de recevoir une marque d'affection sincère de la part d'un collègue ; Toutankhamon faisait vraiment des miracles.

La reine, coiffée d'un chapeau blanc à larges bords, le visage masqué d'une voilette, était vêtue d'une robe blanche ; une étole en renard argenté couvrait ses épaules. Son arrivée n'était pas passée inaperçue, puisque sa suite ne comptait pas moins de sept automobiles accompagnées d'une cohorte de voitures à chevaux et de véhicules divers tirés par des ânes. Le petit peuple de la rive occidentale était heureux de participer à la fête et manifestait bruyamment sa joie ; le chef de la province n'avait-il pas donné l'exemple, au sortir du débarcadère, en faisant saluer la souveraine par une fanfare ?

La grippe dont souffrait Sa Majesté n'était pas feinte ; malgré la chaleur, elle grelottait. Néanmoins, la visite de la tombe la passionna ; elle posa de nombreuses questions à Carter, ravi, qui ouvrit des coffrets fermés depuis la mort de Toutankhamon. L'un d'eux contenait un serpent en bois doré dont la vision fit sursauter les visiteurs tant il paraissait vivant.

La reine des Belges ne tarit pas d'éloges sur Carnarvon et Carter pendant la conférence de presse qu'elle donna le soir même ; heureuse d'être à Louxor, plus heureuse encore d'avoir vu des chefs-d'œuvre d'une beauté stupéfiante, elle insista sur la reconnaissance que le monde entier devait témoigner au comte et à son archéologue.

*

— Un malaise ?

— Oui, Howard. C'est le troisième visiteur qui défaille en sortant du tombeau.

— La chaleur.

— La rumeur publique parle d'une malédiction prononcée par un *cheikh*.

— Y croyez-vous ?

— Non, répondit Carnarvon ; elle ne dissuade personne d'assiéger la tombe. Le *Times* est un allié précieux ; en rendant compte chaque jour de nos travaux, il fait taire nos adversaires.

— Sauf Bradstreet et le *New York Times* ! Il prétend que les désaccords entre le gouvernement égyptien et nous ne cessent d'augmenter.

— Le ministère des Travaux publics vient de démentir en qualifiant de « ridicules » les allégations de Bradstreet et en se félicitant de la cordialité qui préside à ses relations avec nous. Et nous avons reçu ce message du roi Fouad : « *Il m'est particulièrement agréable de vous adresser l'expression de mes plus chaleureuses félicitations, à l'heure où vos longues années de travail sont couronnées de succès.* » Nos ennemis sont vaincus, Howard ; même Lacau ne peut plus lever le petit doigt. En devenant un héros international, vous êtes intouchable.

*

Entre le 20 et le 25 février, des dizaines de milliers de touristes se lancèrent à l'assaut de la rive ouest et se ruèrent vers le tombeau de Toutankhamon ; même la tempête de sable ne découragea pas les curieux. La vie nocturne de Louxor était aussi animée que celle d'une grande capitale ; quantité d'Américains, indifférents aux merveilles de l'archéologie égyptienne, friands de courses de chevaux et de chameaux, pariaient gros, buvaient beaucoup et jouaient la nuit durant sur les bateaux de croisière qui sillonnaient le Nil.

Carter écarta deux hommes éméchés et entra dans le salon du Winter Palace où Carnarvon prenait le thé en compagnie d'un représentant du Metropolitan Museum ; le comte pressentit un malheur.

— Ça ne peut plus durer. Ces touristes sont plus insupportables que les mouches.

— Le gouvernement égyptien nous a demandé l'autorisation d'ouvrir le tombeau au public et...

— Nous avons eu tort ; ces bandes d'excités le mettent en danger.

— Un accident ?

— Un obèse s'est coincé dans le passage entre le mur et la chapelle dont la paroi a été balafrée. Demain se produiront d'autres dégradations ; si nous ne fermons pas le tombeau, je ne réponds plus de rien.

*

Carnarvon, aussi inquiet que Carter, s'entretenait d'urgence avec un représentant du ministère. L'archéologue, assoiffé de solitude, écrivait son journal de fouilles lorsque la porte de sa demeure s'ouvrit doucement.

— Puis-je vous déranger ?

Le sourire de Lady Evelyn aurait désarmé le plus féroce des conquérants : aussi Carter abandonna-t-il son stylo.

— Je vous en prie.

Le soleil se couchait sur la Vallée ; le roc se teintait d'ocre, le silence recouvrait les demeures d'éternité.

— Mon père est contrarié.

— J'en suis désolé. Nous ne sommes pas tout à fait d'accord sur la conduite à tenir envers les autorités ; les concessions déclencheront des catastrophes.

Lady Evelyn s'approcha de Carter ; elle posa la main droite sur son épaule. Pétrifié, il osait à peine respirer.

— Vous êtes un homme intraitable.

— Je...

— J'aime votre caractère, Howard ; il est impossible et unique. Vous êtes persuadé que l'absolu peut être vécu ici-bas et que la rectitude est le seul comportement acceptable.

— Je le reconnais.

Elle l'embrassa sur le front ; Carter s'accrocha à sa table de travail, comme un naufragé à une épave.

— Suis-je assez intransigeante à vos yeux ?

— J'aimerais vous dire...

Il se leva lentement, craignant qu'elle ne le contraignît à rester assis : mais elle s'écarta, soudain inaccessible.

— Je ne veux pas vous perdre, Evelyn.

Il fit un pas dans sa direction. Elle ne recula pas.

— Je ne sais comment...

— Taisez-vous, Howard. Ce ne sont pas des mots que j'attends.

Il la prit dans ses bras. Lady Evelyn, Evelyn, Eve, une femme amoureuse, le bonheur.

*

À six heures du matin, Carter n'était pas levé. Les yeux ouverts, il tentait d'ancrer dans sa mémoire chaque instant de cette nuit sublime où, pour la première fois depuis trente-trois ans, il n'avait pas rêvé de la Vallée des rois.

La porte de la demeure de fouilles s'ouvrit avec fracas.

— Carter, vous êtes là ?

L'archéologue se redressa sur le côté.

— Répondez, Carter !

— Je suis dans ma chambre, monsieur le comte.

Carnarvon avait un visage défait ; sa voix grondait.

— Eve m'a tout raconté.

— Elle a eu raison.

— Je vous interdis de la revoir.

— Pourquoi ?

— Vous n'êtes pas du même monde.

— Elle, une aristocrate ; moi, un roturier !

— Exactement.

— Si je vous demande sa main, vous refuserez ?

— J'y suis obligé.

— Quelle loi vous y contraint ?

— La morale et la coutume.

Carter se leva et s'habilla.

— Vous n'y croyez pas vous-même ! Votre caractère, votre existence démentent ce conformisme.

— J'y crois pour ma fille et je lutterai contre sa folie.

— M'aimer, une folie ?

— Comprenez-le, Howard !

— Je refuse. Il paraît que le monde a changé... Aujourd'hui, un roturier peut épouser la fille d'un comte.

— Vous vous méprenez : votre seul amour, c'est la Vallée des rois. Voilà la vraie raison de mon refus. Je dois vous protéger contre vous-même.

— Ne décidez pas de mes sentiments.

— Oubliez Evelyn.

— Jamais. Pas une seconde, je ne l'ai encouragée ; je suis incapable de la repousser.

Carnarvon ne contint plus sa colère.

— Faites-vous violence. Elle a vingt-deux ans et vous cinquante ! C'est une monstruosité, Carter !

L'archéologue ajusta son nœud papillon.

— Ne vous abaissez pas à discuter avec un monstre. Sortez d'ici.

— Savez-vous ce que ça signifie ?

— Le comte renvoie le roturier. Notre collaboration est terminée.

## *Chapitre 73*

Le *ragtime* avait envahi la salle de bal du Winter Palace, évinçant les danses plus tranquilles ; les jeunes gens de la haute société anglaise et américaine s'adonnaient à ce nouveau loisir et nouaient de nombreuses idylles.

Dans un salon attenant, Carter buvait.

Une nouvelle fois, il se retrouvait seul, abandonné de tous. Alors que son rêve était à portée de main, il devenait cauchemar ; Carnarvon engagerait un autre archéologue pour ouvrir les chapelles et découvrir l'ultime secret. Quel avenir un égyptologue au chômage pourrait-il offrir à la fille d'un comte ?

Carter remplit son verre. Une main agrippa son poignet.

— Ne vous détruisez pas, Howard.

Lord Carnarvon s'assit en face de Carter.

— Je vous présente mes excuses.

— Vous...

— Vous avez bien entendu. Vous êtes mon seul ami ; me brouiller avec vous serait la pire des sottises. Quoi qu'il arrive, quels que soient vos sentiments à mon égard, mon affection pour vous ne se démentira pas. Je me suis comporté comme un imbécile... le mensonge, l'énervement, le tumulte de la gloire ? Ce ne sont que de pauvres explications, je vous le concède.

— Elles me paraissent fort valables. Boire seul est une hérésie ; accepteriez-vous une coupe de champagne ?

— Avec joie.

*

Après neuf jours de visites intenses, Carter, appuyé par Carnarvon, obtint gain de cause : le Service des Antiquités et le gouvernement accordèrent la fermeture du tombeau, condition indispensable à sa sauvegarde. Quand les deux hommes contemplèrent l'antichambre vidée de son contenu, ils éprouvèrent un profond sentiment de malaise.

— Des murs d'un jaune triste, un sol nu, pas même l'esquisse d'une décoration... quelle désolation ! Nous sommes des profanateurs.

— Je ne le crois pas, Howard. Toutankhamon ressent notre respect.

— Pourquoi nous pardonnerait-il d'avoir bouleversé son tombeau ?

— Parce que nous ferons connaître son message au monde. La vieille Égypte commence à peine à parler ; n'avez-vous pas affirmé que ni la superstition ni l'idolâtrie ne la guidaient, mais que ses véritables valeurs étaient la connaissance, la fidélité à une Règle universelle et la sacralisation du quotidien ? Notre civilisation est misérable, Howard ; hypocrisie, corruption et médiocrité sont ses dieux. Une guerre mondiale et des milliers de morts... voilà le bilan de notre fameux progrès. Si nous ne retrouvons pas la foi des Égyptiens, nous sommes condamnés au néant.

Carter ne détachait pas son regard des deux statues noires qui continuaient à veiller sur l'entrée de la chambre secrète. L'or de leur coiffe et la lumière de leurs yeux purifiaient l'âme.

— Notre époque est celle du matérialisme cynique ; elle détruit ce qui n'est pas conforme à sa petitesse. Toutankhamon est un miracle, le plus extraordinaire des miracles, l'unique lueur d'espoir.

*

La grande grille de fer se referma sur l'antichambre. Des dizaines d'ouvriers, parmi lesquels de nombreux enfants, déversèrent dans le couloir des centaines de paniers de sable et de fragments de pierre. Le *reis* allait et venait le long de la chaîne humaine qui bouchait l'accès à la tombe. Lorsque la nuit tomba, Callender alluma des projecteurs. Le labeur se poursuivit jusqu'à l'aube. À 5 h 30, le 26 février, la demeure d'éternité de Toutankhamon avait de nouveau disparu.

— Qu'il repose en paix, murmura Carter.

— Personne ne pourra vider sa sépulture, constata Carnarvon. Quelle invraisemblable démarche ! D'ordinaire, les archéologues déterrent et nous, nous ensevelissons ! C'est sans doute la première fois que des fouilleurs comblent volontairement le site où ils travaillent.

— Je songe parfois à ne plus troubler sa quiétude.

— Vous me devez d'aller jusqu'au bout, Howard. Ce roi hante vos rêves depuis votre adolescence ; le rencontrer est la moindre des politesses.

Des soldats et des gardiens du Service des Antiquités s'installèrent autour du parapet qui signalait l'emplacement de la tombe ; Carter demanda au *reis* de les faire surveiller par son propre service d'ordre. Mais qui imaginerait que cette cavité remplie de déblais masquait le seul caveau funéraire intact de la Vallée des rois ?

*

Carnarvon serra la main de Pierre Lacau.

— La température du Caire est moins éprouvante que celle de Louxor. Désirez-vous un thé à la menthe, monsieur le comte ?

— Volontiers.

— Votre visite m'honore ; la cour d'Égypte et le haut-commissaire ne jurent plus que par vous. Toutes les personnalités qui comptent dans ce pays vous reconnaissent comme un héros national.

— Il me reste quelques ennemis, heureusement ; sinon, je m'endormirais sur mes lauriers.

— Les partisans de l'indépendance ? Ce n'est pas sérieux.

— Détrompez-vous, monsieur Lacau ; ils ne baisseront pas les bras. Comment envisagez-vous le partage des objets ?

Le directeur du Service des Antiquités redoutait cette question. Carnarvon profitait de sa notoriété pour obtenir un bénéfice illicite en contournant le règlement ; avec la rage au cœur, Lacau verrait se disperser la plus fabuleuse collection de tous les temps.

— Le partage... il nous faudra discuter.

— Seriez-vous hostile à cette idée ?

— Votre question est bien embarrassante. Les anciennes coutumes manquent parfois de rigueur... Si les trésors de Toutankhamon étaient rassemblés au Musée du Caire, ne pensez-vous pas...

— Proposez-moi une liste ; nous en discuterons, comme vous le souhaitez.

Lacau regarda sortir le comte ; sans en être conscient, il brisa le crayon qu'il serrait dans sa main droite.

*

Le vent de sable ne se calmait pas ; en dépit de la poussière et de la chaleur, l'équipe continuait à travailler au laboratoire. Restaurer les bijoux, les vêtements, les bois ou les poteries exigeait patience et minutie. Carnarvon s'intéressait au moindre détail et interrogeait les spécialistes sur leurs techniques ; chacun remarquait sa nervosité croissante et la lassitude qui creusait son visage.

Lors de la pause qui suivit le déjeuner, Carter se décida à l'interroger.

— Je n'ai pas revu Lady Evelyn.

— Vous êtes libre, Howard ; elle aussi.

— M'avez-vous réellement pardonné ?

— Vous n'avez commis aucune faute.

— Vous sembliez si lointain, ces jours derniers.

— C'est idiot, mais j'ai mal aux dents. Deux brisées, une tombée... je vieillis et je m'ennuie de Susie. À cause de sa santé, elle a dû rester à Highclere. Elle me manque... Elle avait tant d'expérience pour me surveiller en même temps que nos trésors ! Et ce papier du journal égyptien *al-Ahrâm*, quel scandale ! M'accuser, moi, de vouloir sortir Toutankhamon de sa tombe et de transporter secrètement sa momie en Angleterre ! Je suis las de ces calomnies... Pourtant, j'ai répondu que, si le roi reposait bien dans un sarcophage caché à l'intérieur des chapelles, je prendrais des dispositions pour qu'il y demeure et ne soit pas transféré au Musée du Caire. Je ne partage pas la passion morbide des amateurs de momies exposées dans des vitrines. Mais les journalistes égyptiens ne me croient pas ! Ils estiment que Toutankhamon est leur ancêtre et qu'un lord britannique ne devrait pas s'en soucier.

— Oubliez ces niaiseries.

— Je n'y parviens pas. L'Angleterre ne domine plus le monde, Howard ; elle n'est plus la gardienne de la paix et de la civilisation. Vous et moi devons pourtant être les protecteurs de ce roi qui est devenu notre frère ; contempler son visage sera un moment fabuleux.

Carnarvon sursauta et se tâta la joue.

— Un moustique... sa piqûre est douloureuse.

Sur la peau, une perle de sang ; le comte l'essuya avec son mouchoir armorié.

— Je dois retourner au Caire.

— Lacau ?

— Il n'est pas franc du collier, comme disent les Français. J'ai le sentiment qu'il s'agite dans l'ombre pour entraver nos recherches et m'empêcher de développer ma collection ; pendant qu'il en est encore temps, il faut lui porter l'estocade. À la fin de ce mois, les antiquités seront partagées de manière équitable ; imaginez-vous quelques-uns de nos chefs-d'œuvre à Highclere ?

Rêveur, Lord Carnarvon enfonça son chapeau et, s'appuyant sur sa canne, sortit du laboratoire. Ombre flottante, il disparut dans le tourbillon de poussière blanche et ocre qui effaçait les blessures de la Vallée.

## *Chapitre 74*

Lacau, souffrant, ne put recevoir Lord Carnarvon. Lady Evelyn s'attendait à ce que son père manifestât un vif mécontentement; mais le comte, très las, retourna à l'hôtel Continental où il passa la journée à dormir.

Le lendemain matin, il semblait ragaillardi. En l'embrassant, sa fille remarqua que le cou était enflé ; il perçut sa crainte.

— Des ganglions... c'est un peu douloureux. Ces dernières semaines, la Vallée m'a épuisé.

Le barbier entra. Carnarvon songea à l'un des épisodes de son aventure égyptienne où l'un de ses collègues avait prémédité de lui couper la gorge ; cette fois, le rasoir glissa avec souplesse sur la peau enduite d'une mousse onctueuse.

Carnarvon poussa un cri de douleur. Le barbier recula, désolé.

— Pardonnez-moi... je vous ai blessé !

Le comte passa la main à sa joue ; du sang suintait à l'endroit où le moustique l'avait piqué.

— Sortez !

Penaud, l'homme déguerpit. Le comte acheva de se raser lui-même ; lorsqu'il se leva, il fut pris d'un vertige, s'accrocha à une chaise et parvint à gagner son lit où il s'affala.

Peu avant midi, Lady Evelyn le trouva étendu de tout

son long, incapable de bouger. Affolée, elle appela aussitôt un médecin qui diagnostiqua une congestion pulmonaire et administra des anti-infectieux. En dépit des soins, la température dépassa 40°.

— Je crois que c'est grave, Eve.

— Ne vous angoissez pas, père ; je reste auprès de vous.

— Il serait bon d'envoyer un télégramme à ta mère et à ton frère ; qu'ils viennent le plus vite possible.

— Je m'en occupe.

Lady Evelyn écrivit aussi à Howard Carter. Elle ne dissimula pas ses craintes et promit de lui donner des nouvelles chaque jour.

Les journalistes assaillirent la jeune femme le soir même ; elle fut obligée d'avouer que son père était alité et que plusieurs semaines de repos seraient sans doute nécessaires.

Des spécialistes se relayèrent à son chevet. Pessimistes, ils constatèrent une infection généralisée et un empoisonnement du sang ; l'un d'eux, contesté par ses collègues, était persuadé que le malade avait absorbé une substance toxique.

Un bulletin de santé parut quotidiennement dans la presse égyptienne que Carter lut pour la première fois avec avidité ; les communiqués insistaient sur l'excellent moral du patient, son courage et sa lucidité. Certes, la fièvre persistait, mais la lutte contre le mal prenait bonne tournure.

Mille tracasseries administratives retenaient Carter à Louxor, où Engelbach et ses sbires tenaient à vérifier tous les deux jours les travaux de restauration. Néanmoins, il était prêt à partir pour Le Caire dès que Lady Evelyn l'exigerait.

Pendant la dernière semaine de mars, le comte demanda à sa fille de lui parler des recherches que Carter décrivait dans ses lettres ; l'équipe progressait avec la certitude que Carnarvon saurait apprécier son travail.

— Es-tu heureuse, Eve ?

— Tant que vous serez malade, le mot « bonheur » n'aura plus de sens.

— Pense davantage à toi... Ce n'est pas un vieillard qui te l'offrira.

— Vous m'avez tout donné. Comment pourrais-je oublier nos promenades dans le parc de Highclere, nos entretiens au clair de lune, les leçons de lecture dans la bibliothèque, les parties de chasse où nous prenions soin de rater le gibier ? Et puis l'Égypte, *votre* Égypte ! L'autre monde sur la terre, un pharaon ressuscité dans le jaillissement de l'or, l'éternité à portée de main... voilà ce que vous m'avez révélé.

— Il te faudra bien te passer de moi.

— Cette idée est indigne de Lord Carnarvon.

— Épouseras-tu Howard ?

— Je refuse de répondre.

— Pourquoi ?

— Continuez à vivre et vous le saurez.

Au début d'avril, elle apporta à son père une lettre consignée par Lacau et le ministère des Travaux publics ; ils acceptaient de ne rien modifier au régime juridique avant la fin de 1924. Cette prise de position signifiait que le comte, au titre de bailleur de fonds, prélèverait légalement un certain nombre de pièces du trésor.

— Êtes-vous satisfait ?

— Trop tard, Eve.

— Bien sûr que non ! Vous guérirez.

— J'ai entendu l'appel et je me prépare.

— Non...

— Je veux être enterré au sommet de la colline qui domine Highclere. Là-bas, c'est bientôt le printemps... Ma seule musique funèbre, ce sera le chant des alouettes. Que la cérémonie soit simple et brève... mes proches, mes vieux serviteurs, les paysans qui entretiennent le domaine, Susie... aucun homme politique, aucun notable.

— Howard Carter ?

— Pour lui, je ne meurs pas. Qu'il ne quitte pas la

Vallée sans avoir terminé le travail de restauration ; le trésor de Toutankhamon est plus important qu'un vieux lord à l'agonie.

Lady Evelyn s'effondra en larmes.

— Vous n'avez pas le droit de partir !

— La mort est une plaisanterie d'un goût douteux... mais je n'en suis pas l'auteur.

Carnarvon sombra dans le coma. Lady Evelyn n'osa pas avertir Carter ; à son unique ami, le comte désirait laisser l'image d'un être fort et serein.

Le comte ne reconnut ni son épouse ni son fils, officier de l'armée des Indes pour lequel on avait fait dérouter un bateau ; ses yeux contemplaient déjà un autre univers où les silhouettes humaines devenaient fantômes sans consistance.

Le 5 avril 1923, à 1 h 45, Lord Carnarvon rendit l'âme.

Toutes les lumières du Caire s'éteignirent au moment du trépas, bien que l'électricité fût distribuée par six centrales indépendantes. Pendant de longues minutes, les techniciens s'acharnèrent en vain à découvrir l'origine de la panne ; partout on alluma des bougies et des lampes à pétrole ou à huile.

À Highclere, Susie, fox-terrier femelle et chienne préférée du cinquième comte de Carnarvon, poussa un long hurlement et mourut au moment précis où son maître empruntait les chemins de l'autre monde sur lesquels elle le guiderait sans faillir.

## *Chapitre 75*

L'habitude ne dissipait pas le mystère ; aucune des puissances d'antan n'avait quitté la Vallée où les âmes des rois continuaient à vivre. Passé et présent ne faisaient qu'un dans la suite d'Anubis, le maître de la mort.

Comment Carter continuerait-il à vivre sans Carnarvon, son ami, son frère ? Carnarvon qui n'avait survécu que six mois à la découverte de la tombe de Toutankhamon dont il ne verrait ni le sarcophage ni la momie, à supposer qu'elle fût intacte.

L'archéologue avait sans cesse devant les yeux ce maudit certificat de décès, rédigé en français, précisant que Henry George Stanhope, *Earl* of Carnarvon, né le 22 juin 1866, âgé de cinquante-sept ans et venant de Londres, était décédé de pneumonie après huit jours de maladie.

Carnarvon, un homme droit, un aventurier qui cachait l'enthousiasme sous l'élégance, un conquérant sans violence... Sans lui, les journées seraient grises et froides même sous un soleil ardent. Carter eut envie de fermer le laboratoire et d'abandonner à jamais la Vallée et la tombe au silence et à la poussière ; mais Carnarvon lui refusait cette lâcheté. Dans moins d'un mois, tous les objets de l'antichambre devraient être prêts pour un long voyage. Il fallait oublier la tristesse, la fatigue et le goût âcre de la solitude.

*

« *Une nouvelle victime de la malédiction des pharaons* » : plusieurs journaux publièrent à la une cette information sensationnelle qui fit très vite le tour du monde. Consulté, Conan Doyle, spécialiste du spiritisme, déclara que Toutankhamon s'était probablement vengé du principal profanateur. Des organes de presse jugés sérieux firent référence à un texte inscrit dans la tombe : ne prophétisait-il pas la destruction de tous ceux qui oseraient toucher au trésor ? On rappela que les Égyptiens étaient de redoutables magiciens ; ils frappaient des pires maux les violeurs de sépultures.

De célèbres médecins s'élevèrent contre ces fadaises; tout au plus admirent-ils l'existence de germes pathogènes à l'origine de l'infection généralisée dont le comte de Carnarvon avait été la victime. Ne fallait-il pas désinfecter le tombeau avant d'y pénétrer à nouveau?

La mort de plusieurs touristes sema la panique; certes, ils étaient âgés et malades : mais tous avaient visité le tombeau. Aussi une dizaine de politiciens américains exigèrent-ils un examen attentif des momies conservées dans les musées; n'étaient-elles pas responsables de décès inexplicables, voire d'épidémies? En Angleterre, les propriétaires d'antiquités égyptiennes les envoyèrent au British Museum de manière à se débarrasser d'objets maléfiques.

Carter accepta de comparaître devant une meute de journalistes dont les questions fusèrent.

— Êtes-vous en bonne santé?

— Excellente, même si la mort de Lord Carnarvon m'affecte profondément.

— Vos maux d'estomac?

— Stabilisés depuis dix ans.

— Oserez-vous descendre à nouveau dans la tombe?

— Dès que possible.

— On vous accuse d'être un profanateur.

— Nul, plus que moi, ne respecte la mémoire de Toutankhamon. Mon souhait le plus cher est de le rencontrer, de le saluer et de garantir la sécurité absolue de sa momie, si elle existe bien, afin que les siècles la vénèrent.

— Les textes égyptiens n'interdisent-ils pas de pénétrer dans un tombeau?

— Ils maudissent le profane qui manque de respect et réclament attention et amour à l'égard de l'être présent dans sa demeure de résurrection afin que son nom perdure. Il ne faut jamais passer devant une sépulture sans lire les inscriptions. Toutankhamon nous attendait, messieurs; nous avions le devoir d'être fidèles au rendez-vous.

*

Carter songeait à la détresse d'Evelyn. Elle avait assisté à l'agonie de son père, vécu la mort de l'être qu'elle chérissait et qui lui avait ouvert tous les chemins de la vie ; il se sentait incapable de lui écrire une lettre lénifiante et consolatrice, aux mots vides de sens. Condamnée, comme lui, à la solitude, vers quel horizon porterait-elle son amour ?

Carter travaillait à la restauration d'un collier lorsqu'un haut fonctionnaire égyptien, accompagné d'Engelbach, se présenta à l'entrée du laboratoire. Callender leur barra le chemin et les pria d'attendre que l'archéologue eût terminé. Enfiler des perles excluait toute précipitation.

Une heure plus tard, les deux personnages étaient excédés ; Carter vint enfin à leur rencontre.

— Je veux visiter la tombe, déclara sèchement l'Égyptien.

— À quel titre ?

— J'ai une autorisation du Service.

— Sans intérêt.

— Qu'est-ce que ça signifie ?

— Que la tombe est fermée jusqu'à la prochaine campagne de fouilles.

— Qui a pris cette décision ?

— Moi-même.

— Ce tombeau est égyptien, il ne vous appartient pas !

— Je suis responsable de sa sauvegarde.

— Je vous conseille de me laisser entrer, monsieur Carter.

— Je vous conseille de déguerpir.

Engelbach jeta de l'huile sur le feu.

— Howard Carter se croit au-dessus des lois... Cela ne sera pas toujours le cas !

— Si le Service employait moins d'incapables, l'héritage des pharaons serait mieux préservé.

— Partons, recommanda Engelbach ; nous réglerons cette affaire en haut lieu.

— Nous obtiendrons votre démission ! promit le haut fonctionnaire.

— Aucune chance, répondit Carter en souriant ; je n'appartiens à aucune administration.

*

La dernière pelletée de terre recouvrit la sépulture de George Herbert, cinquième comte de Carnarvon. Du sommet de la colline de Beacon Hill, il dominait à jamais son domaine de Highclere où les cèdres du Liban offraient leur cime à un soleil printanier.

Comme le comte l'avait souhaité, ses funérailles avaient été célébrées avec la plus extrême simplicité. N'étaient présents que des proches et des amis sincères, à l'exception de Howard Carter, contraint de poursuivre, en Égypte, la mission que Carnarvon voulait mener à terme. Susie dormait près de son maître qu'elle n'avait quitté ni dans la vie ni dans la mort.

Des alouettes chantaient, heureuses de monter vers le ciel. Le concert était si doux et si ravissant qu'il atténua la tristesse de l'adieu ; Lady Evelyn songea à l'oiseau à tête humaine que Carter lui avait montré sur les murs des tombeaux. L'âme de son père n'était-elle pas sortie du cadavre afin de se mêler à cette danse cosmique qui la ferait sans cesse voler de sa terre natale vers l'Égypte de Toutankhamon ?

*

À l'heure de l'enterrement de son ami, Carter déposa à l'entrée du tombeau de Toutankhamon une couronne de feuillages et une branche d'acacia. Un faucon traversa le ciel bleu de la Vallée des rois dont l'inaltérable lumière effaçait les victoires et les défaites de l'humanité.

Même si Carnarvon reposait à Highclere, dans le domaine de ses ancêtres, c'était ici que son errance avait pris fin et que son rêve s'était réalisé. Il méritait la couronne de justification des êtres de vérité, capables de marcher sans lassitude et sans trahison sur le chemin de leur propre métamorphose.

Sans Carnarvon, le voyage ne serait plus qu'épreuves ; le futur s'annonçait sombre. La seule clarté était la présence d'un pharaon oublié dont le pouvoir magique avait donné vie à une amitié éternelle.

## *Chapitre 76*

Le 19 avril 1923, le roi Fouad, chef suprême des armées, céda aux exigences des partis en accordant une Constitution. Le souverain se réservait l'exécutif, le parlement le législatif. Le *Wafd*, prônant l'indépendance, organisa une grève des boutiquiers et des marches pacifiques ; jouissant de la ferveur populaire, il obtint une nette majorité, bien décidé à gouverner à la fois contre le roi et contre l'Angleterre. Fouad, qui remplaçait aisément ses ministres s'ils s'avisaient de le contester, songea dès lors à dissoudre un parlement insolent et inutile. Mais le *Wafd* et le Premier ministre Zaghloul, issu de ses rangs, surent répandre l'idéal d'un nationalisme égyptien, bien qu'ils fussent alliés des banquiers et des grands propriétaires terriens, hostiles à toute réforme sociale.

Dans le tombeau-laboratoire de Séthi II, l'équipe de Carter se crut à l'abri de cette agitation ; pourtant, un policier de haut rang, vêtu d'un superbe uniforme blanc et bardé de décorations, convoqua l'archéologue au poste de Gournah. Assis derrière un énorme bureau, le fonctionnaire feuilletait une liasse de rapports.

— Vous êtes en situation irrégulière, monsieur Carter.

— Vous me surprenez.

— Les faits sont là.

— Quels faits ?

— La sécurité des travailleurs égyptiens n'est pas assurée sur votre chantier.

— Inexact.

— J'ai des preuves !

— Montrez-les-moi.

Le policier sortit un feuillet de la liasse.

— Les voici : maladies, accidents, attentats !

Carter lut la prose administrative.

— Tout est faux.

— Oseriez-vous mettre en doute ces papiers officiels ?

— Sans hésitation. Le *reis* Ahmed Girigar témoignera en ma faveur, de même que la totalité des ouvriers. Je demande une confrontation immédiate.

— Si vous êtes sincère, ce n'est peut-être pas indispensable.

— J'y tiens beaucoup.

— J'en réfère à mes supérieurs.

Le policier cala les dossiers sous son bras droit, se leva, sortit du bureau et monta dans une voiture à cheval. Elle s'éloigna dans un nuage de poussière tandis que Carter s'essuyait le front avec un mouchoir.

*

Par 37° à l'ombre, le 13 mai 1923, Carter et son équipe emballèrent les trésors de l'antichambre avec de la laine et du tissu, et répartirent les objets, bien protégés des heurts, dans trente-quatre caisses. À quai attendait un bateau à vapeur affrété par le Service des Antiquités.

— Près de dix kilomètres de piste entre le laboratoire

et le Nil, constata Callender. Comment procéderons-nous, pour le transport ?

— J'avais songé à des porteurs, répondit Carter.

— Impossible. Trop chaud, trop loin.

— Des camions !

— Je vous le déconseille ; la route est mauvaise. Elle tourne sans cesse, est encombrée de cailloux... Nous risquons beaucoup de casse.

— Il ne reste qu'une solution : la voie ferrée.

— Un travail de fourmis !

— Nous n'avons pas le choix.

À cinq heures du matin, le lendemain, Callender dirigea la pose des premiers rails qu'avait livrés le Service. Sections droites et courbes donnaient une longueur de trente mètres. Lorsqu'il réclama le reste du matériel, les fonctionnaires avouèrent qu'ils avaient apporté la totalité des rails promis par l'administration.

À huit heures, Carter constata le désastre. Son accès de colère contre le Service n'ébranla guère ses représentants ; ils avaient obéi aux ordres de Lacau et n'étaient passibles d'aucun blâme. Voyant son ami au bord du découragement, Callender réagit. Avec l'aide de quelques ouvriers, il chargea les caisses dans les wagons, les poussa jusqu'à l'extrémité de la voie ferrée, démonta les rails et les reposa à l'avant.

— Rien de plus simple, conclut-il ; en recommençant cette manœuvre quelques centaines de fois, nous arriverons au Nil.

Avec une abnégation et un courage qui émurent Carter, une cinquantaine d'ouvriers menèrent l'opération à bien. Le *reis* Ahmed Girigar rythmait l'effort par des chants et offrait souvent à boire à ses hommes. Callender arrosait sans cesse les rails brûlants et surveillait les caisses. Le 17 mai à midi, le convoi sortit de la Vallée ; Carter songea à la lente procession qui, trois mille ans plus tôt, portait ces chefs-d'œuvre en direction de la tombe du roi.

— On ne peut pas continuer aujourd'hui, déplora

Callender. La route devient trop difficile et les ouvriers sont épuisés.

Carter se rua sur la piste, ôta des dizaines de cailloux, tenta de déplacer seul les rails.

— Ne vous obstinez pas, Howard.

— On ne peut pas s'arrêter ici !

— Il le faut bien ; accordons-nous un peu de repos.

— Et la sécurité ?

— Assurons-la nous-mêmes, avec le *reis*.

Les caisses furent déchargées et entreposées près du lit d'un oued ; Carter ne ferma pas l'œil de la nuit. Au petit matin, le *reis* et ses hommes puisèrent une énergie nouvelle dans leur corps fatigué ; ils mirent un point d'honneur à franchir l'obstacle. Le ballet infernal reprit ; les nerfs à vif, Carter redoutait accident ou blessure. Malgré sa hâte, il imposa la lenteur dans le maniement des rails, de plus en plus lourds.

Des soldats, envoyés par le gouverneur de la province, écartèrent curieux et importuns ; aucun ne consentit à prêter main-forte.

Le Nil, enfin.

— Les eaux sont basses, déplora Callender, et la rive est très raide. La partie la plus dangereuse du parcours reste à franchir.

Les rails furent posés sur une pente cahoteuse ; ils ployèrent sous le poids des wagons.

— Retenez-les ! hurla Carter.

Les cinquante hommes freinèrent la descente du premier wagon ; les caisses attachées entre elles semblaient prêtes à basculer. D'un geste dérisoire, Carter essaya de les repousser à l'arrière.

— Écartez-vous, ordonna Callender ; vous risquez d'être écrasé !

Carter refusa d'obéir. Dans un concert de gémissements métalliques, les wagons vinrent mourir à l'extrémité de la voie ferrée qui touchait l'eau. Aucune caisse n'était tombée. Carter, Callender, Ahmed Girigar et les ouvriers poussèrent un cri de triomphe, jailli spontanément de leur poitrine.

— Par tous les saints, Howard, je n'y croyais pas !

— Toutankhamon nous protège.

— Ne deviendriez-vous pas mystique ?

— Encore un effort, mon vieux : il faut transporter les caisses jusqu'au bateau.

Le beau navire annoncé s'était transformé en péniche ordinaire. Sans rechigner, enfoncés dans l'eau jusqu'à la taille, les porteurs chargèrent les caisses sur l'embarcation que tira un remorqueur. Carter embrassa le *reis* et félicita ses hommes avec un enthousiasme qu'aucun d'eux n'oublierait. Dans leur famille, on évoquerait des siècles durant l'exploit accompli.

À l'avant de la péniche, Carter se rassasia de la brise. Carnarvon aurait été fier de lui.

*

Le 27 mai, Pierre Lacau attendit Carter à un débarcadère situé à 1,5 km du Musée du Caire. Inquiet, le directeur du Service des Antiquités oublia les civilités.

— Les objets sont-ils intacts ?

— Malgré votre manque de coopération, mon équipe a réussi l'impossible.

Lacau ne releva pas la critique.

— Ouvrons une caisse.

Carter y consentit. Lacau vit apparaître des cannes et des pieds de chaises enveloppés dans d'épaisses bandelettes.

— Une autre.

De fragiles coffrets, emballés dans d'épaisses couches de tissu, n'avaient pas davantage souffert du voyage.

— Êtes-vous satisfait, monsieur le directeur ?

Lacau marmonna un vague remerciement.

— Votre travail de restauration a été bien lent, Carter ; déballer prendra aussi beaucoup de temps. Le public est pourtant impatient de contempler ces œuvres qui, hélas ! ne pourront être exposées avant six mois.

— Vous vous trompez.

Lacau se haussa du col.

— Expliquez-vous.

— Toutes ces pièces ont été inventoriées et décrites ; vos services n'ont donc aucune tâche scientifique à accomplir. De plus, Callender et moi-même les avons emballées de manière à vous offrir l'ordre le plus satisfaisant ; il vous suffira de sortir les objets en suivant la numérotation des caisses. Enfin, la restauration fut si minutieuse que votre laboratoire n'a plus à intervenir.

— Dans combien de temps exposerons-nous, à votre avis ?

Carter fit mine de réfléchir.

— Si vos déballeurs sont compétents... une semaine !

— Grotesque !

Une semaine plus tard, des visiteurs émerveillés s'extasièrent devant les six vitrines de la première exposition des trésors de Toutankhamon. Aux portes du Musée se pressaient des milliers de curieux, dont aucun ne fut déçu. Le roi ressuscité méritait sa réputation.

## *Chapitre 77*

En ce mois de mai 1923, le thermomètre dépassait les 50° mais l'ardeur de Howard Carter ne diminuait pas. Indifférent à la fatigue, il se concentrait sur un problème grave : éplucher les chapelles d'or comme des oignons afin de dégager leur probable cœur, le sarcophage royal.

Il évoqua divers procédés avec ses collaborateurs, soucieux du moindre risque ; une lettre de Lady Evelyn brisa ses méditations. L'archéologue devait se rendre de toute urgence à Highclere où serait abordé le délicat sujet de la succession de Lord Carnarvon.

Cette convocation le plongea dans l'angoisse ; l'épouse du défunt avait-elle décidé d'interrompre le financement des fouilles ?

*

Les journalistes anglais l'assaillirent dès sa descente du bateau où il avait dû remplir la notice du *Who's Who* en indiquant son activité principale : « peintre ». Carter tenta de fuir, mais la meute le cerna de toutes parts. Répondre aux questions fut la seule issue.

— Avez-vous été frappé par la malédiction de Toutankhamon ?

— Il me poursuit de ses bénédictions.

— Redoutez-vous le fantôme du pharaon ?

— Nous sommes les meilleurs amis du monde.

— Êtes-vous devenu milliardaire ?

— Pas encore ; mon emploi du temps est trop chargé.

— La fouille n'est-elle pas hâtive ?

— Pierre Lacau lui reproche ses lenteurs.

— N'êtes-vous pas un pilleur de sépultures ?

— Toutankhamon est mon frère en esprit ; en retrouvant son tombeau, c'est son message que je ramène à la lumière.

— Quand ouvrirez-vous le sarcophage ?

— Si on me laisse travailler en paix, dans un peu plus d'un mois.

*

Carter se recueillit sur la tombe de son ami. L'été radieux de Highclere niait la mort ; les grands cèdres, majestueux et sereins, touchaient le ciel.

— Il n'a pas quitté la Vallée ; chaque jour, je sens sa présence auprès de moi.

— Il ne nous abandonnera pas, promit Lady Evelyn. Venez, Howard, ma mère risque de s'impatienter.

Douce et tranchante à la fois, Lady Almina ne manifesta aucune animosité à l'égard de l'archéologue ; il craignait pourtant qu'elle ne l'accusât d'être responsable du trépas de son mari.

— Grâce à vous, monsieur Carter, George Herbert a connu un véritable bonheur sur cette terre ; le paradis qu'il avait tant recherché s'appelait Toutankhamon. C'est pourquoi je vous aiderai.

Carter contint ses larmes. Fort de son appui, il pouvait continuer à combattre.

— Le plus urgent est de reprendre la concession de fouilles à votre nom.

— Des difficultés ?

— Lacau rechignera, mais sera contraint de s'incliner.

— Estimez-vous utile de proroger le contrat d'exclusivité avec le *Times* ?

— Au moins un an ; sinon, la presse envahira le tombeau. Il nous faut aussi exiger une totale indépendance, afin de pouvoir refuser l'intrusion des touristes et des inspecteurs du Service des Antiquités.

— À vous de régler ces problèmes, monsieur Carter ; vous êtes à présent mon conseiller archéologique, seul habilité à poursuivre l'œuvre de mon mari.

*

L'été s'écoula doucement ; les jardiniers arrosaient les pelouses à la nuit tombante, les collines boisées se doraient au soleil, le belvédère de marbre blanc veillait sur le domaine, d'où le maître ne serait plus jamais absent. Carter avait accepté l'invitation de Lady Almina ; passer l'été à Highclere auprès d'Evelyn était un cadeau inespéré.

Le 5 août, il avait reçu la plus émouvante des lettres ;

Ahmed Girigar et ses ouvriers lui souhaitaient une excellente santé, espéraient le revoir bientôt et l'informaient qu'aucun incident ne s'était produit sur le chantier où le *reis* faisait respecter à la lettre ses consignes de sécurité. Lors d'un pique-nique à la lisière d'un bois de hêtres, Carter lut et relut la missive à Lady Evelyn.

— Les braves gens ! Le monde n'est donc pas peuplé que de jaloux et d'ambitieux !

— Seriez-vous devenu pessimiste, Howard ?

— Un peu lucide.

— Ne soyez pas amer.

— Je sais qu'on veut m'empêcher d'aller jusqu'au terme de mon aventure et que l'on utilisera les moyens les plus bas pour me détruire. Certains ennemis se présenteront à visage découvert, d'autres agiront dans l'ombre ; même si leurs intérêts divergent, ils sauront s'allier contre moi.

— Songez-vous... à la malédiction ?

— Il n'existe aucune force démoniaque dans les tombeaux égyptiens ; au contraire, ils préservent les éléments du plus fabuleux des trésors : le secret de l'immortalité. Jusqu'à présent, il ne nous a été livré que par bribes.

La jeune femme posa sa tête sur l'épaule de Carter ; un rayon de soleil, se glissant entre les frondaisons, illumina sa chevelure.

— Faut-il courir tant de risques, Howard ?

— Jamais une sépulture intacte ne fut explorée. Si j'y parviens, c'est la mort qui sera vaincue.

— Le rêve le plus fou...

— Toutankhamon est tout proche, Eve ; ce n'est plus un rêve. La malédiction, ce n'est pas lui qui la répand mais la cohorte d'envieux qui se prépare à m'attaquer. Et votre père n'est plus là pour m'aider ; sans lui, je suis désarmé.

— Ayez confiance en vous ; vous êtes beaucoup plus fort que vous ne l'imaginez.

Un vol d'oies sauvages survola le bois ; la petite communauté de migrateurs, unie dans son mouvement, partait vers une nouvelle terre d'accueil que seul connaissait son chef.

— L'été va bientôt finir.

— Avez-vous parlé à votre mère ?

— La famille entière s'oppose à notre union. Si nous nous marions, le financement des fouilles sera interrompu.

— C'est son dernier mot ?

— Aucune négociation n'est possible ; vous êtes reconnu comme ami et continuateur de l'œuvre de mon père, rien de plus.

— Pourquoi accepte-t-elle ma présence à Highclere ?

— Parce que je l'ai exigée. Je suis prête à vous suivre, Howard.

— Ce serait une folie. Une fille de comte ne peut se perdre dans une mésalliance avec un aventurier. Peintre et archéologue, ce ne sont pas des titres de noblesse suffisants.

— Eh bien, moquons-nous du mariage !

Elle se leva, fougueuse, le prit par la main et l'obligea à la suivre à l'intérieur du bois. Un vent léger faisait frissonner les feuillages. Quand la course du soleil s'infléchit, la clarté de la fin du jour teinta d'or la robe blanche abandonnée sur un buisson d'aubépines.

## *Chapitre 78*

Le travail archéologique, les tâches administratives, les relations avec la presse, le problème de la répartition des objets, l'organisation des visites officielles, les tractations commerciales, les tentatives de dévoilement... voilà ce qui attendait Carter lorsqu'il arriva au Caire, le 8 octobre

1923, dans la beauté sereine de l'automne égyptien qui rendait presque séduisantes les masures les plus délabrées. L'absence de Carnarvon le rendait nerveux et inquiet. Il ne se sentait pas capable d'affronter seul ces monstres aux multiples visages, mais il n'avait pas le choix. À Londres, l'atmosphère était devenue irrespirable depuis la mort subite, en septembre, d'Aubrey Herbert, frère de Carnarvon. Ajoutée à d'autres disparitions surprenantes, elle apportait la preuve définitive d'une malédiction dont l'auteur ne pouvait être que Toutankhamon.

Le chemin de croix commençait par le siège du Service des Antiquités où, naguère, le comte manipulait Lacau à sa guise.

Contrairement aux craintes de Carter, le directeur le reçut avec une amabilité certaine.

— Votre équipe s'est-elle reconstituée ?

— Nous avons voyagé ensemble depuis Trieste.

— Que souhaite Lady Almina ?

— Que la concession de la tombe soit renouvelée en son nom.

— Demande légitime. J'ose espérer que vous êtes confirmé comme expert ?

— C'est sa décision.

— Tant mieux. Qui ne reconnaîtrait votre compétence ?

— À ce titre, j'aimerais régler avec vous le problème des visiteurs. Ils rendent mon travail impossible ; la meilleure solution consisterait à n'admettre personne dans le tombeau avant le démontage des chapelles.

Pierre Lacau fit la moue.

— C'est extrêmement ennuyeux. Regardez ceci.

Il désigna deux énormes piles de lettres qui encombraient son bureau.

— Voici les demandes officielles des personnalités égyptiennes ; elles ne cessent de s'accumuler. Ces notables estiment que la tombe appartient à leur pays et que personne ne devrait leur barrer le chemin.

— C'est pourtant impossible.

— Lord Carnarvon se montrait plus nuancé ; vous me placez dans une situation embarrassante. Que dois-je répondre ?

— Que je suis seul habilité à donner une autorisation de visite.

Lacau prit quelques notes.

— L'exclusivité accordée au *Times* ne vient-elle pas à échéance ?

— De nombreux journaux ont passé des accords avec le *Times* pendant l'été ; c'est pourquoi il doit conserver une position privilégiée. Aussi ai-je engagé son correspondant, Arthur Merton, comme membre de mon équipe.

— N'est-ce pas un peu... léger ?

— C'est un excellent archéologue amateur ; il sera sur place pour relater les événements.

— Je crains que les journaux égyptiens n'en prennent ombrage.

— Ils continueront à jouir d'un privilège non négligeable, un communiqué gratuit. Ce sont les seuls qui n'auront pas à payer les informations officielles.

— Bien, bien... Votre dossier sera prêt demain.

*

Carter avait hâte de retourner dans la Vallée, de goûter à nouveau sa splendeur sauvage et de franchir l'ultime étape qui le séparait encore de Toutankhamon. Le Caire était trop vaste, trop bruyant ; jamais il n'avait aimé les villes où l'homme devient fourmi ou pantin désarticulé, séparé de la terre et du ciel. Le vide laissé par Carnarvon ne se comblait pas ; sans lui, Carter serait-il capable de faire plier Lacau ?

Il monta à la citadelle et médita face au désert que grignotait l'expansion incessante de la capitale. Comme il aimait ce paysage absolu, cet appel vers une vérité éternelle qu'aucune vilenie ne pouvait souiller ! Même dans la violence du vent et la rigueur des roches subsistait la tendresse des nomades à l'errance toujours recommencée. C'est là qu'il emmènerait Eve lorsqu'il aurait percé le secret du pharaon ressuscité.

*

Le visage fin de Lacau semblait plus fermé que la veille; ses mains étaient posées à plat sur un dossier rouge.

— Je suis très gêné, Carter.

— Pourquoi?

— J'ai défendu votre dossier, mais certains membres du Service m'opposent des arguments que je ne peux négliger. Dans ma position, je dois être équitable et tenir compte des opinions des uns et des autres; le compromis et le moyen terme sont les seules attitudes raisonnables.

— Pourriez-vous être plus clair?

— L'engagement de Merton est presque illégal; quant au refus des visites et au mépris de la presse indigène, ils risquent de déclencher contre vous une campagne d'opinion tout à fait fâcheuse.

— De qui se moque-t-on? La gratuité de l'information ne lui suffit-elle pas?

Lacau ouvrit lentement le dossier rouge.

— On vous accuserait volontiers de détester l'Égypte et de considérer la tombe comme votre propriété privée.

— Moi, détester l'Égypte où je vis depuis l'âge de dix-huit ans? C'est mon véritable pays, monsieur le directeur! Je lui ai offert mon âme.

— Je vous crois, naturellement, même si ces déclarations me semblent excessives... Votre intransigeance à propos des visiteurs est également très critiquée.

— Ce sont des snobs qui se moquent du tombeau comme d'une guigne! Leur seul but? Se pavaner dans un dîner mondain en prétendant avoir vu Toutankhamon! Et vous exigeriez que je freine les travaux scientifiques à cause d'une bande de curieux? Signez la concession et qu'on en finisse. Je dois retourner au plus vite dans la Vallée.

Lacau effleura le dossier du bout des doigts.

— Nous verrons, Carter, nous verrons... je dois consulter le ministre.

*

Abdel Hamid Suleman Pacha, ministre des Travaux publics, était un bon vivant, amateur de banquets et de longues siestes ; son ascension sociale, douce et constante, reposait sur un caractère aimable et patient. Farouche ennemi des conflits, il possédait le génie de la diplomatie et avait coutume de les régler en flattant ses adversaires. L'indépendance de l'Égypte lui apparaissait comme un rêve dangereux qui mènerait le pays à la ruine ; il devait cependant ménager les susceptibilités des nationalistes et faire semblant d'approuver certaines de leurs théories.

Pierre Lacau s'inclina devant le ministre.

— Quelle est l'affaire délicate dont vous souhaitez m'entretenir, monsieur le directeur ?

— La concession Carnarvon.

— Ce problème n'est-il pas réglé ?

— Hélas non, monsieur le ministre ! Howard Carter est un homme obstiné qui ne veut céder à aucune exigence légitime du Service.

— On vante pourtant sa compétence.

— Je ne la conteste pas... mais il devrait se montrer moins intransigeant envers la presse égyptienne et accepter d'ouvrir le tombeau aux notabilités.

— M. Carter est sujet britannique, si je ne m'abuse ?

— En effet.

— La colonie anglaise du Caire est un élément essentiel de l'équilibre du pays.

— Bien entendu, mais...

— Contrarier M. Carter, c'est importuner le haut-commissaire et nous attirer une foule d'ennuis diplomatiques.

— L'exclusivité dont jouit le *Times* est une injure à l'Égypte.

— N'exagérez pas, monsieur le directeur ! Un arrangement commercial, tout au plus. Quant aux visiteurs, ne peuvent-ils pas patienter un peu ? Ce conflit me paraît bien inutile.

Dépité, Lacau tenta en vain de convaincre le ministre de la justesse de ses vues.

— Que me conseillez-vous ?

— Signez la concession et autorisez Carter à poursuivre son travail. Pour moi, monsieur le directeur, cette affaire est classée.

## *Chapitre 79*

Le 18 octobre, les ouvriers commencèrent à repousser les tonnes de remblais qui avaient protégé le tombeau pendant l'absence de Carter ; sous la direction du *reis* Ahmed Girigar, ils travaillèrent avec ardeur afin de répondre aux souhaits de l'archéologue : dégager l'accès en une semaine. En dépit de la chaleur, une chaîne de porteurs de couffins remplit son office avec une parfaite régularité que rythmèrent des mélopées.

Ému, Carter emprunta à nouveau le couloir descendant, ouvrit la grille et pénétra dans le sanctuaire ; il eut la sensation que Carnarvon cheminait à ses côtés et affrontait les portes des grandes chapelles qui devaient masquer le sarcophage. Callender, qui l'accompagnait, osa lui révéler la vérité.

— Nous ne sommes pas prêts, Howard. Le Service n'a pas livré les lampes promises et il manque le nécessaire pour la préservation des chapelles.

— J'ai pourtant avancé les fonds, précisé les dates et insisté sur l'importance des lampes !

La colère de Carter fut d'autant plus vive que l'éclairage public, autour de la tombe, fonctionnait à merveille. Ses protestations auprès de l'inspecteur local ne provoquèrent que la rédaction d'un rapport supplémentaire, constatant l'incurie ; si Dieu le voulait, les lampes seraient installées avant la fin du mois.

Au sortir de l'inspectorat, Carter se heurta à Bradstreet. Le journaliste, bâti en athlète, avait quitté son bureau du Caire dès qu'il avait eu vent de la reprise des fouilles. Puissant, hargneux, le front sillonné de veines apparentes, il comptait ne faire qu'une bouchée de l'archéologue.

— Alors, Carter ! Du nouveau ?

— Je n'ai pas à vous répondre.

— Ça m'étonnerait ! Vous avez devant vous le correspondant du *New York Times*, du *Daily Mail* de Londres et de l'*Egyptian Mail*. Ma mission consiste à informer le monde entier et vous ne fuirez pas comme un voleur.

— Contactez le représentant accrédité du *Times*.

— Cette situation ne peut plus durer ! Tous les journalistes doivent jouir des mêmes droits.

— Telle n'était pas la volonté de Lord Carnarvon.

— Il est mort.

— Pas pour moi.

— Je vous somme de rompre le contrat d'exclusivité avec le *Times*.

— Vous êtes un bon joueur de polo, paraît-il ?

Bradstreet fronça les sourcils.

— Exact, mais je ne vois pas...

— Moi, je suis expert en lutte libre.

Les veines du journaliste gonflèrent ; le visage rouge, il ressemblait à un taureau furieux.

— Je vous écraserai, Carter ! Vous avez de plus en plus d'ennemis, il ne reste qu'à les coaliser.

*

— Je n'irai pas, affirma Carter, furieux.

Callender leva vers son ami un regard de chien battu. Malgré ses larges épaules et son aspect massif, il partageait la détresse de Carter.

— Mieux vaudrait s'incliner, suggéra-t-il à regret.

— C'est un piège ! Lacau me convoque au Caire pour déballer des caisses et mettre en place les objets... quelle sinistre blague ! Il veut me retenir dans la capitale et prouver que je néglige le chantier.

— Si vous ne coopérez pas, il vous isolera davantage encore. Avoir conscience du danger, c'est déjà le juguler ; le combat ne vous a jamais fait peur.

Carter donna l'accolade à Callender.

— Je me battrai.

*

Dans le bureau de Lacau étaient présents le ministre des Travaux publics et plusieurs hauts fonctionnaires égyptiens et anglais. Le tombeau de Toutankhamon devenait une affaire d'État ; Carter était dans la position d'un accusé face à un tribunal décidé à lui démontrer ses torts.

— Où sont les caisses à déballer ? demanda l'archéologue, souriant.

Lacau se tourna vers le ministre, quêta un regard d'approbation et s'adressa à Carter avec une onctuosité mêlée d'autorité.

— En accord avec les plus hautes autorités, nous vous demandons d'autoriser le gouvernement à publier chaque soir un bulletin d'information sur les travaux en cours.

— Je refuse ; le droit de publication doit être réservé à mon équipe et à moi-même. Divulguer à toute allure des nouvelles non vérifiées causerait le plus grand préjudice à notre travail.

Lacau consulta le ministre.

— Exigences légitimes, admit-il. Accepteriez-vous d'inviter un représentant de la presse quotidienne à visiter le tombeau ?

— Bien entendu.

— L'exploitation commerciale du site est bien gênante, reprit Lacau.

Carter devint véhément.

— L'accord d'exclusivité passé avec le *Times* est destiné à me protéger d'une meute de journalistes curieux ; l'argent obtenu permet de financer les travaux sur le chantier. Le but unique est de protéger les trésors fabuleux que Carnarvon et moi-même avons découverts ; c'est pourquoi je demande l'appui total et sans réserve du gouvernement et du Service des Antiquités. Ni harcèlement de la presse, ni visiteurs, ni ennuis administratifs : voilà ce que j'exige, avec la conviction que tous, ici présents, vous prendrez le parti du sacré et non du profane.

*

Les jours s'égrenèrent. Carter appela plusieurs fois le ministre au téléphone, mais celui-ci était absent ou en réunion ; à l'issue d'une semaine irritante, l'archéologue fit une nouvelle tentative qu'il considérait comme la dernière. Cette fois, il obtint le puissant personnage. La conversation fut cordiale mais embarrassée ; le ministre inquiéta Carter en lui expliquant que Lacau souhaitait reprendre la négociation dans son ensemble, et le rassura en affirmant que les difficultés seraient bientôt aplanies. S'il le désirait, il pouvait retourner à Louxor et reprendre ses activités.

L'archéologue ne se fit pas prier.

*

Callender apporta un pli épais marqué au sceau du Service des Antiquités. Carter le décacheta avec nervosité ; il reconnut l'écriture fine et rapide de Lacau, qui, point par point, acceptait les conditions de l'archéologue.

— Avons-nous gagné ? interrogea Callender.

Carter faillit lui répondre que le résultat dépassait ses espérances, mais ses yeux se posaient déjà sur les dernières lignes. « *Bien entendu*, concluait Lacau, *les mesures que vous souhaitez voir adopter ne peuvent être que provisoires et sujettes à des modifications en fonction des résultats.* »

Carter laissa tomber le document sur le sol pierreux de la Vallée.

— Échec complet.

— Que comptez-vous faire ?

— Continuer. Mon seul maître, à présent, c'est Toutankhamon.

*

Le conflit s'amplifia dès le lendemain. Lacau avait expédié une seconde lettre, beaucoup moins aimable, dans laquelle il reprochait à Carter de marcher sur les brisées du Service des Antiquités ; c'était à ce dernier, et non à un archéologue privé, de réglementer les visites sur un site qui appartenait à l'État, et à personne d'autre. Le directeur du Service précisait ses consignes : démonter les chapelles sans abîmer leur décor et dégager le sarcophage dont la présence était supposée. À Carter et à son équipe d'obéir aux ordres sans tarder et de se cantonner au strict domaine archéologique.

La presse égyptienne lança une attaque en règle contre l'Anglais, accusé de se comporter comme un colonialiste alors que l'Égypte l'hébergeait ; Toutankhamon était pharaon, non roi de Grande-Bretagne. Le contrat d'exclusivité avec le *Times* était une insulte au parti nationaliste et au peuple. Dans sa réponse à ces critiques, Carter insista sur la différence entre les Égyptiens modernes, la plupart descendants des envahisseurs arabes du sixième siècle après J.-C. et adeptes de l'islam, et les

Égyptiens anciens, hostiles à tout dogmatisme. Cette maladresse lui valut une impopularité croissante et la haine de nombreux prédicateurs. Les membres de l'équipe parvinrent à le dissuader de répliquer, même s'il disait la vérité.

— Quel est ce monde, demanda-t-il à Callender, où seuls les menteurs et les intrigants ont droit de cité ? Même cette terre sacrée ne parvient plus à transformer les consciences. Où faut-il donc aller pour respirer un peu d'air pur ?

— Au fond du tombeau de Toutankhamon. De votre tombeau.

## *Chapitre 80*

Comment démonter les chapelles sans leur causer le moindre dommage ? Cette mission obsédait Carter. Dans le sanctuaire de la tombe, il se sentait libre et infatigable ; aucun de ses collaborateurs ne parvenait à suivre son rythme de travail. Préoccupé de l'état des dorures et de la fragilité des sculptures, il conçut plusieurs projets avant d'entamer la délicate opération. Il commença d'ôter les deux gardiens qui encadraient la porte de la chambre funéraire. Les rois noirs, enveloppés de bandelettes furent posés sur des châssis ; seuls leurs yeux demeurèrent apparents, comme s'ils étaient les ultimes manifestations de vie de deux grands corps blessés.

Après avoir consulté les membres de son équipe, Carter demanda à Callender de construire un échafaudage en bois autour de la chapelle extérieure ; il se faufila à grand-peine entre les montants, se cogna, se blessa les mains et dut adopter les positions les plus inconfortables. Malgré la chaleur et l'exiguïté, il progressa centimètre par centimètre, redoutant le moment où un panneau, hors de sa position, se courberait et tomberait sur les autres. Carter repoussait une vision d'horreur : des centaines de morceaux et des fractures irrémédiables.

Après dix jours d'efforts, la plus lourde des sections du plafond fut soulevée ; Carter dut faire appel à un jeune garçon pour glisser des rouleaux de bois sous un madrier qui servirait de traîneau. Quand le panneau fut déposé contre le mur capitonné de la chambre funéraire, l'archéologue et ses assistants ne crièrent pas victoire ; le plus difficile restait à accomplir.

Le plafond retiré, Carter admira le voile de lin qui recouvrait la seconde chapelle. Il appela Merton, le correspondant du *Times*. Le journaliste tressaillit.

— L'arche d'alliance... C'est elle, sans aucun doute !

Merton sortit de la tombe et y revint une heure plus tard, muni d'une bible ; il lut les passages de l'Exode consacrés à la précieuse relique. Son imagination s'enflamma.

— Voilà le secret de Toutankhamon ! Il s'était rendu en Israël et y avait dérobé l'Arche. Jamais le sol de la Vallée ne contint trésor plus précieux ; c'est pourquoi la tombe a été bien cachée.

Carter demeura sceptique ; il souleva le tulle qui s'était effondré sous le poids de rosettes en bronze doré.

— Bientôt, dit-il à mi-voix, nous ouvrirons la porte scellée de la seconde chapelle.

*

Lacau étudiait le « dossier Carter » avec sa minutie habituelle. Fonctionnaire zélé, attaché au règlement comme à un livre saint, il supportait de plus en plus mal le comportement anarchique de cet aventurier qui refusait de s'inscrire dans une hiérarchie administrative. Ses exigences étaient hors de saison. Comment faire plier Carter et l'obliger à se mettre à genoux ? Jusqu'à présent, Lacau avait échoué. Certes, le journaliste Bradstreet et ses collègues égyptiens menaient une bonne guérilla qui, chaque jour, affaiblissait la position de Carter et donnait de lui l'image d'un individu odieux, mercantile et méprisable ; mais l'archéologue se moquait du jugement d'autrui et poursuivait son chemin avec la même obstination. De plus, dès qu'il travaillait à l'intérieur du tombeau de Toutankhamon, il reprenait des forces. Pour l'abattre, il fallait donc le toucher au cœur et ne pas se contenter de blessures superficielles.

Lacau venait de trouver le point faible de son adversaire.

Il ne lui restait plus qu'à développer une stratégie prudente, sans coup de force visible ; en procédant par petites touches, il userait les nerfs de Carter, l'atteindrait dans sa vocation même et le contraindrait à commettre l'erreur fatale.

*

C'est un Carter indigné qui réunit les membres de son équipe dans le laboratoire.

— Je reçois ce matin la requête la plus outrageante de toute l'histoire de l'archéologie égyptienne : le directeur du Service me somme de lui communiquer la liste des membres de mon équipe, comme s'il ne la connaissait pas, et comme si je n'étais pas seul responsable de mes collaborateurs sur la concession qui m'a été accordée.

Merton, le journaliste du *Times*, prit la parole.

— C'est moi qui suis en cause ; Bradstreet a dû intervenir en haut lieu. Il veut démontrer qu'un correspondant de presse n'a pas sa place dans une équipe d'archéologues.

— Vous êtes plus compétent que la plupart des inspecteurs du Service.

— Si vous l'exigez, Howard, je démissionne.

— Vous êtes un ami et un collaborateur efficace. Vous resterez.

— Méfiez-vous de Lacau ; c'est un jésuite rompu aux stratégies les plus retorses.

— Il n'a aucun droit sur ce tombeau et il le sait ; sa guerre d'usure ne peut mener qu'à une désillusion. N'oubliez pas que le ministre est de notre côté.

Le visage bourru de Callender ne se dérida pas ; il n'osa pas rétorquer que les ministres n'étaient pas éternels et qu'il ne croyait plus, depuis longtemps, au droit et à la justice.

— Lui enverrez-vous cette liste ? demanda Merton.

— Carnarvon ne l'aurait pas fait, moi non plus. Puisque Lacau annonce sa visite pour le 13 décembre, nous discuterons de vive voix.

*

Lacau visita le tombeau et le laboratoire ; seul le *reis* Ahmed Girigar était présent. Fort mécontent, le directeur du Service grimpa jusqu'à la demeure de Carter où l'archéologue, enveloppé dans une couverture, buvait un grog.

— Désolé de ne pas vous avoir reçu avec faste, un refroidissement m'a obligé à garder la chambre.

Tiré à quatre épingles, mains croisées derrière le dos, Pierre Lacau s'exprima d'une voix sucrée qui formait contraste avec la raideur de son attitude.

— Vos exigences sont injustifiables, monsieur Carter. Seul le gouvernement et non vous-même est habilité à fournir des autorisations de visite dûment enregistrées et présentées sous la forme d'un document écrit.

— C'est moi qui fouille, pas le gouvernement.

— L'État a le devoir de contrôler les fouilles.

— Il s'agit de *ma* concession ; j'y suis le seul maître. Démontrez-moi le contraire.

— Vous n'avez pas le droit d'employer Merton ; c'est un journaliste, pas un archéologue.

— Le choix de mes collaborateurs me revient ; le Service n'a aucun droit de regard dans ce domaine.

— S'il ne démissionne pas, vous subirez de sérieux désagréments.

— Il ne démissionnera pas ; vos injonctions sont gratuites, monsieur le directeur. En me menaçant, vous perdez votre temps.

— Le ministre jugera.

— Il a déjà jugé.

— Nous verrons bien ; savez-vous ce que l'on murmure au Caire ?

Carter but une gorgée brûlante.

— Apprenez-le-moi ; la rumeur est une de vos pratiques favorites.

Lacau évita de regarder son interlocuteur.

— Certains pensent que Lord Carnarvon était un espion et un homme d'affaires, tout à fait indifférent à la science et à l'archéologie, et que vous lui avez emboîté le pas. Cette hypothèse jette une singulière clarté sur votre comportement.

Carter se leva et repoussa la couverture.

— Vous êtes ignoble. Le comte aimait passionnément l'Égypte ; explorer cette tombe était devenu sa raison d'être Quant à moi, mon existence entière est orientée vers elle.

— Admettons... Ces élans sentimentaux ne justifient pas votre arrogance.

— Je veux travailler en paix.

— Avez-vous songé au partage des objets ?

— Cette question est réglée.

— Ce n'est pas si sûr. Il en est une autre en suspens, plus sérieuse encore.

Carter grelottait.

— La concession n'est pas éternelle, rappela Lacau ; je dois vérifier, mais il me semble qu'elle vient bientôt à expiration. Son renouvellement dépend du Service des Antiquités qui se montre de plus en plus exigeant sur la qualité des fouilleurs et le sérieux de leur programme. Un scientifique tel que vous ne peut qu'apprécier cette rigueur. Soignez-vous bien, Carter ; nous en reparlerons dès que vous serez sur pied. J'espère que Toutankhamon ne vous rend pas malade.

## *Chapitre 81*

Le 15 décembre, Carter, la rage au ventre, entra dans le bureau du ministre des Travaux publics avec la ferme intention de lui dire toute la vérité et d'obtenir la fin des persécutions. Suleman Pacha ne semblait pas aussi jovial qu'à l'ordinaire ; sur son bureau, un épais dossier portant la marque du Service des Antiquités.

— Satisfait de vos recherches, monsieur Carter ?

— Le directeur du Service remet en cause mes exigences.

— Il remplit au mieux sa fonction. La campagne de presse menée contre vous est fort désagréable, d'autant plus que certains journalistes commencent à critiquer ouvertement ma position. En tant que ministre, je dois demeurer au-dessus du conflit.

Carter blêmit.

— La présence d'Arthur Merton est inopportune, poursuivit Suleman Pacha. D'après mes informations, ce n'est pas un savant ; que vous accréditiez un journaliste du *Times* est une regrettable erreur.

— Je vous garantis sa compétence.

— Impossible de retenir cet argument ; personne ne peut vous croire. Vous êtes un homme de science et de paix, monsieur Carter ; interdisez sans délai l'entrée de la tombe à ce Merton et tout rentrera dans l'ordre. Il la visitera avec les autres correspondants de presse, le jour de votre choix.

— Est-ce un ultimatum ?

— N'utilisons pas de grands mots ! Il s'agit d'un simple compromis.

— Puis-je vous présenter des objections ?

— Ne perdons plus de temps avec des détails ; j'ai moi-même supprimé le nom de Merton dans la liste des membres de votre équipe.

— Est-ce bien légal ?

La question vexa le ministre qui devint cassant.

— C'est mon souhait, monsieur Carter.

— Si je cède, plus aucune équipe archéologique ne travaillera librement en Égypte.

— Ne noircissez pas la situation.

— Je soumettrai votre proposition à mes collaborateurs.

— N'allez pas trop loin, monsieur Carter.

— Vous non plus, monsieur le ministre.

*

De retour à Louxor, Carter réunit tous ses collaborateurs dans la tombe de Séthi II. Il ne leur cacha pas la gravité du moment et leur cita les propos du ministre des Travaux publics. Ne désirant pas prendre une décision brutale qui entraverait les recherches, il les consulta un à un. Les interventions convergèrent : le politicien outrepassait ses droits. Manipulé par les indépendantistes et le Français qui dirigeait le Service des Antiquités, il engageait une guerre sournoise contre l'Angleterre et les États-Unis. Capituler serait renoncer à la nécessaire indépendance des archéologues.

Fort de cette unanimité, Carter écrivit au ministre. Il refusa de renvoyer Merton, précisa que les spécialistes du Metropolitan Museum quitteraient la Vallée si leur patron était l'objet de pressions administratives, et que le *Times* n'hésiterait pas à relater les faits. Certain que Suleman Pacha se rendrait à la raison, il déplora l'incident qui les avait opposés et regretta qu'il lui fût impossible d'accepter les restrictions suggérées.

Le ministre répondit par le silence.

*

L'intérieur de la tombe ressemblait à une salle d'opération. Civières de bois, litières de roseaux, kilomètres de bandelettes, paquets d'ouate et lumière électrique évoquaient davantage le cadre glacé d'une intervention chirurgicale plutôt que l'atmosphère magique d'une sépulture royale. À l'extérieur, gardiens et soldats repoussaient parfois à grand-peine les touristes qui exhibaient un billet leur donnant l'autorisation de visiter le tombeau le plus célèbre du monde ; ils les avaient achetés à des âniers ou à des marchands de fausses antiquités et manifestaient leur mécontentement avec véhémence.

Persuadé que les ennuis s'éloignaient, Carter, le 3 janvier 1924, coupa la corde et tira le verrou qui fermait la porte de la seconde chapelle funéraire. Callender et les autres membres de l'équipe le regardèrent ouvrir les portes dorées.

— Davantage de lumière, exigea-t-il.

Callender brancha deux grosses lampes. Elles éclairèrent la double porte d'une nouvelle chapelle.

— Encore une ! s'exclama Burton le photographe. Quand finira cet emboîtage ?

La troisième chapelle était, elle aussi, inviolée. Le souffle court, Carter ouvrit les portes et découvrit une quatrième chapelle. Deux faucons aux ailes éployées en gardaient l'accès. Les hiéroglyphes conservaient le souvenir des paroles de Toutankhamon : « Je suis l'éternité ; j'ai vu hier et je connais demain. » Troublé, Carter refusa de progresser, malgré l'insistance de ses collègues.

— C'est peut-être le dernier obstacle, suggéra Callender.

— Sans doute... mais avons-nous le droit...

— Songez à Carnarvon ; l'auriez-vous privé de cette joie ?

Carter brisa le sceau. Les ultimes battants pivotèrent doucement ; le faisceau lumineux n'éclaira plus des portes d'or, mais le bras de la déesse Nephtys, « la souveraine du temple », qui veillait sur un admirable sarcophage de quartzite. Spectacle inoubliable et merveilleux que cette femme de l'autre monde, tendre et douce, chargée d'écarter les intrus. Carter et ses assistants furent saisis d'une crainte respectueuse face à cette incarnation d'une foi millénaire que le temps n'avait pas usée.

— Un sarcophage intact, murmura Carter, suffoqué. Le seul de la Vallée des rois.

Il ressentit la présence de Lord Carnarvon à ses côtés ; de l'autre côté de la mort, le comte participait au triomphe.

Carter referma religieusement les portes de la quatrième chapelle.

*

L'archéologue relut le texte du télégramme destiné à Pierre Lacau : « *Mes recherches m'ont permis de constater que la quatrième chapelle contient un magnifique sarcophage. Un sarcophage inviolé ! Salutations.* » À peine le message était-il expédié que l'extraordinaire nouvelle se répandit dans toute l'Égypte ; des milliers de touristes et de curieux accoururent vers la Vallée. Photographes et journalistes assaillirent Carter dès qu'il sortit de la tombe ; malgré la protection de ses collaborateurs, il fut obligé de répondre à un Bradstreet surexcité qui lui barrait le passage.

— Êtes-vous certain que le sarcophage est fermé ?

— Certain.

— Y trouverez-vous quelque chose d'unique ?

— D'inimaginable.

— Pourquoi ne pas l'ouvrir immédiatement ?

— Je dois faire d'abord photographier les parois des

chapelles et inventorier les objets rituels qui furent déposés entre elles. Toute précipitation serait criminelle.

— On prétend que des gaz mortels se diffuseront dès que vous soulèverez le couvercle du sarcophage.

— Je suis prêt à prendre le risque.

— La momie sera-t-elle recouverte d'or ?

— C'est probable.

— Quand le saurons-nous ?

— Je l'ignore ; la prochaine étape est le démontage des deux dernières chapelles. M'autorisez-vous à regagner mon domicile ?

*

Carter donna l'ordre de refermer le tombeau. Après ces moments exaltants, il avait besoin de silence et de solitude tandis que l'équipe archéologique s'occupait des objets à restaurer. Le chant lointain d'un oiseau lui rappela son canari, l'oiseau d'or dont l'influence bénéfique avait favorisé la plus fabuleuse des trouvailles. Il regarda son immense carte de la Vallée des rois où il avait reporté la totalité des découvertes antérieures ; de son écriture fine et rapide, il indiqua l'emplacement de la tombe de Toutankhamon.

Carter se préparait à dîner seul lorsque Ahmed Girigar, chef vigilant de son service de sécurité, l'avertit de l'arrivée d'un émissaire du ministère des Travaux publics. En dépit de son état de fatigue, il reçut le haut fonctionnaire, vêtu à l'occidentale.

L'homme refusa de s'asseoir.

— Le ministre vous félicite, mais il est fort mécontent de la manière dont vous avez procédé à l'ouverture de la dernière chapelle. Un représentant du Service des Antiquités aurait dû se trouver à vos côtés.

— J'ai convoqué M. Engelbach, mais il était retenu par des obligations plus importantes. Rassurez-vous, le sarcophage n'a pas souffert de son absence.

— De plus, le gouvernement vous accuse d'avoir laissé pénétrer dans le tombeau un correspondant du *Times* au moment de cette ouverture, ce qui est contraire à la déontologie des fouilles.

— Information erronée : seuls étaient présents les membres de mon équipe.

— Je me permets de prendre note de vos explications et de vous faire signer le procès-verbal qui sera remis au ministre.

Carter lut la prose du haut fonctionnaire, constata que ses réponses n'avaient pas été déformées et parapha le document.

— Je redoute de sérieuses complications, conclut l'émissaire.

— Détendez-vous : tout est en règle.

Bradstreet et Lacau continuaient leur travail de sape. Plus Carter s'approcherait du sarcophage, plus ils se montreraient virulents ; même si le ministre des Travaux publics penchait un peu de leur côté, ils ne pourraient que planter des banderilles dans le dos de Carter.

— Une autre visite, annonça Ahmed Girigar.

— Ah non ! Plus tard.

— Vous devriez recevoir votre hôte ; il vient de fort loin.

Intrigué, Carter accepta.

Lady Evelyn s'avança vers lui, vêtue d'une robe parme, lumineuse et aérienne.

## *Chapitre 82*

— Quand êtes-vous arrivée ?

— À l'instant.

— Resterez-vous longtemps à Louxor ?

— N'avez-vous pas besoin d'une assistante ? La rumeur annonce la découverte de fabuleux trésors.

Carter prit tendrement Lady Evelyn dans ses bras, comme s'il redoutait de dissiper un mirage.

— Votre mère...

— Elle a accepté que je passe l'hiver en Égypte et que je veille sur votre travail, en mémoire de mon père.

— Il est à mes côtés, Eve ; personne ne peut le remplacer.

— C'est pourquoi je ne pourrai jamais vous épouser, Howard. L'avis de ma famille importe peu, mais lui ne m'avait pas donné son consentement.

— Et s'il vous accordait un signe du haut des cieux ?

— Que son âme vous entende.

— Vous tremblez.

— Je crains d'avoir pris froid.

Il lui couvrit les épaules d'un châle de laine. Les yeux de la jeune femme se posèrent sur la grande carte de la Vallée.

— Vous avez réussi, Howard ; comme mon père doit être heureux !

— Ne crions pas victoire trop tôt ; je connais quelques cas de sarcophages intacts et vides.

— Pas celui-là... Toutankhamon est vivant, je le sens !

— Vivant ? Vous voulez dire...

Elle le regarda fixement avec tout l'amour qu'une femme sait offrir dans la communion de l'instant.

— Un pharaon peut-il mourir ?

La nuit tombait sur la Vallée. Carter éteignit la lumière et ôta le châle de laine ; au loin, le Nil emportait au fil du courant les bonheurs d'un jour défunt.

*

L'heure était venue de démonter les chapelles panneau par panneau ; indifférent à la chaleur, Carter luttait contre la précipitation et les gestes brusques. Dégager le sarcophage impliquait un respect absolu des consignes de sécurité afin qu'aucun élément de ces œuvres inestimables ne fût endommagé. Au passage, il nota que les charpentiers égyptiens avaient monté les panneaux de manière bizarre ; l'ordre était inversé par rapport aux points cardinaux et aux indications hiéroglyphiques. Sans doute avaient-ils été contraints d'agir de manière urgente ; dissimuler la tombe au plus vite était l'impératif du maître d'œuvre.

Alors que Carter travaillait dans le calme, les hôtels de Louxor étaient assaillis par des hordes de touristes. Comme la même chambre avait été réservée quatre ou cinq fois, la bataille faisait rage ; ceux qui donnaient le plus gros bakchich en sortaient vainqueurs. Les autres devaient se contenter de pensions de famille ou, pis encore, de chambres chez l'habitant. Boutiquiers, marchands ambulants, propriétaires de calèches vouaient un culte à Toutankhamon qui rendait leurs affaires florissantes.

Le plus important faussaire de la ville obtint une entrevue avec Carter et le pria d'intervenir en sa faveur ; selon les méthodes traditionnelles, il fabriquait avec sérieux de faux scarabées de Toutankhamon qui donnaient satisfaction à quantité de collectionneurs. Or, depuis l'annonce d'une sépulture intacte, des concurrents indélicats inondaient le marché de produits très médiocres. L'archéologue déplora de ne pouvoir appliquer son propre label sur les bons faux et, avec gravité, conseilla au commerçant victime d'une concurrence déloyale de consulter le Service des Antiquités.

Carter sortait du tombeau, à la fin d'une journée harassante, lorsque Lady Evelyn lui apporta un journal local auquel Lacau venait de confier ses intentions.

— Encore du bavardage.

— Non, Howard : une menace. Selon le directeur du Service, le gouvernement aurait projeté de suspendre votre travail et d'autoriser les touristes à visiter votre sanctuaire.

— Stupide. D'autres déclarations du même ordre ?

— Il vous accuse de créer des ennuis et d'importuner sans cesse le Service et le gouvernement ; d'après lui, vous remettez en cause la souveraineté de l'État et la notion de domaine public.

— Autrement dit, il refuse le partage des objets tel qu'il avait été conclu avec votre père ! Ce Lacau est un véritable serpent... Il sait pourtant que ce n'est pas le goût du lucre qui m'anime, mais un désir de justice. Il tente de voler votre famille et de la frustrer de ses droits. Je ne le laisserai pas faire.

— Soyez prudent, Howard.

— Je dois d'abord être ferme.

Carter réunit des égyptologues de renom, son maître Newberry, le philologue anglais Gardiner, son collègue américain Breasted et Albert Lythgoe, représentant du Metropolitan Museum. Au nom de la science, Carter et les quatre spécialistes rédigèrent une lettre très critique à l'égard de Pierre Lacau et du Service des Antiquités dont l'attitude compromettait l'avancement des travaux. Le tombeau de Toutankhamon, était-il précisé, n'appartenait pas à l'Égypte, mais au monde entier ; Howard Carter et son équipe s'acquittaient de leur mission avec une ferveur et un sérieux que personne ne contestait. Pourquoi les importunait-on sans cesse avec des demandes de visite au lieu de mettre au premier plan la sauvegarde des trésors ? Le gouvernement égyptien n'avait pas déboursé un penny ; seul Lord Carnarvon était responsable des investissements engagés. Lacau manquait aux devoirs de sa charge en se comportant en bureaucrate tatillon. À lui de reconnaître ses erreurs et de favoriser enfin les efforts de Carter. Pour faire bonne mesure, des copies de la lettre furent envoyées au haut-commissaire britannique et à plusieurs institutions scientifiques.

*

Carter leva son verre de champagne ; Lady Evelyn et ses collaborateurs l'imitèrent.

— Lacau n'a même pas osé répliquer.

— Méfions-nous, recommanda Callender ; il complote sans doute dans l'ombre.

— Trop tard.

— Un jésuite, remarqua Burton, est toujours capable d'inventer une stratégie que personne ne prévoyait.

— Je suis optimiste, affirma Carter ; il ne nous ennuiera plus. La voie royale vers le sarcophage est ouverte.

Soucieuse, Lady Evelyn se contenta de boire le délicieux breuvage ; elle ne voulut pas contrecarrer la bonne humeur de l'archéologue.

— Je perçois une réticence, lui murmura-t-il à l'oreille.

— Ce soir, soyons heureux.

— Demain, je vous montrerai le plus parfait des sarcophages.

*

Carter semblait contrarié ; il venait de remarquer la trace d'une brisure sur le couvercle du sarcophage. Une réparation avait été effectuée dans l'Antiquité ; plâtre et peinture imitaient le granit afin de masquer l'accident. À chaque angle, une déesse étendait bras et ailes de manière à protéger l'âme du roi et à lui offrir perpétuellement la vie.

Carter porta la main à sa gorge.

— Howard ! Qu'avez-vous ?

— Malaise passager...

— Que se passe-t-il ?

— Une fente, dans le couvercle... elle signifie peut-être que le sarcophage a été violé.

La jeune femme observa la blessure du cercueil de pierre.

— Non, c'est impossible. Ne craignez rien.

— Pourquoi êtes-vous si affirmative ?

— Je le ressens, au plus profond de moi-même ; c'est la main d'un ouvrier de Pharaon qui a pansé cette plaie.

Carter effleura le couvercle ; les paroles de Lady Evelyn le rassurèrent.

Callender dévala le couloir d'accès et s'arrêta, essoufflé, sur le seuil de la chambre funéraire.

— Une catastrophe... Il faut vous rendre au Caire sans tarder.

## *Chapitre 83*

Angoissé, Carter franchit la porte du bureau du nouveau ministre des Travaux publics, Morcos Bey Hanna. L'archéologue, indifférent aux mutations politiques, comprenait enfin que l'arrivée au pouvoir du nationaliste Saad Zaghloul modifiait l'attitude des officiels égyptiens envers les étrangers.

Le ministre était un homme bien bâti, au front étroit et à l'allure martiale ; il négligea les habituelles formules de politesse.

— Vous êtes anglais, monsieur Carter ?

— C'est exact, monsieur le ministre.

— Je n'aime pas les Anglais. Ils m'ont jeté en prison pendant quatre ans parce que je réclamais l'indépendance pour mon pays ; le peuple a fait de moi un héros. Je tiens à le remercier de sa confiance et à lui prouver que j'ai conservé mon idéal. Avez-vous un idéal ?

— La tombe de Toutankhamon.

— Je n'entends rien à l'archéologie ; les vieilles pierres m'ennuient. Je préfère m'intéresser aux hommes, pas vous ?

— Je fréquente les pharaons depuis mon adolescence ;

Toutankhamon est un compagnon de route qui justifie tous les sacrifices.

Morcos Bey Hanna alluma un cigare.

— Vous devriez décroiser les jambes ; dans mon pays, c'est une posture impolie lorsqu'on est face à un supérieur.

Furibond, maîtrisant mal ses nerfs, Carter s'exécuta à regret. Il ne céderait pas davantage de terrain.

— Pourquoi vous ai-je fait venir, déjà ? Ah oui ! L'affaire Toutankhamon... Beaucoup de conflits avec l'administration, beaucoup trop. Ces troubles me déplaisent. Un archéologue devrait se taire et obéir.

— À condition qu'on lui permette de travailler en paix et de mener à terme son exploration.

Le ministre s'étonna que cet étranger osât lui tenir tête.

— Pierre Lacau, précisa-t-il, m'a transmis les pièces du dossier ; d'après lui, votre permis de fouille ne vous donne aucun droit de propriété sur la tombe, considérée comme inviolée, et encore moins sur les trésors qu'elle contient.

— Les accords passés avec Lord Carnarvon...

— Ce n'est pas à un lord anglais de faire la loi en Égypte ! Mettez-vous d'accord avec le Service et ne m'importunez plus.

— Son comportement est inique.

— Et le vôtre, monsieur Carter ! N'avez-vous pas signé un contrat d'exclusivité avec le *Times* au mépris de la presse égyptienne qui avait pourtant droit à la primeur des informations ?

— Lord Carnarvon estimait, à juste titre, que la présence quotidienne de dizaines de journalistes aurait empêché la progression du travail.

— Voilà bien l'hypocrisie britannique ! Parlons-en, de votre travail... Je vous recommande fermement de vous en tenir aux ordres reçus et de ne pas quitter l'Égypte.

Outré, Carter se leva.

— Permettez-moi de ne pas comprendre.

— C'est pourtant simple : en tant qu'employé de mon ministère, vous devez être un fonctionnaire zélé.

—Je suis au service de l'épouse de feu le comte de Carnarvon et propriétaire de la concession.

Morcos Bey Hanna appuya sur une sonnette. S'ouvrit une porte sur sa gauche et apparut Pierre Lacau, les bras chargés de dossiers ; il inclina la tête devant le ministre.

— Voici les éléments du contentieux.

Carter se sentit pris au piège ; il s'apprêtait à sortir du bureau avec éclat lorsque le ministre eut une réaction inattendue.

— Cette paperasse m'ennuie ; le passé est le passé. Quand organisons-nous une cérémonie pour l'ouverture du sarcophage ? Après-demain me conviendrait assez bien.

— Impossible, répondit Carter.

— Pourquoi ?

— Parce que j'ignore le nombre et la qualité des cercueils qu'il contient ; les sortir de la cuve de pierre prendra peut-être plusieurs mois.

Le ministre se tourna vers Lacau.

— Qu'en pensez-vous, monsieur le directeur ?

Pierre Lacau s'interdit de mentir.

— Howard Carter a raison d'émettre cette hypothèse.

Morcos Bey Hanna ne cacha pas sa déception.

— L'archéologie est vraiment décevante ; quand vous serez prêt, avertissez-moi.

Le ministre quitta son bureau, laissant Carter et Lacau face à face.

— Je ne pouvais agir autrement, expliqua le directeur du Service.

— Vous devriez poser vos dossiers, conseilla Carter ; leur poids finira par vous épuiser.

*

Le 12 février, à 15 heures, Carter demanda à ses hôtes de se disposer près du sarcophage de Toutankhamon. Après s'être longtemps interrogé sur les intentions réelles du ministre et de Lacau, il avait suivi le conseil de Lady Evelyn : accélérer le rythme des travaux et inviter plusieurs personnalités à participer à un moment exceptionnel : le soulèvement du couvercle de pierre. À côté des membres de l'équipe figuraient le sous-secrétaire du ministère des Travaux publics et Pierre Lacau dont le costume noir posait un accent funèbre sur la cérémonie.

Callender vérifia la solidité des treuils et des cordes; d'un regard, il signifia à Carter que le dispositif de levage le satisfaisait. Ce dernier donna l'ordre d'agir; dans un profond silence, la dalle gigantesque s'éleva.

Carter glissa la tête sous le couvercle suspendu au-dessus de lui; les douze quintaux de pierre vacillèrent un instant, puis s'immobilisèrent. Lady Evelyn s'apprêtait à saisir le bras de l'archéologue et à le tirer en arrière, mais il ôtait déjà un linceul qu'il enroulait avec la plus extrême lenteur. Les mains tremblantes, le front ruisselant de sueur, il dut renouveler l'opération à plusieurs reprises. Comme il touchait le dernier voile, il poussa un cri d'émerveillement.

Le visage d'or de Toutankhamon, serein, sublime, regardait l'éternité; les traits étaient modelés sur des feuilles d'or, les yeux d'aragonite et d'obsidienne, les sourcils et les paupières de lapis-lazuli. Les mains, croisées sur la poitrine, tenaient la crosse magique du berger et le fléau de l'agriculteur, incrustés de faïence bleue.

Lady Evelyn se glissa à son tour sous le couvercle du sarcophage; la beauté du visage d'or dépassait en splendeur tout ce qu'elle avait vu auparavant. Toutankhamon n'était pas mort; une vie ressuscitée habitait ses yeux de pierre. La couronne que protégeaient la déesse vautour, la mère du monde, et la déesse cobra, symbole de la puissance vitale, situait le roi dans un univers divin d'où l'humanité était exclue.

Chacun des invités contempla le pharaon.

Pas un murmure ne troubla la méditation et le caractère sacré de cette rencontre avec un souvenir d'outre-tombe, sorti des ténèbres. Callender pleura. Lacau, bien qu'il fût chrétien, éprouva d'étranges émotions ; la perfection de l'effigie semblait d'origine céleste.

Un à un, ils sortirent hésitants ; s'éloigner du jeune roi fut un déchirement. Howard Carter remonta le dernier le couloir d'accès qui le ramena vers la lumière du dehors ; la vision de l'être royal demeura imprimée dans son esprit.

— Vivant, murmura-t-il.

## *Chapitre 84*

Pendant de longues minutes, Carter fut incapable de parler. Lacau et le sous-secrétaire n'osèrent s'éloigner et prendre congé avant que l'archéologue ne reprît pied.

— Magnifique, reconnut Lacau.

— Il serait bon d'autoriser quelques visites, recommanda le sous-secrétaire, et de donner une conférence de presse. L'événement est si fabuleux...

— Comme vous voudrez, acquiesça Carter, en état de choc.

— J'estime que les épouses des membres de l'équipe devraient être admises à voir le pharaon avant les journalistes, proposa Callender.

— C'est évident, reconnut Carter ; elles méritent cette récompense.

— Bien sûr, admit le sous-secrétaire ; il nous faut cependant une dérogation. Ce petit problème sera vite résolu ; j'appelle le ministre.

— Merveilleux, répéta Lacau, perdu dans son rêve.

Carter étouffait ; il redescendit dans le tombeau, sous le prétexte de vérifier les cordages ; en vérité, il désirait être seul avec Toutankhamon et lui demander le secret d'un regard que la nuit de la mort n'avait pas éteint.

*

L'air était transparent et léger; les collaborateurs de Carter et leurs épouses le congratulèrent. En ce matin de février, une joie intense animait les conversations. Chacun avait conscience de participer à un moment historique.

Le *reis* Ahmed Girigar fut le premier à voir le facteur qui, juché sur un âne, approchait de la tombe de Toutankhamon.

— Un pli urgent pour M. Carter! annonça-t-il d'une voix forte.

L'archéologue, surpris, lut un message signé de Pierre Lacau, directeur du Service des Antiquités. Après avoir reçu un télégramme du ministre des Travaux publics, qui interdisait formellement l'admission des épouses des collaborateurs de Carter, Lacau se trouvait dans l'obligation de formuler cet ordre de la manière la plus nette. Bien qu'il déplorât cet ennuyeux malentendu, le directeur, par respect des décisions ministérielles, mettait Carter en demeure de les appliquer sans discussion. Aucune dame, non munie d'autorisation écrite, ne pourrait entrer dans le tombeau.

Carter serra les poings.

— Je suis désolé, avoua-t-il. Le ministre refuse à vos épouses la possibilité de voir Toutankhamon.

Des protestations s'élevèrent, mais Callender et Burton déconseillèrent le coup de force. La lettre de Lacau possédait un caractère officiel; refuser d'en tenir compte placerait Carter en infraction.

— Nous incliner serait lâcheté.

Il rédigea une note brève et brutale, où il évoquait les vexations inadmissibles dont lui-même et son équipe faisaient l'objet; c'est pourquoi ils refusaient de poursuivre leur travail et fermaient le tombeau.

Très irrité, Carter demanda à Merton de publier dans le *Times* la relation exacte des faits et de stigmatiser le rôle de Lacau ; à grands pas, il se dirigea vers la tombe de Séthi II, installa la grille de fer avec l'aide de Callender et la cadenassa. Puis il ferma celle qui protégeait l'accès à la sépulture de Toutankhamon, glissa l'unique jeu de clés dans sa poche, enfourcha un âne et prit la direction du débarcadère. Lui qui aimait tant respirer la brise lors de la traversée du Nil, n'y prêta même pas attention. Une calèche l'emporta à vive allure au Winter Palace. Carter se précipita dans le hall et punaisa sa note sur le tableau d'affichage devant lequel passaient des centaines de touristes et de personnalités.

Quelques heures plus tard, la querelle était devenue publique ; les accusations de Carter et son extraordinaire décision furent bientôt l'unique sujet de conversation du Tout-Louxor.

*

Carter poursuivit la lutte sur un autre front ; il expédia un télégramme au Premier ministre, Zaghloul, afin de solliciter une intervention en sa faveur. Ce dernier ne pouvait que condamner l'attitude inqualifiable du Service des Antiquités. Afin de prouver son bon droit, l'archéologue songeait même à intenter un procès au gouvernement.

— Nous gagnerons, promit-il à Lady Evelyn.

— La plupart des touristes critiquent votre initiative.

— Peu importe.

La réponse de Zaghloul fut rapide et très sèche.

— Incroyable ! déplora Carter. Non seulement Zaghloul ne reconnaît pas les faits, mais encore il me rappelle que le tombeau n'est pas ma propriété, et que je n'ai pas le droit d'abandonner les travaux.

Lady Evelyn, inquiète, lut la missive du Premier ministre. Malgré la froideur du ton, elle y discerna des signes encourageants.

— Il reconnaît l'intérêt de vos découvertes pour le monde entier.

— Formule de politesse... il soutient son ministre et me désavoue.

— La lutte devient inégale, Howard.

— Certes pas ; le droit est de mon côté.

*

Pierre Lacau consulta la presse avec satisfaction. Seul le *Times* prenait la défense de Carter et accusait le gouvernement égyptien d'avoir envoyé des policiers afin d'interdire, par la force, l'entrée du tombeau à quelques dames de qualité ; tous les autres journaux critiquaient la réaction de l'archéologue, considéré comme un mégalomane, un homme épuisé et à bout de nerfs ou un colonialiste de la pire espèce. Morcos Bey Hanna, ministre des Travaux publics, avait abondamment répandu sa propre version dans les journaux égyptiens ; aussi considérèrent-ils que Carter, fauteur de troubles et gréviste, ne méritait plus de diriger les fouilles. Il violait les règles de la profession et compromettait la suite des recherches.

Lacau jubilait. Naïf, maladroit, Carter avait commis une erreur fatale ; victime d'une patiente tactique de harcèlement, il ne s'était pas méfié des pièges tendus sur son chemin. Que devenait le bouillant aventurier aux yeux de l'opinion publique, sinon une sorte de brigand ? Au gouvernement de le briser et d'affirmer sa souveraineté.

*

Désemparé, Carter se sentait pris dans une tourmente ; Callender tenta en vain de le réconforter. Les plaisanteries de Burton ne l'amusaient plus. Seule la présence de Lady Evelyn le stimulait.

— Ces politiciens sont les plus méprisables des hommes. Mensonge et trahison : voilà leur code de conduite.

— Découvririez-vous le monde, Howard ?

Ils s'étaient retirés dans la maison de fouilles que surveillaient Ahmed Girigar et ses hommes ; quelques touristes, que la fermeture de la tombe de Toutankhamon rendait furieux, avaient tenté de gravir le sentier afin d'insulter l'archéologue.

Carter buvait plus que de coutume.

— Pourquoi tant de malheurs ? D'abord le décès de Lord Carnarvon, ensuite cette hostilité...

— Tenez bon, Howard ; si vous cédez, Lacau triomphera et la mémoire de mon père sera bafouée.

Elle s'exprimait sans aucune agressivité ; Carter puisait une force nouvelle dans sa douceur.

— Je me battrai, Eve ; je me battrai jusqu'au bout.

*

Carter et ses collaborateurs tinrent un conseil de guerre. Personne ne fit défection ; chacun tomba d'accord sur le fait que le ministre des Travaux publics et le directeur du Service des Antiquités outrepassaient leurs droits et pratiquaient une politique d'intimidation. Pas une seule fois, au cours de son existence tourmentée, Howard Carter ne s'était incliné devant la menace.

L'appui inconditionnel de son équipe le rasséréna. Fort de cette unanimité de cœur, il décida de refuser toute concession. Désormais, l'exploration du tombeau se déroulerait sous l'unique responsabilité de l'archéologue responsable du site.

Le 15 janvier, à l'aube, Howard Carter descendit le sentier qui conduisait à la Vallée. Devant le tombeau de Toutankhamon, des militaires montaient la garde. Il crut à un renforcement des mesures de sécurité habituelles ; un officier supérieur s'avança.

— Zone interdite, annonça-t-il.

— Je suis Howard Carter.

— Possédez-vous une autorisation écrite du ministère des Travaux publics ou du Service des Antiquités ?

— Je n'en ai pas besoin.

— Mes instructions sont formelles : les tombeaux de Toutankhamon et de Séthi II, répertorié sous le n° 15 et servant de laboratoire, sont fermés et personne n'est autorisé à y pénétrer.

— Vous moquez-vous de moi ?

— Ne faites pas un geste irréfléchi, monsieur. Sinon, j'utiliserai la force.

## *Chapitre 85*

Comme une bête blessée, Carter se terra dans le recoin le plus obscur de la maison de fouilles. Pendant deux jours, il ne s'alimenta pas ; obstinée, Lady Evelyn parvint à lui faire absorber du thé et du riz. L'archéologue lut et relut l'article du *Saturday Review* où le journaliste s'inquiétait de la qualité des cordes qui maintenaient en l'air le couvercle du sarcophage ; si elles se brisaient, les dégâts seraient irréparables.

— Je dois m'en occuper.

— C'est impossible, Howard ; les soldats ne vous laisseront pas passer.

— Le ministre a-t-il reçu ma lettre de protestation ?

— Bien sûr que oui ; mais il n'y répondra pas.

— Que dois-je faire, Eve ? C'est ma vie qu'ils assassinent, c'est Toutankhamon qu'ils détruisent !

— Attendre et prier. Les cordes tiendront bon, je vous le jure.

Il la crut ; son regard ne mentait pas.

*

Une semaine après la fermeture officielle, l'opinion publique se modifia. Elle reprocha au gouvernement d'oublier les risques qu'il faisait courir au sarcophage en ne nommant pas un autre archéologue capable de mener les travaux à bien ; les cordages finiraient par se rompre et la chute du couvercle détruirait le cercueil d'or.

Le *Times* insistait sur la maladresse des autorités ; leur intransigeance s'exerçait à un moment particulièrement mal choisi.

Les journalistes locaux changèrent d'avis ; Carter n'était-il pas la victime et non le coupable ? Sur le conseil de Lady Evelyn, il accepta de recevoir l'un de leurs représentants. Rasé, la moustache bien taillée, le nœud papillon en parfait équilibre, l'archéologue tenta d'afficher une mine sereine.

— Acceptez-vous de reconnaître vos erreurs, monsieur Carter ?

— Je n'en ai commis aucune, sinon de croire à la justice.

— Maintenez-vous vos critiques à l'égard du ministère ?

— Le ministre ment en me présentant comme l'adversaire de l'Égypte et de son peuple. Ce pays est mon pays ; je refuse simplement d'ouvrir la tombe à n'importe quel visiteur indifférent tant que les cercueils n'auront pas été dégagés.

— Vous avez bien qualifié le ministre de menteur ?

— C'est le terme exact.

— Que réclamez-vous ?

— Que le dispositif policier soit dispersé et que la plus grande aventure archéologique de tous les temps se poursuive ; seule mon équipe possède les compétences nécessaires.

*

Lacau plia le journal où venait de paraître l'article de Carter ; invité au Conseil des ministres, le directeur du

Service des Antiquités y avait exposé les faits et communiqué les pièces principales du dossier à l'ensemble du gouvernement.

Le réquisitoire prononcé contre Carter fut accablant ; le ministre des Travaux publics l'approuva dans son intégralité et considéra que l'Anglais, en l'insultant, injuriait la nation. Aucun de ses collègues ne prit la défense de l'archéologue.

— Estimez-vous que Howard Carter a rompu son contrat avec l'Égypte et piétiné ses devoirs de savant en fermant le tombeau sans autorisation ? demanda Zaghloul.

Le conseil vota « oui » à l'unanimité.

— Approuvez-vous l'action de M. Lacau et de son Service ?

La même réponse fut formulée.

— En conséquence, conclut le Premier ministre, Howard Carter n'est plus autorisé à poursuivre les fouilles et à pénétrer dans le tombeau. C'est le gouvernement lui-même, à l'avenir, qui prend en charge l'affaire Toutankhamon.

*

La lecture du communiqué officiel stupéfia Carter ; sa défaite semblait consommée. Zaghloul développait l'argument le plus démagogique : s'il agissait ainsi, c'était pour permettre au peuple de visiter le plus tôt possible un haut lieu de l'humanité découvert sur son sol.

Callender et les autres membres de l'équipe étaient effondrés ; le plus merveilleux des rêves se fracassait à cause de politiciens et de fonctionnaires ambitieux, indifférents aux efforts accomplis depuis tant d'années. Carter tenta de maintenir le moral de ses troupes.

— L'Angleterre ne nous abandonnera pas.

— Songez-vous au haut-commissaire ? interrogea Burton.

— Non, répondit Lady Evelyn. Il n'aimait pas mon père et ne risquera pas sa carrière en s'opposant de manière ouverte au gouvernement égyptien.

— Quelle autre solution ?

— Le Parlement ! J'ai télégraphié à ma mère afin qu'elle obtienne l'appui des amis politiques de mon père ; notre gouvernement fera plier celui de l'Égypte.

L'enthousiasme de la jeune femme fut communicatif ; Carter rappela les moments exaltants qui avaient jalonné l'épopée et ouvrit des bouteilles de champagne. La nuit durant, l'équipe communia dans une foi renouvelée.

*

L'aube rougeoyait. Face à la Vallée et aux pentes désertiques creusées de sillons, Eve et Carter croyaient encore à l'impossible. Serrés l'un contre l'autre pour échapper à la froidure du petit matin, ils jouissaient de la complicité muette d'un couple habitué à vaincre cent démons et à franchir mille obstacles. Le bonheur ne les attendrait pas au terme de leur quête ; ils savaient que séparation et déchirement leur brûleraient l'âme et le cœur. Avant que le gouffre de la solitude ne les absorbât, ils goûtaient l'ivresse d'une méditation à deux, près de la cime d'Occident.

— Est-ce l'amour, Eve ?

— Le plus violent et le plus douloureux.

— Quand partez-vous ?

— Le printemps reviendra ; ma mère m'attend à Highclere.

— Tenir votre rang... est-ce si important ?

— Essentiel et dérisoire.

— Si je pouvais vous retenir... Aujourd'hui, je ne suis plus rien.

— Vous êtes un prédestiné, Howard ; votre chemin est tracé dans les étoiles. Il est de même nature que l'or de Toutankhamon ; moi, je ne suis qu'une étape.

— Douteriez-vous de ma sincérité ?

— Pas une seconde ; mais je ne suis pas votre avenir.

— Pourquoi cette condamnation ?

Elle lui sourit et l'embrassa.

— Vous êtes le plus surprenant des hommes, Howard, parce que vous ne changez pas. Ni moi ni une autre ne vous feront dévier de votre route. Je vous aime et je vous admire.

*

Le Parlement britannique ronronnait : aucun sujet d'importance ne devait troubler sa quiétude. Le Premier ministre, Ramsay Mac Donald fut brusquement interpellé à propos de l'affaire Toutankhamon.

— Est-il exact que M. Carter soit titulaire de la concession archéologique ?

— Il est au service de la veuve du cinquième comte de Carnarvon qui dispose, en effet, de cette concession.

— Dans le conflit opposant Howard Carter au Premier ministre égyptien, quelle est notre position ?

— Le gouvernement de Sa Majesté n'a accordé aucun privilège à l'équipe archéologique qui travaille sur le site.

Le Premier ministre feignit de ne pas entendre les protestations que suscitait sa déclaration. Un contestataire s'acharna et le pria d'expliciter ses propos.

— L'affaire Toutankhamon ne relève pas de notre compétence, indiqua Ramsay Mac Donald. Elle est d'ordre privé ; quant aux agissements de M. Carter, ils sont soumis à la législation égyptienne et non à la nôtre. Je ne veux plus entendre parler de ce personnage et je considère que le dossier est clos.

## *Chapitre 86*

Le *reis* Ahmed Girigar terminait sa prière du matin, à quelques mètres du tombeau de Toutankhamon, quand il vit arriver une troupe inhabituelle, composée de soldats et de policiers. À sa tête, Pierre Lacau. Chameaux et chevaux avançaient d'un pas tranquille.

Le *reis* se plaça à l'orée du chemin qui menait à la tombe de Toutankhamon. Lacau, encadré d'un officier supérieur et d'un haut fonctionnaire du ministère des Travaux publics, s'immobilisa à deux mètres de lui.

— Laissez-nous passer, mon ami.

— M. Carter m'a nommé contremaître ; je suis chargé de la surveillance de son chantier.

— Il ne lui appartient plus ; ce site est placé sous le contrôle direct de l'État.

— Mon seul patron est M. Carter.

— Vous vous trompez ; vous êtes à présent au service du gouvernement.

— Possédez-vous des documents qui le prouvent ?

Le haut fonctionnaire s'énerva.

— Conformez-vous immédiatement aux ordres du Premier ministre !

— Montrez-moi un papier officiel.

Sur un signe de l'officier supérieur, deux soldats pointèrent leur fusil vers le *reis* ; ce dernier ne bougea pas d'un pouce.

— Vos menaces m'indiffèrent, déclara-t-il d'une voix posée, tirez, et vous deviendrez des assassins.

Lacau s'interposa.

— Que personne ne perde ses nerfs... je ne veux aucun incident. Le *reis* est un homme intelligent et raisonnable ; il doit comprendre que s'opposer aux directives du gouvernement est une folie. Je suis persuadé qu'il ne nous contraindra pas à utiliser la violence.

Le ton glacial de Lacau impressionna Ahmed Girigar.

— Je dois alerter M. Carter.

— Comme il vous plaira.

Le *reis* s'écarta et courut prévenir l'archéologue. Profitant de l'occasion, Lacau entraîna son commando vers la grille ; un serrurier scia les cadenas, les policiers se ruèrent à l'intérieur du tombeau. Le directeur voulait agir vite.

— Faites descendre le couvercle.

Des soldats exécutèrent la consigne ; Lacau était à la fois triomphant et inquiet. Les poulies grincèrent, les cordages s'échauffèrent mais ne se brisèrent pas ; peu à peu, l'énorme dalle s'ébranla. Le directeur du Service suivit des yeux sa lente progression ; lorsqu'elle se posa sur le sarcophage, il sut qu'il était devenu le seul maître du site.

À l'orée du tombeau, des soldats empêchaient Howard Carter de s'engager dans le couloir descendant. À la vue de Lacau, il tempêta.

— Qu'avez-vous osé faire ?

— Mon devoir.

— Si vous avez endommagé le sarcophage, je...

— Ne vous en préoccupez plus, monsieur Carter ; les trésors de Toutankhamon sont placés sous la protection de l'État.

— C'est illégal ! La concession est au nom de Lady Carnarvon.

— Erreur ; elle est résiliée pour la saison en cours. C'est donc votre présence qui est illégale.

— Vous êtes un monstre.

— J'ajoute que le laboratoire est également réquisitionné et que vous n'avez plus la possibilité de l'utiliser.

— J'entame dès aujourd'hui une procédure judiciaire contre le gouvernement égyptien.

— Un faux pas de plus, mon cher Carter ; l'Égypte s'est comportée d'une manière très digne, dans le respect des lois et de la morale. Renoncez à une nouvelle agression et laissez-moi préparer un compromis.

— Vous m'écœurez ; j'exige vos excuses et la réouverture immédiate du tombeau.

Lacau se détourna et s'engagea dans le couloir ; Carter tenta de le suivre mais se heurta aux soldats. Fou de rage, il s'empara d'une pierre et la jeta vers le ciel.

*

Grâce à une savante orchestration, la presse égyptienne prit fait et cause en faveur du gouvernement ; à lui de défendre la grandeur de la nation contre un aventurier étranger dont le seul but était de s'enrichir aux dépens du peuple, unique propriétaire légitime de la tombe de Toutankhamon.

Le 6 mars 1924, un train spécial en provenance du Caire amena à Louxor 170 invités du Premier ministre Zaghloul, dont la cote de popularité était au plus haut. Le long du parcours, les militants nationalistes hurlèrent des slogans hostiles à l'Angleterre et à Howard Carter, réfugié dans sa maison de fouilles ; bien que Zaghloul, indifférent aux antiquités égyptiennes, ne sc fût pas déplacé, une foule énorme scanda son nom à l'arrivée du train en gare de Louxor.

Aucun des officiels n'avait la moindre envie de perdre son temps dans la Vallée des rois et d'y souffrir de la chaleur ; mais le pèlerinage était obligatoire. C'est un Lacau débordant d'amabilité qui accueillit les 170 personnalités dans la petite chambre funéraire ; le couvercle du sarcophage avait été ôté et posé contre une paroi. Une lampe, braquée sur le roi, illuminait le visage d'or. L'extraordinaire spectacle toucha les plus insensibles ; les politiciens félicitèrent Lacau.

*

Avec l'appui de Lady Carnarvon, Carter engagea un avocat, F.M. Maxwell, afin qu'il entamât une procédure légale contre le gouvernement égyptien à la cour mixte du Caire, composée d'autochtones et d'étrangers. Cette juridiction, héritée de la domination ottomane, suscitait la hargne des indépendantistes qui exigeaient sa suppression ; le ministre des Travaux publics, Morcos Bey Hanna, ne cessait de la vilipender.

Lady Evelyn encourageait Carter à lutter ; Maxwell ne jouissait-il pas d'une excellente réputation et ne connaissait-il pas le droit égyptien à la perfection ? D'un tempérament triste, voire désabusé, l'avocat ne souriait jamais. La rigueur de la loi lui apparaissait comme la condition essentielle de la survie d'une société, qu'elle fût occidentale ou orientale. Il jugea que l'affaire Toutankhamon tournerait à coup sûr en faveur de Carter, victime d'un abus de pouvoir caractérisé ; grâce à ses relations et aux qualités techniques de son dossier, l'avocat obtint la tenue rapide d'un procès.

La veille de son ouverture, Carter et Lady Evelyn étaient optimistes. Maxwell ne s'engageait pas à la légère ; il bataillait d'ordinaire en terrain conquis et n'accordait que des chances infimes à ses adversaires.

— Lacau pliera, le gouvernement égyptien aussi... peu m'importe, au fond. Ce que je désire, c'est m'occuper à nouveau de Toutankhamon.

— Mon père nous aidera ; je le sens tout proche de nous.

Callender interrompit la conversation ; à sa mine défaite, Carter sut aussitôt qu'une difficulté inattendue surgissait.

— Maxwell, votre avocat...

— Expliquez-vous !

Callender, pétrifié, trouvait ses mots avec peine.

— C'est un homme intransigeant, partisan acharné de la peine de mort.

— Peu nous importe.

— Au contraire, il l'a réclamée, voici quelques années, contre un traître que l'Angleterre voulait voir condamné avec la dernière sévérité. Par bonheur, le verdict fut beaucoup plus clément.

— « Par bonheur »... pourquoi ce soulagement ?

— Parce que l'accusé n'était autre que Morcos Bey Hanna, l'actuel ministre des Travaux publics et notre principal ennemi.

*

La plaidoirie de Maxwell fut des plus convaincantes ; il présenta Carter comme un chercheur désintéressé dont l'unique but était la préservation des trésors de Toutankhamon. Aucune juridiction ne pouvait l'accuser de corruption, ni le présenter comme un simple exécutant ; les faits prouvaient qu'il avait lui-même conduit les fouilles avec sérieux et rigueur. Le dossier juridique ne présentait aucune ambiguïté ; le gouvernement commettait un abus de pouvoir en annulant le contrat d'origine et en empêchant Carter d'entrer dans la tombe et d'y travailler.

Le juge somnolait ; pour lui, l'affaire était entendue. Carter et Lady Evelyn partageaient son opinion ; malgré ses appréhensions, l'archéologue constatait que le ministre des Travaux publics n'avait pas réussi à entraver le cours de la justice. À la fin de l'exposé technique de l'avocat, le juge posa une question qui l'intriguait.

— Pourquoi M. Carter a-t-il fermé le tombeau avant d'alerter le tribunal ?

Maxwell s'aperçut que le magistrat n'avait pas écouté sa démonstration ; irrité, il reprit un argument essentiel.

— Mon client disposait de la jouissance légale du site et ne violait pas la loi en se comportant de cette manière ; les agents du gouvernement, eux, ont agi comme des bandits !

L'injure sema le trouble dans l'assistance. Très gêné, le juge s'exprima avec hésitation.

— Ne croyez-vous pas que le terme est excessif?

— Bandits, voleurs, pillards : voilà la vérité. L'action des fonctionnaires, des soldats et des policiers fut illégale.

*

La presse égyptienne tira à boulets rouges sur Carter et sur son avocat, accusés d'avoir insulté l'Égypte de la manière la plus vile; le peuple entier se sentait agressé et diffamé par ces deux Anglais, suppôts d'un colonialisme à l'agonie.

La réaction de Morcos Bey Hanna fut rapide et brutale; non seulement Carter ne pourrait plus jamais exercer son métier en Égypte, mais encore le ministre des Travaux publics refuserait toute négociation. La carrière du découvreur de Toutankhamon était terminée.

## *Chapitre 87*

Morcos Bey Hanna faisait les cent pas dans son bureau : il passait et repassait devant une photographie le montrant, en compagnie d'autres personnalités égyptiennes, vêtu du triste costume de prisonnier.

— Les voilà, les bandits! Des bandits devenus ministres!

Pierre Lacau, un dossier à la main, laissa passer l'orage.

— Moi, un renégat, un brigand! Moi, un ministre du gouvernement que les Anglais aimeraient remettre en prison... n'est-ce pas votre avis?

— La raison l'emportera.

— Ce Carter est un fou dangereux ! Avez-vous enfin trouvé son successeur ?

Lacau ouvrit le dossier.

— J'ai contacté plusieurs archéologues américains et britanniques ; tous ont refusé.

— À l'intérieur de votre propre service, n'existe-t-il pas des techniciens compétents ?

— La tâche est trop délicate.

— Votre adjoint, Engelbach ?

— C'est un administratif.

— Et vous-même, monsieur le directeur ?

— Mes nombreuses charges m'interdisent de passer plusieurs semaines dans un tombeau.

— Alors qui ?

— Personne ne consent à prendre le risque de détériorer le cercueil ; seul Carter pourrait mener à bien...

— Jamais ! Qu'il quitte l'Égypte au plus vite... ou bien qu'il se prosterne devant moi et me présente ses excuses.

*

La belle unanimité de la presse se fissura. Un journal s'interrogea sur la conduite à tenir : ne fallait-il pas apaiser les querelles et s'occuper de Toutankhamon ? La position intransigeante du ministre des Travaux publics ne mettait-elle pas en danger les plus fabuleuses richesses archéologiques jamais découvertes ?

Carter profita de cette faille pour solliciter une rencontre avec le haut-commissaire, Lord Allenby, personnage austère et glacial qui n'avait pas soutenu le gouvernement égyptien dans la lutte contre son compatriote.

— Asseyez-vous, monsieur Carter.

— Merci de me recevoir ; vos conseils me seront précieux.

— Je ne suis guère compétent en matière d'archéologie.

— L'affaire Toutankhamon dépasse ce domaine.

— Hélas! Vous avez raison... depuis votre grève surprise, nous sommes confrontés à une sorte de guerre.

— Je ne la désirais pas.

— L'éviter eût été préférable; vous me causez bien des soucis.

Carter fut choqué.

— Moi? Ce serait plutôt le ministre des Travaux publics!

— Il occupe une position officielle que nous devons respecter.

— Il tente de voler Lady Carnarvon en lui refusant l'attribution de quelques objets qui, conformément à la coutume, la rembourseront des frais engagés.

— Ce sujet de litige ne me concerne pas.

— Il entre dans le cadre de mon contrat; le Service des Antiquités n'a pas le droit de le rompre.

— Mettez un terme à ce conflit : voici l'intérêt général.

Carter se leva, stupéfait.

— Vous n'y songez pas! C'est Toutankhamon qui est en jeu.

— Vous ne semblez pas comprendre : la fièvre indépendantiste risque de gagner ce pays à tout moment. Votre pharaon devient un enjeu politique; il faut l'abandonner aux Égyptiens.

— Ce serait renier ma vocation.

— Elle ne fait pas bon ménage avec les impératifs politiques du moment.

— Je m'en moque!

— Vous avez tort.

— Vous devez m'aider.

— Sortez.

Le haut-commissaire se saisit d'un encrier et le lança au visage de Carter qui s'écarta de justesse.

*

— L'Angleterre me trahit.

Lady Evelyn ne contredit pas Howard Carter. Ils marchèrent sur la berge, le long du Nil ; la soirée était douce. Désemparé, l'archéologue s'accrocha au bras de la jeune femme et lui raconta son entrevue avec le haut-commissaire.

— Rentrons à Highclere, proposa-t-elle.

— Ma présence à vos côtés serait infamante ; à aucun prix, je ne veux vous gêner. Londres me rejette comme Le Caire ; mieux vaut vous écarter d'un paria.

— N'exagérez pas, Howard.

— Je ne noircis pas la situation ; j'ai perdu votre père et Toutankhamon, on veut me chasser de la Vallée, de la terre que j'aime.

Elle s'immobilisa.

— M'auriez-vous perdue, moi aussi ?

— Je le crains.

— Je dois regagner Highclere mais je reviendrai.

— Nous l'ignorons, vous et moi.

*

Les indépendantistes ne désarmèrent pas ; Carter devint leur bête noire et fut l'objet d'attaques incessantes. L'une d'elles fut particulièrement virulente : l'archéologue fut accusé d'avoir dérobé dans la tombe des papyrus concernant l'Exode. On prétendait qu'ils contenaient les véritables détails de l'aventure et insistaient sur le comportement horrible des juifs pendant leur sortie d'Égypte.

Le vice-consul de Grande-Bretagne convoqua Carter ; fort irrité, il l'apostropha avec véhémence.

— Je veux ces papyrus. Leur existence même est un danger pour la paix ! Ignorez-vous que nous devons tenir compte à la fois du nationalisme égyptien et du développement de la colonie juive en Palestine ? Aucun de ces textes ne doit être publié.

— Vous ne courez aucun risque, car ces papyrus n'existent pas.

— N'étaient-ils pas cachés dans l'Arche d'alliance, à l'intérieur même de la tombe ?

— Vous prêtez trop d'attention aux rumeurs les plus fantaisistes.

— Me traitez-vous d'imbécile, monsieur Carter ?

— Si vous accordez le moindre crédit à cette faribole, oui.

Le vice-consul ouvrit lui-même la porte de son bureau.

— Le haut-commissaire m'avait prévenu : vous êtes un personnage impossible. J'ajouterai : indésirable.

*

De sa démarche de canard, Winlock gravit les marches de l'escalier qui menait à la chambre où s'était réfugié Carter. Dans le quartier pauvre où il avait vécu tant bien que mal de sa peinture, il retrouvait les souvenirs de la période la plus difficile de son existence, odeurs de cuisine, braillements d'enfants, bêlements de moutons.

L'Américain se heurta à deux femmes vêtues d'une robe noire, s'excusa en arabe et poussa la porte.

Carter peignait ; une ruelle naissait de son pinceau.

— Je suis porteur de mauvaises nouvelles, Howard.

D'ordinaire vif et souriant, Winlock paraissait désespéré ; Carter prépara ses couleurs.

— Les autorités égyptiennes et anglaises sont tombées d'accord : la tombe de Toutankhamon vous est définitivement interdite. Le Metropolitan ne vous abandonnera pas ; nous parviendrons à casser cette décision inique. Mais j'y mets une condition.

Intrigué, Carter se tourna vers Winlock.

— Il faut partir, Howard. Si vous restez en Égypte, le ministre organisera des poursuites judiciaires contre vous et l'Angleterre laissera faire.

— Partir...

— Vous devez prendre une distance par rapport aux événements ; aux États-Unis, personne ne vous importunera. Au contraire, vous y êtes attendu comme un héros.

Carter posa pinceau et palette.

— Cet exil est-il vraiment nécessaire ?

— Ici, vous commettrez erreur sur erreur ; vos ennemis sont trop puissants. Ils ont en main toutes les cartes maîtresses.

L'archéologue se leva, tituba comme un homme ivre, s'accrocha au dossier de la chaise.

— Toute ma vie... toute ma vie est dans cette tombe.

## *Chapitre 88*

À la fin du mois de mars 1924, Pierre Lacau, à la tête d'une commission d'experts égyptiens, prit possession de la tombe de Toutankhamon. Le triomphe du directeur du Service des Antiquités était total ; Carter avait quitté l'Égypte avec la certitude qu'il ne reviendrait pas. Le ministre des Travaux publics ne tarissait plus d'éloges sur le compte de Lacau, grâce auquel son pays avait remporté une grande victoire. Quant aux indépendantistes, ils faisaient de Toutankhamon le champion de leur cause ; le pharaon avait maudit le colonialiste Carter, empêché à jamais de profaner sa dépouille.

Méthodique et méticuleux, Lacau se donna pour mission d'établir l'inventaire des trouvailles effectuées jusqu'à l'arrêt des fouilles ; dans ce domaine, il se sentit comme un poisson dans l'eau. Classer, numéroter, établir des fiches et des listes... une sorte de jouissance s'empara de lui.

Ahmed Girigar, au bord des larmes, tenta une dernière

fois de s'opposer à ce qu'il considérait comme un viol. Il fut écarté sans ménagement et menacé d'emprisonnement s'il continuait à s'opposer à la loi. Silencieux, il s'attacha aux pas de Lacau et observa le manège du nouveau maître des lieux.

Le directeur ne négligea rien : objets appartenant au trésor de Toutankhamon, certes, mais aussi matériel photographique, produits chimiques, contenu du laboratoire, mobilier des fouilleurs et même denrées alimentaires.

L'arrivée de Winlock interrompit ce fiévreux labeur. L'Américain courut jusqu'au tombeau de Séthi II où Lacau ouvrait chaque caisse avant d'en abandonner le vidage à ses sbires.

— J'émets une solennelle protestation au nom des membres de l'équipe de Howard Carter et du Metropolitan.

— Protestation inutile, mon cher Winlock; nous appliquons la loi.

— Pas de la meilleure façon.

— La manière importe peu. Carter connaissait la Vallée à la perfection; je vois sur l'un des carnets de fouilles la mention « magasin de rangement »; où se situe-t-il?

— Je l'ignore. Callender, Mace, Burton et leurs collègues, par solidarité avec Carter, refusent de vous aider.

— Le *reis* Ahmed est le mieux informé de tous; faites-le parler, et vite. Je ne saurais vous donner meilleur conseil.

Les courtes jambes de Winlock le portèrent auprès d'Ahmed Girigar, à l'issue d'un parcours haché entre les tombes; le *reis* s'était installé au sommet d'une butte, en plein soleil, comme s'il désirait être absorbé par la lumière. Winlock le convainquit de céder; toute forme de résistance devenait inutile. Le *reis* accepta, dans la mesure où il savait qu'un ouvrier le trahirait tôt ou tard, en échange d'une somme convenable.

Quelques minutes plus tard, un serrurier forçait la porte de la tombe n° 4, sépulture du roi Ramsès XI, où

Carter avait entreposé du mobilier et de petites caisses ; selon le témoignage d'un gardien, il y venait de temps à autre prendre un repas. L'un des contrôleurs égyptiens, petit et moustachu, semblait très excité ; Lacau le rappela au calme. Un inventaire devait s'établir sans aucune précipitation. Bien que le contrôleur souhaitât commencer par le fond du tombeau, Lacau adopta son ordre habituel. La découverte d'un cahier l'émerveilla : avec un esprit aussi méthodique que le sien, Carter avait établi un registre clair et précis. Chaque objet, pourvu d'un numéro et étiqueté, était facilement repérable grâce à ce même numéro répété à l'intérieur et à l'extérieur de la caisse où il se trouvait. En son for intérieur, le directeur du Service rendit hommage à son collègue déchu ; il eût été digne de travailler à ses côtés.

Le contrôleur égyptien, aux gestes saccadés, s'attaqua à une pile de caisses portant la marque *Fortnum and Mason* ; il en jeta deux sur le sol, vides. Lacau le pria une nouvelle fois d'adopter un comportement digne de sa fonction et de s'occuper d'autre chose que d'emballages sans intérêt.

— Là, dit-il... cette caisse !

Lacau lut l'inscription « vin rouge » ; la présence d'alcool devait choquer son subordonné.

— Nous nous en occuperons plus tard.

— Non, non ! Ouvrez-la vous-même, tout de suite !

Étonné, le directeur du Service se laissa convaincre. À l'intérieur, plusieurs couches de coton ; au cœur de cet écrin protecteur, une magnifique tête en bois animée d'une vie intense.

— Elle ne figure pas dans le registre, affirma le contrôleur ; voici la preuve que Carter est un voleur ! Il faut télégraphier sur-le-champ au Premier ministre et déclencher une procédure d'inculpation.

— Rien ne presse. La découverte est inattendue, mais il doit exister une explication.

— Le vol ! Carter est un voleur !

Le contrôleur ameuta ses collègues qui reprirent

l'accusation jusqu'à l'hystérie; pour la première fois, Lacau déplora l'absence de Carter. Il détestait l'homme et son caractère, mais ne croyait pas qu'il fût coupable. À l'évidence, il était victime d'un coup monté et lui, Pierre Lacau, à la conduite irréprochable, haut fonctionnaire respectueux de la loi, en devenait l'instrument involontaire.

*

Carter reçut le télégramme de Winlock à Londres, peu de temps avant son départ pour l'Amérique. Rédigé en code, selon la grille du Metropolitan utilisée lors de la transmission de renseignements confidentiels, il ne cachait rien de la gravité de la situation. La tête en bois avait déjà été transférée au musée du Caire, le Premier ministre Zaghloul jubilait. À Carter d'intervenir sans délai et de fournir à Lacau les explications indispensables avant que l'affaire ne s'envenimât.

Écœuré, Carter eut envie de jeter le message à la corbeille et de se réfugier dans le silence. N'avait-il pas déjà tout perdu ? Ses ennemis voulaient à présent détruire son honorabilité ; un colonialiste voleur jeté en pâture à l'opinion publique... quelle meilleure explication pour justifier sa mise à l'écart ? Non, il fallait lutter. Tant qu'il lui resterait un souffle de vie, et même si la tâche paraissait impossible, il tenterait de reconquérir le paradis perdu.

Il pria l'âme immortelle de Toutankhamon, puisa dans sa vénération du pharaon ressuscité une force nouvelle. Renoncer serait trahir ; qu'il réussît ou non, il ne désespérerait plus. Se séparer du roi dont il avait rêvé depuis sa découverte de l'Égypte, ne serait-ce pas la plus abominable des lâchetés ? Si nombre d'êtres s'interrogeaient en vain sur le sens de leur vie, Howard Carter avait trouvé la réponse à cette question : servir Toutankhamon, servir l'Égypte, servir l'humanité en lui offrant la puissance de l'or divin à travers la figure impérissable d'un être de lumière.

Avec calme, il rédigea sa réponse. La tête en bois attendait dans la tombe n° 4 d'être répertoriée, numérotée et enregistrée sur la liste officielle que le fouilleur n'avait ni emportée, ni dissimulée. Il précisa que Callender et lui avaient recueilli dans le couloir d'accès des fragments de la décoration peinte, détachés de la tête, et que celle-ci exigerait une restauration très attentive.

*

Sur le bureau de Pierre Lacau, quatre documents côte à côte.

Le premier était l'article de Bradstreet, l'un des plus farouches adversaires de Carter, paru dans le *New York Times* ; le journaliste y clamait sa satisfaction d'avoir contribué à la chute d'un archéologue vaniteux, hostile à la liberté de la presse. Quiconque s'opposerait à elle aurait le même sort.

Le second, l'annulation officielle de la concession accordée à Lady Carnarvon et à Howard Carter, acte administratif légal que le tribunal mixte du Caire ne pouvait remettre en cause.

Le troisième, le télégramme de Howard Carter.

Le quatrième, la rédaction de la nouvelle concession, due à la seule plume de Morcos Bey Hanna ; le ministre des Travaux publics n'avait pas consulté Pierre Lacau et entendait contrôler de manière dictatoriale l'activité archéologique en Égypte sans se soucier de l'avis du directeur du Service des Antiquités.

Un pantin entre les mains d'un politicien : voilà ce qu'avait été Lacau. En obtenant la tête de Carter, il plaçait la sienne sur le billot.

## Chapitre 89

Dès l'arrivée du vapeur *Berengaria* à New York, le 21 avril 1924, Howard Carter comprit qu'il changeait de monde. Fêté et adulé comme une grande vedette, il ne disposa plus d'une journée de repos. Conférences, réceptions, dîners mondains, interviews s'enchaînèrent à un rythme effréné. L'Amérique entière voulait voir et entendre l'un des héros des temps modernes, le self-made man, auteur de la plus fabuleuse découverte archéologique de tous les temps.

Dans la salle de gala du Waldorf Astoria, Carter reçut son premier titre honorifique : membre honoraire du Metropolitan Museum. La remise du diplôme fut saluée par un tonnerre d'acclamations. D'aucuns pensèrent que Carter ne pouvait être qu'américain et la rumeur, vite répandue dans l'opinion, résista aux démentis.

Conférencier passionné et passionnant, Carter utilisait au mieux les splendides photographies de Burton ; sans rechercher d'effets oratoires, il envoûtait l'assistance ; la chaleur de la voix, la qualité de l'information, les splendeurs qu'il montrait entraînaient l'auditoire en Égypte, dans la Vallée des rois, et à l'intérieur de la tombe de Toutankhamon. Il savait transmettre l'expérience vécue sur le terrain et faire partager les moments les plus exaltants de son épopée ; comme un athlète, il dépensait son énergie sans compter et terminait ses conférences épuisé. New York, Philadelphie, New Heaven, Baltimore, Worcester, Boston, Hartford, Pittsburgh, Chicago, Cincinnati, Detroit, Cleveland, Columbus, Buffalo, Toronto,

Montreal, Ottawa... le nouveau « docteur honoraire » de l'université de Yale avait sillonné le Nouveau Monde.

Comme il regrettait le silence de la Vallée, la solitude de sa maison de fouilles et les douces heures de méditation face à la cime d'Occident ! Il ne tournait plus que les pages de variétés d'une existence factice, privée du contact quotidien avec sa terre et de la rencontre tant espérée de Toutankhamon. Son seul espoir était que sa célébrité américaine modifiât l'attitude des autorités égyptiennes ; sa prestation au Carnegie Hall, le 23 avril, devant plus de trois mille personnes, marqua l'apogée de sa tournée. Invité à la Maison Blanche, il parla de Toutankhamon à un petit cercle de privilégiés en présence du président des États-Unis, Calvin Coolidge. Ce dernier, à la surprise du conférencier, connaissait fort bien son travail ; Carter se prit à rêver que l'homme le plus puissant du monde interviendrait en sa faveur.

Il déchanta en recevant le texte final de la concession qu'avait rédigé le ministère des Travaux publics. Carter y était présenté comme un danger pour la science ; en abandonnant le tombeau, il avait commis un acte inique qui justifiait l'attitude du gouvernement. Le corps même du document le surprit, néanmoins, car son retour comme directeur de fouilles, placé sous le strict contrôle du Service des Antiquités, y était envisagé ; mais la teneur des clauses le rendait impossible. Une fois de plus, Morcos Bey Hanna se comportait comme le plus habile des truqueurs, de sorte que la responsabilité retombât sur le seul Carter.

Le ministère formulait sèchement ses exigences : tous les objets seraient la propriété de l'État ; Carter ne pourrait engager aucun collaborateur sans l'autorisation du gouvernement qui contraignait l'archéologue à employer cinq stagiaires égyptiens ; seul le gouvernement donnerait des autorisations de visite ; à Carter et à Lady Carnarvon de rédiger des rapports scientifiques qu'examinerait le Service des Antiquités. Enfin, le ministre attendait deux lettres d'excuses, l'une de Lady Carnarvon, l'autre de la main de Carter qui s'engagerait à ne plus insulter le gouvernement égyptien et à se plier à ses décisions.

*

— Eh bien, monsieur Lacau, où en sommes-nous ?

— Nulle part, monsieur le ministre.

Morcos Bey Hanna tapa du poing sur la table.

— Qu'est-ce que cela signifie ?

— Personne ne veut ou ne peut remplacer Howard Carter.

— Invraisemblable.

— C'est pourtant la vérité.

— Quelle solution proposez-vous ?

— Rappeler Carter. Lui seul est capable de dégager le cercueil sans rien briser.

— Avez-vous examiné ses notes ?

— Je les ai lues et relues ; elles prouvent sa compétence, universellement reconnue. Il connaît les pièges de la tombe et navigue au milieu des difficultés avec un instinct très sûr.

Le ministre considéra Lacau d'un œil étonné.

— Ne faites-vous pas l'apologie d'un homme que vous haïssez ?

— L'ojectivité scientifique m'y oblige ; c'est pourquoi je lui ai fait parvenir vos exigences en espérant qu'il s'y pliera.

— Aucune chance !

— Nous avons négligé un facteur essentiel : Carter aime l'Égypte plus que lui-même. La tombe de Toutankhamon est sa raison de vivre.

*

Carter demeurait un brillant conférencier mais, au sortir de ses prestations, s'enfermait en lui-même et se réfugiait dans sa chambre d'hôtel. Les nouvelles en provenance du Caire le rongeaient ; le 30 avril, le Parlement avait décrété qu'un budget important, près de 20 000 dollars, serait consacré à la poursuite des fouilles à la condition que Carter et l'équipe du Metropolitan Museum en fussent exclus. Néanmoins, aucun archéologue ne se présentait au ministre afin d'obtenir le plus beau poste dont un égyptologue pût rêver.

La partie semblait définitivement perdue ; fidèle au serment qu'il s'était donné à lui-même, Carter continua la lutte sur un autre terrain : rédiger une relation détaillée des événements, avec l'intention de la publier et de stigmatiser le machiavélisme de Lacau et du gouvernement égyptien. Le document démontrerait qu'il avait été la victime d'individus sans scrupule, uniquement préoccupés de leur carrière.

Sur le *Mauretania*, le paquebot qui le ramena en Angleterre pendant l'été 1924, Carter renonça à la publication de son pamphlet ; le brûlot ne ferait qu'augmenter l'agressivité de ses ennemis. L'Égypte lui manquait de plus en plus ; avec le temps, la blessure s'aggravait. Il ne prit aucun plaisir à la traversée, tant la fatigue l'écrasait.

Son retour ne suscita aucune réaction de la presse britannique ; à l'effervescence américaine succéda l'indifférence londonienne. Carter partit très vitc pour Highclere où Lady Evelyn fut la première à l'accueillir.

— J'ai lu les journaux américains ; vous avez obtenu un grand succès, là-bas.

— Dérisoire serait plus juste.

— Ne vous sous-estimez pas, Howard ; vous êtes devenu une célébrité.

— Gloire inutile, puisque je ne peux plus travailler en Égypte.

— Votre véritable amour...

Carter ne répondit pas. Il suivit la jeune femme qui l'introduisit dans la bibliothèque où sa mère lisait les poèmes de Shakespeare. Lady Almina semblait nerveuse.

— L'Égypte est de plus en plus intransigeante; j'ai souvent pensé à mon mari et à vous-même. Quelle réplique donner à ce gouvernement inique?

— Céder.

— Vous, céder! Sur quel point?

— Sans vous, je ne peux agir; votre accord m'est indispensable.

Lady Almina paraissait pétrifiée.

— Mon père aurait-il accepté ce comportement? s'indigna Lady Evelyn.

— N'aurait-il pas sacrifié des avantages matériels afin d'aller jusqu'au terme de sa quête?

— Soyez précis, exigea Lady Almina.

— Il vous faut renoncer à toute exigence sur les objets. Aucun d'eux ne sortira d'Égypte.

— Un dédommagement nous était garanti... Ma fortune n'est pas inépuisable. Poursuivez.

— Vous et moi devons proclamer que nous n'intenterons aucune action judiciaire contre le gouvernement.

— Autrement dit, nous nous livrons à lui pieds et poings liés.

— C'est exact.

— Que nous accordera-t-il?

— La possibilité de reprendre le travail et de dégager le sarcophage.

— J'ai besoin de réfléchir.

*

La fin de l'été fut pluvieuse et triste. Pendant leurs longues promenades dans le domaine, Carter et Lady Evelyn n'échangèrent que de rares propos; leurs conversations portèrent sur Lord Carnarvon dont la présence hantait chaque bosquet. Carter ne se défendit pas; même si la femme aimée désapprouvait sa position, il ne tenta pas de la convaincre. Ne savait-elle pas, depuis le premier moment, qu'il ne pouvait survivre sans l'Égypte?

Le 13 septembre, Lady Almina envoya une lettre à Son Excellence Morcos Bey Hanna. Elle acceptait les termes de la nouvelle concession mais rappelait que son défunt époux, pendant plus de dix ans, avait financé des fouilles improductives avec l'espoir d'être récompensé de ses efforts comme n'importe quel archéologue ; les institutions scientifiques elles-mêmes ne recevaient-elles pas quelques objets de valeur pour les remercier de leurs investissements ? Lady Almina demandait au ministre d'envisager une solution équitable, après l'examen du contenu total du tombeau de Toutankhamon.

Elle informa Carter de sa démarche devant la cheminée principale du château, à l'heure du porto ; les grands cèdres du Liban ployaient sous un vent violent. Sur la tombe de Carnarvon, un oiseau mort offrait son cadavre à une pluie glacée.

## *Chapitre 90*

La lettre digne et mesurée de Lady Almina Carnarvon plongea Morcos Bey Hanna dans l'embarras ; brouillé avec Lacau, détesté de la plupart de ses collaborateurs à cause de son autoritarisme, le ministre des Travaux publics était, à son tour, victime d'une campagne de presse qui commençait à déplaire au Premier ministre. L'opinion n'admettait pas que le successeur de Carter ne fût point encore désigné. L'action souterraine de Lacau se révélait d'une parfaite efficacité : aucun professionnel ne voulait prendre le risque de détériorer le plus précieux des sarcophages après avoir courbé la tête sous le joug du ministère. Ni la sécurité ni l'indépendance d'une équipe scientifique ne pouvaient être garanties.

Morcos Bey Hanna ne s'attendait pas à la réaction de l'aristocrate et à la soumission de Carter ; il espérait que l'archéologue continuerait à l'attaquer et à se déconsidérer lui-même. À présent, le ministre risquait de perdre la face.

*

Carter s'ennuyait à Londres.

Selon Lady Carnarvon, la réponse du ministère ne tarderait pas. Elle s'était trompée : depuis plus de deux mois, aucune lettre officielle ne l'autorisait à retourner dans la Vallée. Chaque matin, Carter interrogeait le facteur, désolé de ne pas lui apporter ce qu'il attendait avec tant d'impatience.

Le politicien faisait la sourde oreille, en dépit de plusieurs interventions officieuses et de protestations formulées en Amérique, en Europe et même en Égypte. Carter avait payé cher ses erreurs ; le temps du pardon était venu. Le monde entier désirait connaître l'ultime mystère de Toutankhamon ; seul l'archéologue anglais possédait les compétences nécessaires pour dialoguer avec le pharaon.

Morcos Bey Hanna ne sortit pas de son silence.

*

Le téléphone sonna à sept heures, réveillant Carter en sursaut. Il reconnut la voix de Lady Evelyn.

— Avez-vous lu le journal ?

— Pas encore.

— Précipitez-vous.

— Est-ce donc si important...

Elle avait raccroché.

Carter s'habilla en hâte et acheta tous les quotidiens du matin. Le Premier ministre Zaghloul venait de démissionner, entraînant dans sa chute les membres de son gouvernement. Le farouche partisan de l'indépendance n'avait pas eu le choix; après l'assassinat de Sir Lee Stack, gouverneur du Soudan, dans une rue du Caire, la Grande-Bretagne ne s'était pas embarrassée de compromis : l'armée de Sa Majesté avait pris possession du pays et proclamé la loi martiale. Zaghloul ne pouvait admettre cette invasion; Morcos Bey Hanna, aussi anglophobe que lui, l'avait suivi.

Carter embrassa l'article qui donnait le nom du nouveau Premier ministre : Ahmed Pacha Ziouar, l'un de ses plus vieux amis égyptiens!

*

Comme l'hiver cairote lui semblait doux! En Égypte depuis le 15 décembre, Carter revivait. Même la bruyante capitale lui apparaissait comme une oasis de paix.

Le pays avait changé. La population, si hostile aux Anglais, leur demandait à présent de la défendre contre les terroristes qui tuaient d'innocentes victimes et répandaient la peur dans les grandes villes; le parti *Wafd* et les nationalistes, naguère portés aux nues, étaient voués aux gémonies.

Alors qu'il se rendait au siège du Service des Antiquités, Carter croisa Ahmed Pacha Ziouar. Les deux hommes se donnèrent l'accolade.

— Depuis combien de temps te trouves-tu au Caire, Howard?

— Depuis ce matin! Tu es ma première rencontre, monsieur le ministre.

— La bénédiction de Toutankhamon, mon ami; la chance a tourné en ta faveur. Zaghloul et ses séides t'ont fait subir les pires injustices. J'en suis conscient; compte sur moi pour t'aider. Bientôt, tu seras de retour dans *ton* tombeau.

Carter croyait rêver.

— Ahmed... si tu savais...

— Ne dis rien, les plus grands bonheurs sont muets.

*

Le puissant Lord Allenby estima que l'affaire Toutankhamon prenait bonne tournure. Certes, les nationalistes n'étaient pas éliminés ; mais ils n'étaient plus assez virulents pour discréditer Carter. Le prestige de la Grande-Bretagne exigeait que celui-ci reprît les fouilles. De plus, l'économie de la région de Louxor se porterait fort bien d'une relance du tourisme dans la Vallée des rois ; dès que l'archéologue se remettrait au travail, les touristes afflueraient.

Lord Allenby prit contact avec le nouveau Premier ministre égyptien, lui vanta les qualités de Carter et ne ménagea pas ses critiques à l'encontre de Lacau dont la mauvaise foi était flagrante. Ahmed Pacha Ziouar se méfia ; ami de la Grande-Bretagne, il était d'abord égyptien. À lui de rétablir l'équilibre sans trop pencher d'un côté ni de l'autre. Aussi demanda-t-il à son ami Howard Carter de lui écrire une lettre dans laquelle il préciserait ses intentions.

Étonné, déçu, l'archéologue se plia à cette exigence. Une affreuse pensée lui traversa l'esprit : le Premier ministre ne commençait-il pas, lui aussi, à le trahir ? Parvenu à un poste majeur, pourquoi risquerait-il de le perdre à cause d'un pharaon mort depuis de nombreux siècles ?

Ahmed Pacha Ziouar accepta de rencontrer Carter au Mohamed Ali Club, dans une ambiance feutrée, loin des oreilles indiscrètes.

— Tu as reçu ma lettre. Je te répète que ma seule intention est de travailler au plus vite dans le tombeau de Toutankhamon. Le reste est oublié.

— Sois sans inquiétude ; ton affaire est en bonne voie. Demeure un minuscule problème : il serait bon de renoncer de manière définitive à tes droits sur le trésor. Si Lady Carnarvon le consignait par écrit dans un document à caractère officiel, nous pourrions avancer plus vite. Le peuple ne doit pas avoir l'impression d'être dépouillé.

— Le droit égyptien n'accorde-t-il pas au fouilleur une rétribution équitable ?

— Certes, certes... mais, dans le climat actuel, il ne faut pas se tenir à la lettre de la loi.

— Lord Carnarvon s'est montré d'une grande générosité.

— Personne ne le nie ; mais ton plus féroce ennemi ne désarme pas.

— Pierre Lacau ?

— Lui-même ; c'est un étrange personnage. Il souhaite ton retour mais ne l'accepte pas ; méfie-toi de lui.

Le Premier ministre se leva.

— Je dois m'en aller... une réunion importante. Auparavant, j'ai une nouvelle intéressante à te communiquer : personne n'a touché à la tombe. Si tu acceptais d'aider un peu Lacau au musée, l'administration t'en saurait gré.

*

Lacau et Carter ne se serrèrent pas la main ; Lacau, parce qu'il n'en avait pas envie ; Carter, parce que ce n'était pas une coutume anglaise.

— Je dois avouer que votre aide me serait précieuse, mon cher Carter.

— Dans quel domaine ?

— Déballer avec moi le contenu de quelques caisses.

— La tâche est-elle trop ardue pour les membres du Service ?

— Eh bien... nous avons eu un accident.

Carter vit rouge.

— Précisez.

Lacau hésita ; il avala sa salive et avoua :

— Le voile de lin qui recouvrait le sarcophage a été détruit.

— Comment osez-vous...

— Je suis désolé. J'ai pris des mesures afin que cet incident ne se reproduise plus.

— Des mesures ! Montrez-moi les caisses.

Carter, furieux, constata que les agents du Service avaient mélangé les objets et n'étaient pas parvenus à remonter correctement les chars rituels en bois doré.

— Des analphabètes auraient mieux travaillé, maugréa-t-il.

— Vous avez promis de ne plus émettre aucune critique, rappela Lacau.

Carter se tut ; il lui fallut réparer erreurs et négligences. Autrefois, il aurait écrit un rapport de plusieurs pages contre Lacau, le Service et le gouvernement.

Le 13 janvier, sa patience fut récompensée. Pincé, Lacau lui remit une enveloppe scellée ; Carter la glissa dans la poche droite de sa veste et sortit du Musée comme s'il n'attachait aucune importance au geste du directeur. Il se força à ne pas courir, se cacha derrière la statue de Mariette et décacheta.

Le texte était fabuleux : l'autorisation de poursuivre la fouille du tombeau de Toutankhamon.

## *Chapitre 91*

Le 25 janvier 1925, Pierre Lacau tendit les clés du tombeau de Toutankhamon à Howard Carter. Les deux hommes se défièrent du regard sous le soleil de la Vallée des rois, puis Carter ouvrit le cadenas et ôta la grille. Suivi du directeur, il descendit le couloir, traversa l'antichambre et pénétra dans la chambre funéraire où le pharaon, les yeux ouverts, dormait d'un sommeil d'or.

Carter se déplaça sans bruit et reprit lentement possession de son domaine où rien n'avait changé. La magie du lieu s'empara de son esprit ; il contempla les fresques des funérailles et se pencha sur le visage pacifié, d'où toute trace de mort avait disparu.

— Vous triomphez, Carter ; moi aussi, j'ai gagné. Désormais les chasseurs de trésors n'auront plus droit de cité en Égypte. Ils ne pilleront plus les richesses des anciens. L'Histoire ne se souviendra que de vous, Carter ; moi, j'ai instauré une législation contraignante dont je suis fier.

— Je ne vous comprends pas, monsieur le directeur.

— Je suis heureux que vous soyez ici ; c'est votre véritable place.

— Vous m'avez aidé, n'est-il pas vrai ?

Lacau se détourna.

— Restez avec Toutankhamon ; il vous attendait.

*

L'équipe se remit à l'œuvre avec une passion intacte ; Callender, fidèle entre les fidèles, remua à nouveau sa lourde carcasse avec entrain. Le photographe Burton et le chimiste Lucas reprirent leurs activités. Tous déplorèrent l'absence de Mace dont la mauvaise santé laissait craindre le pire ; personne ne fit allusion à la trop fameuse malédiction.

Avant de s'occuper du sarcophage, Carter classa et inventoria. Il passa le plus clair de son temps au laboratoire où il prépara avec minutie la suite des travaux tout en établissant son catalogue. Les drames cessèrent. Lorsque le gouvernement le demanda, Carter ouvrit le tombeau et le fit visiter. La presse, toujours attentive, ne le critiqua pas. L'équipe archéologique effectua son labeur dans un climat serein ; le calme de la Vallée, ancrée dans l'éternité, rendit les gestes lents et les pensées mesurées. Bien qu'il demeurât l'une des grandes vedettes de l'actualité, Toutankhamon ne fut plus matière à scandale ; les journalistes admirent que la précipitation serait catastrophique.

*

Lady Evelyn consentit à revoir Carter, pendant l'été 1925. Ils se promenèrent sur la Tamise, dans les allées de Cambridge, à Hyde Park. Semblables à deux adolescents, ils évoquèrent le bonheur qu'ils ne connaîtraient jamais. Elle avait vingt-cinq ans, lui cinquante-deux.

— Je me moque de votre âge ; en fréquentant Toutankhamon, ne devenez-vous pas un éternel jeune homme ?

— J'ai pris trop de coups et j'ai été trop souvent trahi ; demain, je serai un vieillard.

— Moi aussi, je vieillirai !

— Il m'est interdit de vous entraîner sur un chemin aussi périlleux.

— Vous êtes égoïste, monsieur Carter !

— Vous avez raison ; vous voir triste à mes côtés serait insupportable.

— Je ne suis pas un rêve, Howard, mais une femme vivante.

— Vous connaissez mon domicile : la tombe de Toutankhamon.

— Comment pourrais-je lutter contre un pharaon ?

— Je ne connais pas son secret ; cet automne, nous serons face à face. J'ai besoin de votre amour, Eve ; pour moi, la vie commence demain.

*

Ahmed Girigar déplaça la lourde barrière de bois qui fermait l'entrée du laboratoire ; avec fierté, il montra à Carter qu'aucun vol n'avait été commis. Pendant l'été, malgré une chaleur insupportable, des hommes de confiance avaient monté bonne garde.

Dès l'arrivée du fouilleur, les ouvriers dégagèrent l'accès à la tombe ; ils déplacèrent la masse de gravats accumulée devant l'escalier afin d'interdire toute tentative de pillage. En deux jours, la dernière demeure de

Toutankhamon fut de nouveau accessible, après que fut ôtée la cloison de poutres de chêne barrant l'entrée du couloir et ouverte la porte d'accès de l'antichambre.

À chaque fois qu'il s'engageait dans le couloir descendant, Carter éprouvait une émotion si intense qu'il se sentait à peine capable d'avancer. Des forces invisibles habitaient ce sanctuaire ; l'ombre des divinités égyptiennes et du roi transfiguré gardaient sur lui tout leur empire.

Carter resta longtemps seul en présence de Toutankhamon ; il pria l'invisible de lui accorder le temps nécessaire pour restituer au monde la sagesse de ce monarque immortel.

Lorsqu'il remonta du caveau, Callender eut peur.

— Vous semblez bouleversé... désirez-vous un cordial ?

— Votre amitié me suffira.

— Êtes-vous satisfait de l'état de la tombe ?

— Les insecticides ont bien agi ; rien n'est endommagé et je n'ai noté aucune trace de parasites, à l'exception de quelques poissons d'argent.

— Avez-vous pris une décision ?

— Reliez l'installation électrique au générateur central. Demain, 10 octobre, à 6 h 30, nous ouvrirons le cercueil doré.

*

De puissants projecteurs éclairèrent le sarcophage. Chacun se posait la même question : contenait-il un seul cercueil ou plusieurs ? Carter penchait plutôt pour la seconde solution, mais un détail le contrariait : la taille du cercueil recouvert d'une feuille d'or. Ses 2,23 mètres de long en faisaient une pièce colossale.

Carter décida d'utiliser les poignées d'argent d'origine ; elles semblaient solides et supporteraient le poids du couvercle, fixé au cercueil par dix languettes d'argent massif qui s'emboîtaient dans des trous. La première difficulté consista à extraire les gros clous d'argent à tête d'or, servant de fixations. La délicate opération réussit, sauf à un endroit : la tête. Il dut scier celui-là.

Callender procéda à l'installation d'un treuil, composé de deux blocs de trois poulies avec frein automatique ; lorsque les courroies furent en place, Carter donna l'ordre de commencer à soulever le couvercle, avec une infinie lenteur. Aucun échec n'était autorisé.

Dans une atmosphère de profond recueillement, le couvercle s'éleva.

Apparut un second cercueil, enveloppé d'un linceul de lin ; au-dessus, des guirlandes de feuilles d'olivier et de saule, des pétales de lotus bleu et de bleuets. Une couronne florale, symbole de l'être reconnu juste par le tribunal de l'autre monde, ornait le front du roi.

La toile de lin ôtée, Carter contempla un chef-d'œuvre d'une incroyable beauté ; ce second cercueil était la perfection même. Il représentait le roi en Osiris, recouvert d'une feuille d'or incrustée de pâte de verre aux couleurs du lapislazuli, de la turquoise et du jaspe. Le visage, doux et calme, était à la fois jeune et sans âge.

N'était-ce pas l'épouse de Toutankhamon qui avait déposé elle-même ces fleurs sur le linceul, en ultime témoignage de son amour ? L'éclat et la magnificence de l'or s'alliaient à la fragilité de ces végétaux desséchés dont la couleur n'avait pas complètement disparu. Trois mille ans étaient effacés.

Lucas examina de près les indices.

— Si je me fie à la période de floraison du bleuet et à celle de la maturité de la mandragore et de la morelle, je conclurai volontiers que Toutankhamon a été inhumé entre la mi-mars et la fin avril, compte tenu des soixante-dix jours rituels de la momification.

L'analyse du scientifique brisa la contemplation.

— C'est inquiétant, nota Callender ; ici, là... et là, des traces d'humidité. Certaines incrustations sont sur le point de se détacher. Peut-être la momie royale s'est-elle mal conservée ?

L'anxiété s'empara de Carter ; il remarqua que le second cercueil était si parfaitement emboîté dans le premier qu'il ne parvint pas à passer le petit doigt entre eux.

Comment les séparer sans les briser ?

*

Quand Burton eut achevé son travail de photographe, Carter appliqua la seule méthode qui s'imposait : sortir d'abord les cercueils du sarcophage. L'opération fut beaucoup plus difficile que prévu.

— Le poids est énorme, dit Callender, couvert de sueur.

— Les deux cercueils sont lourds.

— Pas à ce point-là... Le second doit contenir une masse énorme de bijoux.

Le cercueil extérieur fut redescendu dans le sarcophage, le second demeura suspendu, soutenu par dix fils de cuivre d'une grande solidité ; Burton photographia les différentes phases de la manœuvre. Quand l'Osiris doré fut déposé sur une plaque de bois, Carter ôta le couvercle.

Apparut le troisième cercueil, enveloppé d'un linceul de lin rouge ; sur la poitrine, un collier de fleurs. Seul le visage était découvert.

— Impossible, c'est impossible... il est en or massif !

## *Chapitre 92*

Un incroyable bloc d'or long de 1,85 mètre, voilà le prodige que Carter et les membres de son équipe contemplaient avec effarement. Aucune œuvre comparable n'avait jamais été trouvée dans le sol d'Égypte. Pour la première fois, un archéologue mettait au jour la pièce maîtresse de l'art et de la spiritualité des anciens, le sarcophage d'or qui abritait le corps de résurrection du pharaon. Les ailes des déesses Isis et Nephtys s'entrelaçaient afin de le protéger ; le vautour Nekhbet, garant de la titulature sacrée, et le cobra Ouadjet, source du dynamisme de l'être, veillaient aussi sur le monarque.

Carter songea aux trésors inimaginables qu'avait dû contenir la Vallée avant le passage des pillards ; Toutankhamon était l'unique rescapé, le seul témoin d'une époque lumineuse où les plus fabuleuses richesses de ce monde étaient offertes à l'au-delà, afin d'en ouvrir les portes et de vaincre la mort.

Le visage d'or était recouvert d'une couche noirâtre ; Lucas identifia des onguents.

Lorsque Carter effleura la collerette de fleurs et de faïence bleue, elle se désagrégea sous ses doigts. Affolé, il recula.

— Ne touchons à rien ! L'œuvre est plus fragile qu'il n'y paraît.

Callender le réconforta.

— Il faudra bien atteindre la momie...

— Laissez-moi réfléchir.

*

Carter s'enferma dans la maison de fouilles. À présent, il avait peur. Peur d'aller trop loin, de violer un mystère qui devait être préservé. Au seuil de la rencontre avec Toutankhamon, ne se contenterait-il pas de vénérer la plus grande merveille façonnée de main d'homme ?

Il prit conscience de la vanité de sa position ; ni son équipe ni le gouvernement ne lui permettraient de s'arrêter en chemin. Lord Carnarvon n'était plus présent pour le conseiller, Lady Evelyn avait choisi de demeurer à Highclere. Seul face au pharaon qu'il recherchait depuis tant d'années, Carter se sentait misérable et indigne. De quel droit osait-il troubler son repos ? La curiosité devenait, à ses yeux, le plus grave des vices ; aucune science ne justifiait la rupture d'une éternité.

L'expérience le dépassait. S'il s'en dégageait, à qui reviendrait la direction des fouilles ? L'Égypte et la Grande-Bretagne ne supporteraient pas un nouveau délai ; le monde entier était impatient. Vaincu, Carter sut qu'il n'avait plus le choix.

*

Après de longues discussions avec ses collègues, Carter prit une série de mesures afin de détacher le second sarcophage du troisième. Sauver les incrustations fut la tâche prioritaire ; après avoir ôté la poussière et nettoyé la surface à l'eau chaude coupée d'ammoniaque, produit dont le nom dérivait du dieu égyptien Amon, Carter la recouvrit d'une couche de cire chaude qu'il appliqua au pinceau. En refroidissant, la cire fixerait les incrustations de manière satisfaisante.

Une autre difficulté semblait presque insurmontable : les onguents solidifiés collaient les deux cercueils l'un à l'autre. La substance noirâtre était tantôt molle, tantôt pâteuse ; lorsqu'on la chauffait, elle répandait un parfum pénétrant, à base de résine. Certes, on parvint à scier huit clous d'or qui empêchaient la dissociation des sarcophages ; mais ce sacrifice était insuffisant. Masque et momie restaient collés.

Seule une forte chaleur serait efficace ; plusieurs heures de chauffe à 65° ne donnèrent aucun résultat. Une température plus forte ne détruirait-elle pas le bois recouvert d'or ? Carter eut l'idée de le protéger avec des plaques de zinc et des couvertures mouillées. Placées sous les cercueils retournés sur des tréteaux, des lampes à paraffine dégagèrent une chaleur d'environ 500°.

Trois heures s'écoulèrent.

— Ils bougent ! cria Callender.

Carter n'avait cessé d'humecter la couverture qui protégeait le masque d'or.

— Oui, nous avons gagné ! s'exclama Burton, enthousiaste.

— Arrêtez ! ordonna Carter.

Avec horreur, il constata que des bandes de faïence se détachaient de l'arrière de la tête.

Après une longue pause et une intervention du chimiste, le second cercueil s'éleva hors de sa gangue. Le 28 octobre, au petit matin, le masque d'or était dégagé ; « *Vivant est ton visage*, proclamait un texte gravé dans le métal précieux, *ton œil droit est la barque du jour, ton œil gauche est la barque de la nuit.* » Le long du sarcophage, une autre inscription révélait que Toutankhamon, juste de voix, était devenu lumière dans le ciel et maître de vie pour l'éternité.

Le masque d'or offrait le plus pur visage jamais inscrit dans un matériau ; Pharaon n'avait plus d'âge. Situé hors du temps par la main d'un sculpteur de génie, Toutankhamon était devenu un dieu à la barbe de lapis-lazuli. Le sourire d'au-delà traduisait un total détachement ; la joie transfigurait les traits apaisés.

Callender terminait ses calculs.

— Incroyable... à lui seul, le dernier sarcophage doit peser plus de 1 100 kilos d'or pur !

— Plus incroyable encore, estima Burton : le lit en bois doré qui supportait les trois cercueils ne s'est pas disloqué ! Dans le domaine de la résistance des matériaux, nous avons trouvé nos maîtres.

Carter demanda le silence.

— Cet or qui brille dans la nuit de la tombe, déclara-t-il d'une voix grave, je le dédie à la mémoire de mon ami Lord Carnarvon, mort à l'heure de son triomphe.

*

Le seul pharaon de la Vallée enseveli dans un cercueil d'or... Carter ne parvenait pas encore à y croire. Quand une existence basculait ainsi dans le miracle, elle perdait ses points de repère habituels. Archéologue, égyptologue, fouilleur, ces mots n'avaient plus de signification. Sa destinée s'était accomplie au service d'un roi mort depuis trois mille ans et ressuscité dans la lumière de l'or des dieux. Dorénavant, le monde ne serait plus le même. Combien de dizaines d'années faudrait-il pour publier, étudier et comprendre le trésor de Toutankhamon ? Le pharaon, au moyen des textes et des objets qui l'accompagnaient dans l'éternité, transmettait la sagesse de l'ancienne Égypte et la clé de ses mystères. Carter avait eu le privilège de les vivre sur le terrain, de communier avec l'instant ineffable de la découverte ; à d'autres de poursuivre son œuvre.

— M. Lacau est arrivé, annonça Ahmed Girigar.

Carter, vêtu d'un blazer et d'un pantalon de flanelle au pli impeccable, disposa avec soin sa pochette blanche. Le directeur du Service des Antiquités, élégant comme à l'ordinaire, lui tendit une main que l'Anglais accepta de serrer.

— Magnifique, mon cher Howard. Je viens du tombeau... c'est prodigieux ! Vous êtes le plus grand, je dois l'admettre.

— Toutankhamon, le petit roi oublié, est le plus grand des pharaons ; demain, on oubliera mon nom ct le sien sera populaire dans les siècles des siècles.

— Peut-être... mais la momie ?

Carter proposa à Lacau une galette de pain qu'il avait lui-même cuite au four ; le Français refusa.

— Quelles sont vos intentions, monsieur le directeur ?

— Il me semble que le Musée du Caire...

— Non. Ce serait une erreur. Jamais je n'ai supplié ; aujourd'hui, je vous prie de laisser Toutankhamon reposer dans son sarcophage. Lorsque nous aurons examiné la momie, donnez l'ordre qu'elle revienne ici, dans cette tombe, et qu'elle n'en sorte plus.

— Pourquoi ce vœu ?

— Ce sanctuaire est un pôle d'énergie vivante.
— Deviendriez-vous mystique, Howard ?
— Pas plus que vous ; vous connaissez les textes sacrés mieux que moi. Du corps solaire de résurrection émanent des forces invisibles qui spiritualisent le monde et élargissent le cœur des êtres. L'Égypte a choisi cet endroit pour y cacher le plus essentiel de ses trésors ; ne soyons pas des destructeurs et respectons sa volonté.
Carter regarda droit dans les yeux son ennemi d'hier.
— Je vous en supplie.

## *Chapitre 93*

Lacau et le gouvernement avaient donné leur accord. Toutankhamon ne quitterait pas sa demeure d'éternité, même si les pièces du trésor étaient exposées au Musée du Caire. Carter fumait une dernière cigarette avant de s'endormir, lorsqu'il perçut un bruit de pas précipités sur le chemin de terre.
Ahmed Girigar frappa à sa porte.
— Venez vite ! Un attentat !
Habillé à la hâte, Carter courut aux côtés du *reis* dont les hommes avaient ligoté un grand gaillard au front étroit et au nez parsemé de veinules écarlates. Il ne cessait de se débattre et d'appeler le responsable du désastre.
— Ce doit être moi, suggéra Carter.
Le grand gaillard se calma.
— Avez-vous exhumé la momie de Toutankhamon ?
— En quelque sorte.
— Alors, écoutez la voix de Dieu et des anges ! Il faut la détruire séance tenante ! Sinon, elle répandra la peste sur la planète ! J'ai essayé de pénétrer dans la tombe et de

la mettre en pièces mais ces infidèles m'en ont empêché ; délivrez-moi !

— Je crains que ce ne soit impossible ; je suis du côté de ces infidèles.

*

La nouvelle stupéfia le monde entier : Howard Carter, frappé par la malédiction de Toutankhamon, venait de mourir. L'intéressé fut lui-même assez étonné et dut organiser une conférence de presse afin d'apporter un démenti éclatant. Un journaliste, plus sceptique que ses collègues, lui demanda de tirer sa moustache afin de s'assurer qu'il ne s'agissait pas d'un postiche.

À la fin de l'entretien, un personnage inquiétant, vêtu d'un costume noir et d'un long manteau violet sur lequel brillaient des broches argentées, s'approcha de Carter.

— Pourrais-je vous faire une proposition ?

— Je vous écoute.

— Je suis le représentant d'une organisation religieuse qui compte plusieurs milliers de membres, en Europe et aux États-Unis ; nous avons beaucoup apprécié votre travail.

— Vous m'en voyez flatté.

— Puisqu'il est terminé, c'est à nous d'entrer en scène.

— De quelle manière ?

— La momie ne vous sera d'aucune utilité ; c'est pourquoi nous vous proposons de l'acheter. Votre prix sera le nôtre.

— Toutankhamon n'a plus de prix depuis longtemps ; qui pourrait évaluer le cours de l'or des dieux ? Désolé, cher monsieur : une dizaine d'autres sectes m'ont déjà offert de fortes sommes que j'ai refusées.

— Je m'adresserai au gouvernement.

— Ne vous en privez pas ; sachez cependant qu'il a lui-même repoussé d'avantageuses propositions émanant de puissances étrangères. Toutankhamon n'appartient qu'à l'éternité.

*

Au début de 1926, treize mille visiteurs se précipitèrent vers la Vallée et admirèrent la sépulture et le pharaon. Les caméras filmaient sans cesse, les rotatives tournaient à plein régime, la récente télégraphie sans fil faisait fureur; Toutankhamon éclipsait les autres vedettes internationales et s'affichait à la une de tous les magazines.

Carter, lui, ne se montrait pas; il s'était réfugié dans son laboratoire afin d'y restaurer les cercueils intérieurs et le masque d'or qui seraient bientôt acheminés vers le Musée du Caire. Une lettre de Lady Almina lui avait appris que la collection de Lord Carnarvon venait d'être vendue au Metropolitan Museum de New York, au grand dam du British Museum qui s'estimait floué et accusait Carter d'avoir trahi son pays. Son pays... il était ici, au cœur de cette Vallée que tant de curieux traversaient au pas de course, à la fois émerveillés et désorientés. Un pays de sable, de pierres et de tombes où circulait le souffle de l'impérissable.

*

En novembre 1927, cinq ans après avoir découvert les marches de l'escalier, Carter entreprit le vidage de l'annexe. Il n'avait revu Lady Evelyn que dans des réceptions officielles, où, sans lui battre froid, elle ne lui offrit que des sourires de circonstance. Le cœur déchiré, il admit qu'elle avait raison; pourquoi une jeune femme belle et titrée se serait-elle compromise avec un vieux barbon comme lui, de plus en plus semblable à un bloc de la Vallée?

— Plus de quatre cents objets dans huit pieds de large, constata-t-il, inquiet; de plus, au moindre souffle, tout risque de s'écrouler. Avant de retirer les coffres et les boîtes, nous devons rétablir un équilibre, même précaire.

Callender souriait.

— Merveilleux... deux ans de travail en perspective !

— À quoi peut bien correspondre cette petite pièce ? interrogea Burton.

— À la dernière étape de la résurrection, estima Carter ; regardez : sa porte est tournée vers l'Orient, vers l'endroit où point la lumière du matin.

— Elle contient tellement d'objets hétéroclites !

— Nos yeux ne savent pas voir. Lisez le texte, au sommet de la porte ; il nous apprend que le roi passe sa vie à façonner les symboles des dieux de sorte qu'ils lui donnent chaque jour encens, offrandes et libations. Par ses actes éternellement répétés dans l'invisible, Toutankhamon triomphe des forces de destruction. Cette annexe nous procure la preuve qu'il continue à vivre ici-bas et dans l'au-delà : observez ces paniers emplis de fruits secs, de raisin, de noix-doum, de mandragores, ces jarres à vin. L'âme se nourrit. Elle s'habille, aussi : robes rituelles, corselets, sandales.

— Elle fait du sport, ajouta Callender : arcs, flèches, boomerangs !

— Tout traduit sa puissance et sa vitalité.

Carter se pencha sur un jeu d'échecs ; face à un partenaire invisible, le roi avait dû gagner la partie afin d'être proclamé « juste de voix » et de renaître, semblable à la sculpture représentant l'oisillon sortant de l'œuf que Callender déplaça avec tendresse.

Dans l'angle sud-est de la petite pièce, un trône. Il évoquait l'union du roi et de la reine dans l'autre monde, leur amour rendu immortel par les rites. L'inscription mentionnait à la fois le nom d'Aton et celui d'Amon que les érudits avaient décrits à tort et à travers comme des adversaires ; Carter obtenait ainsi la certitude que la foi égyptienne, refusant le dogmatisme, n'avait pas engendré de guerres de religion. Seul l'amour de l'éternité l'avait guidée.

*

Le 11 novembre 1927, à 9 h 45, le docteur Douglas Derry, professeur d'anatomie à l'université du Caire, pratiqua la première incision dans les bandelettes de la momie de Toutankhamon [1], sous le contrôle attentif de Howard Carter, vêtu de son plus strict costume trois-pièces, agrémenté d'un nœud papillon de gala. Il avait exigé le plus grand respect et des conversations à voix basse ; Lacau, Burton, Lucas et de hauts fonctionnaires égyptiens, habillés à l'occidentale et la tête couverte d'un chapeau conique, assistèrent à la cérémonie qui se déroulait dans le couloir de la tombe de Séthi II.

Carter démaillota lui-même la momie, enveloppée dans treize couches de bandelettes qui évoquaient la voile de la barque sur laquelle l'esprit du ressuscité voguait dans l'au-delà. Carter constata que le corps de résurrection était enfermé dans une armure magique composée de cent quarante-trois bijoux répartis en cent un emplacements. Pectoral, diadème, poignard en or, gorgerin, bracelets faisaient du cadavre un corps d'or, de pierres précieuses et d'amulettes ; il ne s'agissait plus d'un individu, fût-il un monarque, mais d'Osiris reconstitué, garant de la survie des êtres initiés à ses mystères. Sous son cou, un chevet intrigua les observateurs ; sans nul doute, il était en fer, matériau rare en Égypte. En fer aussi, la lame de la dague au pommeau de cristal de roche et au fourreau d'or. Carter rappela que ce métal, aux yeux des prêtres, était d'origine céleste et permettait au roi de franchir l'espace qui le séparait des paradis.

Âgé d'une vingtaine d'années, le monarque mesurait près de 1,65 mètre. Des étuis en or protégeaient son pénis, ses doigts et ses orteils.

Après que les personnalités eurent quitté Le Caire,

---

1. Selon le docteur M. Bucaille, la momie de Toutankhamon n'était pas carbonisée par les onguents. Derry l'a massacrée, et non restaurée, en la découpant pour prélever amulettes et objets précieux.

Carter demeura seul avec Toutankhamon. Il le veilla, avec la ferveur de l'amitié et la vénération d'un humble serviteur.

## Chapitre 94

Avec un pinceau en poils de martre, Carter avait ôté les morceaux de bandelettes pourries et dégagé le visage paisible d'un jeune homme. La forme était belle, l'expression noble ; Toutankhamon avait été un roi à l'allure superbe. Sur son crâne, à la place des cheveux, une petite calotte de lin très fin, décorée de bandes tissées et ornées de perles de faïence et d'or ; Carter y discerna le dessin de quatre cobras, symbole de la vie qui se faufilait à travers les mondes.

Les Égyptiens du Nouvel Empire savaient momifier à la perfection ; en recouvrant le corps d'onguents, ils avaient agi de manière rituelle, consciente et volontaire. Ce pauvre cadavre, si frêle par rapport à la magnificence du masque d'or et du sarcophage, était devenu la matière première de l'œuvre alchimique et support de la transmutation en métal divin. La présence, sur la poitrine, de deux bretelles d'or prouvait que Toutankhamon n'était plus considéré comme un roi, mais comme un dieu. La momification de la face, si différente de celle des autres monarques, évoquait sa triple nature de divinité, de grand prêtre chargé de célébrer les rites et de pharaon illuminateur de la terre.

Toutankhamon l'oublié s'était glissé entre les guerres et les massacres, avait échappé aux pillards et s'était réfugié dans la mémoire d'un Occidental des temps modernes qui devait à présent assurer son ultime protection.

*

1930 vit le retour des nationalistes au pouvoir, après que fut annoncée, une fois encore, la mort de Carter. Son vieil ennemi Zaghloul était, lui, décédé en 1927, et le parti *Wafd* ne se préoccupait plus guère de l'archéologue, au terme de sa prodigieuse mission dans la Vallée des rois. Certes, le nouveau gouvernement, qui se voulait l'expression de la volonté populaire, promulgua aussitôt une loi interdisant de sortir d'Égypte tout objet découvert lors d'une fouille ; mais Lady Almina savait depuis longtemps qu'elle n'obtiendrait pas la moindre parcelle des trésors de Toutankhamon. À l'automne, néanmoins, les autorités remirent à la veuve de Lord Carnarvon 36 000 livres sterling, en guise de dédommagement pour les campagnes qu'avait financées son mari.

Lorsque Arthur C. Mace, conservateur adjoint du Metropolitan, mourut d'une pleurésie chronique, la presse monta à nouveau en épingle la malédiction de Toutankhamon ; ne comptait-on pas déjà vingt victimes, dont le conservateur du Louvre et plusieurs membres de la famille de Lord Carnarvon ?

Cette agitation n'ébranlait guère Carter qui supervisait l'emballage des grandes chapelles d'or, à destination du Musée du Caire où elles seraient de nouveau assemblées. La fièvre retombait ; Toutankhamon, universellement célèbre, était entré dans la mémoire collective de l'humanité. Redevenue paisible, la Vallée accueillait des flots de touristes en hiver et sommeillait pendant la saison chaude.

À la fin du mois de février 1932, les derniers objets, dûment restaurés, sortirent du laboratoire et partirent pour la capitale. Callender, en larmes, ferma la tombe de Séthi II. Demain, elle serait de nouveau accessible aux touristes.

— C'est fini, Howard, fini...

Carter lui tapa sur l'épaule.

— Il faut l'accepter.

— Ne pourriez-vous découvrir une autre tombe ?

— Hélas ! Celle de Toutankhamon était la dernière. La grande voix de la Vallée des rois s'est définitivement éteinte.

— Que comptez-vous faire, Howard ?

— Je l'ignore. Obtenir un poste officiel, ouvrir un nouveau chantier...

— On n'osera pas vous le refuser. Moi, je regagne mon village. Le visage d'or m'obsède ; chaque nuit, j'en rêve.

— C'est la plus belle des visions.

Les deux hommes se firent leurs adieux ; Carter avait déjà salué les autres membres de son équipe. Il descendit dans le tombeau où ne restaient en place que la cuve en calcaire et le plus grand sarcophage, abritant la momie. Cette fois, Lacau et le gouvernement avaient tenu leurs promesses ; Toutankhamon habiterait à jamais sa demeure d'éternité.

Cette salle d'or enseignait le secret de l'éternité ; « sortir au jour comme Dieu » était le but du travail invisible effectué à l'intérieur de cette modeste tombe si bien cachée. Le jeune roi, au regard serein, incarnait la foi de l'être en l'immortalité ; peu importait l'âge de son cadavre. « Vivant symbole du mystère », comme le proclamait son nom, Toutankhamon était parvenu à maîtriser les mutations de la lumière et à les incorporer dans l'or de ses sarcophages. Son existence fournissait la preuve décisive que la mort pouvait servir de matériau à une vie ressuscitée. Ici, dans ces quatre petites pièces, la plus grande des civilisations avait inscrit son message le plus essentiel. Combien faudrait-il de générations de chercheurs pour le déchiffrer ?

Carter s'inclina devant Toutankhamon, le maître de l'éternité.

Lorsqu'il sortit du tombeau où il abandonnait l'essentiel de sa vie, le jour mourait. La Vallée, déserte et silencieuse, se préparait aux ténèbres. Carter embrassa le *reis* Ahmed Girigar qui retint ses larmes jusqu'à ce que l'archéologue eût disparu derrière l'une des buttes pierreuses dominant les sépultures royales.

Assis sur un bloc rongé par les vents, le soleil et les pluies d'orage, il contempla la cime dénudée que doraient les feux du couchant. Grâce à Toutankhamon, ce domaine du néant s'était transformé en espérance : tout y demeurerait immobile et immuable car, sur cette terre des dieux, rien n'avait commencé dans le temps et rien n'y finirait.

Un hibou poussa un cri profond : d'ordinaire, il glaçait l'âme. Cette fois, Carter le perçut comme un appel serein. Non, la Vallée ne s'éteindrait pas ; elle parlerait désormais avec les intonations d'un jeune roi transfiguré.

## *Chapitre 95*

Le ministre égyptien et le nouveau directeur du Service des Antiquités levèrent ensemble leur tasse de café, burent avec distinction et la reposèrent avec lenteur. Qui prendrait la parole le premier ? Le directeur céda.

— Le cas de Howard Carter n'est pas facile à traiter...

— Ce n'est pas mon avis, rétorqua le ministre, irrité.

— Ah ? Tiendriez-vous compte de sa notoriété ?

— En aucune façon.

— Ah... ce qui signifie...

— Ce qui signifie que l'Égypte ne lui accordera aucun chantier de fouilles... et vous non plus, je l'espère.

Le directeur garda le silence.

— Carter est un colonialiste, un esprit arriéré et arrogant.

— Ne craignez-vous pas que l'opinion internationale...

— Elle a d'autres chats à fouetter, comme on dit en français ; Carter est déjà oublié. Croyez-moi, cher ami : lui permettre de travailler à nouveau sur notre sol serait une grave erreur. Ses collègues ne l'aiment pas beaucoup, me semble-t-il ?

— En effet, monsieur le ministre ; à l'exception des membres de son équipe, les égyptologues le considèrent comme un dilettante et un amateur chanceux. Rendez-vous compte : il n'est même pas sorti d'une grande école.

— Vous voyez bien ! L'affaire est entendue, monsieur le directeur ; jamais plus Howard Carter ne fouillera en Égypte. Qu'il se contente des distinctions que lui accordera la Grande-Bretagne.

*

Le ministre de la Culture britannique salua les trois égyptologues désignés pour représenter leur corporation et s'assit à son bureau.

— Heureux de vous recevoir, gentlemen ; l'égyptologie est devenue une science de premier plan.

— Ce n'est pas sa fonction, estima un homme petit et corpulent qui s'exprimait au nom de ses collègues. Howard Carter a beaucoup nui au renom de notre discipline.

— À ce point ?

— Plus encore que vous ne l'imaginez, monsieur le ministre ; Howard Carter est la honte de l'égyptologie. Un autodidacte, fils d'un peintre animalier désargenté, un petit campagnard qui a volé la gloire à des savants sérieux !

Le ministre parut gêné.

— Dans ces conditions, il paraît difficile de lui accorder le poste officiel qu'il réclame.

— Ce serait injurier la science ; toutes les autorités égyptologiques s'y opposeront avec la dernière énergie.

— Une décoration le calmera...

Le petit homme bedonnant se leva, imité par ses deux acolytes.

— Ce serait une insulte à notre pays, monsieur le ministre ! Qu'a fait ce Carter, en réalité ? Rien. Il a eu de la chance. Cela ne suffit pas pour obtenir une distinction honorifique.

— Mon rôle consiste à suivre les avis autorisés ; soyez remerciés, messieurs.

Étrange, songea le ministre ; Howard Carter, l'archéologue le plus célèbre du monde, ne recevrait même pas la plus basse des décorations, le titre de *Membership of the British Empire*, accordé aux postiers et aux cheminots méritants. En se tenant à l'écart des couloirs de l'égyptologie, il avait commis le pire des crimes : préférer l'Égypte à une carrière. Demeurer un esprit libre que personne ne peut acheter coûte fort cher.

*

Une foule de touristes se pressait autour du tombeau de Toutankhamon ; personne ne voulait céder sa place. La galanterie était foulée aux pieds. On bravait la chaleur et la poussière pour contempler la petite tombe vidée de ses trésors, à l'exception du sarcophage d'or où reposait le jeune roi qui déclenchait chaque jour les cris d'admiration.

Lorsque les visiteurs se raréfiaient, un homme d'une soixantaine d'années, à l'élégance toute britannique, quittait son observatoire et descendait vers la plus fameuse des tombes en empruntant un sentier désertique. Lorsque le silence revenait dans la Vallée, Howard Carter revivait son épopée. Malade, affligé d'une fatigue dont il ne parvenait plus à se débarrasser, usé par la jalousie, la mesquinerie et la trahison, l'archéologue ne comptait plus qu'un seul ami, le pharaon Toutankhamon, dont la demeure était largement ouverte à tant d'hôtes bavards, inattentifs ou indélicats.

Depuis 1936, l'Europe était secouée de convulsions

qui, selon les plus pessimistes, annonçaient une nouvelle guerre. Carter n'en avait cure; depuis la fermeture du chantier le plus exceptionnel de la Vallée, il était sorti du monde et marchait sans crainte vers sa propre mort. L'humanité ne l'intéressait plus; à peine entendait-il les salutations des gardiens qui s'inclinaient devant lui lorsqu'il cheminait dans la Vallée, ombre parmi les ombres.

*
* *

En cette journée froide et pluvieuse, l'enterrement de Howard Carter, décédé le 2 mars 1939, passa inaperçu. L'Angleterre aime les disparitions discrètes qui ne troublent pas l'ordre public et ne suscitent pas de manifestation de mauvais goût.

Carter s'était éteint à soixante-six ans, isolé et oublié. Lady Evelyn Herbert Beauchamp, seule personnalité assistant aux funérailles, retint ses larmes; Howard n'aurait pas apprécié ce débordement. Toujours aussi belle, Eve fixa le pauvre cercueil qui s'enfonçait dans la terre et songea à l'or de Toutankhamon.

L'âme de Howard Carter ne resterait pas prisonnière de ce cimetière glacial. Elle s'était déjà envolée pour regagner sa patrie d'origine, la Vallée des rois, et se fondre dans sa lumière.

## DU MÊME AUTEUR

### *ROMANS*

L'AFFAIRE TOUTANKHAMON, Grasset (Prix des Maisons de la Presse).
BARRAGE SUR LE NIL, Robert Laffont.
CHAMPOLLION L'ÉGYPTIEN, éditions XO.
L'EMPIRE DU PAPE BLANC (épuisé).
LE JUGE D'ÉGYPTE, Plon :
**La Pyramide assassinée.*
***La Loi du désert.*
****La Justice du vizir.*
MAÎTRE HIRAM ET LE ROI SALOMON, éditions XO.
LE MOINE ET LE VÉNÉRABLE, Robert Laffont.
LES MYSTÈRES D'OSIRIS, éditions XO :
**L'Arbre de vie.*
***La Conspiration du Mal.*
****Le Chemin de feu.*
*****Le Grand Secret.*
LE PHARAON NOIR, Robert Laffont.
LA PIERRE DE LUMIÈRe, éditions XO :
**Néfer le Silencieux.*
***La Femme sage.*
****Paneb l'Ardent.*
*****La Place de Vérité.*
POUR L'AMOUR DE PHILAE, Grasset.
LA PRODIGIEUSE AVENTURE DU LAMA DANCING (épuisé).
RAMSÈS, Robert Laffont :
**Le Fils de la lumière.*
***Le Temple des millions d'années.*
****La Bataille de Kadesh.*
*****La Dame d'Abou Simbel.*
******Sous l'acacia d'Occident.*
LA REINE LIBERTÉ, éditions XO :
**L'Empire des ténèbres.*
***La Guerre des couronnes.*
****L'Épée flamboyante.*
LA REINE SOLEIL, Julliard
(Prix Jeand'heurs du roman historique).

### *NOUVELLES*

LE BONHEUR DU JUSTE, Le Grand Livre du Mois.
LA DÉESSE DANS L'ARBRE, dans HISTOIRES D'ENFANCE (Sol En Si), Robert Laffont.
LE DERNIER SINGE, dans DES MOTS POUR LA VIE (Secours populaire français), Pocket.
DJÉDI LE MAGICIEN ET LES CHAMBRES SECRÈTES DE LA GRANDE PYRAMIDE, Le Grand Livre du Mois.
QUE LA VIE EST DOUCE À L'OMBRE DES PALMES, Elle.

*OUVRAGES POUR LA JEUNESSE*

CONTES ET LÉGENDES DU TEMPS DES PYRAMIDES, Nathan.
LA FIANCÉE DU NIL, Magnard (Prix Saint-Affrique)
LES PHARAONS RACONTÉS PAR..., Perrin.

*ESSAIS SUR L'ÉGYPTE ANCIENNE*

L'ÉGYPTE ANCIENNE AU JOUR LE JOUR, Perrin.
L'ÉGYPTE DES GRANDS PHARAONS, Perrin (couronné par l'Académie française).
LES ÉGYPTIENNES, PORTRAITS DE FEMMES DE L'ÉGYPTE PHARAONIQUE, Perrin.
L'ENSEIGNEMENT DU SAGE ÉGYPTIEN PTAH-HOTEP, LE PLUS ANCIEN LIVRE DU MONDE, Éditions de la Maison de Vie.
INITIATION À L'ÉGYPTE ANCIENNE, Éditions de la Maison de Vie.
LE MONDE MAGIQUE DE L'ÉGYPTE ANCIENNE, éditions XO.
NÉFERTITI ET AKHÉNATON, *le couple solaire*, Perrin.
LE PETIT CHAMPOLLION ILLUSTRÉ, Robert Laffont.
POUVOIR ET SAGESSE SELON L'ÉGYPTE ANCIENNE, éditions XO.
Préface à : CHAMPOLLION, GRAMMAIRE ÉGYPTIENNE, Actes Sud.
Préface et commentaires à : CHAMPOLLION, TEXTES FONDAMENTAUX SUR L'ÉGYPTE ANCIENNE, Éditions de la Maison de Vie.
Rubrique « Archéologie égyptienne », dans le GRAND DICTIONNAIRE ENCYCLOPÉDIQUE, Larousse.
Rubrique « L'Égypte pharaonique », dans le DICTIONNAIRE CRITIQUE DE L'ÉSOTÉRISME, Presses universitaires de France.
LA SAGESSE VIVANTE DE L'ÉGYPTE ANCIENNE, Robert Laffont.
LA TRADITION PRIMORDIALE DE L'ÉGYPTE ANCIENNE SELON LES TEXTES DES PYRAMIDES, Grasset.
LA VALLÉE DES ROIS, HISTOIRE ET DÉCOUVERTE D'UNE DEMEURE D'ÉTERNITÉ, Perrin.
LE VOYAGE DANS L'AUTRE MONDE SELON L'ÉGYPTE ANCIENNE, éditions XO (à paraître).
VOYAGE DANS L'ÉGYPTE DES PHARAONS, Perrin.

*AUTRES ESSAIS*

LA FRANC-MAÇONNERIE, HISTOIRE ET INITIATION, Robert Laffont.
LE LIVRE DES DEUX CHEMINS, SYMBOLIQUE DU PUY-EN-VELAY (épuisé).
LE MESSAGE INITIATIQUE DES CATHÉDRALES, Éditions de la Maison de Vie.
SAINT-BERTRAND-DE-COMMINGES (épuisé).
SAINT-JUST-DE-VALCABRÈRE (épuisé).
TROIS VOYAGES INITIATIQUES, éditions XO :
**La confrérie des Sages du Nord.*
**Le message des constructeurs de cathédrales.*
**Le Voyage initiatique ou Les trente-trois degrés de la Sagesse.*

*ALBUMS ILLUSTRÉS*

KARNAK ET LOUXOR, Pygmalion.
SUR LES PAS DE CHAMPOLLION, L'ÉGYPTE DES HIÉROGLYPHES (épuisé).
LA VALLÉE DES ROIS, IMAGES ET MYSTÈRES, Perrin.
LE VOYAGE AUX PYRAMIDES (épuisé).
LE VOYAGE SUR LE NIL (épuisé).

*Cet ouvrage a été imprimé par*

FIRMIN DIDOT
GROUPE CPI

*Mesnil-sur-l'Estrée*

*pour le compte des Éditions Grasset*
*en janvier 2005*

*Imprimé en France*

Dépôt légal : janvier 2005
N° d'édition : 13616 – N° d'impression : 71974
ISBN : 2-246-45152-3